국제경제관계의 이해

-이론과 실제-

국제경제관계의 이해

-이론과 실제-

심승진

경북대학교출판부

심승진

연세대학교 경제학과 졸업
게이오대학교 대학원 경제학과 졸업, 경제학 박사
산업연구원(KIET) 연구위원
현 경북대학교 경제통상학부 교수

국제경제관계의 이해 -이론과 실제-

초판 1쇄 2013년 1월 31일 | **초판 2쇄** 2016년 2월 26일
지은이 심승진 | **펴낸이** 손동철 | **펴낸 곳** 경북대학교출판부
출판등록 1973년 10월 10일 ㉑97호 | **주소** 대구광역시 북구 대학로 80
전화 053-950-6741~3 | **팩스** 053-953-4692 | **E-mail** press@knu.ac.kr

ISBN 978-89-7180-364-6 93320

머리말

21세기가 시작된 지도 벌써 십 수년이 흘렀다. 2000년 1월 1일, 우리 모두는 커다란 기대와 흥분 속에 새로운 세기를 맞이하였다. 그러나 Y2K 관련 컴퓨터 오류 문제 등이 제기되면서 불안과 두려움이 공존하기도 하였다. 새로운 세기가 시작되자마자 뉴욕 맨해튼의 쌍둥이 빌딩이 무너져 내리는 것을 목격하였다. 2008년에는 거대 금융기업인 리먼브라더스의 도산과 함께 세계적인 금융위기를 경험하였다. 2011년에는 일본에서 거대한 쓰나미와 함께 원전 폭발 사고가 발생하였다. 이것들은 모두 우리가 일찍이 경험하지 못했고 상상조차 할 수 없었던 일들로, 그 위력이 엄청나고 영향력이 세계적으로 빠르게 확산되는 특징을 가졌다. 이런 현상을 '흑조Black Swan현상'이라 부르는데, 우리는 지금 '흑조현상의 시대'에 살고 있는 셈이다.

아울러 국제사회에는 '세계화' 현상이 확산·심화되고 있다. 세계화란 용어는 경제는 물론 교육, 문화 등 거의 모든 분야에서 매우 포괄적으로 사용되고 있다. 이에 따라 해당 분야에서의 국경은 빠른 속도로 낮아지고 또 무너지고 있는 실정이다. 그런 가운데 각국의 정치 측면에서는 세계화를 통한 개방과 협조를 강하게 추구하면서도 다른 한편으로는 자국의 이익과 안보를 최우선으로 고려하면서 관련 국경이 오히려 더 높아지고 두터워지고 있다. 우리는 이와 같은 '세계화의 시대'에 살고 있다.

한편 국제경제 측면에서는 상호의존관계가 더욱 심화되고 있다. 국경을 초월하여 사람, 재화, 기술, 정보, 금융, 서비스 등 물적·인적 교류가 빠른 속도로 확대되고 있다. 이를 통하여 각국 국민들의 의식과 행동양식이 변하기도 한다. 이러한 상호의존관계의 심화는 국가 간 마찰과 분쟁을 유발한다. 교류의 확대에 따른 상호의존의 심화가 자연스럽게 마찰과 분쟁을 가져오는 것이다. 따라서 국가 간 마찰과 분쟁을 이상하거나 비정상적인 현상으로 보는 것은 문제 해결에 도움이 되지 않는다. 그렇다고 국가 간 마찰과 분쟁 문제를 풀지 않고 그대로 방치하게 되면 각국은 물론 국제경제사회에 바람직하지 못한 결과를 가져온다. 따라서 협조와 조정을 통하여 이를 풀어 나가야 한다. 그러나 국가간 협조와 조정은 쉽게 합의를 도출해 내기 어려운 실정이다. 이러한 상호의존, 마찰/분쟁, 협조/조정 현상은 최근 국제경제사회의 대표적인 특성이며, 매우 다양하고 복합적인 형태로 나타난다. 따라서 국제경제 현상들을 제대로 이해하고 관련 문제를 풀어 나가기 위해서는 종합적이고 다각적이며 입체적인 관점을 가지고 제반 현상을 이해해야 한다.

국제경제의 복합적인 실상을 제대로 파악하고, 향후 국제경제관계의 전개를 예견하면서, 국제경제사회 속에서 한국경제를 이해하기 위하여, 국제경제관계의 이론과 실제를 종합적으로 다룰 수 있는 분석 틀이 필요하다. 이러한 현실적 필요에 부응하기를 기대하면서 이 책의 내용과 구성을 생각하고 준비하였다. 그러나 여전히 다루지 못한 분야가 있으며 부족한 부분이 많다. 이는 앞으로 계속해서 수정·보완해 나가야 할 과제이다.

이 책은 5부 16장으로 구성되어 있다. 제1부에서는 국제경제관계론을 개관한다. 우선 국제경제관계의 기본 틀을 소개하고 기존의 경제학 및 국제경제학에 대한 재고와 함께 국제경제관계의 관점이 필요로 되는 배경을 설명하였다. 특히 국제경제사회 각 구성국 경제의 수렴/발산 현상을 다루고 국제경제사회 운영의 기본이념인 상호주의에 관하여 정리하였다.

제2부에서는 국제경제체제, 질서 및 기구를 다루는 등 이른바 국제경제관계의 큰 틀을 설명한다. 국제경제체제와 관련해서는 체제의 성립, 발전, 위기 및 쇠퇴 등 주기적 변용을 설명하였으며, 국제경제 질서변혁의 동태성에 관하여 명확하게 설명하였고, 국제경제기구의 기능, 유효성과 한계를 다루었다.

제3부에서는 국제경제의 상호의존, 마찰/분쟁, 협조/조정에 관한 이론과 실제를 다룬다. 각각의 개념, 유형 및 실제 현상에 초점을 맞추어 국제경제관계에서 핵심 전략변수인 파워, 경제적 파워의 의미를 명확히 하고 그러한 파워가 작용하는 국제경제사회를 게임이론의 틀 속에서 설명하였다.

제4부에서는 산업과 기업 차원에서의 국제경제관계를 조망한다. 산업 차원에서는 국제연결 산업연관 체계를 소개하고, 기업 차원에서는 다국적기업이 국제경제사회에서 갖는 의미와 경제적 효과를 정리, 소개함으로써 국제경제관계를 설명하였다.

마지막으로 제5부에서는 자원과 환경을 중심으로 한 국제경제관계 문제를 정리해

소개하고, 이를 해결하고 극복하기 위해 국제공공재가 필요하다는 것을 강조하였다. 특히 기존에 충분하게 연구되지 못한 국제지역 차원의 공공재에 관하여 정리·소개하였다.

이 책은 많은 분들의 도움으로 만들어졌다. 우선 경북대학교 경제통상학부 교수님들의 도움과 지원에 감사드린다. 항상 지근에서 국제경제 관련 현상에 대한 다양하고 깊이 있는 조언을 해 주셨으며, 이 책의 기본적인 틀과 내용을 구성하는 데 큰 도움이 되었다. 한편 학부 과정에 개설된 국제경제관계론을 수강한 경제통상학부의 학생들, 대학원 무역학과 수업에서 성실하게 발표하고 토론해 준 대학원생들에게 감사의 마음을 전한다. 아울러 출판을 수락해 주시고 교정과 편집에 세심한 배려를 아끼지 않은 경북대학교출판부의 우무상 부장님과 김용훈, 이재현, 장준이 선생님께 깊이 감사드린다.

2013년 1월

심승진

목차

머리말 _ 8

제1부 국제경제관계의 개요

제1장 경제학 및 국제경제학 재고 _ 17

제1절 경제학 재고 · 17

1. 경제활동의 목표 · 17 2. 경제적 진보의 개념 · 18 3. 경제학 재고 · 22

제2절 국제경제학 재고 · 26

1. 국제무역과 경제적 진보 · 26 2. 개발전략과 국제무역 · 29

3. 국제경제학 재고 · 32

제3절 국제경제관계론의 필요성 · 39

1. 국제사회에서의 정치-경제-사회의 상호연관 · 39 2. 국제경제관계의 심화 · 40

3. 국제적 부조화 · 41

제2장 국제경제관계의 개념, 유형 및 관점 _ 42

제1절 국제관계 개요 · 42

1. 국제사회의 성립과 변화 · 42 2. 국제사회의 조직화 · 43

제2절 국제경제관계의 개념 · 44

1. 국제경제관계의 틀 · 44 2. 국제경제관계의 중요성 · 45

제3절 국제경제관계의 유형 · 46

1. 이념적 분류 · 47 2. 기능적 분류 · 49 3. 제도적 분류 · 53

제4절 국제경제관계의 관점 · 59

1. 국제경제관계의 기본 틀 · 59

2. 국제경제에서의 상호의존, 마찰/분쟁 및 협조/조정 · 59

3. 국제경제에서의 경제적 파워와 게임의 논리 · 60

4. 산업의 국제적 연관, 기업의 국제화 및 자원-환경 문제와 국제경제관계 · 61

제3장 국제경제관계의 기본이념: 상호주의 _ 62
제1절 교역행위의 지배원리: 상호성, 호혜성 • 62
제2절 상호주의의 출현 • 64
제3절 상호주의와 국제경제 시스템 • 66
1. 국제경제 시스템의 유형 · 66 2. 국제경제 시스템에 관한 협상 · 67
제4절 상호주의의 유형 • 68

제4장 국제경제의 수렴/발산과 국제경제관계 _ 70
제1절 수렴/발산의 개념 • 70
제2절 수렴/발산의 요인 • 72
1. 수렴/발산의 국내적 요인 · 73 2. 수렴/발산의 국제적 요인 · 77
제3절 국제경제 시스템 속에서 선진국과 개도국 간 수렴/발산 • 83

제2부 국제경제관계의 기본 틀: 국제경제체제/질서/기구 및 지역경제통합

제5장 국제경제체제/질서/기구와 국제경제관계 _ 91
제1절 국제경제체제 • 91
1. 경제체제의 개념 · 91 2. 국제경제체제의 개념 · 93
3. 국제경제체제의 주기적 변용 · 95
제2절 국제경제질서 • 101
1. 국제경제질서의 개념 · 101 2. 국제경제질서의 구도 · 102
3. 국제경제질서 변혁의 동태성 · 103 4. 국제경제사회의 복합질서 · 108
제3절 국제경제기구 • 112
1. 국제경제사회의 새로운 주체 및 관계 · 112
2. 국제경제기구의 기능 · 114
3. 국제경제기구의 유효성과 한계 · 115

제6장 지역경제통합과 국제경제관계 _ 119
제1절 지역경제통합의 기초 • 120
1. 통합의 개념 · 120 2. 경제통합의 형태 · 121 3. 경제통합의 조건 · 123

제2절 지역주의의 심화 • 125
1. 지역주의 심화의 배경 · 125 2. 지역경제체제, 질서, 기구의 확립 · 127
3. 지역주의에 대한 평가 · 127
제3절 지역경제통합의 사적 전개 • 129
1. 전전의 블럭주의 · 129 2. 전후의 지역주의 · 130
3. 개방된 지역주의와 중층적 지역경제통합 · 133 4. 신지역주의와 국제주의 · 135
제4절 경제권 형성과 각국의 대응 • 136
1. 광역 경제권 형성 · 136 2. 개도국 주도의 광역 경제권 형성의 시도 · 137
3. 경제권의 형성과 선진국 및 개도국의 전략 · 138
제5절 주요 지역경제통합체 간 무역의 상호연관 • 139

제3부 국제경제의 상호의존, 마찰/분쟁 및 협조/조정

제7장 상호의존의 국제경제관계 _ 145
제1절 국제경제교류의 심화와 상호의존론의 생성 • 145
1. 국제경제교류의 심화 · 145 2. 상호의존론의 생성 · 146
제2절 상호의존의 개념 및 형태 • 148
1. 상호의존의 개념과 특성 · 148 2. 상호의존의 형태 · 150
3. 구조적 상호의존 및 경제정책의 상호의존 · 152
4. 상호의존관계 전개상의 특성 · 154
제3절 국제경제 상호의존 심화의 배경 • 155
제4절 국제경제관계에서 상호의존의 의의 및 전략 • 156
1. 상호의존의 경제적 의미 · 156 2. 상호의존 전략 · 159
3. 상호의존의 한계와 국가 간 최적거리 · 160 4. 상호의존관계의 바람직한 전개 · 161

제8장 국제경제마찰/분쟁과 국제경제관계 _ 163
제1절 국제경제마찰/분쟁의 개념 및 주체 • 163
1. 국제경제마찰/분쟁의 개념 · 164 2. 국제경제마찰/분쟁의 주체 · 165
제2절 국제경제마찰/분쟁의 배경 • 166
1. 국가 간 경제 시스템 마찰 · 167 2. 시장의 포화 · 172 3. 상호침투의 심화 · 174
4. 마찰/분쟁 해결을 위한 비합리적인 수단의 채택 · 175 5. 패권국의 약화 · 175
제3절 국제경제마찰 및 분쟁의 실체 • 176
1. 국제무역마찰 · 176 2. 국제기술마찰 · 179 3. 국제고용마찰 · 181

제9장 국제경제협조/조정과 국제경제관계 _ 184

제1절 거시경제정책의 국제협조 · 184

1. 국가주권과 국제협조 · 185 2. 정책목표와 정책수단 · 185 3. 정책할당 문제 · 186

제2절 국제정책협조의 필요성 및 유형 · 189

1. (n-1)개국 문제와 국제정책협조의 필요성 · 189 2. 국제정책협조의 유형 · 190

제3절 국제정책협조의 한계 및 무용론 · 192

1. 국제정책협조의 한계 · 192 2. 국제정책협조의 비판, 무용론 · 194

제4절 국제경제조정 · 196

1. 국제경제조정의 필요성 · 196 2. 국제경제조정의 방법 · 197

3. 국제경제조정의 한계 · 200

제5절 국가 간 양허 및 이전에 관한 협조와 그 경제적 효과 · 200

1. 기본 모형 · 201

2. 완전정보하의 국제경제협조와 국제경제체계의 정식화 · 206

3. 비대칭적 정보하에서의 국제경제협조 · 209

제10장 국제경제파워와 국제경제관계 _ 215

제1절 국제관계와 국가파워 · 215

1. 파워의 개념 · 216 2. 파워의 근원 · 217 3. 국제관계와 파워 · 219

4. 파워균형 · 220

제2절 경제적 파워와 국제경제관계 · 222

1. 경제적 파워 · 222 2. 경제적 파워 베이스 · 224

3. 경제적 파워의 배경으로서의 기술력 · 226

4. 경제적 파워의 사용 및 사용의지 · 227

5. 경제적 파워와 국제경제관계 · 229

6. 경제적 파워와 대외원조 · 229

제3절 국가별 파워의 계측 · 230

제4절 대국과 소국 · 232

제11장 게임이론과 국제경제관계 _ 235

제1절 게임이론의 개요 · 235

1. 게임이론의 의의 · 235 2. 게임이론의 개요 · 237

제2절 국가 간 교섭 · 239

1. 개별교섭과 포괄교섭 · 239 2. 2국간 교섭과 다국간 교섭 · 241

제3절 국제무역관계의 게임이론적 접근 · 243
1. 대국과 소국 간 무역관계의 게임이론적 접근 · 243 2. 무역전쟁과 균형 · 245
3. 보복전략과 그 실행 · 247 4. 위협과 완전균형 · 248
제4절 협조게임과 국제경제관계 · 252

제4부 산업과 기업 차원의 국제경제관계

제12장 국가 간 산업연관과 국제경제관계 _ 257

제1절 국제연결 산업연관의 개요 · 257
1. 산업연관의 기초 · 258 2. 국제연결 산업연관의 기초 · 263
제2절 국가 간 산업연관의 단위구조 · 266
1. 일반적인 단위구조 분석 모형 · 266 2. 국제연결 산업연관 단위구조 · 268
제3절 동북아지역 내 가치사슬 네트워크 및 산업클러스터 · 269
1. 한·중·일 국제연결 산업연관표의 부문 통합 · 269
2. 동북아지역의 국제연결 단위구조 · 271
3. 자동차산업 활동의 동북아지역 내 네트워크 · 274

제13장 다국적기업과 국제경제관계 _ 278

제1절 다국적기업의 개요 · 278
1. 다국적기업의 개념 · 278 2. 기업 다국적화의 동기 · 280 3. 다국적기업의 특성 · 282
4. 국제무역이론과 다국적기업 · 286 5. 다국적기업과 국가 · 288
제2절 다국적기업의 역사적 변천 · 290
1. 다국적기업의 변형 · 290 2. 다국적기업의 일반화, 대형화 · 292
3. 다국적기업에 대한 국제사회의 평가 · 294
제3절 도입국 및 진출국의 입장 · 296
1. 도입국 및 진출국의 기본적 입장 · 296 2. 다국적기업과 경제 nationalism · 297
3. 내부화 압력과 외부화 압력 · 298 4. 다국적기업과 도입국 사이의 분쟁적 균형 · 299

제14장 다국적기업의 경제적 효과와 국제경제관계 _ 301

제1절 해외직접투자의 증대와 다국적기업 · 301
1. 해외직접투자의 경제적 효과 · 302 2. 해외직접투자의 국제무역 보완/대체론 · 304
제2절 다국적기업의 과세와 국제경제관계 · 306
1. 국가 간 과세원칙 · 306 2. 국제과세의 문제 · 308 3. 기업내무역과 이전가격 · 310
제3절 현지조달 문제와 경제적 효과 · 315

第5部 자원/환경 문제, 국제(지역)공공재와 국제경제관계

第15장 자원/환경 문제와 국제경제관계 _ 321

제1절 자원/에너지 문제의 특징 · 321

1. 자원/에너지 문제 · 322 2. 자원/에너지 문제의 중요성 · 323

제2절 국제자원 문제와 국제경제관계 · 326

1. 천연자원에 대한 항구주권과 남북관계 · 327

2. 천연자원에 대한 항구주권의 실행 · 330 3. 자원 카르텔 · 330

4. 1차 산품 문제와 국제경제관계 · 331 5. 수출소득 불안정과 로메협정 · 335

제3절 국제환경 문제와 국제경제관계 · 335

1. 국제환경규제 · 337 2. 환경 관련 자금협력 · 341 3. 환경 관련 기술이전 · 342

4. 국제환경규제와 국제무역 · 343

第16장 국제(지역)공공재의 활용 _ 346

제1절 국제공공재의 개요 · 346

제2절 국제공공재 관련 논의 · 347

제3절 국제공공재의 구성요소와 실체 · 350

1. 국제공공재의 구성요소 · 350 2. 국제공공재의 실체 · 351

제4절 국제공공재의 적정 공급을 위한 유인: 금전적 이전 · 355

제5절 국제지역공공재 · 357

1. 국제지역공공재의 개념 및 구성요소 · 358

2. 국제지역공공재의 실체: 동북아지역의 경우 · 359

찾아보기 _ 363

제1부
국제경제관계의 개요

제1장 _ 경제학 및 국제경제학 재고

제2장 _ 국제경제관계의 개념, 유형 및 관점

제3장 _ 국제경제관계의 기본이념: 상호주의

제4장 _ 국제경제의 수렴/발산과 국제경제관계

제1장
경제학 및 국제경제학 재고

제1절 경제학 재고

1. 경제활동의 목표

경제활동의 궁극적인 목표는 경제성장과 발전이다. 사람들은 지금까지는 물론 앞으로도 속도, 내용, 방식은 변할지라도 여전히 경제성장과 발전을 추구해 나갈 것이다.

선진국의 경우, 산업혁명 이후 공업화를 추구하면서 이미 고도의 경제성장과 발전을 경험하였다. 이후 안정적인 경제성장과 발전을 이루었으며, 이제는 성숙기 또는 정체기에 접어들었고, 더 이상 기존의 방식으로 지속적인 경제성장과 발전을 추구하는 것이 어렵게 되었다. 특히 자연, 환경 문제가 심각한 상황에 직면하여 어떻게 하면 자연, 환경을 보호하면서 지속 가능한 성장과 발전을 추구할 수 있는가가 모두의 관심사로 급부상하였다. 이에 따라 선진국에서는 산업혁명 이후 경제성장과 발전을 이룬 공업화 사회가 하나의 전환점에 이르게 되었고, 새로운 비전을 구축하려는 시도가 나타나고 있다. 특히 21세기로 접어들면서 경제사회가 동태적으로 다양하게 변화하는 가운데, 사람들은 새로운 내용과 방향의 경제성장과 발전을 추구하고 있다.

한편 인류의 3분의 2 이상이 속해 있는 개발도상국과 후진국의 경우를 보면, 뒤늦게 경제개발과 공업화를 추진하기 위하여 선진공업국이 경험한 경로와 방식을 채택하면서 후발성 메리트를 추구하고 있다. 그러나 기존의 경제성장과 발전 방식에서 비롯되는 사회

문제, 환경 문제 등이 심각한 지경에 도달해 있는 상태에서, 선진국이 이에 대해 적극적으로 제동을 걸고 있는 실정이다. 그런 가운데 새로운 경제성장과 발전의 경로와 방식을 개발도상국 및 후진국 스스로가 모색해 나가기는 어려운바, 이들 국가의 경제성장과 발전이 쉽게 진전되지 못하고 있다.

이제 인류 경제활동의 궁극적인 목표인 경제성장과 발전에 관하여 발상 자체의 전환이 필요하다. 그러나 일반적인 비전이 아직 구체적으로 제시되지 못하고 있는 가운데, 선진국은 물론 개도국에 있어서도, 각기 자국의 경제조건에 맞는 새로운 경제성장과 발전의 방식과 비전을 모색하고 있다. 그러나 그것들이 반드시 각국 간에 조화롭고 상호적인 방식으로 전개되고 있지는 않으며 오히려 부조화 또는 일방적인 추구로 나타나기도 한다. 그리하여 각국은 원하건 원하지 않건 대립과 마찰 및 분쟁이 항상 존재하는 가운데, 협조와 조정의 필요성이 절실하다는 점에서 국제경제사회에 전개되고 있는 새로운 국면의 특징이 있다.

2. 경제적 진보의 개념

경제성장과 발전은 '각국의 경제적 진보의 역사'로 정의될 수 있다. 이러한 개념 정의에서도 알 수 있듯이 경제성장, 발전 문제를 고려할 때 중요한 요소들로 세 가지를 들 수가 있다. 바로 '각국', '경제적 진보', '역사'의 세 가지 요소이다.[1]

최근 각국의 경제성장, 발전의 문제는 더 이상 국가별 독자적인 노력에 의하여 해결될 수 없다. 오히려 상호의존의 국제경제관계 차원에서 문제가 파악되고, 해결책이 모색되어야 하는 경우가 점차 늘어나고 있다. 전통적인 시각에서는 경제성장, 발전의 기본적 관찰단위가 국가에 한정되었다. 그러나 국가 간 상호의존이 심화되고 있는 가운데 경제성장, 발전에 대한 인식의 변화가 요구되고 있다. 이러한 필요성은 국제경제사회의 주체가 다양해지고, 이들 주체 사이에 국제경제관계의 다양성이 심화되면서 현저하게 나타나고 있다.

따라서 오늘날 경제성장, 발전의 기본 개념은 '국제경제사회 속에서 각국의 경제적

1) 鳥居泰彦, 經濟發展理論, 1978, p. 7.

진보의 역사'로 정의된다. 경제성장, 발전 문제를 고려할 때 '각국', '경제적 진보', '역사'의 세 가지 기본요소 이외에 '국제경제사회 속에서'의 관계가 주요 요소로 나타나고 있다. 즉 세 가지 기본요소의 개념이 국제경제사회라는 커다란 틀 속에서 규정되는 것이다. 경제성장과 발전의 세 가지 기본요소에 관하여 보다 상세하게 정리하면 다음과 같다.[2)]

1) 각국

우선 각국이란 개별 국가를 의미하며, 경제성장, 발전의 문제는 구체적인 국가를 고려하지 않으면 의미가 없다.

그러나 경제학은 추상적인 개념으로 '어떤 사회', '어떤 경제'를 상정하여 분석하고 있다. 이것은 구미제국과 같이 국가의 특성, 발전 단계, 요소부존 상태, 역사적·문화적 배경 등이 유사하고 동질적인 경제를 설명하는 때에는 유효하다. 그러나 세계의 다양한 국가경제를 이해하려면, 각국의 배경으로 되어 있는 여러 가지 조건들, 즉 역사, 지리, 문화적 조건들에 관한 이해가 선행되어야 한다. 이러한 제반 조건들을 무시 또는 경시하고 일반적인 이론을 구성하기는 불가능하며, 일반적 이론이 구성되었다 해도 실제적 의미를 갖기 어렵다. 한 나라의 경제성장과 발전은 그 나라가 어디에 위치하는지, 전통과 문화는 어떻게 생성되어 발전되어 왔는지, 그러한 상황에서 주변국 및 여타 세계의 국가들과는 어떠한 관계가 이루어져 어떠한 동태적인 변화를 경험하고 있는지 등의 조건에 따라 결정적인 차이가 나기 때문이다.

한편 국가라는 관찰단위를 중요시해야 하는 또 다른 이유가 있다. 경제성장, 발전이 시동되고 가속되기 위한 기본적인 요건은 사람들이 일정한 '사회적 공통원리'하에서 경제활동을 해야 한다는 것이다. 여기서 '사회적 공통원리'란 국가의식의 형성이라 할 수 있다. 한 국가 내에 있다는 공통 의식이 없이는 경제활동상 최소한도로 필요한 법률제도, 상거래 관련 제도, 금융제도, 상관습 등의 이른바 제도적 기반soft infra-structure 및 도로, 철도, 항만 등 물적 기반hard infra-structure이 성립될 수 없다. 이것들은 공통의 국가의식에 의하여 지지되는 국가를 단위로 하여 비로소 성립된다. 제반 경제정책, 경제계획도 국가를 단위로 성립되

---

2) 鳥居泰彦, 前揭書, pp. 7-12.

며, 국가 간 경제협력이나 원조의 조직도 각국의 독립성을 전제로 하여 성립되고 있다.[3)]

이렇듯 특정 국가라는 구체적인 관찰단위가 중요하다는 것은 일반적 원리를 추출해 나가는 경제분석의 자세와 상반되는 것이 아니다. 오히려 국가를 단위로 관찰함으로써 일반적인 원리가 발견되어야 한다. 경제성장, 발전의 일반적 법칙은 후진국과 선진국 모두에 적용되는 설명원리가 아니라 각각의 차이를 설명한다는 차원에서 일반적 원리가 되어야 한다. 따라서 '국제경제사회 속에서의 각국', '국제경제관계 속에서의 각국'이 보다 중요한 의미를 갖는다.

2) 경제적 진보

경제적 진보의 개념은 아담 스미스A. Smith를 비롯한 고전학파 이후 경제학 체계 속에서 명확하게 인식되어 왔다. 특히 현대 경제학의 분석 개념을 이용하여 경제적 진보의 본질적인 내용을 구체적이고 명확하게 설명한 연구자로 클라크C. G. Clark가 대표적이다. 클라크는 재화와 서비스의 공급 및 부 그 자체뿐만 아니라 보다 넓은 개념으로 후생의 증대야말로 경제적 진보라고 주장하고 있다. 후생이란 개념은 신고전학파 경제학의 이른바 '사회적 후생함수'의 세계에서만 보면 추상적인 것에 그치게 되나, 클라크는 그 내용을 매우 포괄적이고 구체적으로 다음과 같이 서술하고 있다. 클라크는 그의 저서 『경제진보의 제조건』의 모두에서 다음과 같이 설명하고 있다.[4)]

> … 사람들을 행복하게 하기 위하여 필요한 경제체제를 만들어 내는 데에는 생활필수품을 구입하기에 충분한 지속적인 화폐소득뿐만 아니라, … 사람들이 정말로 하고 싶은 것을 하고 싶은 방법으로 행하는 것을 가능케 하기에 충분한 재산의 소유와 독립의 유지 등이 필요하다. 또한 전통에 대한 사람들의 욕구, 선조로부터 물려받은 것을 사용함으로써 얻는 만족감, 전통을 자손에게 물려주려는 욕망도 사람들의 행복의 요소임을 잊어서는 안 된다. …

---

3) 특정 지역 차원에서의 제도적·물적 기반이 지역 내 사회적 공통원리하에서 형성되어 활용되고 있는 경우도 있는데, 대표적인 예로 유럽연합(EU)을 들 수 있다.

4) C. G. Clark, *The Conditions of Economic Progress*, Macmillan, 1957.

클라크에게는 이러한 것들이 후생의 구체적인 내용이며, 이것의 증대야말로 경제적 진보인 것이다. 클라크의 경제적 진보의 내용을 현대 경제학의 분석 틀에 맞추어 정리하면 광범위한 측면에서의 경제적 진보를 포괄적으로 다루는 것이 가능해진다. 생산의 증대, 기술의 진보, 산업구조의 변화, 자본축적, 수요구조의 변화, 제도적 진보, 가치관의 변화 등의 측면에서 전통적인 경제학이 개별적으로 다루었거나 경시 또는 무시했던 부분들이 주요 요인들로 나타나고 있음을 알 수가 있다.

3) 역사

한편 이러한 경제적 진보는 역사적 현상이다. 때문에 부유한 또는 가난한 국가경제의 현재만 보아서는 그 국가경제에 대한 정확한 이해를 하기 어렵다. 경제 현상을 하나의 균형 상태로 해석하는 경제학의 전통적인 방법론의 세계에서는 역사적인 인과관계와 변화의 법칙을 무시해 버리는 위험성이 항상 존재한다.

경제적 진보가 역사적 현상이라고 하는 데에는 또 하나의 의미가 있다. 역사적 현상은 문명의 사회적 측면과 기술적 측면의 상호작용의 과정이며, 경제 현상만을 분리해 내기는 어렵다. 뮈르달G. Myrdal에 의하면,[5] "경제발전의 문제에 관하여 이것을 경제적 요인과 비경제적 요인으로 구별하는 것은 아무리 정확하고 명쾌한 기준에 의한 구별이라 하더라도 작위적인 것이다."라고 설명하고 있다.

이렇게 보면, 경제적 진보가 역사적 현상임을 이해하는 것은 '종합적 이해'의 문제와 같다는 것을 알게 된다. 그러나 문명 전반에 걸친 상호작용으로서의 역사를 종합적으로 이해하기는 실제로 매우 어렵다. 지금까지 경제적 진보에 관한 이론연구가 역사적 측면을 무시해 왔던 것은, 시야가 넓어질수록 관점은 흐려지고 분석이 어려워지는바, 이를 기피하려 했기 때문이다. 한편 시야를 좁히고, 많은 것을 제외하고, 추상의 도를 더해 온 이론적 접근은 일견 정확한 결론을 내고 있는 것처럼 보인다. 지난 100여 년간 경제발전이론의 계보를 되돌아보면, 아담 스미스A. Smith 시기의 초기 고전학파 경제학에 존재했던 넓은 시야와 역사적 감각은 완전히 사라지고 만다. 슘페터Schumpeter, 쿠즈네츠Kuznets,

5) G. Myrdal, *Asian Drama: An Inquiry into the Poverty of Nation,* New York: Pantheon, 1968.

뮈르달 등의 일부 연구자를 예외로 하면, 극도의 사상捨象과 추상의 세계에 갇혀 있는 듯하다.

선진국들의 경제성장, 발전의 둔화 및 정체가 뚜렷하게 나타나고 있으며, 저개발국의 경제성장, 발전이 늦어지고 있는 오늘날, 각국 간의 경제적 부조화가 더욱더 심해지고 있는 가운데, 다시 한 번 경제적 진보에 관한 종합적인 이해와 역사적 접근의 필요성이 중요시되고 있다.

3. 경제학 재고

1) 경제학의 연구계보

(1) 경제성장, 발전이론

경제성장과 발전이란 인류 경제활동의 궁극적인 목표이다. 그렇기 때문에 경제성장과 발전이란 주제는 경제학에 있어서 고전학파 이래로 가장 기본적인 연구주제이다. 특히 고전학파가 형성, 발전하기 시작한 시대는 인류사상 처음으로 공업화를 경험하고, 근대사회의 경제성장 및 발전의 구체적 방안에 눈을 뜬 시기였다. 그러므로 경제학도 한동안은 공업화에 의한 경제성장, 발전이란 문제를 정면으로 파헤치는 것을 주요 내용으로 하였다.

역사적으로 보아 19세기 초반에 경제성장, 발전에 관한 문제의식 및 관련 연구의 활발한 진전이 있었다. 이러한 적극적인 연구활동은 이후 두 번에 걸쳐서 부활을 경험한다. 제1의 부활은, 1945년의 종전 후 전승국인 선진국 사이의 저개발국에 대한 원조경쟁을 계기로 생겨나게 된 경제성장, 발전 연구의 부활이다. 종전 후, 많은 식민지들이 신생국으로 독립하였고, 미소 간 동서냉전이 격화되는 과정에서 세계의 주요 선진국은 어떻게 하면 저개발국들을 자기 진영으로 끌어들일까 고심하면서 원조경쟁을 하게 된다. 그 결과 경제성장과 발전 문제에 관한 국제적인 관심이 고조되었고, 저개발국의 경제성장과 발전에 관한 연구가 급속히 진전된 바 있었다.

제2의 전개는 최근에 나타나고 있는 새로운 경제성장과 발전 연구의 움직임이다. 선진국에서는 산업발전의 정체감이 명확히 나타나고 있으며, 한편으로는 선진국 상호 간에, 또한 선진국과 후진국의 경제발전이 상호 이해를 조정해야만 하는 경우가 빈번히 나타나게 되었다. 이에 따라 국가 간 조화 및 균형 회복의 문제를 포함하여 넓은 의미에서 경제성장, 발전 문제를 생각하지 않으면 안 되게 된 것이다.

(2) 주류 경제학의 변형

18세기 이후 오늘에 이르기까지 경제학의 지식은 크게 증대되었다. 미시경제학의 분야에서는 일반균형론이 고도의 수학을 이용하여 보다 정교하게 발전하였고, 아울러 안정성에 관한 분석도 발전하였다. 거시분야에서는 다양한 동학 모형, 성장론, 인플레이션 이론 등이 활발하게 전개되었다. 이러한 이론들은 다양한 분야에 응용되었고, 이론의 검증에 관한 계량경제학도 발전하였다.

그런 가운데 제2차 세계대전 이후 1950, 60년대에는 케인즈 경제학이 번성기[6]를 맞게 되나 1970년대에 들어서면서 그 위력이 약화되기 시작한다. 케인즈 경제학이 1970년대의 각국 경제의 움직임을 설명하는 데 있어서, 또한 현실경제 문제에 대한 대응 논리로 활용하기에는 불충분한 것으로 평가되면서, 신고전학파 경제학이 이를 대신하게 된다. 그 대표적인 것이 프리드먼M. Friedman의 통화주의 경제이론으로, 이른바 신고전학파의 시대가 다시 열리게 된다.

한편 1960년대까지는 힉스-한센의 IS-LM분석을 기점으로 케인즈 이론은 임금경직성에 의거한 특수이론이며, 가변적 임금 하에서는 완전고용균형이 성립된다고 하여 케인즈 이론을 일반적인 신고전학파이론의 특수한 경우로 규정하는 '신고전학파 종합neo classical synthesis'이 사뮤엘슨에 의하여 주창되기에 이른다. 이후 1970년대에 스태그플레이션과 이른바 경제학의 새로운 위기국면을 경험하면서 주류경제학은 크게 변하였다. 수요 측면을 중시하는 경제학인 케인즈 이론이 인플레이션과 실업의 동시적 존재로 무력해짐에 따라 자연실업률 가설, 합리적 기대가설 등이 출현하였다. 다시 1980년대에 들어서면서 통화주의 경제이론이 퇴조하는 한편, 공급 측면의 경제학이 대두되었고, 케인즈 경제학의 재구축을 시도하는 포스트 케인지안이 출현하였으며, 개방경제의 거시경제학 등이 현실경제에 관한 문제인식과 해결의 방안을 모색하는 데 새롭게 활용되기에 이른다. 통화주의 경제이

---

6) 1960년대 초 케네디 정권하에서 뉴 이코노믹스(new economics)로 불리면서, 케인즈 경제학자에 의하여 적극적인 재정금융정책, 이른바 케인즈적 정책이 전개되었다.

론이 퇴조하게 된 원인은 무엇보다도 현실경제의 특성으로부터 찾을 수 있다. 즉 1980년대에 들어서면서 통화 공급과 국민총생산, 인플레이션 사이의 관계가 현저하게 약해졌다는 것이다. 그 대신에 화폐적 쇼크를 대신하여 실물적 쇼크의 역할을 중시하는 연구가 활발히 이루어졌는데, 이른바 공급 측면의 경제학이다. 이후 1980년대에 들어서면서 신성장이론 등이 전면에 나타나는 등 경제학은 새롭게 변화 발전하고 있다.

2) 경제학과 현실경제

이렇듯 경제학의 역사를 되돌아보아도 알 수 있듯이 경제학이란 학문의 성격은 본질적으로 현실을 뒤따르게 된다. 즉 물질적인 현상을 분석하는 자연과학과는 달리 인간사회를 대상으로 하는 경제학에서는 사회의 변화가 연구대상을 규정한다.

그러나 지난 한 세기 동안, 한편으로는 근대경제학의 발전이 괄목할 만하게 진전되었으며, 다른 한편으로는 현실의 경제에 있어서 새로운 문제점들도 계속 생겨나고 있는 가운데, 이론과 현실의 격차가 확대되었다. 이론전개가 정교하게 이루어진다고 현실과의 괴리가 반드시 축소되는 것은 아니다. 근대경제학의 괄목할 만한 발전이란 다름 아닌 기존의 이론들을 보다 세분화하거나 정교하게 다듬는 등 방법론적인 측면에서 이루어지고 있었으며 현실경제의 변화를 수용하기에는 지극히 제한적이었다.

그런 가운데 무엇보다도 1980년대에는 '국경 없는 경제'라는 용어로 상징되듯이, 국제적인 요인이 종래와는 다른 의미를 가지고 경제학에 점점 더 중요한 영향을 미치기에 이르렀다. 또한 각국의 경제현안(각종 부조화, 불균형 등)들이 심각한 문제가 되고 있는 가운데 국가 간 이해관계가 첨예하게 대립되어 있어 마찰/분쟁이 빈번하게 발생하는 등 1980년대 이후는 세계경제에 있어서 격동의 시대라 불리기에 충분하였다. 특히 1970년대에 경험한 양차에 걸친 석유위기는 제2차 세계대전 이후의 고도성장 및 안정성장의 궤도를 달려온 세계경제를 크게 변화시켰다. 무엇보다도 실업과 인플레이션이 공존하는 스테그플레이션 현상이 일반적·항상적으로 나타나게 되었다. 이에 대응하기 위하여 세계 각국은 자국의 제반 여건에 따라 서로 다른 대응을 선택하지 않을 수 없었으며, 이러한 서로 다른 선택이야말로 국제경제 환경변화를 더욱 악화시키는 방향으로 작용하였다.

이에 따라 각국 및 국제경제 환경의 급속한 변화를 정확하게 분석하고 그에 따른 제반 경제 문제에 대한 처방을 내릴 수 있는 경제학의 방법론이 새롭게 요구되고 있다. 경제학이 대응해야 하는 제반 문제들이 더욱 복잡해지고 있는바, 이제 단순가설로 출발하여 현실경제에 유용한 결론을 도출해 내는 것 자체가 어려워지고 있다. 슘페터는 이러한 경제학을 장난감 대포를 가지고 실전에 뛰어드는 것에 비유하면서, 더 이상 그러한 무의미한 경제학의 역할에 머물러서는 안 될 것이라고 강조하고 있다. 가설을 세워 모형식을 만들고 이론을 전개해 나가는 데 있어서 무엇보다 중요한 것은 그 가설이 현실에 비추어 적합하게 세워져 있는가 하는 것이다. 이렇듯 경제학의 기초가 되는 가설은 예리하고 깊은 문제의식으로부터 현실의 특징을 정확하게 그려 내는 것이어야 한다. 이는 해로드Harrod가 지적했듯이 "강렬한 리얼리즘과 뿌리 깊은 상식" 없이는 불가능한 것이다.

3) 경제학의 연구영역

근대경제학은 그 연구대상 및 분석방법에 따라 크게 미시적 분석과 거시적 분석으로 구성되어 있다. 주지하는 바와 같이 미시적 분석의 대상은 가계, 기업과 같은 개별 경제주체의 행동이다. 거시적 분석의 대상은 전체 경제사회, 즉 일정한 지리적 범위의 '영역' 내의 경제사회에서 형성되어 있는 제반 경제구조와 기능이다.

그런데 이러한 '영역'이란 일반적으로 어떠한 특정국가에 의하여 규정된다. 모든 경제주체는 원칙적으로 특정국가의 주권하에 존재하며, 행동하고 있다. 그리하여 현실경제를 분석하는 경우, 특히 국제경제사회에서의 제반 현실경제를 분석대상으로 하는 경우에, 국가주권으로부터 나오는 영향력을 무시하고는 현실경제의 실체를 이해하기 어려우며 또한 경제 문제에 대한 해결방안을 모색하기 어렵다. 물론 국내라는 지리적 영역의 범위에 한정된 경제사회에 관한 거시적 분석이나, 동일 국가에 속하는 각 경제주체에 관한 미시적 분석을 행할 경우에는 국가주권으로부터 나오는 영향력이 개별 경제주체에게 동등하게 나타날 것으로 전제하고 접근하게 되므로 별도의 명시적인 고려를 하지 않아도 된다. 그러나 서로 다른 국가에 속해 있는 경제주체들 간의 경제관계를 분석할 경우에는 각각의 국가로부터의 영향을 고려하지 않을 수 없다.

일반적으로 개별 주체 간의 경제관계는 다음과 같이 세 가지 형태로 나눌 수 있다. 거주자 간의 관계, 거주자와 비거주자 간의 관계, 그리고 비거주자 간의 관계가 그것이다.

첫째는 국내경제관계이며, 둘째는 대외경제관계, 셋째는 외국에서의 국내경제관계이다.

이러한 개별 주체 간의 국내경제관계와 대외경제관계의 구별은 거시적 경제분석에서 어떻게 이루어질까? 원래 거시적 분석은 집계된 경제량의 관계를 검토하는 것으로, 그 집계의 범위는 당연히 분석의 목적에 적합하도록 정해진다. 그 범위로 가장 일반적인 것이 바로 국가 영역이다. 그것은 거시적 분석이 한 나라의 경제상태를 해명하기 위하여 시작되었다는 경위에서 보아도 당연한 것이다. 이 집계는 같은 종류의 미시적 경제량에 관하여 행해지게 되나, 미시적 경제량에 관한 경제관계에는 위와 같은 세 가지 종류가 있으므로 거시적 경제량에 관한 것도 마찬가지로 구분할 수 있다.

일반적으로 국내경제관계에 관하여 만들어진 경제의 분석 모형을 '폐쇄경제 모형'이라 하며, 대외경제관계를 포함하여 만들어진 경제의 분석 모형을 '개방경제 모형'이라 한다. 폐쇄경제 모형이란 모형이 일국 내에서 자기완결적인 것을 의미하며, 거시경제학에서는 특히 외국무역 등을 제외한 것을 의미하기도 한다. 한편 국제무역/국제금융을 통하여 각국 경제의 상호의존관계가 심화되는 과정에서는 한 나라 경제라고 해도 외국경제의 동향에 영향을 받으므로 이를 반영하지 않을 수 없으며, 따라서 개방경제 모형에서 국제거시경제의 중요성이 더해지게 된다.

제2절 국제경제학 재고

1. 국제무역과 경제적 진보

1) 국제무역의 발생

국가 간 무역의 발생은 생산과 소비에서의 국가 간 격차가 직접적인 요인으로 작용하여 나타난다. 생산 측면의 격차로는 국가마다 천연자원이나 노동력, 자본, 설비 등 생산요소의 부존상태가 다르기 때문에 재화의 생산에서 그 상대적 비용이 다르게 되고, 따라서 상대가격이 국가에 따라 달라지게 된다. 생산요소의 부존상태가 같다고 해도 기술수준에 격차가 존재하면 역시 공급 측면에서 국가 간 격차가 생겨나 상대가격이 국가마다 다르게 된다.

소비 측면에서는 소비자들의 선호가 국가마다 같지 않으며 따라서 소비자들이 평가하는 재화의 상대가치가 국가마다 다르게 된다.

이와 같이 생산 측면에서의 상대비용, 소비 측면에서의 상대가치가 다른 것이 국가 간 무역에서 발생하는 상호이익의 근본이 되며, 자유로운 시장에서 무역의 증대란 곧 후생의 증대를 의미한다. 한 나라의 생산과 소비 패턴이 외국에 비해 다른 것이 무역 발생의 기초라면, 이러한 패턴의 격차가 크면 클수록 무역의 가능성이 커지고, 또한 무역으로부터 기대되는 무역이익도 클 것이다.

한 나라의 경제가 성장, 발전하면서 무역의 규모나 중요성이 어떻게 변할 것인가에 대하여 단언할 수는 없다. 왜냐하면 경제성장, 발전은 동태적인 개념의 것으로 그 과정에서 생산요소의 부존상태 자체가 변화될 수 있으며, 생산방법을 비롯한 기술의 변화가 나타난다. 동시에 경제성장, 발전에 따라서 소비자의 선호 또는 소비행태도 달라질 것이다. 따라서 경제성장 및 발전의 결과로 무역이 어떤 형태로, 또 어떤 규모로 변화할 것인가는 외국과 동태적으로 대비한 생산요소의 부존, 소비행태가 어떻게 변화하는가에 영향을 받게 된다.

2) 국제무역과 경제적 진보의 관계

(1) 경제성장이 국제무역에 미치는 영향

경제성장의 결과 국제무역이 어떻게 변하는가에 관해 케인즈J. M. Keynes와 먼델R. A. Mundell은 각기 상반된 논지를 전개하고 있다. 우선 케인즈는 경제성장이 무역수지를 악화시킨다고 본다. 이는 수출을 자생적인 것으로 보아 수출은 일정하며, 수입은 소득의 증가함수로 보고 있으므로 당연한 귀결이기도 하다. 그러나 고도성장이 진행되는 기간에는 급속하게, 저성장의 시기에는 점진적으로 경제의 구조가 변화되어 나가므로 수출일정, 수입성향 일정이란 전제는 현실적이지 못하다. 반면에 먼델은 어느 시점에서 성장률 상승은 저축증대와 지출감소로 나타나고, 이에 따라 수입이 감소된다고 보았다.[7)]

그러면 실제로 각국에서는 경제의 성장, 발전 단계별로 국제무역이 어떠한 일반적인 특성을 나타내는가? 우선, 한 나라의 개발 초기 단계에서 점차 공업화가 이루어지고,

---

7) R. A. Mundell, *International Economics*, Macmillan, 1968.

소득수준이 높아짐에 따라 과거의 자급자족적인 경제체제에 비하여 국가 간의 특화가 점차 명확해질 것이므로 무역이 경제에서 차지하는 비중은 일반적으로 커질 것으로 생각된다. 그러나 이미 특화에 의한 무역이 이루어지고 있는 상황에서는, 많은 개도국의 경우에서 볼 수 있듯이 경제성장은 1차 산품 생산에서 점차 공산품의 생산으로 자원이 이동하게 되는데, 이는 곧 과거에 수입에 의존하던 부분을 이제는 국내생산에 의존하게 됨을 의미한다. 따라서 이러한 수입대체의 증대는 무역의 비중을 낮추는 방향으로 작용하게 된다.

선진국의 경우에도 경제성장 및 발전과 함께 교역상품인 1, 2차 산업부문보다 비교역부문인 3차 산업의 비중이 커지므로 전체적으로 무역이 경제에서 차지하는 비중은 낮아진다. 또한 경제성장과 함께 식료, 의류 등에 대한 기초적 수요가 상대적으로 감소하므로 관련 수출입이 상대적으로 축소될 것이다. 물론 이와는 반대로 기술진보에 의한 신상품개발, 국가 간 상품이동에 따른 시간, 비용의 감소, 정보의 신속한 확산, 서비스무역의 확대 등으로 경제성장 및 발전에 따라 무역의 비중이 커지는 요인도 존재하게 된다.

한편 경제성장이 수출확대의 요인이 된다는 것은 성장에 따라 국내생산과 시장의 규모가 확대되어 수출 가능한 상품의 공급이 확대되고, 수출 가능 품목이 증가하며, 생산비용이 저하된다는 점에서도 쉽게 이해할 수 있다.

(2) 국제무역이 경제성장에 미치는 영향

경제성장과 무역의 관계는 이처럼 경제성장에 따라서 무역의 크기가 어떻게 변화할 것인가의 관점이 아니라 역으로 무역이 경제성장에 어떠한 영향을 미칠 것인가의 관점에서 고찰될 수도 있다. 이른바 수출주도형 성장이나 수입대체형 성장 등의 표현에서 알 수 있듯이 무역의 형태, 규모가 경제성장에 커다란 영향을 미치고 있다. 제2차 세계대전 이후 개도국의 무역과 성장의 관계를 보면 수출이 급속히 증대한 국가에서는 경제성장률이 높았고, 반대로 수입대체에 치중한 국가의 경우는 경제성장률이 낮았던 것이 많은 실증적 연구 결과에 나타나고 있어 무역확대와 경제적 진보의 긴밀한 관계를 부인할 수 없다.

수출이 증가하면 성장이 촉진될 것이란 논의는 다음과 같은 몇 가지 이론적 근거를 가지고 있다. 첫째, 비교우위에 입각한 수출의 증가는 자원배분의 효율성을 제고시켜 실질소득을 증대시킨다. 둘째, 수출의 증대로 외화수입이 늘어나고 이로써 경제성장에 필요한 자본재, 중간재의 수입이 용이하게 되어 경제성장에 기여한다. 셋째, 보다 중요한 것은 이상과 같은 직접적인 이유가 아니라 간접적인 요인에서 찾을 수 있다. 즉 수출의 증대는 보다 자유로운 무역거래를 의미하며 이는 한 나라의 경제 개방도를 높여 국내생산자가 외부로부터 새로운 기술을 접할 수 있는 기회를 높이는 것이며, 외부로부터의 경쟁의 격화는 보다 효율적인 기업경영과 생산요소 사용을 촉진시켜 생산성을 높이게 된다. 이외에 세계시장을 상대로 한 분업의 확대는 생산에서 규모의 경제를 실현시키게 된다는 것 등이다.

(3) 국제무역, 경제성장과 경제정책

경제성장과 국제무역 사이의 이와 같은 상관관계에서 성장이 무역을 조장하고, 다시 무역이 성장을 조장하는 등 선순환이 이루어지려면 역시 국내의 경제정책이 중요하다. 성장이 무역을 확대하기도 하고, 무역확대가 성장을 촉진하기도 하지만 선순환의 연관성이 얼마나 뚜렷하게 나타나는가는 경제정책이 어떤 목표를 가지고 어떻게 운영되는가에 의존한다. 또한 경제의 해외부문과 국내부문을 적절히 연계하고 국내 및 세계경제의 여건이 변화함에 따라 전략, 정책의 중점이나 방향도 신축적으로 변동되어야만 수출의 지속적인 확대를 이룰 수 있고, 무역을 통한 성장효과도 크게 나타날 것이다.

2. 개발전략과 국제무역

실제로 1950년대에 들어서면서 특히 후진국들의 개발전략에 관련하여 개발경제학이 구체화되기 시작하였다. 당시에는 개발경제학 전체로 보아 경제주체의 이윤, 효용극대화에 의거한 시장메커니즘을 통한 효율적 자원배분은 개도국에서는 실현되지 않는다는 견해가 강하였다. 그 구체적인 내용은 여러 가지가 있으며 반드시 같은 패러다임을 공유한다고 볼 수는 없으나, 1차 산품 교역조건의 악화, 수입대체 공업화, 정부의 시장개입 및 경제계획의 필요성 등을 주요 내용으로 하고 있다.

그러나 이후 1970년대부터 1980년대에 걸쳐서 개발경제학의 흐름이 신고전학파의 방향으로 나아가게 된다. 그 요인으로, 응용분야로서의 개발경제학이 현실적으로 역할을 하게 된 것을 우선적으로 들 수 있겠다. 이론 면에서 정학적·동학적 시장의 실패, 경제주체 간의 분배 문제, rent-seeking 문제 등이 이윤극대화/효용극대화의 틀 속에서 어느 정도 취급될 수 있게 된 것, 또한 제2차 세계대전 이후 관련 실증연구들이 축적되어 온 것을 배경으로 지적할 수 있다. 그러나 그 이상으로 1970년대에 정부주도형 개발전략의 실패와 그에 따른 누적채무 문제의 심각성이 신고전학파의 대두를 부추긴 것으로 사료된다.

1970년대 후반부터 1980년대에 걸쳐서, 신고전학파적 접근방법에 의한 개발경제학이 활발하게 전개되었다. 신고전학파적 접근방법이란 개도국에게도 선진국과 마찬가지로 시장은 기능하며, 따라서 경제발전을 위해서는 시장자유화를 추구하는 경제개혁이 불가결하다는 것이다. 신고전학파적 접근이 대두된 의의는 개발경제학에 있어서도 자원배분의 효율성이란 미시경제학적 관점의 유효성이 제시된 것이라 하겠다. 그러나 특기해야 할 것은 신고전학파적 접근 특유의 '개발의 정치경제학'이 전개되었다는 점이다.[8] 이러한 신고전학파적 접근을 대표하는 세 가지 논의인 수출지향형 공업화론, 정부실패론, 구조조정 원조론 등은 모두 정치경제학으로 전개된 신고전학파 개발이론의 특징을 잘 나타내고 있다.

1) 수출지향형 공업화론

1950년대에 시작된 초기의 개발경제학에서는, 개도국의 주요 수출품인 1차 산품의 교역조건은 구조적으로 악화된다는 수출비관론이 지배적이었다. 그 결과 수입대체공업화론이 바람직한 개발전략으로 제안되었다. 이에 대하여 신고전학파 개발이론은 개도국의 수출증가 또는 경제성장에서 가장 중요한 요인은 개도국 자신의 무역정책에 달려 있는 것으로 보았다. 특히 무엇보다도 무역제도, 무역정책과 경제성장의 관계에 있어서 수출지향형 공업화의 유효성이 제안되었다. 이와 더불어 무역자유화까지 제안한 개발경제학의 논의는 자유방임주의를 주장한 것이라기보다, 오히려 국제무역의 수행주체로서의 정부역할을 적극적으로 인정한 것이었다. 즉 정부의 경제개혁에 의하여 시장의 자유화를 추진하

8) T. N. Srinivasan, "Neoclassical Political Economy, the State and Economic Development", *Asian Development Review*, vol. 3, no. 2, 1985.

고 그것이 장래 달성될 것으로 예상되는 상태에서 시장이 기능하게 된다는 점을 강조했다는 의미에서 신고전학파적 접근이라 불리는 것이다. 그 상태에 달하기까지는 정부가 개혁주체로 결정적인 역할을 해야 한다는 것이 전제로 되어 있다.

2) 정부실패론

신고전학파 접근은 초기 개발경제학의 체계가 시장실패를 전제로 했던 것과는 대조적으로 정부실패를 강조하였다. 개도국에서는 경제활동에 대하여 여러 정부규제가 있다. 이런 규제는 여러 종류의 지대(렌트)를 추구하는 경쟁을 초래한다. 경쟁적 지대 추구활동은 경제활동을 위축시키고(즉 생산가능곡선의 내부로 축소시키며), 일정의 경제활동에 있어서는 사적 비용과 사회적 비용의 괴리를 자아낸다는 것이다.

3) 구조조정 원조론

신고전학파 정치경제학의 시장자유화론에서는 개도국 정부를 지원하기 위하여 원조를 공여한다는 논리가 전개된다. 개도국 정부는 공기업을 발전의 주체로 하여 민간기업의 발전을 억제하며, 심지어 원조를 획득하기 위하여 국제수지 적자를 의도적으로 만들어 내기도 한다. 그래서 민중의 빈곤에는 무관심하며, 스스로의 정치권력 유지만을 위하여 원조를 이용하기도 한다. 그러나 만일 개도국이 원조의 수취국으로서 시장자유화를 촉진하여, 민간활력을 조장하는 정부라면 경우는 다르다. 신고전학파 정치경제학에 있어서의 원조론은 이러한 발상의 전환 위에 성립되어 있다. 개도국 정부의 시장자유화를 추구하는 경제개혁을 지원하기 위하여 구조조정 원조 또는 정책지원이 필요로 된다. 그것이 실제로 국제통화기금IMF, 세계은행WB에 의한 개발원조의 정치경제학으로 나타나게 되는 것이다.

그러나 이후 1990년대에 이르러 서서히 나타나는 개발경제학의 새로운 양상은 다시 신고전학파적 접근에 대한 비판의 형태로 전개된다. 그 어느 것도 개발경제학의 영역에만 머무르는 것이 아니라 일반적인 이론으로 전개되고 있다는 것이 특징이며 정부, 시장, 제도라는 세 가지 영역 간의 관계를 종합적으로 파악하는 특징을 가지게 된다.

3. 국제경제학 재고

1) 국제경제의 이론과 실제

(1) 완전시장 대 불완전시장

근대경제학의 한 분야인 국제경제학에도 현실경제와 이론 사이의 괴리가 나타나고 있다. 가장 대표적인 국제무역이론인 헥셔-오린H-O 이론은 완전경쟁시장, 이른바 마찰이 없는 세계에서 자유무역을 통하여 세계경제는 규범적인 파레토 최적 상태에 도달한다는 것을 나타내고 있다. 즉 2국-2재-2요소의 세계에서 완전경쟁, 동질적 수요패턴, 일반적 요소를 대상으로 하고 있으며 무역장벽, 수송비는 존재하지 않는다는 등 고도로 단순화된 가정하에서 전개되고 있다. 이러한 세계에서 각국은 일반적 생산요소의 부존상태가 규정하는 비교우위구조에 따라 생산을 특화하고, 각각 비교우위재를 교환함으로써 무역이익이 생겨난다.

각국이 비교우위의 산업을 특화하고 국제분업이 행해지는 결과 생기는 생산과 소비패턴의 불일치는, 국제 재화시장이 완전하다고 가정되어 있으므로 비교우위재를 자유무역시장에 공급하고 비교열위재를 수요함으로써 완전히 해소된다. 이렇게 하여 교역조건은 유리하게 되고, 보다 상위의 사회적 무차별곡선상에서의 소비가 가능하게 되므로 무역이익이 얻어지는 것이다.

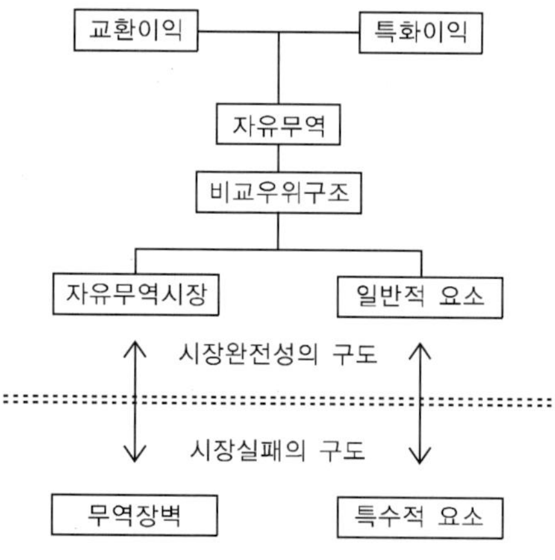

그림 1-1. 시장완전성, 시장실패의 구도

한편 국가 간에 당초 차이가 있었던 요소가격차는 상품가격차에 체화되어 제정된 결과 일정조건하에서는 상대적, 그리고 절대적으로 균등화된다. 이에 따라 자유무역에 의하여 파레토 최적 상태가 달성된다. 여건의 변화에 의하여 비교우위구조가 변해도, 일반적 생산요소하에서는 그것에 대응되는 산업구조의 전환이 유연하게 이뤄지고, 완전한 국제시장을 통하여 생산, 수요패턴의 불일치가 소멸되므로 파레토 최적은 항상 유지되는 것이다. 이렇게 완전시장의 세계에서는 요소부존상황의 국가 간 차이는 무역에 의하여 완전히 제정되며 기타의 제정수단이 존재할 여지는 없다.

그러나 현실세계는 이러한 완전시장이 아니라 오히려 불완전시장의 세계이다. 따라서 불완전시장의 세계를 논하는 것이 필요하다. 우선 국제적인 재화시장의 실패(무역장벽의 존재) 때문에, 생산물은 국가 간에 완전하게 교환되지 않는다. 생산물의 비이동성immobility의 특성이 존재하고 있는 것이다. 또한 일반적 생산요소시장의 실패가 괄목할 만하게 나타나고 있다. 즉 생산요소의 일부분은 산업 간을 자유로이 이동할 수는 없으나 국경을 넘나들며 이동할 수 있는 이른바 산업(기업)특수적 요소로 존재하고 있으며, 다른 한편으로는 국경 내에 존재하면서 산업 간에 이동이 가능한 요소로 국가특수적 요소 등이 존재하는데, 이러한 특수적 요소이론이 오히려 현실적인 것으로 지적되고 있다.

(2) 비용결정형 무역이론과 수요결정형 무역이론

이상의 헥셔-오린 이론을 포함하여 고전적인 무역이론은 크게 다음의 두 가지 형태로 나뉜다. 하나는 비용결정형 무역이론이고, 다른 하나는 수요결정형 무역이론이다.

비용결정형 무역이론에는 고전적인 비교생산비 이론, H-O 이론 등이 포함된다. 그 주요 내용은 각국의 생산요소 부존상황이 상이한 것, 그래서 생산비용에 격차가 생기는 것이 국제무역을 만들어 낸다는 것이다. 더욱이 생산요소 부존량에 격차가 존재하지 않아도 규모의 경제성이 존재함으로써 무역이 이루어지는 경우도 있다. 예를 들면 한국은 반도체를 특화하고 미국은 항공기를 특화하여 양측이 서로 생산하지 않는 것을 싼값으로 상대국으로부터 수입한다는 일반적인 규모의 경제성에 의한 무역이론이다. 이러한 논의의 대전제는 같은 재화를 어느 국가에서나 생산할 수는 있으나, 가장 싸게 만들 수 있는 곳에서 생산이 이루어진다는 것이다.

이에 반하여 수요결정형 무역이론은 다음과 같다. 실제의 무역을 보면, 가령 독일과 인도, 또는 호주와 일본과 같이 경제/산업구조가 전혀 상이한 국가 간에서가 아니라, 영국과 프랑스, 미국과 일본 등과 같이 아주 유사한 국가 간에 무역이 활발하게 이루어지고 있다. 이것은 비용결정형 무역이론만으로는 설명하기 어렵다. 왜냐하면 비용결정형 무역이론의 최대 특징은 무역이 일어나는 이유를 각국의 조건의 상이성에서 구하고 있기 때문이다. 즉 각국의 장단점을 살리면서 생산이 이루어지고 교역을 행한다는 것이다. 그러나 실제의 국제무역은 그러하지 않으며, 이에 대하여 린더S. B. Linder는 다음과 같은 논리를 전개하였다.[9] 예를 들면 독일, 일본, 인도, 태국과 같이 소득수준이 상이한 국가 간의 무역을 생각해 보면, 독일의 최빈층 사람은 인도, 태국의 중산층이 수요하는 것을 원하며, 또 인도의 부유층은 인도에서 만든 제품보다 독일과 일본 제품을 선호한다. 여기에서의 발상은 이른바 소득수준에 따라 무역패턴이 결정된다는 것이다. 이것은 비용이 중요하지 않고 각국의 소득수준, 시장조건이 상품의 성격을 결정한다고 보는 것이다. 이런 견해에 의하면 산업내무역의 이론도 수요결정형 무역이론의 하나인 셈이다.

(3) 무역이론과 국제무역 시스템

이상의 사실로부터 전후戰後 세계경제 성장기의 국제무역 시스템과 무역이론 사이에 흥미로운 관계가 보인다. 예를 들면 GATT체제는 수입수량할당의 폐지나 관세 인하가 주요 목표였으며, 또한 GATT의 가장 핵심적인 공헌이었다고 할 수 있다. 이러한 GATT의 움직임을 무역이론의 입장에서 본다면 그것은 비용결정형 무역이론에 가까운 발상에 의한 것이다. 왜냐하면 거래되고 있는 상품은 표준적인 것이란 대전제가 있기 때문이다. 즉 쇠고기는 미국산이든 호주산이든 한국산이든 별 차이 없이 같게 다루어지므로 쇠고기를 어디에서 제일 값싸게 생산하는가를 중시하며, 그곳에서 수출한다는 메커니즘을 만들면 되는 것이다. 그것이 국경의 수량조치철폐이다. 단 어째서 특정의 국가가 의류를 싸게 생산하고 있는가, 왜 특정국가가 쌀을 싸게 생산하는가 하는 비교우위의 원인은 별로 문제시하지 않는다. 이렇듯 전후의 무역자유화 입장은 비용결정형 무역이론의 발상에 가깝다.

---

9) S. B. Linder, *An Essay on Trade and Transformation*, New York: Wiley, 1961.

(4) 국제무역의 새로운 요인

그러나 현실경제에서는 그러한 상품도 많이 있으나, 그렇지 않은 상품도 늘어나고 있다. 재화에 체화되어 있는 서비스라든가 브랜드 등이 보다 중요한 의미를 갖게 되었고, 제품차별화가 진전되면서 수요결정형 무역이론이나 비용결정형 무역이론 그 어느 한편만으로는 설명이 안 되는 부분이 늘어가고 있다.

이에 따라 무역이론의 새로운 전개 방향으로는, 산업내무역, 기업내무역, 규모의 경제성에 관한 새로운 시각, 기업에 의한 전략적 행동과 무역의 연계, 비표준적 재화의 무역에 관한 이론, 특수적 요소 이론 등이 나타나고 있는 것이다. 이와 함께 무엇보다도 근대경제학의 한 분야로서의 국제경제학에서 국제경제관계의 중요성이 점차 인식되면서 상호의존성 도입 및 게임이론 도입 등을 통하여 '국가 간 관계'라는 변수를 다루려는 새로운 시도도 이루어지고 있다.

2) 국제경제의 정치화

전통적인 국제경제이론에서는 오로지 생산요소의 집합체로서 국민국가를 생각하고 있으나 그것만으로는 충분치 못한 이유들이 있다.

힉스Hicks는 국가란 정치적 단위가 형성되지 않고는 경제적 단위로 성립되지 않는 것으로 보았다. 현실적으로 정치력, 경제력의 강약이 국제무역에 커다란 영향을 미칠 것임을 쉽게 예상할 수 있다. 국가들이 상호 독립적으로 존재한다 하더라도, 그것이 행사하는 정책에 완전한 자유가 주어지는 것은 아니기 때문이다.[10] 따라서 근대경제학의 한 분야로서 국제경제학에서 국제경제관계에 관하여 논급하는 부분이 더욱 중요해지게 마련이다.

한 나라의 대외경제관계는 자국뿐만 아니라 상대국의 제도와 정책에 크게 영향을 받는다. 따라서 각국 대외경제의 상호관계라 할 수 있는 국제경제도 순수한 경제상의 관계라 할 수 없다. 그러므로 국제경제관계의 이론을 구축하는 데 기존의 국제경제이론을 이용할 수는 있으나 그것만으로는 충분하지 않다. 국경의 존재에 따라, 정치도 국내정치와

---

10) Cooper, R. N., *The Economics of Interdependence: Economic Policy in the Atlantic Community*, McGraw Hill, 1968.

국제정치로 나뉘고, 경제도 국내경제와 국제경제로 나뉜다. 이러한 네 가지 부문들은 각기 독립적이고 개별적으로 운영되는 것이 아니라 직간접적인 상호관계를 가지고 움직인다. 이러한 관계를 킨들버거C. P. Kindleberger는 〈그림 1-2〉와 같이 나타내고 있다.

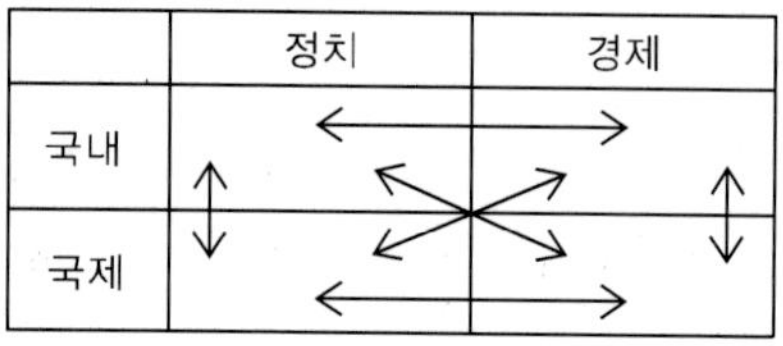

그림 1-2. 국제경제의 정치화

(1) 국제경제의 정치화 특징

특히 1990년대에 접어들면서, 이른바 경제의 정치화가 상당히 진전되는 등 국제경제체제 자체에 커다란 변화가 일어나고 있다. 따라서 현실세계에서의 국제경제는 경제논리뿐만 아니라 정치논리에 의해 운영되는 측면을 무시할 수 없다. 실제로 제2차 세계대전 이후 국제경제의 정치화가 이루어지는 과정에서 몇 가지 특징적인 사실들을 시기별로 정리해 보면 다음과 같다.

우선 1960년대까지의 세계에서는 국제정치의 분야에서 경제 문제는 부차적인 비중만 가지고 있었을 뿐이거나, 아니면 정치나 안전보장 문제와는 별도로 취급되었다. 쿠퍼R. Cooper는 이렇듯 정치적 내지는 안전보장상의 문제와 경제 문제를 명확히 구별되는 것으로 보아 이를 두 개의 궤도 방식a two track system이라 했다.[11] 한편 버그스텐 등F. Bergsten, R. Keohane and J. Nye은 이 두 가지 문제 사이에는 전자가 주, 후자가 종이라는 서열관계 hierachical linkage가 있다고 했다.[12]

그러다가 1970년대에 접어들어 데탕트가 진전되고 경제를 둘러싼 분쟁과 마찰이 생겨나 경제 문제 그 자체가 국제정치상 주요 관심사로 대두되면서 이른바 '경제의 정치화'가 진전되었다. 1970년대 이후 경제의 정치화 현상에서 다음과 같은 세 가지 특징을 볼 수 있다.

---

11) R. Cooper, "Trade Policy is Foreign Policy", *Foreign Policy*, Winter, 1972-1973, pp. 18-36.

12) F. Bergsten, R. Keohane and J. Nye, "International Economics and International Politics" in F. Bergsten and L. Krause (ed), *World Politics and International Economics*, 1975, p. 9.

첫째, '경제의 high-politics화'라 불리는 것으로, 높은 정치레벨에서 경제 문제가 의제로 논의되고 교섭된다. 즉 과거에는 각국 정부의 실무 담당자 간에 다루어졌던(즉 low-politics) 경제 문제가 이제는 보다 고도의 정치부문으로 이전되었다. 그 대표적인 것이 SUMMIT(선진국 수뇌회담)이다. 1975년 이래로 매년 지속되고 있는 SUMMIT는 서방측 선진국 수뇌가 만나서 주로 경제 문제를 논의하는 것인데, 석유위기 이전에는 이러한 회합이 존재하지 않았다. 이렇듯 SUMMIT가 상시화되었으나 세계경제의 제 문제를 해결할 수 없다는 것, 그럼에도 불구하고 그것을 계속하지 않을 수 없다는 데에 경제의 정치화의 심각성이 있다. 이러한 회의의 목적은 분쟁, 마찰을 회피하고 협력과 협조를 통해서 세계경제의 질서화 또는 일종의 국제관리화를 진전시키려는 것이다. 그러나 현실적으로 1970년대에는 국가 간 협조행동에 의한 질서화와 재편성보다는 오히려 국가 간 관리와 역관리의 대응이 반복되었다. 즉 국제수지 흑자국은 적자국을 관리하려 하고, 적자국은 흑자국을 역관리하려 한 것이다. 한편 경제퍼포먼스가 좋은 국가가 나쁜 국가를 관리하려 하고, 나쁜 국가는 역관리하려 하였다. 북측 선진국은 남측 개도국을 관리하려 하고, 남측은 북측을 역관리하려 하였다. 이것은 1960년대까지의 국제정치경제 시스템이 붕괴하고, 강력한 리더십을 가진 국가가 없어진 상태에서 생겨난 것이다.

둘째, 경제의 정치화는 국가와 국가 사이의 마찰, 긴장으로 비롯되기도 하고, 또 마찰, 긴장을 해결하려는 노력의 방편이기도 하며, 그것은 국내 문제의 반영이기도 하다. 경제의 정체, 불황 등에 의한 대량실업의 존재 등 국내에 사회적 불안정이 생기면, 정치는 그것에 민감하게 반응한다. 국가 간 상호의존관계가 심화되면 해외로부터의 영향이 국내에 강하게 반영되어 내정과 외교의 구별이 불명확해진다.

셋째, 경제 문제가 그것과는 별개의 문제와 결합되어서 교섭이나 논의의 대상이 된다. 예를 들면 통상 문제와 안전보장 문제가 연계되는 것이 대표적이다. 이와 함께 경제의 정치화 내지는 정치의 경제화라는 문제가 더욱 강해진다. 이러한 정치, 경제 상호의 연계전략이 국가 간 대립을 불러일으켜, 경제의 정치화 현상을 한층 강화시키는 복잡한 상호파급을 만들어 낸다.

(2) 경제공간과 정치공간 사이의 모순

경제는 국경을 초월하여 국제화가 급속히 진전되고 있으며, 경제의 논리, 합리성을 관철한다면 바람직한 경제공간은 국민국가가 아니라 세계경제 전체로 확대된다. 그러나 경제의 국제화 진전에 대하여 그 전제라 할 수 있는 정치와 제도 등은 여전히 국민국가의 단계에 머물러 있다. 따라서 경제공간과 정치공간 사이에 근본적인 모순이 존재하고, 그것이 1970년대에 들어서 하나의 극한상황에 도달하기 시작하였다. 경제의 국제화를 허용해 온 정치(제도적 틀)도 더 이상 경제의 국제화가 진전되면 스스로가 해체, 변용되어야 하는 상황이 될 것을 우려하여, 정치 측면에서 경제의 국제화 진전에 대해 강하게 반발하기도 한다. 이것이 경제의 국제화에 제동을 걸고, 가능하면 그러한 움직임을 역행시키려 한다. 1970년대 제1차 오일쇼크 이후 현저해진 국익추구, 경제내셔널리즘과 자원내셔널리즘의 대두, 경제마찰과 분쟁, 무역마찰과 분쟁의 현재화 등이 이를 잘 나타낸다.

이러한 경제공간과 정치공간의 갭 또는 모순을 해소하기 위하여 몇몇 방안들이 제안될 수 있다. 첫째, 경제적 논리, 합리성을 관철하여 정치공간(제도적 틀)을 경제의 국제화에 맞추어 변화시키는 것이다. 즉 국민국가로부터 세계국가로 확대 발전하거나 상당부분의 주권을 위양한 국제기관, 국제기구의 결성, 강화가 하나의 대응책이라 하겠다.

둘째, 첫 번째 방식과는 전혀 다르게 경제의 국제화를 억제하고 정치공간, 현재의 국민국가의 틀 속에 되도록 경제활동을 제한하는 것이다. 그러나 이에 따른 경제효율의 저하, 경제적 손실은 매우 클 것이며, 정치논리만을 관철시키는 것은 현실적으로 불가능하다.

셋째, 경제공간과 정치공간 사이의 갭 또는 모순을 현재 또는 가까운 장래에 해소하기는 현실적으로 어렵다. 이러한 견지에서 경제의 국제화를 금후 무제한적으로 전개해 나가는 것이 불가능하다 해도 경제의 국제화를 지속시키고, 점진적으로 정치공간, 국민국가의 변화, 확대를 도모하는 타협적이고 현실적인 접근이 있을 수 있다.

경제적 논리, 합리성으로 보아 세계국가 또는 세계공동체가 성립되고, 국경 없는 세계 전체로서의 자유로운 경제교류가 이루어지는 것이 최선일 수 있다. 다만 그 현실 가능성이 매우 희박하므로 국가 간 상호의존관계를 활용하면서 정치, 경제의 갭과 모순을 해소해 나가야 한다.

제3절 국제경제관계론의 필요성

1. 국제사회에서의 정치-경제-사회의 상호연관

정치와 경제의 상호관계는 국제관계 연구에서 수 세기 전부터 다루어 온 테마이다. 그러나 20세기에 들어서면서 국제정치와 국제경제의 관계에 관한 연구는 무시되고 국제관계의 이론과 분석에서 양자는 서로 독립적인 것으로 자리를 잡게 되었다. 특히 자유주의를 신봉하는 이론가들은 이전까지의 '정치-경제의 통일적인 질서'라는 개념을 두 개의 분리된 질서로 다루게 된다.

자유주의자들에 의하면 경제적인 시스템은 자연법칙에 의거한 재화, 서비스의 생산, 분배, 및 소비로 구성되어 있으며, 이러한 자연법칙과 경제원리 사이에는 상호협조관계가 존재하며, 정치 권력의 개입이 최소로 되는 때에 비로소 그 상호협조가 최고조에 달하게 된다는 것이다. 따라서 모든 사람에게 이익을 가져다주는 경제활동은 어디까지나 사기업의 영역이며 정부의 영역이 아니란 것이 자유주의자의 주장이다. 반면에 권력, 영향력, 공적인 의사결정 등에 의해 구성되는 정치는 경제와는 달리 자연법칙에 의거하지 않는다고 본다.[13)]

이러한 이론상의 분리는 각 분야의 전문화를 조장하였고 이러한 전문화에 의해 정치-경제 분리 현상은 더욱 강화된다. 19세기 이래로 경제학과 정치학은 분리된 과정에 초점을 맞추면서 분리된 학문으로 발전해 왔고, 중복되거나 상호 관련되는 공통분야를 무시해 왔다.

그러나 실제로 경제의 성장, 발전을 추진해 나가기 위해서는 자원의 효율적 배분이 무엇보다 필요한 것은 물론, 이러한 경제부문 내부적인 조건 이외에 여타 정치, 사회분야와의 상호연계상 조건들도 아울러 충족되어야만 비로소 지속적으로 성장, 발전할 수 있다. 즉 정치, 사회분야에서 경제발전을 위한 효율적인 자원배분에 일종의 인센티브를 주어야 하며, 마찬가지로 경제분야에서도 정치, 사회부문의 발전을 위한 하부구조상의 지지가 있어야 한다.

---

13) J. E. Spero, *The Politics of International Economic Relations*, St. Martin's Press, 1977.

경제발전이란 지속적이고 동태적으로 이루어지는 것이나, 경제발전에 대한 인식을 명확하고 편리하게 하기 위하여 통상적으로 단계라는 것을 설정하게 된다. 그러나 이러한 경제발전의 단계별 진전에 있어서, 하나의 단계에 성공했다고 해서 반드시 다음 단계로 자동적으로 진행할 수 있는 것은 아니다. 이러한 단계적인 경제발전에 있어서 정치, 사회의 움직임은 조금 지체하여 따라 움직이는 등 시간차가 존재한다. 따라서 경제발전과 정치, 사회발전의 시간차가 너무 크면 정치, 사회 면의 후진성이 오히려 경제발전에 제동을 걸게 된다.

결국 경제에는 경제 자체의 원리가 있고 정치, 사회에도 그 자체의 원리가 있으나, 이들이 전혀 별개의 것으로 작용하는 것이 아니라 상호 밀접한 관계를 갖고 총체적으로 작용하는 것이다.

더욱이 〈그림 1-3〉과 같이 국경을 건너 경제부문의 관계, 재화 및 서비스 등의 무역이나 해외직접투자 등의 거래가 이루어지며, 정치부문의 관계인 외교, 사회부문의 제반 교류 등 국제관계에서도 이들 각 부문의 관계는 상호 밀접하다. 즉 개방체제하에서 각국의 경제, 사회, 정치부문은 여타국의 해당 각 부문과 국경을 넘나드는 직간접적인 연관관계에 놓이게 되면서 각 부문 간의 관계도 상호 밀접해진다.

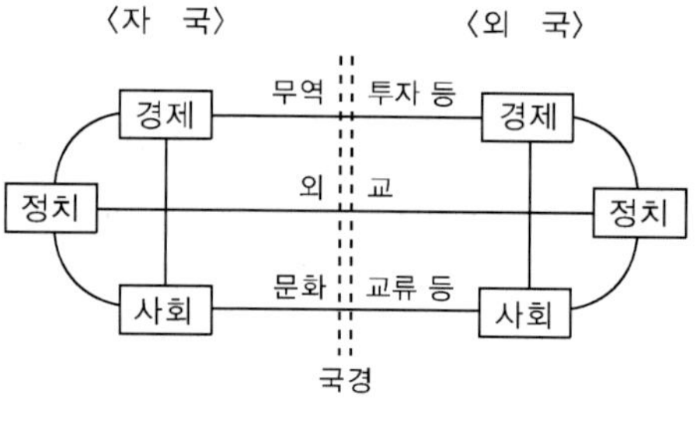

그림 1-3. 국제경제사회에서 정치-경제-사회의 상호연관

2. 국제경제관계의 심화

국제경제관계의 심화는 생산과 소득의 증대에 있어서 중요한 요건이다. 모든 국가들은 자원과 제품의 수출입, 해외직접투자, 경제협력 등을 통하여 긴밀한 상호의존 관계에

있다. 이런 국제경제관계는 처음에는 소규모였고 상호의존의 정도도 약했으나, 과거 2세기 동안 급속하게 대규모화되었고 긴밀해졌다. 그 결과 각국 시장은 확대되고 자금조달은 비약적으로 개선되었으며 원료의 조달범위도 확대되었다. 또한 생산기술이나 기계설비가 각국에 전파됨으로써 기술진보의 수혜국도 급증했다. 이렇듯 국제경제 상호의존관계는 각국의 경제성장 및 발전에 중요한 요인이 된다.

3. 국제적 부조화

현대 세계에서는 각국이 상호독립적이라기보다는 긴밀한 경제적 상호의존 네트워크에 묶여 있다. 그러나 이 상호의존관계가 반드시 조화롭게 형성되어 있는 것이 아니며 각국의 이해대립이 현저한 가운데 이루어져 있다. 선진국 간에도, 선진국과 후진국 사이에도 또한 후진국 간에도 갖가지 이해대립이 존재한다. 이것들은 소득격차 문제, 국제통화 문제, 무역불균형 문제, 상호의 시장착란 문제 등 구체적 형태를 나타내면서 국제정치 문제로까지 발전되고 있다. 이러한 대립의 배경에는 각국의 자연조건, 역사적 배경, 산업구조, 생산력 등 기본적인 경제조건의 차이가 존재하고 있다. 아울러 무역, 직접투자, 간접투자, 국제금융, 경제협력 등을 통하여 국제경제관계의 긴밀도가 급속히 높아졌기 때문에 경제적 이해의 부조화가 더욱 증폭되었다. 이러한 문제를 극복하기 위해서 국제경제 상호의존에 관한 보다 넓고 깊은 이해가 필요한 것이다.

제2장
국제경제관계의 개념, 유형 및 관점

제1절 국제관계 개요

1. 국제사회의 성립과 변화

17세기에 들어서면서 이미 경험한 르네상스, 종교개혁, 지리상 발견 등을 기반으로 하여 이전까지 분리되어 있던 권력들이 통일되기에 이르렀고 그런 가운데 유럽지역에서 근대국가가 생겨났다. 이렇게 성립한 유럽의 근대국가들은 국내적으로 절대주의 체제를 갖추며 주권국가를 축으로 하는 새로운 국가체계를 형성한다. 이러한 새로운 질서 속에서 근대국가는 상호 독립적인 주권적 존재로 인정되었다. 이러한 근대국가의 성립과 함께 17세기 중반에 비로소 근대적인 국제사회의 틀이 갖추어졌으며, 그에 따른 국제관계가 생겨나게 된다. 당시 웨스트팔리아조약(1648)이야말로 국제사회 형성에 획기적인 것으로 간주되며 웨스트팔리아 시스템은 근대적인 국제사회 시스템으로 불린다. 이러한 국제사회 시스템은 주권적 존재로서 서로 대등한 국가를 구성단위로 하고 있으며 개별국가에 의한 국익 추구를 동인으로 하여 성립되었다.

이후 국가 간 질서유지의 수단으로 국제법과 외교 등을 갖추게 되었으며 이에 따라 국제관계가 구체적으로 성립되기에 이른다. 점차 근대적인 기술과 그 성과인 경제력을 보다 광범위하게 이용할 수 있게 되면서 국가는 더욱 커다란 힘을 가지고 규모도 커지게 된다. 이렇듯 근대국가라는 제도는 유럽에서 성립, 발전하였으나 이후 강대국에 의한 약소국의 정복과 식민지화가 이어지면서 미주 지역, 아프리카 지역 그리고 아시아 지역도 점차 근대국가의 형태를 갖추게 된다. 이에 따라 국제사회의 모습도 20세기 초기까지의 제국주의 시대, 양차 세계대전 사이 기간, 그리고 제2차 세계대전 이후의 각 시대별로 특징을 나타내면서 크게 변화하게 된다.

2. 국제사회의 조직화

19세기에 들어서면서 산업혁명이 영국에서 비롯되어 유럽으로 그리고 점차 세계 각국으로 확산되는 과정에 국가 간 관계가 점차 긴밀해졌다. 그 과정에서 각국 공통의 문제가 발생하기도 하였다. 이들 문제는 양국 간 또는 다국 간에 체결된 조약이나 오랜 기간에 걸쳐 성립된 관습(법)에 의하여 각각의 국가기관에 의하여 처리되었다. 이러한 조약 가운데에서도 특히 통상 관련 조약이 현저하게 증가하였고 국제적인 경제 문제를 조정하기 위하여 조약에 의거한 상설의 국제적 조직이 설립되기도 하였다.[1)] 이처럼 19세기 후반부터는 국제사회의 조직화가 본격적으로 진행되었다. 이러한 국제사회의 조직화는 20세기에 이르면서 더욱 복잡하고 다양해지기 시작하였다.

그 과정에서 특히 시장은 국제사회를 형성하는 데 중요한 역할을 하였다. 시장경쟁과 시장가격의 상대적 변화에 대한 사람들의 반응에 따라 사회는 한층 전문화, 효율화되었고 세계는 점차 경제통일체로 통합되었다. 이러한 시장 시스템의 대부분은 내부의 힘에 의하여 움직이나, 시장 시스템이 기능하여 움직이는 속도와 방향은 외부의 힘에 크게 영향을 받는다. 따라서 시장의 외부적 환경이 서로 영향을 주고받는 메커니즘을 이해해야 시장을 중심으로 조직화된 국제사회에서 국제관계의 동태를 이해할 수 있다.

---

1) 1865년에 국제전신연합, 1875년에 국제도량형연합, 1883년에 만국우편연합, 1886년에 공업소유권보호동맹, 1890년에 관세표간행연합 등이 설립되었는데, 그 활동영역이 행정적·기술적 분야에 한정된 것이긴 하나 국가 간 협력을 조직적으로 추구해 나가게 된다.

제2절 국제경제관계의 개념

1. 국제경제관계의 틀

정치적 통일체인 국가들이 모여서 국제사회를 형성하고, 그것은 경제적 측면으로부터 국제경제사회로 인식된다. 이러한 국제경제사회는 국제적 경제체제, 질서, 조직, 기구 등의 경제적 틀과, 정치, 사회, 법, 문화, 교육, 기술 등의 경제외적 틀로 구성된다. 이러한 경제 및 경제외적인 틀은 이른바 인위적 틀이다. 다른 한편으로 기후, 자원, 토지, 인구 등 자연적인 틀도 존재한다. 이들 종합적인 틀 속에서 경제교섭, 외교, 상품-서비스-자본 등의 국제 거래 및 인적 이동이 이루어진다. 이렇듯 제 국가들은 국제경제사회의 구성국으로 각국 간에 국제경제관계 즉 경제교섭, 국제경제거래, 인적 이동을 하게 되고, 동시에 국내거래 및 이동이 있음은 말할 것도 없다.

한 나라의 입장에서 본 국제경제관계란 대외경제관계에 해당하는 것이다. 여기에는 대외경제교섭, 대외경제거래, 대외 인적 이동 및 통상조약을 비롯한 국제조약 등이 포함된다. 이에 따라 기본적인 국제경제관계는 2국 이상의 국가가 상호관계를 맺으면서 생겨난다. 지구상의 모든 국가는 정도의 차이는 있어도 국제경제관계의 종합적인 틀 속에서 직접, 간접의 관계를 맺고 있으며, 공식적이든 비공식적이든, 글로벌한 국제경제 속에서 무엇인가의 질서 속에 놓여진다. 그것은 군사적·정치적·경제적 초강대국의 의도에 의한 것일 수도 있고, 복수의 강대국이 협조에 의해 형성한 것일 수도 있다. 혹은 국가의 대소를 불문하고 모든 국가가 평등한 입장에서 형성되는 것일 수도 있다.

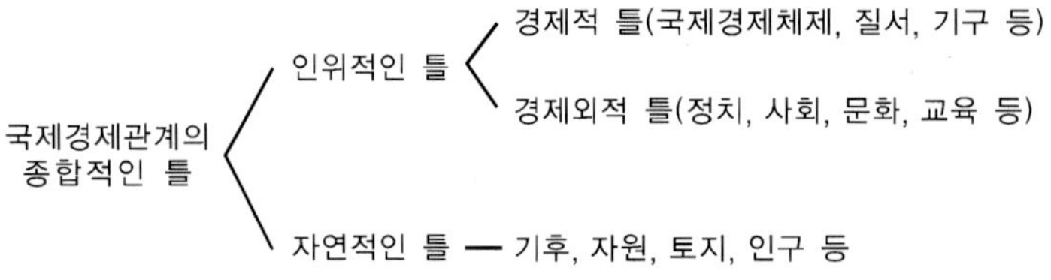

그림 2-1. 국제경제관계의 틀

2. 국제경제관계의 중요성

1) 종래의 국제관계

종래의 국제관계에서는 안전보장의 관점에서 국제정치 및 그 행동주체로 국가를 상정하고 있다. 18세기 이후 서유럽을 중심으로 한 국제정세는 거의 30년마다 커다란 전쟁이 일어났으며 그때마다 세계의 질서가 서서히 만들어졌다. 따라서 이러한 안전보장의 관점에서 국제관계를 과부족 없이 기술, 설명할 수 있었다.

제2차 세계대전 이후 초기의 수년간은 세계 주요 국가들이 전후 국제경제관계에 대하여 중대한 합의에 도달하였다. 즉 브레튼우즈 체제에 의한 국제경제의 관리 등 주요 공업국간의 통상, 금융규칙을 확립하여 안정된 국제경제체제의 기초가 이루어졌다. 이후 선진국간은 물론 제3세계 국가들까지 동 체제에 포함되면서 국제경제 상호작용에 관한 구조와 규칙이 확립되었다. 그 결과, 경제 문제에 관한 분쟁은 최소화되었고 국제관계에서의 경제적 측면의 중요성은 감소되었다. 한편 국제경제관계에 대한 관심이 저하된 또 다른 이유는 냉전의 지속이었다. 이에 따라 국제관계의 주요 문제들은 안보 및 그와 관련된 문제들이 주를 이루었다. 따라서 국제관계의 초점으로 안보 문제가 최우선적 관심이 된 것이다.

2) 국제관계의 새로운 흐름

그러나 최근에는 이러한 안전보장을 중심으로 한 국제정치 차원에 편중된 국제관계의 설명만으로는 충분하지 못하다. 국제관계에 새로운 조류가 나타난 것이다. 제 국가의 집합체인 국제사회에서 특히 경제적 측면의 중요성이 점차 커지고 있으며, 경제적 요인이 정치, 군사, 사회부문 등의 구조변화의 대전제로 되고 있다. 실제로 국제경제사회에서 새로운 주체, 새로운 관계가 출현함에 따라 국제경제의 모습이 동태적으로 변화하고, 그것은 당초의 국제경제질서를 새롭게 변화시킨다. 특정한 국제경제질서가 주어진 경우에 그 가운데에서 경제적 힘의 작용(상호작용)이 다름 아닌 국제경제관계인 것이며 이것이 국제사회에서 정치, 군사, 사회부문에 강한 영향력을 발휘하고 있다.

3) 국제경제관계의 중요성

특히 국제경제관계의 진전은 생산과 소득의 증대에 중요한 요건 중 하나가 되고 있다. 모든 국가는 자원, 제품의 수출입, 해외직접투자 및 간접투자, 경제협력 등을 통하여 긴밀한 상호의존 관계에 있다. 이러한 국제경제관계는 초기에는 소규모로 상호의존의 정도도 미약하였으나, 19세기와 20세기의 약 200년간에 급속히 대규모화했고, 긴밀화되었다. 그 결과 각국 시장은 확대되었고, 자금조달은 비약적으로 개선되었으며, 원료의 조달 범위도 확대되었다. 또한 생산기술과 기계설비가 국가 간에 전파됨에 따라, 기술진보의 확산이 이루어지게 되었다. 이렇듯 국제경제관계는 각국의 경제발전에 중요한 요인이 되고 있다.

이러한 국제경제관계의 개선은 각국의 경제적 진보 과정에서 자연스럽게 생겨난 부분도 있으나 오히려 인위적인 국제적 제도의 개선에 힘입은 바 크다. 원래 국가 간의 상호관계는 식민지에 있어서의 종주국과 피지배국 사이에 조차계약이나 독립주권국 간의 통상항해 조약으로 대표되듯이 기본적인 조약, 계약상에서 성립되어 있다. 그 때문에 국제적 제도의 인위적인 개선 없이는 국제경제관계가 개선될 수 없다.

제3절 국제경제관계의 유형

국제경제관계는 주체별(개인, 기업, 국가 등), 시간별(과거, 현재, 미래), 시장별, 상품별, 발전 단계별, 기타 요인별로 접근할 수 있는 등 그 내용이 상당히 복잡다양하다. 현대의 국제경제사회에는 여러 수준과 종류의 국제경제관계가 존재한다. 이러한 국제경제관계를 크게 이념적, 기능적, 제도적 분류로 나누어 접근함으로써 보다 다각적으로 이해할 수 있다(〈표 2-1〉 참조).

1. 이념적 분류

제2차 세계대전 이후 국제사회는 이념적인 차원에서 자본주의, 민주주의와 공산주의,

표 2-1. 국제경제관계의 분류

이념적 분류	동서관계: 상호 독립적/대립적 관계 서서관계: 상호 협조적/의존적 관계
기능적 분류	남북관계: 구조적 종속, 일방적 의존 북북관계: 구조적 협조, 상호적 의존 남남관계: 자조(自助)적 상호의존
제도적 분류	선진국 간 협조 관계: G5, G7, G10, G20, SUMMIT 남북 간 협조관계: 남북포괄교섭, NIEO

사회주의의 양 진영으로 나뉘게 된다. 전후, 미국이 중심이 되어 펼쳐 든 우산 속으로 자본주의, 민주주의 국가들이 각기 나름의 목표인 전후 복구 및 경제개발 등을 위하여 모여들기 시작하였다. 역시 소련이 중심이 되어 펼쳐 든 우산 속으로는 공산주의, 사회주의의 이념을 추구하며 여러 국가들이 모여들었다. 전후 이러한 양대 우산 구도 속에서 각국은 비를 피하려 했다. 여기에 국제관계로 자본주의 및 민주주의 이념하에 모인 국가들과 사회주의 및 공산주의이념하에 모여든 국가들 간에 이른바 동서 간 상호독립적인 대립관계가 생겨난다. 이른바 양극체제인 것이다.

이 가운데 동측의 우산은 1989년을 기점으로[2] 역사 속으로 서서히 사라져 버렸고, 서측의 우산만 남게 된다. 그 결과 과거 동측의 우산 밑에서 비를 피했던 국가들까지 서측 우산으로 모여들게 되었는데, 모두가 비를 피하기에는 우산이 좁을 뿐 아니라, 무엇보다 전후 50년 가까운 기간 동안 사용해 왔던 터라 찢어지기도 하고, 우산살이 망가지기도 한 상태였다. 더욱 중요한 사실은 우산을 잡고 있던 미국이 팔목의 힘이 약화되어 더 이상 우산을 제대로 들고 있을 수가 없게 되었다는 점이다.

여기에 서측 우산 속에 들어선 국가들 사이에 새롭게 국제경제관계가 생겨나게 된다. 이른바 자본주의 대 자본주의의 이념 구도하에서 국제경제관계가 형성된다. 즉 기존의 서측 우산 아래에서 비를 피할 수 없게 되자, 그 밑에 새롭게 작은 우산들이

2) 1989년 12월에 미국과 (구)소련의 정상이 몰타 섬에서 회담을 하였는데, 회담을 끝낸 두 정상은 "동서 냉전대립구도는 끝났다."라고 선언하였다. 이를 가리켜 몰타 선언이라 한다.

만들어져 나름대로 비를 피하는 데 열중하였다. 이들 우산 속의 우산은 향후에 주도적인 우산으로 커갈 것으로 기대하면서 유럽 우산, 미주 우산 그리고 아시아 우산으로 구체화되었다.

전후 미소의 양대 이념우산이 펼쳐졌으며, 1989년 이후 잠시 동안 미국 우산만 존재하다가 이윽고 아시아, 미주, 유럽 우산이 펼쳐지면서 21세기 국제경제관계에서의 경쟁 및 협조가 아울러 전개되고 있는 것이다.

1) 상호독립적, 대립적인 동서관계

적어도 1980년대까지 동서 간 관계는 상호독립적, 대립적이었다. 동측 제 국가들은 각각 자급자족적인 경제체제를 유지하였고, 상품은 계획경제하에서 정해진 양만큼 할당되어 생산되었다. 이러한 시스템 속에서 가격체계도 규격도 다른 서측 국가에 시장원리에 의거하여 상품을 수출할 수 없었다. 서측도 대공산권 수출규제, 융자규제 등에 묶여 있었으며, 동서간 무역이 미미한 수준에 머물렀다. 그러나 1960년대부터 서독이, 1970년대부터 미국이 동측과의 대화 창구를 개방하면서 무역을 확대하였다. 동측도 정체되어 있는 경제를 개선하기 위한 수단으로 서측의 기계설비 및 농산물의 수입을 확대하였다. 이는 1990년대에 접어들면서 괄목할 만한 증대를 보이게 된다.

한편 이념적으로 상호 대립적인 관계에 있는 동서관계는 동측의 상호교역 필요성이 고조되면서, 1989년 몰타선언과 함께 급속하게 상호의존적으로 전개되기에 이르렀다.

2) 상호협조적, 의존적인 서서관계

전후 서측 세계에서는 사회주의 세력 강화에 대항하여 서측의 역내평화를 추구하는 과정에서, 미국의 주도권이 전후 부흥원조, GATT, IMF 등 전후 국제경제운영에서 크게 영향력을 발휘하게 되었다. 미국의 주도 아래 보호무역체제는 점차 약화되었으며, 전후 경제성장의 과정에서 무역량과 자본투자가 대규모로 확대되어 서측 제국 간의 경제교류가 밀접하게 되었다. 경제교류의 확대는 각국 경제의 국제화가 진전되면서 더욱 커졌다. 경제적 교류와 함께 정치, 문화, 학술교류도 비약적으로 증대하고, 더 이상 어떤 국가도 보호무역체제, 블럭 경제체제로 돌아갈 수 없을 정도로 상호의존의 구도가 정착되었다.

특히 서측의 역내평화체제, 자유무역화는 선진자본주의 국가인 미국의 첨단기술, 포디즘으로 대표되는 대량생산과 대량소비, 이러한 것들의 세계적인 보급이란 조건하에서 이루어진 것이다. 미국의 생산양식이 다른 선진국에 보급됨으로써 전후 세계적 규모의 자본주의적 발전이 실현되었다. 그러한 발전 가운데에서 미국은 다른 선진국뿐만 아니라 탈식민지화한 제3세계 국가에도 진출하여 최대의 이익을 얻게 되었으며, 물론 군사적 부담이나 원조 등의 단기적 부담을 마다하지 않았다. 미국의 패권적 이익은 미국의 문화, 이념양식이 동시 진행적으로 보급된 것에 의하여 더욱 촉진되었다.[3)] 미국이 서측 세계의 주도권을 확보하면서도 경제적인 지위는 점차 약화되었고 서유럽 제국, 일본의 지위는 상승하는 가운데 자본주의 국가의 상호의존적 특성은 더욱 강화되었다.

그러나 1990년대 이후부터는 자본주의 세계의 공통의 적이 사라진 가운데, 오히려 자본주의 대 자본주의라는 새로운 대립 구도가 나타나기 시작한다.

2. 기능적 분류

1) 남북관계(구조적인 종속, 일방적 의존관계)

(1) 남북문제의 실상

선진국의 대부분은 지구상의 북측에, 개도국의 대부분은 적도를 중심으로 열대 및 아열대에 위치하고 있는바, 선진국과 개도국의 문제를 남북문제라고 부른다.

남북문제는 선진국과 개도국 사이에, 첫째로 지나치게 커지고 있는 빈부의 격차와 그것으로부터 생겨나는 제반 문제를 포함하고 있으며, 둘째로는 남측 국가의 대부분이 왜 저개발 상태에서 빠져나오지 못하는가에 관한 문제이기도 하며, 셋째로는 남북 간의 경제적·정치적·역사적 제 관계로부터 생겨나는 문제 및 제 관계를 재고하려는 것을 포함한다.[4)]

3) Bruce Russett, "The Mysterious case of Vanishing Hegemony," *International Organization*, 39(2), 1985, pp. 223-230.

남북 간의 너무 커다란 빈부 격차는 남측 국내적으로는 물론 국제적으로도 여러 문제를 만들어 낸다. 마찰의 원인이 되기도 하고, 경제적·사회적 발전을 저해하기도 한다. 국내적으로는 계급대립, 인종대립과 함께 불평등의 확대와 권력 집중을 만들어 내고, 부유한 계급에게 불리한 체제개혁은 저지되기 쉬워, 국민적 발전의 활력을 모으기 어렵다. 빈부격차의 확대는 중요한 분쟁 원인의 하나이다. 또한 점차 국내적 분쟁도 국제적 관계를 가지게 된다. 빈부의 국제적 격차확대는 정치·경제상의 마찰 원인이 되며, 불평등한 국제관계를 만들어 내기 쉽다.

남북문제는 다음과 같은 세 가지 관계로 접근해 볼 수 있다. 첫째는 역사적 관계로부터 생겨나는 문제이며, 둘째는 남북의 경쟁관계, 의존관계로부터 생겨나는 문제, 셋째는 남북 간의 체제, 질서로부터 생겨나는 문제이다.

선진국과 제3세계 사이에는 경제적·정치적·문화적 등의 여러 관계가 있다. 이들 관계는 제2차 세계대전 이전의 식민지관계 등 역사적인 부분이 잔존해 있으며 남측에 있어서 반드시 대등, 평등하다고 할 수 없는 여러 문제를 포함하고 있다. 제3세계는 기회가 있을 때마다 북측에 대하여 역사적 왜곡 부분을 청산할 것을 촉구하며, 지금까지의 남북관계야말로 남측의 저개발, 남북격차를 만들어 온 것이라는 주장을 하면서 남북관계개혁 운동을 전개해 오고 있다. 그 운동의 중심은 남북 간에 잔존하는 지배, 종속관계를 종식하고 독립, 평등의 관계로 전환해 가는 것에 있다.

전후 대부분의 국가가 정치적으로 독립했다고 하나 공업화와 사회적 근대화가 뒤늦어 저개발에 시달리고 국제경쟁상 열위에 놓이면서 여러 불이익을 보고 있는 개도국 입장에서 남북관계를 보다 유리한 것으로 변혁시키고 싶은 염원은 당연한 것이다. 자유경쟁은 경제발전의 원동력이 될 수 있는 반면, 경쟁조건이나 교섭력의 우월격차가 너무 큰 국가 사이에서는 그 격차를 더더욱 확대시키는 경향이 있어, 양국 간에는 마찰과 긴장이 상존하게 된다.

이러한 남북 간 관계를 개선하기 위해서 여러 조치가 취해졌다. 예를 들면 남북무역에서의 특혜관세제도가 그중 하나이다. 또 무역거래를 할 때 교역조건을 남측에 유리하게

---

4) '남북문제'란 용어는 1959년 말에 영국 로이드은행의 회장인 올리버 프랑크스 씨 강연에서 쓰인 것으로 알려져 있다.

해 달라는 요구가 지속되었다. 개도국에 있어서는 외국자본에 대한 현지화정책도 취해졌다. 남북관계를 변화시키려는 남측의 이러한 요구는 자유경쟁 시스템에 여러 제한을 두게 된다. 북측의 양보를 구하는 것이 되므로 조정을 필요로 하며 때로는 남북관계에 커다란 마찰이 생겨난다.

그러나 아무리 남북관계를 개선하려고 노력해도 그 관계의 기초가 되는 질서에 문제가 있으면 남북문제는 개선되지 않는다. 남측과 북측이 생각하는 이상적 질서가 서로 다르면 대립이 생기고 조정이 필요하게 된다. 북측은 현행질서의 개선에 어느 정도 대응하기는 하나, 아직도 해결해야 할 기본적인 문제가 많다. 북측은 자유시장 경제원칙을 질서이념으로 하여 지켜나가면서 현행 질서의 개선을 도모하려 하며, 남측은 이와는 상이한 질서원리를 가지고 급격한 변혁을 요구하거나 첨예하게 대립하기도 한다.

(2) 저개발의 국제구조

남측의 저개발 원인을 국제관계로부터 구조적으로 고찰해 보자. 확실히 대부분의 개도국이 전전戰前에는 식민지였으며, 구종주국에 착취되고, 자주적인 국가개발에 제약이 따랐다. 이러한 역사적 왜곡은 아직 완전히 사라지지 않았다. 18세기 후반 영국으로부터 시작된 산업혁명은 그 후 구미 각국으로 파급되었고, 세계경제의 발전은 공업화를 중심으로 이루어졌으며, 구미가 세계경제의 선도국이 되었다. 공업화, 근대화의 기술체계는 이들 지역에 적합하도록 창출되어 왔다. 선진 제국의 공업화, 근대화의 기술체계는 지리적으로는 온대를 중심으로 형성되었다. 온대 중심의 기술체계를 그대로 열대로 이전하는 것은 곤란하다. 개도국은 선진국으로부터 유용한 기술의 이전을 도모하면서도 자국의 개발에 가장 적합한 기술체계를 스스로 개선해 나갈 필요가 있다.

저개발이란 것은 일반적으로 선진국의 기준에서 판단되는 것이다. 그래서 개발의 기본 방향이 선진국이 이룩한 산업화, 근대화라고 한다면, 국제관계에서 본 저개발의 원인은 왜 선진국의 경제적·사회적 발전이 개도국에는 파급되기 어려운가를 설명해야 할 것이다. 그 가운데에는 선진국이 독점적 이익을 위하여 저개발을 그대로 지속시키는 국제적 틀을 만들고 있다고 볼 수도 있다. 한편으로는 개도국 측의 사회체계, 가치체계, 기술체계가 산업화, 근대화를 쉽게 받아들이지 못하고 있기 때문으로 볼 수도 있다.

(3) 남북 간 보완, 대체관계

북측 선진공업국의 경우, 원료 및 에너지 자원을 중심으로 하는 1차 산품의 공급을 남측 개도국에 의존한다. 한편 남측 개도국은 자국의 경제개발, 성장에 필요한 자본재의 공급을 선진국에 의존하고 있다. 북측 선진공업국의 경제발전은 1차 산품 수요를 증대시키고, 1차 산품국의 경제발전은 공업국에 대한 수요를 증대시킨다는 상호관계가 작용하고, 세계경제가 장기적으로 발전해 나가기 위해서 양측은 상호 일정한 보완관계를 형성하면서 성장해 나갈 필요가 있다.

한편 1차 산품의 가격상승은 공업국이 원료, 에너지를 절약하고, 자본재를 집약적으로 사용하는 기술을 채택하도록 함으로써 남측의 정체를 초래할 우려가 있다. 1차 산품의 공급과잉, 가격하락으로 교역조건이 악화되면서 대외채무의 누적과 이자 지불압력 상승에 의하여 개도국의 경제발전이 한층 곤란하게 될 우려가 있다. 이렇듯 1차 산품 가격의 상승과 하락은 어느 경우에도 1차 산품 생산국의 성장에 마이너스로 작용할 가능성이 높다. 이런 의미에서 가격변동의 영향에 있어서 남북 간에 비대칭성이 존재한다.[5] 이와 함께 남측의 개발과정에서 점차 공업제품의 자국 대체가 생겨나며, 북측의 경제성숙과정에서 1차 산품의 수요감소 및 대체가 생겨나는 등 남북 간 대체관계도 병존하게 된다.

2) 북북관계(구조적 협조, 상호의존관계)

자본주의 선진대국 사이에서 정치, 경제 측면의 대립과 협조가 이루어지고 있으며 그 과정에서도 다각적인 국제경제관계가 나타난다. 특히 1970년대 이후로 서측 선진국은 저성장, 인플레이션, 국제수지의 불균형이 항상화되면서 통상, 통화, 경제정책을 둘러싼 마찰/분쟁, 긴장이 지속되었다. 70년대 이후 선진국 간 관계의 경제실태는 케인즈적 거시경제정책의 한계가 노정되었으며, 분쟁의 초점은 거시적인 것으로부터 미시적인 것으로

5) 이런 문제는 비교적 오래전부터 논의되어, Lewis, W. A. "Economic Development with Unlimited Supplies of Labour," *Manchester School of Economics and Social Studies*, vol. 22, 1954, pp. 139-191. Kaldor, N., "Limits on Growth", *Oxford Economic Papers*, vol. 38, 1986, pp. 187-198. Kaldor, N., "Equilibriem Theory and Growth Theory" in Boskin, M. J. ed., *Economics and Human Welfare; Essays in Honor of Tibor Scitovsky*, Academic Press, 1979 등에서 다루어져 왔다.

이행되고 있다. 70년대 이후 선진국들의 경상수지적자가 지속적으로 나타나고 있는 가운데 국가별로 커다란 불균형이 나타나고, 분쟁, 마찰의 여지가 커지고 있다. 실제로 미국, 서독, 일본은 흑자국으로, 영국, 프랑스, 이탈리아는 적자국으로 2극 분화되었다. 이후 1980년대에 들어서면서 미국도 특히 무역수지의 거대 적자국이 되면서, 국제무역과 관련한 긴장, 마찰/분쟁이 지속된다. 이는 북북 간에 경제구조의 유사화가 진전되고, 긴밀한 상호의존 관계에 놓여 있다는 데에서 비롯된다. 이를 해결하기 위해서는 국제 협조, 국제적 구조조정 등 상호의존적인 국제경제정책이 필요하다.

3) 남남관계(자조自助, self-help적 상호의존)

1970년대 이후에는 또 하나의 새로운 국제적 격차 문제가 생겨났다. 남북격차 외에 남남격차가 바로 그것이다. 제3세계 가운데서도 저개발, 정체에 시달리고 있는 최빈국, 저소득국이 있는가 하면, 비교적 공업화가 진전된 국가들이 있어 양 그룹 간의 발전격차가 급속히 확대되고 있다. 이러한 남남 간 격차의 시정 및 북측에의 효과적인 대응을 위하여 자조自助, self-help적인 유대관계의 필요성을 중시하고 있으나 그 성과는 아직 미미한 것으로 나타나고 있다.

3. 제도적 분류

이상과 같은 기능적인 측면에서의 국가 간 관계는 제도적인 측면에서 보다 구체적으로 나타난다.

1) 선진국 간의 상호의존, 협조관계

전후 세계경제에 대한 미국의 리더십이 점차 약화되는 현상이 나타나면서 그 기능을 대체할 수 있는 새로운 체제가 요구되기에 이른다. 주요 선진국들의 이른바 집단 협의체제가 이것으로, 정책협조도 그 일환으로 이루어지게 된다. 이것들은 구체적으로 G5, G7, G8, G20, 그리고 SUMMIT와 같은 것인데, 이른바 선진국 간 또는 국제 상호의존, 협조관계의 무대장치에 해당하는 것이라 하겠다.

(1) G5

주요 선진국인 미국, 영국, 독일, 프랑스 및 일본의 5개국 재무장관, 중앙은행 총재가 경제, 통화, 국제금융의 측면에서 중대한 시기에 극비리에 시간과 장소를 정하여 만나고, 협조 정책 등에 관하여 논의하는 조직으로 이른바 서로 잘 알고 있는 장관, 총재가 허심탄회하게 의견을 교환하는 회의이다. 정식 명칭은 Conference of Minister and Governers of the Group of Five Countries이다. 본래 G5는 1973년 3월에 국제통화 불안정 상태가 발생했을 때, 국제통화회의가 개최되고 있는 가운데 미-영-독-불 4개국이 비밀리에 백악관의 도서실에서 극비 회의를 한 것이 모체가 되어 차후 이러한 라이브러리-그룹에 일본이 참가하면서 G5로 확정된 것이다.

(2) G7

1985년 9월 22일, 뉴욕의 플라자호텔에서 G5가 극비리에 회의를 개최하였는데, 그다음 날부터 전 세계적으로 놀랄 만한 속도로 달러환율이 변동 된 적이 있었다. 이 5개국 간의 협조행동에 따른 환율의 급격한 변동에 영향을 받게 된 다른 선진국, 특히 캐나다와 이탈리아가 강력하게 반발하면서 G5에의 참가를 강력하게 희망하였다. 이에 1986년 5월의 동경SUMMIT에서는 이 양국을 포함하여 G7(선진 7개국 재무장관, 중앙은행 총재 회의)을 창설하게 된다. 그러나 G5는 그대로 운영되어 G5와 G7이 별개의 독립적인 움직임을 갖게 된다. G5, G7 모두 기본적으로는 통화안정을 위하여 참가국이 긴밀하고 다각적인 감시와 국제통화 문제, 경제정책의 운용, 개선을 행하는 것으로 되어 있으나, 양자의 수비범위는 다르다. 캐나다, 이탈리아를 포함하는 확대회의인 G7은 경제의 기초지표를 활용하여 넓게 경제목표, 예측에 관해 검토하는 것에 머문다. 한편 G5는 그것보다 더욱 세밀하게 당초 의도한 진로로부터 상당한 괴리가 생겨났을 때에는 항상 적정한 조치에 관해 합의가 이루어질 수 있도록 최선의 노력을 경주하는 것으로 되어 있다. 즉 상담이나 의견교환의 경우에는 양국을 포함시키고 있으나, 행동할 때에는 5개국만이 참가한다.

(3) G8

주요 8개국 정상회담(통칭 G8Group of Eight)은 독일, 미국, 영국, 이탈리아, 일본, 캐나다,

프랑스 등 세계정치와 경제를 주도하는 주요 7개국에 러시아가 더해져서 만들어진 모임이다. 매년 이들 국가의 정상들이 모여 정치와 경제 문제에 대한 회의를 개최한다. 1990년대 이후 냉전 구도 해체로 세계에서 가장 큰 나라가 된 러시아가 옵서버 형식으로 참가하기 시작하였고, 1997년 이후 러시아가 정식 멤버가 되면서 세계 주요 8개국 모임으로 불리고 있다.

(4) SUMMIT

1970년대 초반에 세계경제는 곤란한 상황에 직면하였는데, 선진 제국들은 실업률, 인플레이션율, 성장률, 경상수지 적자 등의 부문에서 제2차 세계대전 이후 미증유의 심각한 상황을 경험하기에 이른다. 이에 프랑스, 미국, 서독, 영국, 일본, 이탈리아 등 6개국의 수뇌가 1975년 11월에 파리 교외에서 만나 경제 문제를 논의하기에 이르렀다. 이후 캐나다가, 그리고 EC위원장이 참가하면서 오늘에 이르고 있다.

선진국 수뇌회담Economic Summit의 기본정신은 세계에 커다란 영향력을 갖고 있는 주요 선진 제국이 세계적인 시야를 가지고 정합성이 있는 정책목표를 입안하는 데 협력하고, 그것을 실현하기 위한 정책수단의 조정에 합의함으로써, 난국 타개에 공동책무를 지는 것이다.

SUMMIT에서의 리더십 조정방식은 UN 상임이사국 5개국의 권력집행방식과는 다르다. 후자가 거부권에 의하여 타국의 리더십을 억제하는 자기방어적 메커니즘으로 부정적인 것이라 한다면, 전자의 주된 목적은 실로 리더십을 서로 보충하여 상호 강화의 메커니즘으로 플러스 효과를 발휘하는 데 있다.

SUMMIT의 역할을 보다 일반적으로 설명하자면 세계적 공공재global public goods의 수요와 공급의 양면에서 생각할 수 있다. 공동체의 질서유지 기능의 제공자는 리더십이라는 서비스 제공자로 규정할 수 있다. 이 공급자는 정치적으로 리더 또는 패권국(헤게모니)으로 불린다. 질서유지라는 세계적 공공재가 필요한 것에 관해서는 공동사회의 안정이라는 기본적 요청에서 다수국의 사람에게 공감과 찬동이 있음은 의심할 것 없다. 더욱이 상호의존관계가 밀접한 현대 국제사회에서는 거시경제정책을 유효하게 실현하기 위하여 무엇인가 조정이 요구되는 경우가 많다. 특히 세계경제가 위기상황에 있을 때, 이러한 정책협조에의 요구가 높아진다.

(5) G20

1997년 6월 태국에서 비롯된 금융위기가 북쪽으로 이동하면서 동아시아국가의 금융위기로 확산된 바 있다. 이를 계기로 국제경제사회에 국제금융 및 외환 관리 시스템의 부재가 문제점으로 부상하였다. 이에 따라 1999년 9월 IMF총회에서 당시 개최된 G8 재무장관회의의 G8 국가와 신흥공업국 12개국이 참여하는 G20의 창설이 이루어졌다. 이에 따라 1999년 12월에 제1차 G20 재무장관회의가 개최되어 국제경제사회의 다양한 문제들을 논의하기에 이르렀다. 이후 2008년에 세계 금융위기가 도래하면서 G20 재무장관회의는 G20 정상회의로 격상되었다. 제1차 G20 정상회의는 2008년 11월 미국 워싱턴에서 개최되었는데, 이후 연 2회 개최되는 경우도 있었다. 제5차 회의는 2010년에 서울에서 이루어졌다.

회원국은 한국, 남아프리카공화국, 독일, 러시아, 멕시코, 미국, 브라질, 사우디아라비아, 아르헨티나, 영국, EU의장국, 이탈리아, 인도, 인도네시아, 일본, 중국, 캐나다, 터키, 프랑스, 호주 등 20개국이다. 이들 G20 국가들의 인구를 합하면 세계인구의 2/3에 이르며, 국내총생산은 세계의 85%, 세계 교역량의 80%를 점하고 있는바, 국제경제사회에 미치는 영향력이 매우 크다.

2) 남북 간 의존관계

남북 간 의존관계의 제도적인 측면은 UNCTAD에서의 논의 및 남북포괄교섭GN: Global Negotiation, EC와 ACP제국 간의 로메협정, IMF 등에서 구체적으로 나타나고 있다. 그 내용은 주로 비대칭적이고 불균형한 관계에 있는 남북관계를 개선하기 위한 제도적인 측면의 모색으로 되어 있다. 여기서는 남북포괄교섭을 통하여 남북 간 의존관계의 제도적인 측면을 알아보기로 한다.

(1) 남북포괄교섭 논의의 배경

1970년대에 논의된 신국제경제질서NIEO: New International Economic Order에 관한 남측의 입장은 세계경제에 있어서의 시장메커니즘 자체가 불공정한 것이므로, 그것에 의거한 자유무역의 입장에서가 아니라 분배 정의의 입장에서 기존질서를 대신하는 새로운 세계경제질서를 만들려고 한 것이었다. 이를 위한 수단으로 적어도 1차 산품에 관한 한 기존의 시장메커니즘과는 다른 제도가 있어야 한다는 것이다.

이후 1차 산품 문제를 해결하기 위해 가격안정제도, 수출소득 보증방식, 인덱세이션방식 등 세 가지가 제안된 바 있다. 그러나 세 가지 모두 남북 쌍방의 양보를 통한 접근이 필요한 것이었다. 그것은 단지 남측의 이익만을 위한 것은 아니며, 1차 산품 가격과 수출이 불안정하면 선진 제국의 생산활동에도 영향을 미치고 동시에 남측으로의 수출이 감소되는 데 따른 것이었다. 때문에 남측과 북측의 상호협력관계가 불가결하였다.

이러한 남북 간의 협조를 위해서는 교환의 정의뿐만 아니라 분배의 정의에 따른 기준이 중요하다. 즉 교환의 정의만을 추구하여 경제효율만을 중시하는 경우에는 남측의 시장메커니즘에 대한 신뢰가 흔들리게 된다.

이러한 세계경제의 흐름을 반영하여 1979년 제34회 UN총회에서 남북포괄교섭[6]이 제안되고, 만장일치로 채택되었다. 그러나 채택되기까지의 경위나 그 후의 전개를 보면, 반드시 새로운 남북관계의 제도적 개선을 의식한 것이라 할 수는 없다. 오히려 각각의 그룹의 이익, 각국의 국가주의의 교차가 남북포괄교섭으로 도달되게 된 것도 사실이다.

(2) 남북포괄교섭의 내용

남북포괄교섭 대상 부문의 구체적 내용은 다음과 같다.

가. 1차 산품 및 식량 문제

1차 산품에 관해서는 공통기금, 국제상품협정의 체결 및 기타에 의한 1차 산품 가격의 안정에 관하여, 그리고 1차 산품 무역에 관한 개도국의 적극 참여 및 수출소득 보상제도 등에 의한 개도국 수출소득의 안정이 주요 교섭내용이다. 식량에 관해서는 우선 긴급시에 대비하여 개도국에 1,200만 톤의 곡물을 비축한다고 하는 식량안전보장과, 둘째로 향후 10년간 개도국 농업생산액을 연 4% 증대시켜 이 기간에 50% 증산한다는 것으로,

---

6) UN남북교섭라운드에서 1979년 12월의 UN총회에 발족될 것이 결정되어 1차 산품, 무역, 에너지, 개발, 통화-금융의 부문에 관하여 전체 UN 가맹국이 참가하여 논의, 교섭한다.

이를 달성하기 위하여 개도국 측의 노력뿐만 아니라 선진국도 자금, 기술협력을 한다는 내용이다.

나. 무역

개도국으로부터 추격당하고 있는 선진국의 쇠퇴산업을 보호하지 않고 산업구조를 조정한다는 것이다. 이는 주로 공업제품 무역에 관한 NICs신흥공업국와 선진국의 관계를 문제로 하고 있다. 경공업과 일부 중화학공업에 관하여 NICs 등의 선진국에 대한 비교우위가 명백해졌음에도 불구하고 선진국은 여전히 이들 산업을 개도국에 이전하려 하지 않고, 보호하고 있다는 것이 개도국 측의 주장이다. 이에 대하여 선진국 측도 NICs와의 사이에 국제 분업의 동태적 조정을 도모하기 위하여 선진국의 산업구조를 항상 고도화시켜 재편해야 한다는 태도를 가진다. 이른바 OECD의 적극적 산업조정정책PAP: Positive Adjustment Policy(1978)이 제창되기에 이른다.

다. 에너지

선진국에서의 석유 절약과 개도국에서의 에너지 개발 및 에너지 문제를 위한 국제기관의 설립을 내용으로 한다.

라. 통화-금융 문제

개도국의 대외채무를 어떻게 다룰 것인가가 우선이고, 나아가서 국제통화 시스템의 개혁 및 이와 관련한 오일머니의 환류 문제 등을 내용으로 한다. 개도국의 채무 문제에 관해서는 GN에서는 장기, 저리의 융자, SDR의 할당 확대 등에 의한 비산유개도국의 누적채무 구제가 문제로 되었다.

이상과 같은 문제를 대상으로 하는 남북포괄교섭은 의제와 수속을 둘러싸고 남북간에 합의를 이루지 못했다. 선진국 측은 각각의 문제를 기존의 기관 즉 통상-개발 문제는 GATT와 UNCTAD에서, 통화금융 문제는 IMF, IBRD에서, 식량 문제는 FAO에서 논의해야 한다는 입장이었다. 한편 제3세계는 이들 모든 문제에 관해 UN의 전체회의에서 교섭의 방향을 정해야 한다고 주장하였다.

제4절 국제경제관계의 관점

1. 국제경제관계의 기본 틀

국제경제관계를 이해하고 분석하기 위해서는 가장 기본적으로 통일된 종합적 체계가 국제경제사회에 어떻게 형성되어 있는지를 알아봐야 한다. 이러한 종합적 체계는 상부구조와 하부구조로 이루어지는바, 상부구조란 국제경제가 궁극적으로 추구해 나가는 목표 내지는 이념이 무엇인가를 나타내는 것이며, 하부구조란 그러한 목표, 이념을 추구하는 데 있어서 수단으로서의 질서와 기구 등을 포함하는 것이다. 최근에는 지역차원의 통합까지도 국제경제의 목표, 이념을 추구하는 데 유용한 수단으로 평가되기도 한다.

국제경제사회에서의 상부구조 및 하부구조가 동태적으로 형성되어 나가는 과정, 즉 그것들의 태동, 성립, 위기 및 쇠퇴는 국제경제사회의 틀 자체를 변용시키는 것이며, 이에 따라 국제경제관계의 양상도 바뀌어 간다.

국제경제관계의 동태적인 이해를 위하여 이러한 기본적인 국제경제사회의 틀이 어떻게 만들어지고 변화해 나가는가를 알아보는 것이 무엇보다 중요하다. 그 구체적인 내용으로 본 서 제1부에서는 기존의 경제학과 국제경제학을 재검토하고 국제경제사회의 기본 틀을 다루며, 국제경제관계론의 필요성을 제시하면서 국제경제관계의 개념, 유형 및 관점들을 정리하였다. 제2부에서는 국제경제체제, 국제경제질서, 국제경제기구 및 지역경제통합에 초점을 맞추어 본다.

2. 국제경제에서의 상호의존, 마찰/분쟁 및 협조/조정

국제경제사회의 구조변화 과정에서 괄목할 만한 국제경제관계의 특성은 다름 아닌 국가 간 상호의존이다. 국제경제사회가 개별 책임으로 충분했던 시대에서 연대책임의 시대로 바뀌고 있는 가운데, 국제상호의존은 학제적인 테마로 다루어지고 있다. 제 국가 간 관계가 지극히 다방면에 걸쳐서 형성되어 있으며 이를 반영하여 국제상호의존의 개념 및 실체도 다양하다. 따라서 국가 간 상호의존관계에 대한 연구는 다양한 국제경제관계의 실체를 이해하는 데 불가결한 것이다. 또한 국가 간 상호의존에 따른 개방거시경제의 연계가 더욱 중요시되고 있으므로 그 기본적인 이론 틀을 정리하며 이를 이용하여 근린궁핍화, 각국 경제변동의 동시화 등을 명확히 할 필요가 생겨난다.

한편 국가 간 상호의존은 국가 간 마찰/분쟁을 초래한다. 사람 사이에 만남이 잦아지면 자연스럽게 마찰이 생겨나는 것과 다를 것 없다. 국가 간 마찰/분쟁의 개념, 주체 및 배경을 분석함으로써 국제경제관계의 이해는 더욱 깊어지게 될 것이다. 물론 국제경제마찰 및 분쟁을 극복하기 위한 다각적인 협조/조정의 논의가 지속되고 있는바, 이러한 관점이 추가되어 비로소 국제경제관계에 관한 균형 잡힌 이해가 가능하게 될 것이다. 이상의 관점은 제3부에서 구체적으로 논하기로 한다.

3. 국제경제에서의 경제적 파워와 게임의 논리

파워란 국제관계론에서 중요한 전략적 변수이다. 국가의 파워는 '의도한 효과를 얻어내는 능력'이라고 정의할 수 있다. 원래 국제관계론에서는 국가의 파워가 군사적 능력을 의미하고, 보다 넓은 의미에서 영향력이란 용어가 사용되었다.

한 나라가 타국에 대한 힘의 관계를 고려하면서 스스로의 목표를 실현하는 수단의 측면을 경제적 파워라 한다. 이러한 경제적 파워란 일반적인 파워 가운데 경제적인 측면으로부터 생기는 것이나, 경제적 파워를 '적극적으로 보면 경제정책, 금융정책을 이용하여 경제적으로 약한 국가는 강한 국가에 대하여 손실을 주거나 또는 손상을 줄 것이란 위협을 함으로써, 또는 이익을 주거나 이익을 줄 것이라고 약속함으로써 한 나라가 스스로의 이익을 실현해 나가는 능력', '경제 측면에서 보아 타국이 자국에 대하여 행사하는 경제적 파워를 제한하는 능력', '어떤 국가가 단독으로 또는 복수국이 협력해서 타국(단수 또는 복수국)에 대하여 어떤 행동을 취하도록 영향을 주는 것과 같이 경제면에서 생기는 능력' 등으로 이해할 수 있다.

이러한 경제적 파워는 국제경제관계에서 나타나는 제반 시그널을 규정하는 만큼 무엇보다 중요한 요소라 할 수 있다. 이러한 경제적 파워는 국제경제사회의 제반 교섭, 협상의 자리에서 게임의 원리 속에 현재화되어 나타나게 된다. 이제 경제적 파워와 게임의 원리를 역시 제3부의 국제경제관계의 세계에서 다루어 보도록 한다.

4. 산업의 국제적 연관, 기업의 국제화 및 자원-환경 문제와 국제경제관계

산업사회에서 공업화가 진전되면 될수록 어떠한 산업이 여타 산업활동과 완전히 고립된 상태에서 생산활동을 지속할 수는 없게 된다. 또한 국제무역의 내용을 구체화해 보면 알 수 있듯이 점차 중간재무역의 비중이 커지고 있다. 이는 재생산체계가 이제는 국제적인 차원에서 형성되어 있다는 의미이다. 이를 종합해서 표현하자면 산업의 국제적 연관관계가 심화되고 있다는 뜻으로, 국제경제관계를 산업 차원에서 분석하는 것의 중요성은 아무리 강조해도 지나침이 없을 정도이다.

이러한 산업활동의 주체인 기업의 경우, 그 국제화가 진전되면서 국제경제관계의 새로운 중요 요소로 부상하고 있다. 기업의 국제적인 활동이 진출국과 도입국 사이에서 여러 경제적 효과를 창출해 내기도 하며 한편으로는 경제 문제들의 근원이 되기도 한다. 이러한 기업 차원에서 국제경제관계를 무시해서는 더 이상 국제경제사회의 성립 자체가 무의미해질 정도인 것이다. 이들 관점에 관해서는 제4부에서 다루게 된다.

이 외에 자원-환경 문제는 비교적 최근에 야기되고 있는 부문으로, 향후 국제경제관계의 가장 중요한 요소로 평가되고 있다. 또한 이러한 문제들을 해결하고 극복해 나가기 위하여 국제공공재를 적정 규모로 공급하고 적절하게 활용하는 것이 필수적이다. 이들 관점에 관하여는 제5부에서 다루도록 한다.

제3장
국제경제관계의 기본이념: 상호주의

제1절 교역행위의 지배원리: 상호성, 호혜성

"통상通商의 본래 효과는 궁극적으로 평화를 도모하는 것이며, 구체적으로 상호 간에 교역을 행하는 두 국민은 서로 의존적이 된다." 이는 몽테스큐C. L. Montesquieu의 『법의 정신』에 기술된 내용이며, 21세기에 접어든 현재에도 국제경제사회의 중심적 이념을 정확하게 나타내고 있다.[1)]

국제무역이란 일반적으로 국경을 달리하는 국가 사이에서 재화는 물론 서비스, 자본, 노동, 기술 등을 상호 교환, 매매하는 상업 활동으로 나타나는 경제 현상이다. 국제무역의 주체는 각국의 기업 또는 공적 경제기관이다. 이러한 국제무역은 본래 그 활동이 외국과의 교섭 및 거래이므로 그 자체가 국제경제적 성격을 갖고 있다.

사회적 분업과 생산수단의 사적 소유를 기반으로 하는 자본주의체제하에서 무역은 구체적으로는 소유의 이전을 목적으로 한다. 일반적으로 개별기업 상호 간에 물품계약과 같은 법적 형식을 취하고, 상업적 차원에서의 국제적 매매로 실현되는 것이다. 이러한 개별기업 사이의 매매로 파악되는 국제무역의 목적은 어디까지나 매매 당사자들의 수익획득에 있다. 따라서 이러한 매매행위의 원리는 상호 영리성에 의하여 이루어진다. 이러한 매매행위를 국민경제 간의 교역으로 파악할 때, 그 교역의 목적은 국가 간 수익의 형평성

1) 몽테스큐 저, 손석린 역, 『법의 정신』, 박영사, 1974.

내지는 균형의 실현에 있다. 즉 교역행위를 지배하는 원리가 상호성 내지는 호혜성을 나타낸다는 것을 의미한다. 따라서 무역활동이 그 나라의 개별 기업체에는 유리하다 해도 국민경제의 입장에서는 유해하거나 국가안전보장의 측면에서 제한이 필요하거나, 국가 간의 신의, 우호관계에 해가 된다면(예를 들면 알코올, 마약거래, 무기매매 등) 국가는 그러한 교역활동을 억제하게 된다.

상호주의의 용어가 무역활동에 적용될 때는, 호혜관세reciprocal tariff, 호혜통상협정법 reciprocal trade agreement act 등의 용어에서도 알 수 있듯이, "독립국 상호 간에 무역이 일어날 경우, 자국의 무역에 이익이 됨과 동시에 같은 정도의 이익을 상대국에도 인정해야 한다."는 것이다. 이러한 상호주의는 관련 주체들 사이의 조건적 행동을 의미한다. 이는 상대에 대한 보상적 반응으로만 나타나는 행동이란 것이다. 따라서 더 이상의 기대반응이 없게 되면 이러한 행동은 멈추게 된다. 상호주의적 행동은 악에 대해서는 악으로, 선에 대해서는 선으로 나타나며, 상호적인 입장에서 행위자 간의 우발성이 항시 존재한다. 한편 상호주의에는 동등성이 필수적이다. 상호교환의 과정에서 재화, 서비스, 이익, 신용, 호의 등이 서로 균형되게 이루어진다는 것 또는 그렇게 예상되는 것이 바로 상호주의이다. 국제경제관계에서 상호주의는 주로 이익의 동등성을 지닌 상호주의를 의미한다. 그러나 실제로 국제경제관계에서 상호주의에 따른 동등한 이익이 어느 정도인지 정확하게 측정하기는 불가능하다. 그럼에도 불구하고 동등성은 상호주의에 있어서 필수불가결한 요소이다. 이상과 같이 상호주의는 우발성과 동등성이란 두 가지 특성에 의하여 나타나게 된다.[2)]

이러한 상호주의란 일반적으로 조건부 교환이며, 교환된 가치가 같다는 것으로 정의된다. 국제통상에 관하여 상호주의라 할 때, 거기에서 교환되는 가치는 일반적으로 상업상의 (경쟁)기회이며, 상호주의의 내용은 기회의 평등이다. 물론 상호주의라 할 때 양보 또는 결과의 평등을 포함하여 논의하는 경우도 있고 또 그것은 단지 2국 간 관계뿐 아니라 시스템 전체의 룰에 관한 것이기도 하다.

이러한 상호주의는 그 내용이 확장되는 과정과, 수단이 선택되는 과정이 국제정치무대에서 논의되고, 국제경제무대에서 실천에 옮겨지게 되는 것이다.

---

2) R. O. Keohane, "Reciprocity in International Relations", *International Organization*, 1986.

제2절 상호주의의 출현

이러한 상호주의 원칙의 최초 적용은 1815년에 영국-미국 간의 항해조약에 나타났는데, "체약국 한편의 선박은 다른 한편의 체약국에 입항할 때, 후자의 국가의 선박이 전자의 국가에서 지불하는 부과금 이상의 비용을 지불할 의무는 없다."라고 규정한 것으로부터 비롯된다. 그 후 1824년에는 프러시아와 영국 사이에 Hertslet's Treaties에 호혜양허의 원칙the principle of a reciprocal concession이 명문화되었다. 호혜양허는 일반적으로 관세의 상호적인 인하 형태로 나타나지만, 이 양허의 교환은 적어도 동등 또는 등가等價 인하가 아니면 안 된다. 이렇듯 일방적이 아닌 쌍방적인 관세가 호혜관세이며 그 전형은 미국의 관세정책에서도 나타난다. 그 대표적인 것이 1934년 6월에 제정된 호혜통상협정법reciprocal trade agreement act으로, 체결국으로부터 호혜적인 양허를 얻는 경우에는 특정품목에 대하여 그 수입세를 50% 범위 내에서 경감, 변경할 수 있도록 하는 것을 내용으로 하고 있다. 당시 쿠바를 비롯해 벨기에, 스웨덴, 브라질, 캐나다, 프랑스, 핀란드 등과 협정을 맺어 1939년까지 20여 개국과 협정을 맺었다.

이러한 호혜통상협정의 의의는 미국이 당시까지 취해 왔던 고도의 보호관세주의로부터 벗어나 자유-다각적 무역정책으로의 길을 열게 되었다는 데에 있다. 이 법은 11회에 걸쳐서 기한 연장을 계속하여 1962년 6월까지 지속되었으며 이후 그해 10월에 성립된 통상확대법Trade Expansion Act으로 발전하였다.

호혜통상협정법은 개정 및 연장의 과정에서 제2차 세계대전 이후 미국의 무역정책 내지는 관세정책의 근간이 되었다. 이 사이에 협정국가 간에만 적용된다는 원칙에 입각한 상호주의reciprocity를 한층 발전시켜, 체결국의 하나에 대하여 얻은 관세양허율을 다른 모든 가맹국에게 평등하게 적용하는 최혜국 대우MFN: Most Favoured Nation treatment의 원칙에서 자유, 평등, 무차별, 호혜적인 세계 각국 사이의 무역을 추구하게 되었다.

제2차 세계대전 이후, 국제적인 재화, 금융, 기업의 교류 등에 있어서 기본적으로는 최혜국 대우 시스템이 만들어져, 그 시스템하에서는 무조건, 다각, 호혜, 무차별의 자유로운 교류가 진전되었고, 그와 함께 상호의존도 심화되었다. 그러나 상호의존이 심화되고, 최혜국 대우 시스템하에서 관세가 극단적으로 인하된 결과 교류 진전에 관한 주된 관심은 점차 비관세장벽으로 이행되었다. 또한 서비스무역, 국제투자 등 지금까지 국제적인 룰이 확정되어 있지 않은 분야에서 새로운 질서를 만들 필요성이 고조되었다.

더욱이 전후 최혜국 대우 시스템을 만들어서 그것을 유지해 온 미국이 상대적으로 그 힘이 약화되면서, 미국으로부터 기회 평등의 보장과, 새로운 분야에의 룰 작성에 관한 강한 요구가 생겨났다. 이런 움직임을 상징적으로 나타내는 것이 상호주의reciprocity 이다.

현실적으로 상호주의는 주요 국가 간 세력균형의 원리가 지배하는 국제사회에 새로운 국제질서의 원리로 제안되었다.[3] 코레인Koehane(1984)[4]은 기존의 세력균형을 대신하는 국제정치-경제 시스템의 한 원리로서 상호주의를 분석하고 있다. 그런 가운데 특히 국제경제분야에 국한해서 보아도, 패권에 의한 자유무역체제의 유지가 어렵게 된 때에 상호주의에 의하여 자유스런 국제경제체제를 유지하고 공공재의 공급을 유지하는 것이 가능하다는 다수의 연구가 있다.[5] 한편 킨들버거Kindleberger(1986)의 경우와 같이 보복을 수반하는 상호주의는 보복의 연쇄를 일으켜 자유무역을 파괴해 버린다는 것을 보여주는 연구도 있다.[6] 이 외에 바그와티 등Bhagwati 등(1987)과 같이, 상호주의가 결과를 중시하게 되면 자유스런 질서보다는 오히려 상호주의를 기치로 압력을 걸어 오는 특정 국가에 대한 타협의 산물로서 자발적인 수입 확대를 조장하는 등 이른바 카르텔적인 질서가 형성된다고 주장하는 연구도 있다.[7] 이렇듯 찬반양론이 있고, 또 그 결과에 대한 판단이 달라지는 상호주의를 그 내용 및 수단이란 관점에서 이론적으로 분석할 필요가 있다.

---

3) R. F. Smith, "Reciprocity" in A. Deconde, ed., *Encyclopedia of American Foreign Policy*, vol. III, N. Y.

4) I. Koehane, "Reciprocity in International Relationa", *International Organization*, 40-1, 1984, pp. 1-27.

5) J. L. Goldstein and S. D. Krasner, "Unfair Trade Practices: The Case for a Differencial Response," *American Economic Review*, 74-2, 1984, pp. 282-287. B. V. Yarbrough and R. M. Yarbrough, "Reciprocity, Bilateralism, and Economic 'Hostages': Self-enforcing Agreements in International Trade," *International Studies Quarterly*, 30, pp. 7-21.

6) C. P. Kindleberger, "International Public Goods without International Government", *American Economic Rewiew*, 76-1, 1986, pp. 1-13.

7) Bhagwati and Irwin, "The Return of the Reciprocitarious - US Trade Policy Today", *World Economy*, 10-2, 1987, pp. 109-130.

제3절 상호주의와 국제경제 시스템

1. 국제경제 시스템의 유형

'동등한 가치의 교환'으로 정의되는 상호주의는 교환의 과정을 나타내는 것이며, 출발점으로서의 기회 평등에 의미를 둔다. 기회의 평등이란 의미에서의 상호주의에 관하여 일정한 이미지를 얻기 위해서, 국제 시스템의 관점에서 문제의 소재를 명확히 해 본다. 이 경우 국제 시스템이란 일반적으로 국가와 국가의 관계를 규정하는 행동원리의 조합이라 할 수 있다. 즉 한 국가가 다른 국가로부터 들어오는 재화, 서비스, 기업 등에 관해서 어떠한 행동원리로 대응하고 있는가에 대한 문제이다. 우선 이런 행동원리에 대하여 복수의 상대국을 가정할 경우, 다음과 같은 4개의 기준을 생각할 수 있다.[8)]

첫째, 무엇인가의 기준으로 상대국들을 차별하는가? - 상대국 간 차별 여부

둘째, 국내의 자국 재화 등과 외국 재화 등에 대한 차별이 있는가? - 내외 차별 여부

셋째, 각국의 외국에 대한 대우가(자국의 것에 대한 대우와 같다고 해도), 다른 국가와 비교해서 같은가? - 내외 차이 여부

넷째, 재화, 금융, 기업활동에 대하여 정부의 규제가 있는가? - 규제 여부

이러한 4개의 행동원리 기준에 의거해서 국제경제 시스템을 분류해 보자. 우선 4가지 기준 모두에서 모든 국가들의 기본적인 행동원리가 차별/차이/규제로 나타나면 이는 상대국 간 차별/차이 시스템이다. 각국 모두 상대국 간에 차별은 하지 않으나 내외간의 차별은 존재하는 경우는 이른바 최혜국 대우 시스템이 된다. 상대국 간에 차별을 하지 않고 내외간에 차별을 하지도 않으나, 단지 내외간에 차이가 존재하는 경우는 내국민대우 시스템이 된다. 한편 모든 국가가 시스템 내에서 가장 자유스런 기준을 취하는 국가에 그 기준을 맞추고 내외 차이도 존재하지 않으면 최자유국 대우 시스템이며, 모든 국가가 국내외를 불문하고 전혀 규제를 하지 않는 경우는 완전자유 시스템이라 하겠다.

---

8) 山影 進 編, 相互主義時代의國際摩擦, 東京大學出版會, 1985.

표 3-1. 각국 간 대우의 정도와 국제경제 시스템

	상대국 간 차별	내외 차별	내외 차이	규제
상대국 간 차별/차이 시스템	○	○	○	○
최혜국 대우 시스템	×	○	○	○
내국민 대우 시스템	×	×	○	○
최자유국 대우 시스템	×	×	×	○
완전자유 시스템	×	×	×	×

상호주의를 국가 간에 기회의 평등을 부여하는 것이라 한다면, 완전한 기회의 평등은 완전히 자유로운 시스템 또는 최자유국 대우 시스템에서 얻어질 수 있다.

2. 국제경제 시스템에 관한 협상

그런데 실제로 특정의 국가 간 장벽을 낮추는 교섭을 생각할 경우, 개념적으로는 2개 형태의 협상이 존재한다. 하나는 시스템으로 어떤 원리를 채택할 것인가를 둘러싸고 행해지는 것으로, 그 결과 실제의 장벽이 낮아지게 된다. 이러한 원리의 채택을 둘러싼 협상을 '시스템을 둘러싼 협상'이라 할 수 있다. 다른 하나는 일정한 시스템 속에서(즉 어떤 일정 원리를 수용하여) 실제의 장벽을 없애는 협상이다. 예를 들면, 최혜국 대우 시스템 가운데에서 관세를 인하시키거나, 정부규제를 완화한다거나 하는 것이다. 이런 협상을 '시스템 내의 협상'이라 한다.

특히 시스템 내의 협상에 있어서 만일 상호주의가 문제로 된다면 그것은 양보의 동등성의 문제로 될 것이다. 이것이 바로 GATT에 있어서의 상호주의임은 말할 것도 없다.

그러나 현실의 협상에 있어서 이들 2개 형태의 협상을 구분하기란 어렵다. 예를 들면, 최혜국 대우 시스템 내에서의 각국의 제반 장벽 제거를 생각할 때, 정부 규제에 관하여 한쪽은 완전자유화되어 있고, 다른 한쪽은 높은 장벽을 갖고 있는 경우 전자는 양보 자체의 동등성보다는 한층 위의 기준인 내국민대우 또는 최자유국 대우를 목표로 교섭에 임하게 된다는 것이다. 일반적으로 어떤 원리하에서 장벽이 거의 제거된 경우에는 보다 자유스런 원리가 제시되어 그것을 둘러싼 협상이 전개되기 마련이기 때문이다.

제4절 상호주의의 유형

'기회의 평등으로서 상호주의'를 추구할 때 상대를 어떤 범위에서 생각할까, 어디까지 분야를 넓혀 생각할까에 따라 그 내용이 크게 달라진다. 상대의 범위에 관해서는 어느 특정 국가를 상대로 해서 상호주의를 추구할 것인가(즉 2국 간), 또는 모든 국가를 상대로 추구할 것인가(즉 다국 간)를 구별해야 한다. 대상분야에 관해서는 특정의 한 분야에서 상호주의를 추구할 것인가, 또는 많은 분야에 걸쳐서 전체적으로 추구할 것인가에 따라 크게 달라진다.

또한 기회의 평등을 추구하는 상호주의를 실질적인 상호주의라 한다. 이제 실질적인 상호주의를 달성하는 수단도 각기 구별해서 생각하지 않으면 안 된다. 상호주의를 달성키 위한 수단으로서는 일반적으로 비강제적인 수단과 강제적인 수단이 있다. 비강제적인 수단이란 자국의 시장을 현재보다 폐쇄하지 않고(혹은 외국으로부터의 재화의 취급규제를 현재보다 더 강화하지 않고), 교섭 및 그것을 통한 합의에 따라 실질적인 상호주의를 달성하려고 하는 것이다. 강제적인 수단이란 실질적인 상호주의를 달성하는 데 있어서 자국의 시장을 현재보다 폐쇄하는(외국으로부터의 재화에 대한 규제를 강화하는) 것을 실행하거나 혹은 협박으로 사용함으로써 실질적인 상호주의를 실현시키려는 것이다.

이상과 같이 상호주의의 유형을 분류하는 기준이 되는 것은 (1) 2국 간이냐 다국 간이냐, (2) 특정 분야이냐 다분야에 걸친 전체적인 것이냐, (3) 그 수단이 비강제적이냐 강제적인 것이냐 하는 요소들이다. 이들 세 가지 요소를 조합하면 〈그림 3-1〉과 같이 8가지 유형의 상호주의가 가능하다.[9]

A에서의 상호주의는 실로 GATT체제의 원리이며, 최혜국 대우 시스템 및 자유스런 교류의 진전에 가장 적합한 유형이다. A의 정반대 방향에 있는 H에서의 상호주의(F도 유사)는 특정국가에 대하여 강한 교섭수단이 되지만, 그것은 자유스런 교류에의 장애를 증대시킬 뿐만 아니라, 무차별의 원리를 파괴하는 위험성을 갖고 있다. C는 예를 들면, GATT하에서의 다국간, 특정 분야(섬유, 농업분야 등)에서의 자유화 교섭에서 나타난다. B와 D는 2개국 사이에서 특정 분야 내지는 전체 분야에 관한 자유화 교섭이 비강제

9) 山影 進 編, 전게서 참조.

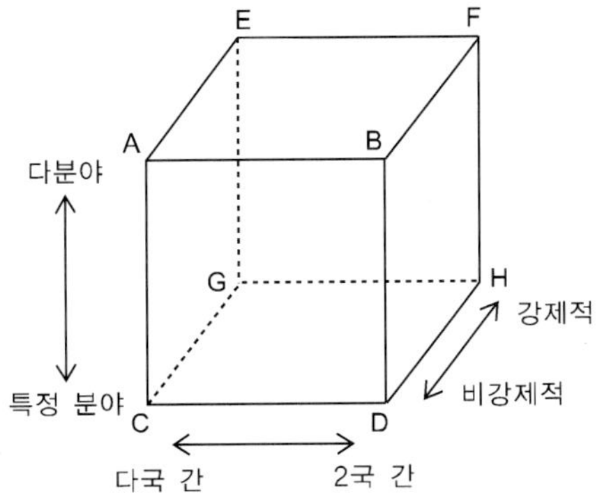

그림 3-1. 상호주의의 유형

적인 방법으로 이루어져 장벽을 증대시키지 않으며, 최혜국 대우 룰을 위협하지 않는다. E와 G는 가령 어떤 나라가 다른 모든 국가에 대하여 특정 분야 또는 전체 분야에서 '기회의 평등'의 결여를 이유로 일률적으로 무차별하게 장벽을 증대시키는 것이다. 이것은 자유스런 교류에 대한 장애를 증대시킬 가능성은 있으나 최혜국 대우 원리를 파괴하지는 않는다.

한편 상호주의를 명확한 상호주의, 분산된 상호주의로 분류하기도 한다.[10] 명확한 상호주의란 특정의 당사자가 매우 한정된 연속적 상황하에서 동등한 가치의 것을 교환하는 상황이다. 한편 분산된 상호주의란 동등의 개념이 애매해지고, 상황의 연속성도 확실하지 않은 가운데 의무 및 행동준칙이 형성되어 있는 것이다. 무조건적인 MFN이 분산된 상호주의의 대표적인 예라 할 수 있다. 특히 이러한 분산된 상호주의의 경우, 그 구체적인 평가는 지극히 어렵다. 예를 들면 2국 간이면서 특정 분야에 한정된 것이라 해도, 무엇을 가지고 '기회의 평등'으로 볼 것인가는 어려운 문제이다. 이것이 다국 간, 다부문이 되면 그 개념 설정은 더더욱 어려워진다.

10) R. O. Keohane, "Reciprocity in International Relations," *International Organization*, 1986, Winter.

제4장
국제경제의 수렴/발산과 국제경제관계

국제경제사회의 구성국들은 제각기 경제적 진보를 추구하고 있다. 그러나 그 성과가 모든 국가에게 똑같이 나타나는 것은 아니다. 실제로 국제경제사회에는 선진국, 개발도상국, 후진국, 최빈국 등과 같은 다양한 국가그룹이 존재하고 있다. 이들 각 그룹별로 경제적 진보의 단계와 속도 및 방향은 매우 다르게 나타나고 있다. 각국의 경제적 진보의 성과가 국가 간에 수렴되는 경우도 있으나 국가 간 격차가 벌어지면서 발산의 현상이 나타나기도 한다.

제1절 수렴/발산의 개념

왜 몇몇 국가들은 더 빨리 성장하고 생산성의 더 높은 수준에 도달하는 반면 다른 국가들은 뒤처지게 되는가? 이러한 질문은 경제성장에 관한 여러 문헌들에서 핵심적인 내용으로 다루어졌다. 이러한 질문에 명확한 답이 주어진다면, 각국 및 국제경제사회의 경제정책과 후생증진에 대한 폭넓은 함의를 가지게 될 것이다. 따라서 수렴/발산에 관한 연구는 국제사회에서 빈곤을 줄이거나 없애기 위하여, 그리고 국가후생의 증대를 위하여 중요한 의미를 가진다.

지금까지 국제경제사회에서는 분석 대상 국가와 시기에 따라 수렴 현상이 발견되기도, 발산 현상이 발견되기도 하였다. 가령 19세기에는 주요 선진국 그룹에서는 생산성 수준의 발산 현상이 나타났다. 특히 1830년부터 1880년까지는 각국의 상이한 산업화 패턴들이 공존하면서 발산이 지속되기도 하였다. 그러나 제2차 세계대전 이후 각국의 경제지표는 강한 수렴의 특성을 보였다. 1950-80년의 기간에는 일본, 이탈리아 같은 후발경제 국가가 다른 나라들보다 훨씬 빠르게 성장하였다. 이들 나라는 앞서 있는 나라로부터 기술과 제도를 도입하고 모방하면서 그 나라들을 빠르게 닮아 갔다. 이렇듯 당시 성공적인 산업국가들을 고려할 경우에 수렴은 부분적으로 당연한 것으로 나타난다. 그러나 실제로는 1960년대 초와 1980년대 사이에 세계 전체의 상위와 하위 국가들 사이에는 오히려 격차가 확대되는 등 발산의 현상이 심화되기도 하였다.

수렴이란 국가 간 경제적 격차가 축소되는 것과 같은 의미이다. 만일 국가 간 경제적 격차가 중요한 관심사항이라면 수렴이 존재하는가 아닌가에 관해서도 마찬가지일 것이다. 특히 향후 21세기에 인류, 국제경제사회의 궁극적인 목표가 '번영'(경제적 성과의 극대화 및 배분의 균형)은 물론 '보존'(각국 내지는 각 민족의 제반 문화 창달)의 가치를 추구하는 것이라면, 수렴이야말로 후발국들의 정체성 유지와 확보 등 보존의 가치를 추구하는 데에 반드시 필요한 것이라 하겠다.

실제로 많은 연구자들이 세계경제의 번영 및 후생수준에 관한 평가에 있어서 중요한 요인들 가운데 하나로 국가 간 수렴 현상을 다루고 있다.[1] 즉 국가 간 수렴은 제반 국가들의 후생 측면에서 기본적으로 중요한 의미를 가지고 있으며, 국제사회에서의 빈곤과 저개발 축소에 관한 함축적인 의미를 가지고 있다고 본 것이다. 그러나 실제 국제경제에서는 한편으로 국가 간 수렴이 진전되고 있는 가운데 다른 한편으로는 발산의 현상도 존재하고 있다. 이런 가운데 왜 어떤 국가는 경제가 빠르게 성장하는 반면 다른 국가들은 그러하지 못한가에 관한 해답을 얻을 수 있다면, 각국의 후생증진은 물론 국제사회에서의 국가 간 관계 개선에 유용하게 활용할 수 있을 것이다.

국가 간 수렴에 관한 기본적인 가설 및 초기의 분석들은 거쉔크론Gerschenkron, 쿠즈네츠Kuznets, 아브라모비츠Abramovitz 등에 의해서 이루어졌다.[2] 이러한 연구들에서 수렴가설은

1) 대표적 연구로 Baumol W. J., R. Nelson and E. Wolff, *Convergence of Productivity: Cross-National Studies and Historical Evidence*, New York: Oxford, 1994, p. 343.

2) Gerschenkron A., "Economic Backwardness in Historical Perspective" in *The Progress of Underdeveloped Area*, ed B. F. Hoselitz, U. of Chicago Press, 1952. Kuznets S., *Population, Capital, and Growth:*

일반적으로 "1인당 실질 소득수준이 낮을수록 기대되는 성장률은 더 높다."라고 정의된다. 그러나 이러한 정의는 후속 연구들에서 반드시 일률적으로 쓰인 것은 아니며, 각 연구마다 수렴과 관련된 다양한 의미들이 제시되고 있다.[3] 보몰, 넬슨과 월프Baumol, Nelson and Wolff는 서로 다른 수렴의 개념들을 Homogenization, Catch-up 등과 같이 다양하게 세분하여 설명하고 있다.[4]

제2절 수렴/발산의 요인

국가 간 수렴에 관한 기본적인 가설 및 초기의 분석들은 1950년대 이후 활발하게 이루어졌다. 이러한 연구들에서 수렴가설은 일반적으로 "1인당 실질 소득수준이 낮을수록 기대되는 성장률은 더 높다."라고 정의된다. 특히 솔로우R. M. Solow, 바로Barro 등의 연구는 국가 간 수렴이란 단지 그 국가들이 특정의 같은 또는 다른 조건에 있다는 가정하에서만 도달되므로 그러한 가정은 실제의 국제경제에서는 만족될 수 없는 것이라고 보았다. 아울러 최근 활발하게 논의되고 있는 내생적 경제성장 이론에서도 기술의 변화는 내생적인 것인바, 경제성장의 궤도는 과거의 노력, 예를 들면 R&D 투자, 교육 등에 의존하므로 생산성의 성장률은 국가마다 다르며 따라서 국제경제에서 수렴이 명확하게 존재한다고 보기는 어렵다는 논지를 전개하고 있다.[5]

Selected Essays, New York: Norton, 1973. Abramovitz M., "Catching Up, Forging Ahead, and Falling Behind," *Journal of Economic History* 46, 1973, p. 386.

3) 일반적으로는 각국경제의 수렴과 관련한 기존의 연구들에서는 수렴의 현상을 절대적 수렴과 조건부 수렴, 그리고 베타 수렴과 시그마 수렴의 형태로 대별하여 실증분석을 하고 있다.

4) Baumol W. J., R. Nelson and E. Wolff, *Convergence of Productivity: Cross-National Studies and Historical Evidence*, New York: Oxford, 1994, p. 343. Baumol, Nelson and Wolff (1994)는 서로 다른 수렴의 개념들을 (1) homogenization, (2) catch-up, (3) gross(or unconditional) convergence, (4) explained convergence, (5) residual convergence, (6) asymptotically perfect convergence, (7) bounded convergence와 같이 7가지로 구분하여 정리하고 있다.

5) Solow R. M., Concluding Comments, in Luigi L. Pasinetti and Robert M. Solow, ed. *Economic Growth and the Structure of Longterm Development*, St. Martins Press, 1994, pp. 376-379. Barro R. J., "Economic Growth in a Cross Section of Countries," *Quarterly Journal of Economics*, 1991, p. 106, pp. 407-444.

실제로 지난 한 세기 동안 산업 국가들의 성장을 보면 국가 간 수렴과 발산이 공존하고 있음을 많은 연구에서 확인해 볼 수 있다. 선진국가들 사이의 생산성 수준은 수렴하고 있고 특히 제2차 세계대전 이후 그 수렴의 과정은 더 명확하게 나타난다.[6] 그러나 그러한 선진국들 사이에서도 수렴의 속도와 정도는 다른데, 이는 각국이 생산활동, 인프라스트럭처, 교육 등에 얼마나 투자를 하였는가에 영향을 받는다. 다른 한편, 부국과 빈국 사이에는 발산이 확인되고 있다. 보이어Boyer는 특히 1960년대 초반과 1980년대 중반 사이에 이들 국가들의 격차가 확대되었음을 나타내 보이고 있다. 확실히 후발성은 더 빠른 성장의 가능성을 내포하고 있으나 이는 단지 적절한 경제전략 및 제도가 그러한 잠재력을 효과적인 발전 과정에 활용하는 경우에만 가능한 것을 나타내 보이고 있는 것이다.[7]

1. 수렴/발산의 국내적 요인

이상과 같은 국가 간 경제의 수렴/발산을 발생시키는 요인은 국내적 요인과 국제적 요인으로 대별된다. 일반적으로 저축, 인구, 투자, 기술변화 및 각국 고유의 산업구조 등이 수렴/발산에 영향을 미치는 국내적 요인이다. 그리고 더 부유한 국가의 소득 및 생산성 수준에 접근할 수 있게 하는 요인으로 민주주의와 정치적 안정성의 정도를 들 수 있다. 나아가서 지속적 성장에로 도약하기 위하여 일반적으로 요구되는 사회적 능력 측면에서 빈국들의 무능력을 설명하는 또 다른 요인으로 문맹, 높은 물가상승률, 빈약한 거시경제정책, 불균등한 부의 분배, 낮은 교육수준 등을 들 수 있다.

이 외에 수렴/발산에 영향을 미치는 국내적 요인들과 관련된 주요 주제별 연구의 동향을 정리해 보면 다음과 같다.

---

6) Abramovitz M., "Catching Up, Forging Ahead, and Falling Behind," *Journal of Economic History* 46, 1986, p. 386. Baumol William J., "Productivity Growth, Convergence and Welfare: What the Long run Data Show?", *American Economic Review* 76, 1986, 1072-1085 등의 연구 참조.

7) Boyer R., The Convergence Hypothesis Revisited: Globalization But Still The Century of Nations? *CEPREMAP* #9403, Aug. 1993.

1) 기술진보, 생산성과 수렴/발산

경제성장에 중요한 역할을 하는 요인 가운데 하나로 기술진보를 들 수 있다. 이러한 기술진보를 실제로 계측하려는 시도로 총요소생산성에 관한 연구를 들 수 있으며 솔로우의 성장회계이론이 많이 사용되어 왔다. 이는 경제성장을 가능하게 한 제반 요인을 찾아내어 어느 요인이 어느 정도로 기여했는지를 밝히는 것으로, 생산성은 여러 구체적인 요인을 밝히고 난 뒤 설명 불가능한 잔여부분으로 도출된다. 즉 특정의 투입요소 증가로 설명할 수 없는 산출의 실질적인 증가를 총요소생산성으로 보는 것이다. 이에 따라 그 개념이 애매하기도 하고 측정에도 곤란한 점이 있다.

솔로우 등에 의하여 형성된 신고전학파 성장 모델은 이론적 성과 측면에서는 인상적인 것이었으나, 성장과 성장 격차에 관한 실증적 연구에는 적합한 것이라 할 수 없다. 즉 완전경쟁의 세계에서 성장과 완전고용 사이에 마찰이 없음을 보이고 있으며, 외생적 기술진보를 무시할 경우 더 높은 생산성은 단지 1인당 자본의 증가에 의해서만 달성될 수 있다는 것이다. 그런데 자본의 한계생산성이 감소하므로 궁극적으로는 생산성 성장이 특정의 수준에 도달하여 멈추는 것을 나타내 보이고 있다. 따라서 외생적 기술진보를 무시할 경우 솔로우 모형은 장기적으로 생산성의 정체 수준에 이른다는 것을 예견한다. 한편 외생적 기술진보의 도입은 장기적으로 생산성 성장을 허용하며, 수렴은 만일 모든 국가들이 기술의 외생적 성장으로부터 똑같이 이익을 얻게 된다면 그러한 경우에 나타나는 현상인 셈이다. 이후 잔차로써 설명되지 않는 생산성 성장의 부분에 영향을 주는 구체적인 변수들이 도입되면서 잔여부분으로 계측되는 생산성 부분이 점차 제거되기도 한다. 이것은 1980년대 이후 나타난 신성장이론의 내용과도 매우 유사하다. 결국 기술진보와 이에 따른 생산성의 국가 간 격차는 각국의 수렴과 발산에 영향을 미치는 기본적인 요소라 하겠다.

2) 인적 자본과 수렴/발산

기존 솔로우 모형의 문제는 우선 생산성의 장기적인 성장이 몇몇 외생적 요소를 도입하지 않으면 설명되지 않는다는 것이다. 이러한 문제점에 대한 신고전학파 이론가들의 답은 기술진보로부터 경제성장에 대한 기여를 내생화하려는 시도에서 얻을 수 있다.[8] 특히 롬머Romer는 노동, 자본과 같은 전통적인 요소와 기술에 관계된 요소 모두가 축적되는 생산함수를 가정하였다.[9] 루카스Lucas는 인적 자본이 축적되는 유사한 모델을 제공하였다. 이러한 모델은 축적이야말로 성장의 원천이라는 고전적인 생각으로부터 시작하고 있다. 반면에 후속되는 일련의 분석 모델들은 더욱 명확하게 개별 기업에 의한 혁신이 성장과정을 주도한다는 슘페터의 생각에 기초하고 있다.

이러한 모델에서 기술은 생산성 성장을 설명하는 내생적 요소로 다루어진다. 따라서 성장은 새로운 기술의 발전에 사용할 수 있는 자원량에 의존하게 된다. 그러므로 인적 자본과 R&D에 관련된 변수는 국가 간에 캐치 업catch up하거나 그렇지 못하거나 하는 구별을 만들어 내는 매우 중요한 요소들인 셈이다.

3) 정보화와 수렴/발산

최근 들어 정보관련 산업을 둘러싼 환경변화가 급속하게 이루어지고 있다. 기술 및 공급 측면에서의 환경변화로는 정보관련 기술수준의 급속한 향상, 정보관련 기술과 여타 기술과의 융합에 따른 신기술과 새로운 정보관련 재화, 서비스의 출현, 정보관련 시장에서의 경쟁격화 등을 들 수 있다. 한편 수요 측면에서의 환경변화로는 경제규모의 확대, 개방경제화 및 세계화의 진전, 경제의 정보화/소프트화의 진전, 정보수요의 확대 및 다양화 등을 들 수 있다. 실제로 1980년대 이후 정보통신 관련 기술이 놀랄 만한 속도로 발전하였고, 관련 재화 및 서비스의 보급도 확산되고 있다. 이에 따라 각국 경제사회의 제반 시스템도 빠르게 변화되고 있으며 이른바 정보화 사회로 이행하고 있는 것이다.

이렇듯 각국의 정보화가 급속하게 진행되는 가운데 정보자본의 축적 및 활용은 국가경쟁력, 산업경쟁력 내지는 기업경쟁력의 주요한 원천이 되고 있다. 컴퓨터자본, 네트워크자본 등과 같은 정보자본이 생산과정에 투입됨으로써 직접 내지는 간접적인 경제적 파급효과가 크게 나타나고 있다. 이에 따라 생산비용의 절감, 산출물의 양적 공급 증대와 질적인

---

8) Arrow, Kenneth J., "The Economic Implications of Learning by Doing," *Review of Economic Studies* 29(June), 1962, pp. 155-173. Uzawa, H., "Optimal Technical Change in an Aggregative Model of Economic Growth," *International Economic Review* 6(Jan), 1965, pp. 18-31 등 참조.

9) Romer, P. M., "Human Capital and Growth: Theory and Evidence," *NBER Working Paper* No. 3173, Cambridge: NBER, 1989.

수준의 향상이 이루어지고 있으며 정보자본의 투입에 따른 생산성 상승이 기대되고 또한 실현되고 있는 것이다.

정보화 사회로 이행하면서 정보관련 기술이 각국의 산업성장 및 발전을 주도하게 되었다. 이와 함께 새로운 용도 및 기능을 가진 정보관련 기술의 개발을 통하여 새로운 재화 및 서비스를 추구하는 것이 경쟁의 관건이 된다. 따라서 정보화 사회에서 경제활동의 효율성을 추구하기 위하여 제반 정보자본의 축적 및 그 이용이 활발해졌으며, 제반 정보자본의 축적이 가지는 경제적 의미는 매우 크고, 더욱 중요한 것으로 되었다. 이렇듯 공업화 사회에서도 정보화 사회에서도 자본축적은 그 구성에 있어서는 상이하나 경제성장 및 발전에서 매우 중요한 의미를 가지고 있다는 점에서는 다를 바 없다.

전후 선진국 내부에서 확인되었던 수렴 현상이 1990년대에 들어서면서 발산의 현상으로 돌아서고 있는바 그 최대 요인의 하나로 정보격차를 들고 있다. 뿐만 아니라 선진국과 개도국, 후진국 사이에 디지털 디바이드(정보격차) 문제가 더욱 심화되고 있는 가운데 국가 간 발산 현상이 심화되는 것이 아닌가 하는 우려도 더욱 강해지고 있다. 정보관련 기술이 지역 간, 국가 간에 불균등하게 확산됨에 따라 정보격차가 심화되고 있으며 이에 따라 새로운 기술 및 경제적 기회를 활용할 수 있는 국가와 그러하지 못한 국가 사이에 성장격차가 확대되고 있다는 것이다.

실제로 1970년에 '지식격차가설Knowledge Gap Hypothesis'이 제기되었는데, 한 나라의 사회체계 내에 유입되는 매스 미디어가 증가하면 사회경제적 지위가 높은 계층은 낮은 계층보다 정보를 빠르게 습득하는 경향이 있어서 계층 간 지식격차가 확대되는 경향이 있다는 주장이 바로 그것이다.[10] 이후 1970, 80년대에 정보격차에 관한 연구가 활발하게 이루어졌고, 1990년대에 들어서면서 선-후진국 간 정보격차 확대 문제가 주요 이슈가 되었다. 2000년에 일본에서 개최된 G8 정상회담에서 '세계정보화에 관한 오키나와 선언'을 하였고, 2000년 UN 밀레니엄 정상회담에서는 'IT를 활용한 개도국의 빈곤퇴치와 경제협력 추진'을 선언하기에 이른다. 그러나 각국의 정보통신기반에서 생겨나는 격차는 여전히 확대되고 있으며, 정보통신 활용 정도의 격차, 정보접근성의 격차는 세계 지역 간, 국가 간에 확대되고 있다.

---

10) Tichenor P. J., Donohue G. A. and Olien C. N., *Community Conflict and the Press*, Sage Publications, 1980 참조.

4) 사회적 복합요인과 상호순환 작용에 따른 수렴/발산

전후 OECD국가의 생산성 격차가 적어도 1970년대까지는 크게 줄어들었음을 나타내 보이는 연구들이 다수 있다. 이렇듯 격차가 좁아지는 것을 설명해 주는 요인들 가운데 하나로 후발 국가들의 자본축적이 높은 비율로 이루어졌다는 것을 들 수 있다. 한편 당시의 캐치 업 붐에 가장 크게 기여한 또 다른 요소로 국제경제사회의 일반적인 경제여건이 좋았다는 것을 지적할 수 있다. 그 후의 연구들은 여타 요소들을 더 많이 고려하게 되는바, 교육이나 적절한 금융 시스템, 노동시장관계 등 복합적인 요소들이 성장 및 성장격차를 만들어 내고 있다. 아브라모비츠Abramovitz는 이들 복합적 요소들을 총칭하여 사회적 역량Social Capability이라 부르고 있다.[11)]

한편 뮈르달G. Myrdal은 선진국의 성장은 후진국에게 'spread(spillover)'와 'backwash' 효과를 가진다고 보았다. 예를 들어 선진국에서의 자본의 성장은, 다른 여타국으로 자본의 유출이 있게 되거나 자본가격을 감소시키는 것으로 나타난다. 아울러 그러한 선진국에서의 기술진보에 영향을 주고 그들의 자본축적을 증대시킨다. 이런 식으로 인과관계는 순환되고 축적된다. 후진국들은 선진국들로부터 그러한 영향을 받아 국내적인 상호순환 과정을 거치게 된다. 이러한 국제 및 국내적인 상호 순환과정을 통하여 국가 간 수렴과 발산의 특성이 나타나게 된다는 것이다.

2. 수렴/발산의 국제적 요인

한편 수렴과 발산에 영향을 주는 국제적 요인들에 관한 연구로는 (1) 국제무역이 각국의 1인당 소득의 수렴/발산에 어떠한 영향을 미치는가,[12)] (2) 국가 간 상호의존과 경제성장의 관계는 어떠한가, (3) 다국적기업은 생산성 수렴에 어떠한 영향을 미치는가,[13)] (4) 국제화의

---

11) Abramovitz M., *Thinking about growth and other essays of economic growth and welfare*, Cambridge Univ. Press, 1989.

12) Ben-David D., "Trade and Convergence Among Countries," *Journal of International Economics*, May, 40, 1996, pp. 279-298 참조.

13) Bloheremstrom, Magnus and Edward N. Wolff, "Multinational Corporations and Productivity Convergence in Mexico", *NBER Working Paper* No. 3141, 1989 참조.

진전과 수렴/발산 사이의 관계는 어떠한가 등 다양한 관점에서 분석이 이루어지고 있다.[14) 또한 국제사회에서의 정치적 시스템과 경제적 시스템 사이의 복잡한 상호작용의 영향을 받으면서 각국 경제가 성장, 발전해 나가게 되는바, 이러한 시스템들이야말로 국가 간 수렴/발산에 영향을 주는 요인으로 다루는 연구들도 최근에 많이 이루어지고 있다.[15)]

수렴/발산에 영향을 미치는 국제적 요인들과 관련된 주요 이슈별 연구의 동향을 정리해 보면 다음과 같다.

1) 국제무역과 수렴/발산

국제경제사회에서 무역자유화와 경제성장이 서로 어떠한 영향을 미치는가에 관하여 많은 선행 연구들이 이루어진 바 있다.[16)]

이들 선행연구들에서 무역자유화가 의미하는 것은 한 나라가 다른 나라에 허용하는 양허의 수준과 방법이 높아지고 다양해지는 것이며 이는 여러 가지 요인들에 의하여 영향을 받는다. 무엇보다도 자국의 생산요소 및 자원부존, 산업구조, 기술수준, 대외의존도 등으로 비롯되는 국제경쟁력 요인의 직접적인 영향을 받게 되어, 직관적으로 국제경쟁력이 높으면 양허 허용에 적극적으로 되어 무역자유화의 정도가 높아지게 될 것이고, 낮으면 소극적으로 될 것이다. 이 외에도 국제사회에서의 상호주의 요인 등에 영향을 받게 되며, 이것의 영향이 강할수록 양허 허용 수준이 높아질 것이다. 이렇듯 자국의 국제경쟁력, 국제사회에서의 상호주의의 요구에 영향을 받으면서 자국 경제의 이익을 극대화하도록, 또는 불이익을 극소화하도록 여타국에 대한 양허의 수준과 방법이 정해지게 된다. 직관적으로 개도국이 선진국에 적용하는 양허 허용의 수준은 선진국이 개도국에 적용하는 양허의 수준보다 낮을 것이다.

---

14) P. Krugman, and A. J. Venables, "Globalization and the Inequality of Nations *NBER Working Paper* No. 5098, Apr., 1995 참조.

15) Shim S. J. and J. Kim, *Convergence, Divergence and International Economic System, Mid-West International Economic Meetings*, 2001, University of Wisconsin, Madison, May 4-6.

16) 그 가운데 무역자유화가 경제성장 및 발전에 미치는 효과에 관해서는 Edwards(1993), Krueger(1997), Rodrik(1997), Rodriguez and Rodrik(1999), 그리고 Greenaway, Morgan, and Wright(2002) 등의 연구가 있다. 이와는 반대로 Devereux(1999)는 경제성장률의 국가 간 격차가 무역자유화의 속도와 패턴의 변화를 이끌어 내고 있음을 보여 준다.

그런 가운데 국제무역을 통하여 각국의 1인당 소득이 수렴되어 간다는 것을 보여주는 연구들이 있으며, 이와는 대조적으로 한 나라의 국제무역이 1인당 소득의 수렴에 영향을 미칠 것이란 주장에 대해 충분한 증거가 없음을 나타내 보이는 연구들도 나오고 있다.

2) 지역경제통합

지역경제통합체가 성립되고 운영되는 과정에서 모든 구성국들이 반드시 같은 입장을 가지는 것은 아니다. 지역경제통합체의 성립과 운영과정에서 생겨나는 경제적 효과가 국가마다 다르게 나타나기 때문이다. 특히 경제발전 단계가 서로 다른 국가들이 통합체를 결성하는, 이른바 수직적 지역경제통합의 경우, 통합으로부터 얻게 되는 경제적 효과가 각국에서 다르게 나타날 수 있다. 그러므로 이들 국가가 지역경제통합체의 성립과 운영에 대해 같은 입장을 갖는다는 것이 현실적으로 쉽지 않을 것으로 사료된다.

특히 국제경제사회에서 지역경제통합의 형성과 그에 따른 구성국 간 상호경제관계의 복잡성과 다양성 등을 고려한다면, 지역경제통합의 결성 및 운영이야말로 구성국 경제에 서로 다른 영향을 미치며, 구성국 간 수렴과 발산에 영향을 미치는 주요 요인으로 작용할 것으로 보인다. 이와 관련하여 비네이블스Venables(1999, 2001)는 자유무역지역FTA: Free Trade Area 또는 관세동맹CU: Customs Union이 형성되는 경우 발생되는 경제적 편익과 비용이 구성국들 사이에 어떻게 나누어지는가를 분석하고 있다.[17] 분석 결과, 소득수준이 낮은 국가들 사이의 지역경제통합의 결성, 즉 남남 간 통합의 경우 구성국 경제 사이에 발산 현상이 나타나며, 소득수준이 높은 국가들 사이의 그것, 즉 북북 간 통합의 경우에는 수렴 현상이 나타나는 것을 보이고 있다. 이와 함께 비네이블스Venables(1999, 2001)는 개도국으로서는 그들 상호 간의 남남 간 통합보다는 남북 간 통합이 더 바람직하다고 제안한다. 그러나 남북 간 통합, 즉 경제발전 단계가 상이한 국가 간의 수직적 지역경제통합이 성립, 운영되는 경우, 바람직한 양허 수준의 결정에 대한 각국의 입장이 크게 다를

17) Venables, A. J., Regional Integration Agreement: a force for convergence or divergence? *Annual Bank Conference on Development Economics in Paris*, 1999. Venables, A. J. *Winners and Losers from Regional Integration Agreement*, 2001 참조.

수 있다. 이는 수직적 지역경제 통합체의 성립, 운영이 쉽지 않음을 보여 주는 것이다.

심승진(2002)은 경제발전 단계가 상이한 국가들이 통합체를 결성하는 수직적 지역경제 통합에서 선진국의 개도국에 대한 이전transfer이 존재하는 경우와 그렇지 않은 경우를 상정하여, 역내 시장개방 및 자유화의 정도인 구성국 간 양허의 수준과 그에 따른 경제적 효과를 분석하였다.[18] 분석 결과는, 경제발전 단계가 상이한 구성국 간에 적정 양허 수준에 관한 합의를 얻기가 쉽지 않으나 선진국으로부터의 이전이야말로 보다 높은 수준의 적정 양허 수준의 합의를 가능하게 하여 역내 시장의 자유화를 높이는 데 이른바 마중물 효과의 작용을 한다는 것이다. 한편 이전이 이루어지고 양허 수준이 높아질수록 (1) 각국의 경제적 편익이 증대되고, (2) 아울러 지역 전체 차원의 경제적 편익이 극대화되며, (3) 특히 구성국 간의 통합에 따른 경제적 효과의 수렴 현상이 생겨나는 것으로 나타났다.

3) 글로벌리즘과 수렴/발산

전후, 국제교류의 확대 및 국제경제의 상호의존 심화 과정에서 국가 간 경쟁 및 마찰이 격화되고 있다. 특히 1980년대 후반 동서 간 냉전구도의 종식과 함께 각국은 경제적 실익 추구에 관심을 가지면서 다자간 자유교역질서가 약화되었다. 그런 가운데 국제경제에는 unilateralism은 물론, bilateralism, minilateralism 및 regionalism이 나타나 globalism과 공존하게 되었다. 또한 보호주의와 자유주의가 공존하는 등 상반되는 개념의 현상들이 함께 나타나 과도기적인 국제경제질서를 형성하고 있다.

이에 많은 국가들, 특히 선진국가들이 다자간 협상을 통하여 보다 포괄적인 경제 분야를 커버하는 새로운 liberalism-oriented rules를 만들려 하였는데, 최근의 구체적인 움직임이 UR이다. 그 결과 WTO가 출범한 바 있으며 아울러 IMF에 관해서도 향후 바람직한 개편을 위한 논의가 진행되고 있다. 그 과정에서 각국의 정책협조 등과 같은 거시적 차원의 글로벌리즘, 기업활동의 국제화 등과 같은 미시적 차원의 글로벌리즘 등이 괄목할 만하게 나타나고 있다.

그러나 글로벌리즘과 이에 기초한 국제경제질서의 대부분은 선진 강대국들에 의해

18) 심승진, 김진, 「수직적 지역경제통합과 구성국간 경제적 효과의 수렴/발산」, 『국제경제연구』 8.3, 2002.

제안되어 구체적인 룰이 만들어지고 운영된다. 따라서 반드시 여타 개도국 및 후진국들에 바람직한 것이라 보기는 어렵다. 실제로 거시적 차원의 글로벌리즘에 따른 국가 간 경제정책협조의 경제적 효과가 모든 국가에 플러스로 나타나지 않고 오히려 특정 약소국가의 경제를 무너뜨리는 경우도 볼 수 있다. 미시적 차원의 글로벌리즘에 있어서도 다국적기업의 확산에 따른 경제적 효과가 각국별로 명확하게 추계되고 있지 못하나 반드시 대칭적인 것이라 할 수 없다. 따라서 글로벌리즘에 따른 국가 간 발산의 가능성 및 위험성은 항상 존재하고 있는 것이라 하겠다.

일반적으로 글로벌화에 따른 이익은 몇몇 소수 국가들에만 나타나고, 나머지 국가들의 경우 이른바 한계 현상marginalization이 나타나고 있다는 논의가 이루어지고 있기도 하다. 특히 이러한 한계 현상은 상대적으로 폐쇄적인 국가에서 크게 나타나고 이는 그들 국가의 국내정책의 오류에 의한 것으로 지적되기도 한다. 그러나 국제경제질서(조금 더 광의의 의미로 국제경제 시스템) 속에서 이들 국가의 입장 내지는 양국 간의 교섭과정을 고려한다면 반드시 이들 국가 국내정책의 오류에서만 그 원인을 찾는 것은 바람직하지 않을 것이다. 오히려 국제경제질서 및 시스템 자체에 내재되어 있는 문제의 요인을 찾아내는 것이 의미 있는 작업의 하나라 사료된다.

4) 국제경제체제와 수렴/발산

직관적으로 수렴/발산의 국제적 요인의 하나로 국제경제 시스템을 들 수 있다. 국제경제 시스템이 어떠한 형태로 운영되는가에 따라 국가별로 각기 다른 정도의 경제적 효과가 나타날 것이며, 따라서 각국의 경제성장과 발전에 각기 다른 영향을 미칠 것으로 사료된다.

최근의 국제경제 시스템은 자유주의와 보호주의, 국제화와 지역화의 흐름이 공존하는 등 과도기적인 것으로 받아들여지고 있다. 이러한 상반된 개념의 현상들이 공존하는 가운데 새로운 국제경제 시스템을 구축해야 할 필요성이 제기되고 있다. 국제경제사회가 이러한 새로운 국면에 들어서면서 새로운 국제경제 시스템의 바람직한 형태는 어떠한 것이어야 하는가에 관한 논의가 신중하게 이루어지고 있다. 그러한 논의 과정에서 새로운 국제경제 시스템이 국가 간 수렴/발산에 어떠한 영향을 미치게 될 것인가를 짚어 보는 것이야말로 향후 바람직한 국제경제 시스템의 구축에 도움이 될 것이다.

실제로 선진 제국들의 주도하에 진행되고 있는 새로운 국제경제 시스템의 형성 논의가 개발도상국과 선진국 사이의 수렴을 조장하기는커녕 오히려 발산을 확산시킬 것이라는 우려가 특히 개발도상국들 사이에서 제기되고 있다. 그러나 이러한 주장을 뒷받침해 주는 이론적·실제적 연구 분석은 충분하게 이루어지고 있지 못한 실정이다. 그런 가운데 Shim and Kim(2002)[19]과 심승진(2003)[20]은 국제경제체제에 초점을 맞추어 그것이 국가 간 수렴/발산의 주요 요인으로 작용하는지, 작용한다면 어떠한 영향을 미치고 있는지를 분석하였다. 이를 위하여 국제경제 시스템 운영과정에서의 국가 간 양허와 보상 관계를 설정하여 이들의 경제적 효과가 각국에 어느 정도 실현되는지를 분석하였다. 분석 결과, 기존 GATT 체제하에서의 국제경제 시스템과 그 동태적 변화는 선진국과 일부 개도국 사이의 수렴 현상을 설명해 주는 주요 요인으로 확인되었다. 그러나 향후 노동, 환경, 윤리 및 IT 관련 산업분야 등과 관련하여 새롭게 형성되고 있는 국제경제 시스템하에서는 선진국과 개도국 간에 발산 현상이 현저하게 나타날 가능성이 매우 높은바, 국가 간 양허, 보상에 관한 새로운 인식이 필요한 것으로 나타나고 있다.

실제로 국제경제 시스템이 형성, 운영되는 과정에서 생겨나는 경제적 효과는 직관적으로 국가마다 다르게 나타날 것으로 사료된다. 특히 경제발전 단계가 다른 국가들 사이에서는 더욱 그러할 것이다. 이에 따라 국제경제 시스템의 형성 및 운영에 국가 간 합의를 도출해 내기는 쉽지 않다. 이런 가운데 국가 간 최종 합의에 도달하여 국제경제 시스템이 안정적으로 기능하도록 하기 위하여, 특정 국가는 다른 국가에게 보상을 제공하거나 자신들이 가지고 있는 모든 파워를 활용하면서 합의를 얻어내려 한다. 실제로 선진국들은 개발도상국들에 대한 보상 및 파워의 행사를 통하여 국제경제 시스템이 형성, 운영되도록 힘쓰고 있으며, 개도국들은 그러한 국제경제 시스템 속에서 선진국들로부터 되도록 커다란 보상을 취하고 선진국에게 되도록 작은 양허를 제공하려 한다. 이러한 국가 간 양허와 보상의 관계는 주어진 국제경제 시스템 속에서 구체화되어 나타나지만, 시간이 흐름에 따라 각국의 입장이 변하게 되므로 고정적인 것이라 할 수 없다. 실제로 오늘날의 국가

19) Kim J. and Shim S. J., “Convergence/divergence between developed and developing countries in international economic system”, JAFTA, 2002.

20) 심승진, 「국제경제체제 변화와 체제주도국-추종국간 수렴 및 발산」, 『무역학회지』, 2003.

간 양허와 보상의 관계는 과거의 그것과는 다르다.

국가 간 수렴/발산의 규범적 의미에 관해서는 달리 논의되어야 하겠으나, 21세기에 국제사회가 추구하는 것이 세계적 번영이라 해도, 일부 특정 국가에만 그 혜택이 돌아가는 가운데 국가 간 발산이 지나치게 확대되는 것은 바람직하다고 볼 수 없다. 따라서 새로운 국제경제 시스템을 구축해 나가는 제반 논의 과정에서 국가 간 수렴 및 발산의 시각, 특히 국가 간 수렴과 관련한 규범적 시각을 가져야 함은 아무리 강조해도 지나침이 없을 것이다.

제3절 국제경제 시스템 속에서 선진국과 개도국 간 수렴/발산[21)]

여기에서는 국가 간 양허와 보상의 관계, 특히 국가 간 협상의 동태적 과정 속에서 국제경제 시스템의 경제적 효과가 국가별로 어떻게 생겨나는가를 분석한다. 아울러 국제경제 시스템 속에서 그러한 효과들이 국가 간 수렴과 발산에 어떻게 영향을 미치는가를 알아보자. 이를 위하여 자유시장 시스템 속에 2개국, 즉 선진국과 개발도상국이 있다고 가정한다. 이러한 자유시장 시스템 운영의 기본 원리는 상호주의reciprocitism이다.

선진국이건 개발도상국이건 국제경제 시스템이 형성, 운영되는 과정에서 각국은 자국의 경제적 이익을 극대화하기 위해 행동한다. 선진국은 특히 자유시장질서의 유지, 확대를 통하여 그 경제적 이익을 극대화하려는 노력을 하게 된다. 이를 위하여 선진국은 그 스스로의 시장을 개발도상국에게 개방하고 자유화하는 등 양허의 수준을 높게 하면서 개발도상국으로부터 상호주의에 입각한 일정 수준의 시장개방, 자유화의 양허를 받아 내려 힘쓴다. 그러나 개발도상국의 경우 같은 수준의 양허를 허용하기에는 경제발전 단계상 부담이 크다는 판단하에 양허 허용에 소극적으로 행동하게 된다. 이에 선진국은 개발도상국에 대하여 보상을 하는 비용을 부담하면서까지 가능한 한 높은 양허를 얻어 내기에 이른다. 개발도상국은 선진국으로부터의 보상으로 이익을 얻으면서 선진국에 대하여 양허를 허용하는 비용을 부담하거나, 경우에 따라서는 자유시장에의 무임승차자로서 행동하기도 한다.

---

21) 심승진, 「국제간 수렴 발산과 국제경제시스템」, working paper, 2001 참조.

한편 양허의 수준이 높아질수록, 자국의 상대국에 대한 양허가 자국경제에 미치는 한계비용은 증가하고, 상대국의 양허로 얻게 되는 자국의 한계이익은 감소한다고 가정한다. 또한 양허의 수준이 높아질수록 한계비용의 증가와 한계이익의 감소는 선진국에서보다 개발도상국에서 상대적으로 크다고 가정한다. 이러한 가정은 기술력을 비롯한 국제경쟁력, 산업 및 무역구조, 국제경제에의 의존 정도 등이 양국에서 달리 나타나고 있는 실제의 국제경제를 생각할 때 어느 정도 현실적인 것으로 생각된다.

〈그림 4-1〉에서 MC는 자국의 상대국에 대한 양허 수준에 따라 생기는 한계적 비용으로, MCad는 선진국이 개도국에 대하여 양허를 허용하는 데에 따라 한계적으로 발생하는 비용뿐만 아니라 선진국이 부담하는 국제경제 시스템의 한계적 운영 비용을 합한 것으로 나타낸다. MCde는 개발도상국이 선진국에 대하여 허용한 양허의 결과 시장개방의 수준이 높아지면서 한계적으로 발생하는 비용이다. 그러나 개발도상국의 경우 국제경제 시스템의 운영 비용은 부담하지 않는 가운데 MCde는 MCad보다 아래쪽에 나타난다. 또한 추가적인 양허의 허용에 따른 시장개방이 이루어질 경우 그것이 국내경제에 미치는 비용 효과는 선진국에 비하여 개도국에서 훨씬 크게 나타나는 것으로 가정하여, MCde의 기울기가 MCad의 기울기보다 우상방으로 가파른 형태를 나타낸다.

MR은 자국의 양허 수준에 대응하여 상대국이 허용하는 양허로부터 얻어지는 한계이익이다. MRad는 선진국의 개도국에 대한 양허에 상호주의적으로 대응하여 개발도상국이 선진국에 대하여 허용하는 양허에서 비롯되는 선진국의 한계이익을 나타낸다. MRde는 개도국이 선진국에 대하여 허용하는 양허에 상호주의적으로 대응하여 선진국이 개도국에 대하여 허용하는 양허에서 비롯되는 개도국의 한계이익을 나타낸다. 같은 수준의 양허에 따른 시장개방이 이루어질 경우, 국제경쟁력이나 산업구조의 고도화 정도 등을 감안할 때, 선진국에서 얻게 되는 한계이익이 개도국의 그것을 초과하는 것으로 가정하여, MRad 선을 MRde보다 상방에 나타낸다. 아울러 MRde의 기울기가 MRad의 그것보다 급속하게 축소되어 가파르게 나타난다.[22)]

이상과 같은 선진국 및 개발도상국의 MC, MR의 특징적인 구도 속에서, 선진국은

22) 이상과 같은 형태로 국가별 MR, MC의 높이와 기울기에 관한 각국의 특성이 적용되는 한, 본론의 분석에 쓰이는 각 그림에서 각 선의 수직축 절편에 변화가 있다 해도 이하의 논의 전개에는 영향을 주지 않는다.

〈그림 4-1〉의 Q_1만큼 양허를 하고 그에 대응하는 양허를 받는 경우, 즉 높은 수준의 개방화에 이르는 경우, 국제경제 시스템의 운영 비용 부담을 고려하고도 그 순이익이 극대화된다. 선진국의 경우, 국제경제가 자유시장 시스템으로 이행하면 할수록 더욱 큰 이익을 얻는 것으로 나타난다. 그러나 개발도상국은 선진국에 대한 양허를 가능한 한 낮은 수준으로 유지하려 하게 된다. 즉 개발도상국은 Q_2만큼 양허를 하고 그에 대응하는 양허를 받는 경우에 그 순이익을 극대화함을 알 수 있다. 따라서 선진국은 가능한 한 양허의 높은 수준에서 국제 교역이 이루어지는 것을 선호하게 되며, 개발도상국의 경우에는 낮은 수준을 고수하려 한다. 여기서 각국의 순이익을 극대화하는 양허의 수준인 Q_1, Q_2가 서로 다른 가운데 국가 간 이해가 상충되고, 협상의 필요성이 생겨난다.

이제 Q_1의 h 점과 Q_2의 e 점을 잇는 선 NL을 선진국과 개발도상국 사이의 '교섭선'이라 하자. 각국이 순이익을 극대화하는 양허 수준인 Q_1, Q_2가 큰 차이를 보이는 경우, 교섭선의 기울기는 아주 완만하게 눕는다. 반면에 각국이 같은 정도의 양허 수준에서 자국의 순이익을 극대화할 수 있을 경우에 교섭선의 기울기는 수직이 된다.

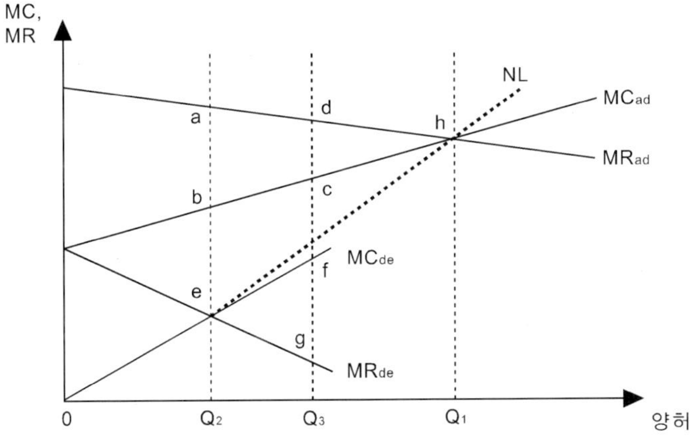

그림 4-1. 선진국과 개도국의 적정 양허 수준

이제 개발도상국은 Q_2 이상으로 양허가 이루어질 경우 순비용이 추가적으로 발생하게 되므로 선뜻 Q_2 이상의 양허를 허용하려 들지 않는다. 반면 선진국의 경우 Q_2 이상의 양허 수준에서도 여전히 순이익은 추가적으로 발생한다. 이 경우 만일 abcd가 efg와 같다면, Q_2-Q_3 구간에서 선진국은 추가적으로 발생한 순이익의 일부를 개발도상국이 Q_2 이상의 양허를 허용하는 경우 나타나는 추가적인 순비용을 보상해 주고도 남거나, 또는 개발도상국이 무임승차자로 행동하는 것을 묵인하며 그에 따라 발생하는 비용 부담에 충당하고도 남는다. 그리하여 선진국은 Q_2에서 Q_3로 이행하면서 그 스스로의 보상 및 비용 부담을 지면서까지 양허의 수준을 높이려 하게 된다. 이러한 경향은 개발도상국이 무임승차자로 행동하는 것을 묵인하면서까지도 생겨나게 된다. 그러나 Q_3의 우측에서는 선진국이 개발도상국에 나타나는 추가적 순비용을 보상하는 부담을 지기 어려워지고, 아울러 개도국의 무임승차 행위에 대한 부담을 지면서까지 그 자신의 양허 수준을 높게 유지하기 어려워진다. Q_3의 우측 부분에서는 선진국조차도 개도국에 대한 보상을 제공하면서까지 높은 양허 수준을 추구하려 하지 않을 것이다. 이에 따라 Q_2-Q_3 구간을 이른바 '협상 가능영역'이라 부를 수 있다. 그 구간 내에서 선진국은 높은 수준의 양허와 보상을 추구하는 경향이 있으며, 개발도상국은 낮은 수준을 견지하려 한다. 실제로 선진국은 Q_2-Q_3 구간 내 우측 부분의 높은 수준에서 국제경제가 자유화되고 개방되기를 추구할 것이고 개발도상국은 Q_2-Q_3 구간의 좌측 부분인 낮은 수준의 양허를 허용하는 행동을 선호할 것이다.

이제 양허의 수준이 Q_2와 Q_3 사이, 즉 '협상 가능영역'의 어디에선가 결정되는 경우, 선진국의 경제적 이익과 개발도상국의 그것을 비교하여 보자. 우리는 다음의 4가지 경우를 고려할 수 있다.

(1) Q_2-Q_3 구간의 우측 부분, 즉 높은 양허 수준에서, 보상에 따른 비용 부담 또는 무임승차에 따른 비용 부담 이후에 선진국의 순이익이 개발도상국의 그것보다 더 큰 경우
(2) Q_2-Q_3 구간의 우측 부분, 즉 높은 양허 수준에서, 보상에 따른 비용 부담 또는 무임승차에 따른 비용 부담 이후에 개발도상국의 순이익이 선진국의 그것보다 더 큰 경우
(3) Q_2-Q_3 구간의 좌측 부분, 즉 낮은 양허 수준에서, 보상에 따른 비용 부담 또는 무임승차에 따른 비용 부담 이후에 선진국의 순이익이 개발도상국의 그것보다 더 큰 경우

(4) Q_2-Q_3 구간의 좌측 부분, 즉 낮은 양허 수준에서, 보상에 따른 비용 부담 또는 무임승차에 따른 비용 부담 이후에 개발도상국의 순이익이 선진국의 그것보다 더 큰 경우

(1), (2)는 선진국이 보다 더 개방되고 자유스러운 국제경제 시스템을 추구하기 위하여 보상을 부담하거나 무임승차를 묵인하면서 개발도상국보다 높은 수준의 양허를 실현하는 경우이며, (3), (4)는 선진국과 개발도상국이 양허의 낮은 수준에서 상호주의적 행동을 추구하는 경우라 하겠다. 이 가운데 (1), (3)의 경우는 해당 국제경제 시스템하에서 양국 간 발산이 확대됨을 나타내며, (2), (4)의 경우는 수렴의 과정에 이르게 됨을 나타내 보인다.

더구나 (2)의 경우, 보상과 무임승차자로서의 행동 등으로 선진국에 수렴해 가는 개발도상국은 점차 국제경쟁력 수준이 선진국의 그것과 유사해진다. 이에 따라 개발도상국의 MC, MR의 기울기와 구조가 점차 선진국의 그것과 유사하게 된다. 실제로 다수의 개발도상국 가운데 일부 국가는 이른바 '개발도상국으로부터 졸업'을 하게 되며 성장, 발전의 정도와 속도가 더욱 커지면서 일부 선진국 그룹으로의 이행이 이루어지기도 한다.

이에 따라 〈그림 4-2〉에서 보듯이 기존의 MRde은 MRde′로 변하고, 그 기울기가 MRad와 유사하게 된다.[23] 한편 MCde의 경우에는 MCde′와 같이 변해 양허의 수준이 높아짐에 따라 발생하는, 이른바 시장개방의 충격이 점차 축소됨을 나타낸다고 하자. 이 역시 개도국 경제의 국제경쟁력이 보다 강화되는 데 따른 현상이라 할 수 있다. 반면에 선진국의 경우에는 MRad가 MRad′와 같이 하방으로 이동하는 경향이 있으며, MCad는 MCad′와 같이 상방으로 이동하게 된다. 이것은 기존의 자유시장 시스템에 의하여 생겨나는 선진국의 추가적인 이익은 점차 줄어들고, 기존의 시스템을 유지하는 데에 필요한 더 큰 비용을 부담하게 되는 것을 의미한다. 단 MCad를 선진국이 자유시장 시스템을 유지하기 위하여 부담하는 한계비용으로 보고 고정적인 것으로 다룰 경우, MCad는 이동하지 않고 MRad만 하방으로 이동하는데, 이러한 경우에도 논의의 전개는 달라지지 않는다.

---

23) 〈그림 4-2〉에서 MCad′와 MRde′ 선의 수직좌표축 상의 거리는 개도국 경제의 국제경쟁력이 보다 높아졌음에도 불구하고 무임승차자로 행동하는 것을 묵인하는 데 따르는 선진국의 추가적인 비용으로 다룰 수 있을 것이다.

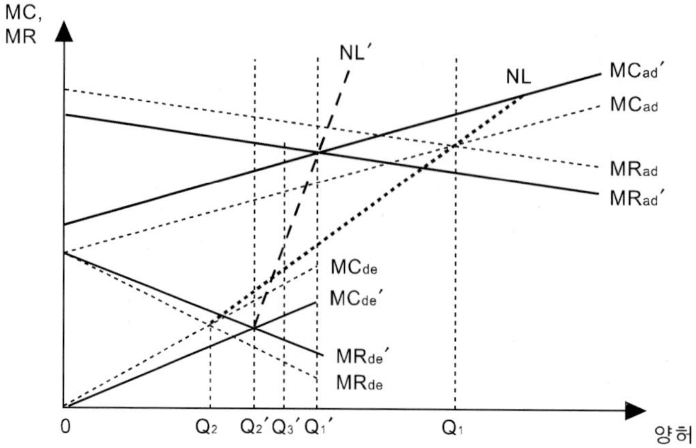

그림 4-2. 적정 양허 수준의 동태적 변화

이상에서 논한 일련의 과정 속에서, 우리는 다음과 같은 세 가지 특성을 추출해 낼 수 있다.

(1) 새로운 교섭선 NL′는 NL과 비교하여 더욱 수직으로 된다.

(2) 협상 가능영역은 시간이 흐름에 따라 새로운 MR, MC 구조 속에서 Q_2'–Q_3'와 같이 더욱더 좁아진다.

(3) 양허의 수준은 더 높아지고 이와 함께 자유시장 시스템은 더욱 강해진다.

이상과 같은 변화의 과정에서 '교섭선'은 일정의 양허 수준에서 점차 수직으로 될 것이다. 그 수준에서 각국의 순이익은 극대화된다. 이 경우 순이익의 크기는 국가별로 다르다. 〈그림 4-2〉의 Q_1'에서 선진국의 순이익은 〈그림 4-1〉의 Q_1에서의 그것보다 감소되어 있다. 교섭선이 수직으로 되면서 선진국의 순이익은 MR, MC가 변하기 이전의 그것보다 더 작아지게 된다. 그리고 무임승차 내지는 선진국으로부터의 보상으로 인해, 경제발전의 낮은 단계에 있는 개발도상국에서의 순이익은 더 커진다. 이상과 같은 형태로 국제경제 시스템이 운영되는 과정에서 발생하는 경제적 이익 및 비용의 변화에 따라 개발도상국 경제가 선진국 경제에 점차 수렴해 감을 알 수 있다.

제2부
국제경제관계의 기본 틀: 국제경제체제/질서/기구 및 지역경제통합

제5장 _ 국제경제체제/질서/기구와 국제경제관계

제6장 _ 지역경제통합과 국제경제관계

제5장
국제경제체제 / 질서 / 기구와 국제경제관계

제1절 국제경제체제

1. 경제체제의 개념

1) 현실경제의 종합적 체계

여러 형태의 경제가 각각 어떻게 형성되고 발전하는가에 관하여 경제학이 관심을 갖기 시작한 것은 19세기 초반이다. 당시 역사에 관한 관심이 높아지면서, 경제형성의 역사적 연속성에 관한 연구가 이루어졌으며, 역사학파가 그 중심이 되었다. 각 경제의 횡단면적인 경제 형태를 대상으로 하는 등 경제체제에 관한 본격적인 연구가 이루어진 것은 20세기에 들어와서이다. 특히 1917년 러시아혁명 이후, 서구사회에 지배적이었던 경제 형태인 자본주의체제와, 그것과는 이질적인 형태인 공산주의체제가 나타나면서 이후 양 체제가 세계를 양분하는 가운데, 이들 체제에 관한 비교경제체제론으로 발전하였다.

경제체제란 광의의 개념으로 '현실경제의 종합적 체계' 또는 '무엇인가의 형태로 통일되게 존재하는 현실경제의 전체 체계'를 의미한다. 협의의 개념으로는 '경제의 질서방식' 또는 '경제의 형태, 특질을 규정하는 질서' 등으로 정의된다. 광의의 개념으로 쓰이는 경우 경제체제의 구성요소는 매우 다양하고 그 특징도 매우 다양하게 나타난다. 특히 좀바르트W. Sombart는 경제체제는 '정신의 통일체'에서 비롯된다고 보았다. 이러한 '정신의 통일체'로서 또는 '의미의 통일체'로서 파악되는 경제체제야말로 넓은 의미의 경제체제이며, 그러한 경제체제의 구성요소로 경제 전체의 질서방식을 들 수 있는바, 이에 관계되는 구체적인 '질서'가 협의의 경제체제인 것이다. 즉 특정 사회에서 일반적으로 통일되게 수용되는 정신과 이념이 존재하며, 이것을 매개로 일정한 사회 환경이 구축될 때, 구체적으로 체제가 형성되었다고 볼 수 있다.[1]

이러한 경제체제의 구성요소로서, 기본정신(지배적인 가치 및 원칙), 질서(규제와 조직), 기술을 들 수 있다. 이들 각 요소는 내용면에서 보아 다시 구체적인 세부요소로 나뉘는바, 좀바르트)는 〈표 5-1〉과 같이 12가지의 세부요소로 나누고 있다.

표 5-1. 경제체제의 구성요소

기본요소	세부 구성요소
I. 기본정신	영리원칙 - 자체충족원칙 합리주의 - 전통주의 개인주의 - 연대주의
II. 질 서	자유 - 구속 사적 경제 - 공동경제 민주주의 - 귀족주의 개방성 - 폐쇄성 유통경제 - 욕구충족경제 개인적 경영체 - 사회적 경영체
III. 기 술	과학적 - 경험적 혁신적 - 정태적 비유기적 - 유기적

이렇듯 경제체제가 성립되기 위하여 필요한 구성요소들이 구체적으로 특정한 조합을 이루면서, 비로소 경제체제의 형태가 나타나게 된다. 예를 들어 경제활동의 목적에 있어서의 기본요소로 서로 대응되는 영리원칙과 자체충족원칙을 기준으로 경제체제를 크게 두 가지 형태로 분류하는 경우, 이른바 자본주의체제와 비자본주의체제로 나타나는 것은

1) Sombart, W., *Die drei Nationalokonomie*, Munchen Leipzig, 1950.

말할 것도 없다. 결국 좀바르트의 경제체제에 의하면, 일정한 정신에 지배되어, 일정한 질서와 조직을 갖고, 일정한 기술을 이용하는 통일체를 경제체제로 정의할 수 있다.

한편 좀바르트와 마찬가지로 넓은 의미의 체제 개념을 이용하면서 하이만E. Heiman과 같이 특정의 경제정신, 즉 잉여의 대부분을 생산에 활용함으로써 경제를 지속적으로 확대시키려는 지향성에 의해서 지배되는 자기완결적인 경제에 경제체제의 개념을 한정할 수도 있다.[2] 반면 좀바르트와 대비되는 견해를 가진 오이켄W. Euken은 경제체제의 구성요소 가운데 질서에 해당하는 부분만을 대상으로 협의의 경제체제를 논하기도 한다.[3]

2) 경제체제의 틀

일정한 경제 환경 속에서, 경제를 구성하는 개개인의 이상과 목표가 설정되고 상호의견의 교환이 이루어지는 가운데 그 이상과 목표는 이론적으로 또 실제적으로 점차 세련되어진다. 그리고 그것은 구체적으로 사회 및 국가의 이상, 이념에로 통합되며, 그 실현을 위해 경제체제가 만들어진다. 또한 그 체제를 유지, 발전시켜 이상실현의 행동을 효과적으로 하기 위하여 질서가 만들어진다. 이러한 질서는 수단을 이용하는 데 일정한 틀을 제공해 주며, 그 틀 속에서 제반 선택의 정당성을 판단하면서 관리하게 된다. 여기에서의 수단은 이상과 목표의 실현을 위한 행동에 이용될 수 있는 모든 것으로 자원, 과학기술, 조직 등을 포함한다.

2. 국제경제체제의 개념

이상과 같은 일반적인 경제체제의 개념 및 틀을 활용하여 국제경제체제의 개념을 정의할 수 있다. 국제경제체제란 '국제경제사회에서 형성되는 경제관계가 무엇인가의 형태로 통일되게 존재하는 현실경제의 전체 체계이며, 그러한 국제경제의 형태, 특질을 규정하는 질서, 조직에 관한 것'이라고 정의할 수 있다. 구체적으로는 국제경제사회가 일정한 기본정신(원칙)에 의하여 지배되어 있으며, 일정한 질서 및 구체적 조직을 갖고, 일정한 기술을 생산양식

2) Heiman, E., *Soziale Theorie der Wirtschaftssysteme*, Tubingen, 1963.
3) Euken, W., *Die Grundlagen der National Okonomie*, Berlin, 1950.

으로 활용하고 있는 경우, 비로소 국제경제체제가 존재하는 것이다.

국제경제체제의 개념을 이상의 세 가지 요소별로 구체적으로 설명하면 다음과 같다.

1) 일정한 기본정신

일정한 기본정신이란 국제경제사회의 상부구조에 해당되는 것으로, 국제경제사회의 각 구성원이 통일되게 추구하려는 궁극적인 이념이다. 예를 들면 자유주의, 효율성 및 형평성, 안정성 그리고 인도주의 등을 들 수 있는데, 이러한 이념 가운데 특정의 하나만이 추구되는 것은 아니며, 이것들이 복합적으로 추구될 수 있다. 또한 이러한 이념들은 항상 고정적인 것으로 추구되는 것이 아니라 시간의 흐름과 함께 동태적으로 변화한다.

2) 일정한 질서 및 조직

국제경제사회의 상부구조인 일정한 기본정신, 이념 및 가치를 추구하기 위해서는 국제경제사회에서 지배적으로 운용되는 질서 및 그 질서를 관장하고 유지하는 조직이 구체적으로 존재해야 한다. 자유, 효율, 형평, 안정 등을 추구하기 위한 제반 질서(국제무역질서, 국제통화질서 등이 대표적임)와, 이러한 질서를 구체적으로 운용하기 위한 조직, 기관 등이 이에 해당한다.

3) 일정한 기술 및 생산양식

일정한 기술이 연구개발에 의하여 생겨나 초기 단계를 거치고 제품화에 성공하고 제품의 시장이 형성되어 성장하고 성숙해지면서, 점차 시장의 포화가 생겨나고 그 이면에는 기술의 포화상태가 나타나면서 기존의 기술은 쇠퇴하게 된다. 이러한 과정에서 산업사회가 발전하는바, 국제경제사회의 하부구조를 형성하는 부분이 바로 기술이며, 특정 시기에 산업사회에 지배적인 특정의 기술이 존재하는 것이다. 일정한 기술 및 생산양식이 존재한다는 것은 그것을 기반으로 하여 일정한 산업이 존재하고, 그에 따른 산업구조가 형성되는 것을 의미한다. 이것은 각국 내부에서 완결되는 부문도 있으나 국가 간에 서로 직간접적으로 연계되어 성립되는 것이 일반적이다.

4) 국제경제체제의 실제

한편 보다 실제적인 차원에서 국제경제체제를 정의하면 다음과 같다.

국제사회에서는 국가 간에 재화, 서비스, 금융, 정보, 기술, 노동 등이 이동한다. 이 가운데 재화의 이동에 있어서 그 발생 원인과 메커니즘, 경제적 효과 등에 관해서는 국제경제학, 국제무역론이 연구대상으로 하고 있고, 금융 측면의 국제적 이동에 관해서는 국제금융론이 연구하고 있다. 한편 이들 국제무역론 및 국제금융론을 기초로 하여 각국 정부가 이들의 국제적 이동에 관여하는 방법, 정도 및 효과에 관해서는 국제경제정책에서 다루고 있다. 그런데 재화, 서비스, 금융, 정보, 기술, 노동 등의 국제적 이동은 역사적으로 시간의 경과와 함께 자연발생적으로 이루어지는 부분도 있으나, 국제적 이동이 규칙적으로 안전하고 원활하게 이루어지도록 하기 위하여 국가 간에 조약이 체결되거나, 국가 간에 협의, 회의를 개최하거나, 또는 명문화되지 않더라도 관행으로 인정되고 있는 것을 존중하거나, 비정부기관이 국제적으로 협조하거나 하는 가운데 이루어지는 부분도 있다.

이렇듯 재화, 서비스, 금융, 기술, 정보 그리고 노동 등이 자연발생적으로 또는 인위적인 차원에서 국제적으로 이동하는 시스템을 실제적인 국제경제체제라 할 수 있다. 이러한 제반 요소들의 국제적 이동으로 비롯되는 국제경제관계의 안정성, 규칙성, 원활성을 추구하는 과정에서, 그것을 관장, 분담하는 국제경제기관이 설립된다. 이것은 때로는 군사적·정치적·경제적 초강대국에 의하여 그들 스스로의 이익에 맞추어 주도적으로 형성되기도 하고, 혹은 다수국들이 서로 협조하는 가운데 형성되기도 한다. 이러한 국제경제의 종합적 체계를 실제적인 의미로의 국제경제체제라고 정의할 수 있다.

3. 국제경제체제의 주기적 변용

1) 체제의 성립, 발전, 위기 및 쇠퇴[4)]

(1) 국제경제체제의 특성

국제경제체제는 체제 내부의 발전을 조장할 수 있도록 의도적으로 형성되고 전개되기

4) 池本 清, 『國際經濟體制論의 硏究』, 1981 참조.

마련이다. 그러나 체제 내부의 발전이 반드시 구성국 간에 균등한 성장 및 발전의 형태로 전개된다고 볼 수는 없다. 균등성장 및 발전의 형태보다는 오히려 불균등성장 및 발전으로 전개되는 것이 현실이다. 따라서 상대적으로 발전이 뒤늦은 체제 내부의 국가들이나, 이미 고도의 발전을 이룩하여 바야흐로 정체기에 들어선 국가들은 체제 본래의 이념이나 질서, 조직이나 기술에 대하여 어떠한 형태로든 변화를 추구하려 하며, 기존의 체제를 대신하는 새로운 체제를 모색하게 된다. 이 때문에, 체제의 성공은 곧 '자기 파괴적인 성향'을 가지게 된다. 다른 한편으로 체제 내의 각 구성주체들에 초점을 맞추어 보면 일부 체제 내 상위의 국가 즉 강대국들이 하위의 국가 즉 약소국들에 비하여 보다 '자기 보전적인 성향'을 갖기도 한다.

(2) 국제경제체제의 심화 및 변화

여기서 체제의 '자기 파괴적인 성향'이 '자기 보전적인 성향'을 능가하여 강하게 나타나는 경우에 극단적으로는 전쟁이나 기타의 수단에 의하여 해결되며, 파괴력이 승리함으로써 별도의 새로운 체제로 이행하게 된다. 반면에 '자기 보전적인 성향'이 '자기 파괴적인 성향'을 능가하는 경우에는 체제의 심화 현상이 나타나게 된다. 이렇듯 체제의 변화 및 심화 현상이 반복하여 진행되면서 국제경제는 발전해 나가고 그에 맞는 구조변화가 이루어진다.

이러한 국제경제의 발전과 그에 따른 구조변화는 다음과 같은 세 가지의 구체적이고 특징적인 전개를 보인다.

첫째, 주요 거점 이동이다. 경제활동의 주요 거점이 점차 이동하면서 국제경제의 발전이 이루어지며, 그에 부응하는 구조변화가 생겨난다.

둘째, 주요 산업의 변화이다. 경제활동에 있어서의 주요 경제(산업)부문이 특정 산업에서 다른 산업으로 동태적으로 이동하는 등 항상 새롭게 부상하는 산업과 쇠퇴하는 산업이 생겨난다.

셋째, 각 국민경제의 연계가 강해지고, 궁극적으로 통합에 이르게 되며, 외부 힘에 의한 국내경제에의 영향이 점차 증대되고 있다.

이렇듯 주요 거점의 이동, 주요 산업부문의 변화 등이 국가 간 연계가 심화되면서 전개되는 과정에서 각국 및 각 산업 간 불균형성장과 발전이 나타나게 된다. 이에 따라이 세 가지 전개는 각국 및 유력한 국가그룹의 이해(관계)에 중대한 영향을 미치는 가운데 몇 가지 문제를 만들어 낸다.

불균형성장과 관련해서 생겨나는 첫 번째 문제는 정치 측면에서의 리더십 및 국제협조에 관한 것이다. 경제의 안정 성장에는 정치 측면의 리더십이 필요하나, 그러한 리더십은 성장의 진전에 따라 서서히 약화된다. 이에 따라 안정 성장을 지속하려면 무엇인가 새로운 리더십 또는 국제협조의 기초가 필요하게 된다. 두 번째 문제는 정치적 변화와 경제적 변화의 상호관계이다. 경제의 불균형성장과 함께 세계경제는 커다란 구조변화가 생겨난다. 개별 국가에 있어서 이 구조변화는 각국 간 경제구조조정이라고 하는 커다란 정치적 문제를 초래한다. 즉 경제성장 거점의 지리적 변화, 주도적 산업분야의 이행과 함께 자원을 쇠퇴산업으로부터 성장산업으로 전환할 필요가 생겨난다. 그러나 이러한 경제의 구조조정에는 개개인, 개별 그룹은 물론 국가 간의 중대한 이해 대립이 뒤따르기 마련이어서, 그 결과 정치 측면에서의 격렬한 대립이 생겨나게 된다. 경제구조의 조정, 이행 및 새로운 경제활동으로의 자원이동에 실패하게 되면, 경제는 불안정하게 된다.[5)]

(3) 국제경제체제의 위기

실제로 15세기 이후, 국제경제사회는 중상주의건 자유주의건, 선진국에 의한 강자의 논리가 가능한 것으로 형성되어 왔다. 특히 산업혁명 이후 영국이 근대적인 국제경제체제를 만들어 자유주의라는 일정한 기본정신하에, 산업혁명에 따른 기술을 활용하며, 제반 조약이나 협정들에 의한 질서가 형성되는바, 그 어떤 요소들도 영국이라는 당시의 강대국을 중심으로 만들어지고 운영되었다. 그런 가운데 체제의 운영으로부터 생겨나는 제반 이익의 대부분은 영국에 귀속되어 불균등성장 및 발전이 현재화되었거나 더욱 심화될 우려를 주변의 국가들이 갖지 않을 수 없었다.

이러한 강자의 논리에 의한 체제로부터 벗어나기 위해서 여타국들의 유치산업보호론 등에 의한 보호무역정책이 나타나게 되었다. 이러한 보호무역주의의 출현은 각국이 주어진 여건하에서 자국의 국익을 최대로 하려고 행동하고, 국제거래에서 차별적인 대우가 일반적

---

5) Gilpin, R., *Political Economy of International Relations*, 1987.

인 것으로 되는 것이다. 이에 따라 체제위기의 잠재적 위협이 상존하며, 그동안 존재해 왔던 국제경제체제의 일정한 정신과 질서는 서서히 그 힘을 잃게 된다. 이러한 상황이 심화되면서 국제경제체제는 위기적 상황으로 치닫는다.

2) 국제경제체제의 주기적 변용

결국 체제의 성립, 발전 그리고 위기국면의 도래와 함께 체제의 내용이 변화하게 된다. 이러한 체제의 성립, 발전, 쇠퇴는 근대산업사회 이후의 국제경제사회에서 어느 정도 주기적으로 나타나고 있음을 경험적으로 알 수 있다.

(1) 자국중심주의, 쌍무주의, 다자주의

세계의 무역 추이를 역사적으로 개념화하여 나타내 보면 〈그림 5-1〉과 같다.[6] 중상주의의 초기 사상은 금은보화를 확보하는 데 가장 큰 의미를 두었으나 점차 상대방의 자원을 고갈시켜서는 자국의 경제성장, 발전도 지속할 수 없다는 것을 인식하기 시작하였다. 이에 따라 제 국가 간 관계가 자국중심으로부터 점차 쌍무주의로 전환되기 시작한다. 산업혁명으로 공업력을 키운 영국은 곡물조례를 폐지(1846)하고, 항해조례도 폐지(1849)하면서 자유무역정책을 제창하게 된다. 아담 스미스A. Smith의 절대생산비설, 리카도D. Ricardo의 비교생산비설이 이론적 근거였음은 말할 것도 없다. 그러나 미국, 독일, 기타 유럽 국가들은 해밀튼이나 리스트 등에 의한 유치산업 보호론을 실천하면서 산업혁명의 성과를 흡수하여 확고한 공업기반을 형성하려 힘쓰게 된다. 이에 따라 구미 제 국가들이 거의 대등한 공업력을 갖추게 되었고 1860년대부터 1890년대까지 이른바 자유무역 황금시대가 전개된다. 또한 영국이 일찍이 1816년부터 채택하였던 금본위제가 1870년대에 유럽 각국에 채택됨으로써 다각적인 국제 간 결재도 가능해졌다.

그러나 자유무역 황금시대의 기본은 자유무역을 행하면 행할수록 붕괴되기 시작한다. 왜냐하면 각국이 거의 동등한 공업력을 갖추고 자유무역에 임하게 되면서 각국의 무역구조가 경쟁적으로 되어 경쟁이 더욱 격화되었기 때문이다. 19세기 말에 전화, 자동차, 무선전

---

6) 池本 清, 전게서 참조.

화, 비행기 등의 기술혁신도 있었으나 이들이 대량으로 실용화된 것은 1920년대 이후였다. 여기에 구미 각국은 보호무역정책을 취하고, 그에 따른 어려움을 식민지 획득, 분할경쟁으로 타개하려 한 것이다. 이러한 경험으로 제1차 세계대전 이후 1920년대의 번영도 자유무역체제에로의 복귀를 가능하게 하였으나, 1929년의 대공황으로 세계무역은 다시 보호무역정책과 쌍무주의로 치닫게 된다. 더욱이 구미 강대국들은 블럭화에 의하여 자국본위적 경향을 보인다.

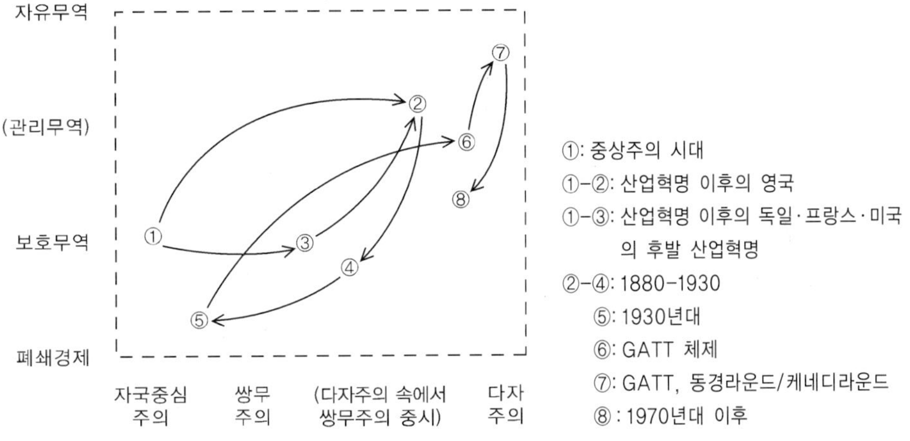

그림 5-1. 국제무역의 기본정신(시대적 변화)

제2차 세계대전 이후에는 제2차 자유무역황금시대가 출현하였는데, 그 기본이 되는 것은 IMF, GATT체제로 자유, 호혜, 다각, 무차별의 정신이었다. 그러나 IMF, GATT체제를 지지해 온 미국의 경제력이 상대적으로 저하하면서 선진국 간의 대립, 마찰이 격화되었고, 이윽고는 선진국 간, 선진국과 개발도상국 간, 나아가서 개발도상국 간의 대립과 마찰이 심화되었다.

(2) 국제경제체제의 주기적 변용

국제경제사회가 일정한 기본정신에 지배되면서, 일정한 질서 및 조직을 갖고, 일정한 기술(혁신적 기술)을 이용하여 통일적 경제체계를 형성하는 과정이 구체적이면서도 명확하게 인지되는 부분은 국제무역과 관련되는 부분이다. 국제무역체제는 〈표 5-2〉와 같이 세 차례에 걸쳐서 구체적으로 인식되고 있다. 일정의 기본정신으로 자유, 협조 및 관리의 정신으로 추이해 오고 있으며, 일정한 기본질서는 2국 간 통상질서에서 다자간 통상질서로, 나아가 쌍무적·지역적·다자간의 혼합된 질서로 추이하고 있으며, 일정한 조직과 관련해서는 처음에는 존재하지 않다가 점차 다양한 조직들이 생겨나게 된다. 한편 일정한 기술기반으로는 산업혁명에서 비롯하여 제2차, 3차, 4차 기술혁신과 함께 새롭게 부상되는 기술체계가 존재한다.

표 5-2. 국제경제체제 구성요소 특성의 주기적 변용

	-1800	1860-1890	1947-1970	1980년대-21세기
일정의 기본정신		자유 협조(일방통행)	자유 협조(쌍방향)	관리 협조
일정의 기본질서		2국 간 통상질서	다자간 통상질서	쌍무적 지역적 다자간
조직		없음	무역(GATT) 통화(IMF)	2국 간 협정 지역경제통합 GAFF IMF
일정의 지배기술 (주도국)	산업혁명 (영국)	제2차 기술혁신 (미국, 독일)	제3차 기술혁신 (미국)	제4차 기술혁신 (미국, 일본)

국제경제체제
상부구조의
주기적 변용
(기본정신
및 질서)

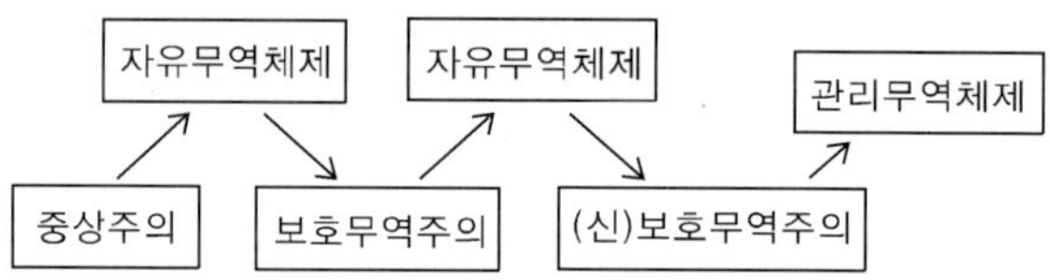

국제경제체제
하부구조의
주기적 변용
(일정 기술)

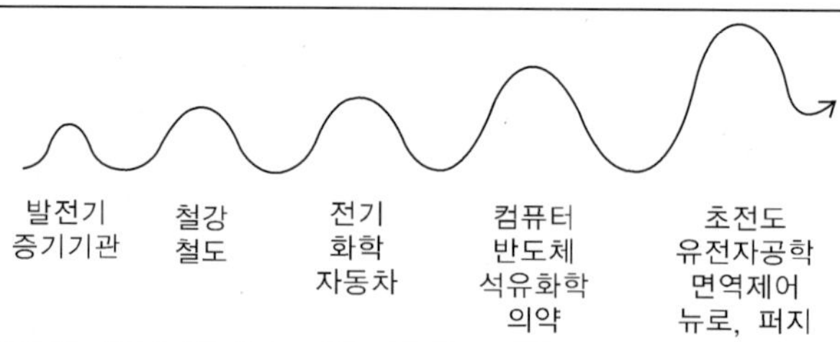

이렇게 형성된 국제무역체제 제1기는 1860년대-1990년대가 체제의 전성기로 이른바 자유무역 황금시대라고 불리는 기간이며, 제2기는 1947년-1970년대가 체제의 전성기로 역시 자유무역체제라 할 수 있다. 이러한 자유무역체제의 전후 또는 사이 기간에는 보호무역주의가 심화되었다. 이후 1980년대에 들어서는 관리무역체제라는 일종의 과도기적 국제무역체제가 형성된 가운데 1990년대에 향후 국제무역체제의 모색과 함께 이른바 WTO체제가 출범하게 된다.

제2절 국제경제질서

1. 국제경제질서의 개념

국제경제질서란 무엇인가? 틴버겐J. Tinbergen 등의 로마클럽 제3보고서[7], 「국제질서의 재편성」에서는 국제질서를 '서로 다른 국가에 살고 있는 사람들을 연결시키는 공식적이거나 비공식적인 모든 관계와 기관을 포함하는 것'으로 정의하고 있다. 이를 원용하여 국제질서의 경제적 측면을 국제경제질서라고 한다면, '국제경제사회에서 서로 다른 국가에 살고 있는 경제주체들을 연결시키는 공식적이거나 비공식적인 모든 경제관계와 경제기관을 포함하는 것'으로 규정할 수 있다.

이러한 국제경제질서는 다수국 가운데 일부 국가들만이 참가하는 부분적인 국제경제관계에 관한 것이 아니라, 국제경제사회의 대부분의 국가가 의식적으로 참가하며, 용인하고, 세계의 국제경제관계 가운데 상당부분에 관하여 규칙을 세우고 있는 일반적인 관계를 갖추어야만 한다. 즉 국제경제질서는 글로벌한 국제경제 현상에 공식적 또는 비공식적인 규칙에 의거한 관계를 도입해서 그 관계를 촉진, 유지, 감시, 규제하는 경제관계를 맺는 것이다.

이렇듯 국제경제질서는 대부분의 국가가 참여해야 하며 특히 군사적·정치적·경제적

7) Jan Tinbergen ed., "*Reshaping the International Order(RIO), a report to the club of Rome,*" New York: Dutton, 1976.

초강대국이 배제되어 참가하지 않는 형태로는 실제로 성립하기 어렵다. 국제경제질서란 본래 공식적 또는 비공식적인 국제경제관계의 조화 및 규칙성을 추구하면서, 그것을 실제로 분담하는 경제기관으로부터 성립된다.

2. 국제경제질서의 구도

이러한 국제경제질서란 구체적으로는 국제경제체제의 목적을 달성하기 위하여 마찰을 피하고 그 행동을 효과적으로 하기 위하여 제반 방향을 잡아가는 여러 가지 결정, 규정 등을 모은 것이다. 따라서 질서란 한편으로는 체제가 목표 및 기본방침을 바꾸거나, 다른 한편으로 행동수단에 변화가 발생하는 경우에는 그에 대응하여 변해야만 한다.

즉 질서란 것은 목표를 추구하는 데 있어서 마찰을 되도록 피하고, 또한 목표를 효과적으로 실현하기 위하여 (1) [목표-체제]의 관계를 행동으로 구체화한 조직 측면에서의 요청, (2) [목표-수단]의 관계를 정책적으로 실현하는 행동 측면에서의 요청을 조화시켜야만 비로소 성립할 수 있다.[8)]

최근에 국제경제사회에서 신세계질서 형성이 필요한 이유도 이상과 같은 두 가지 측면에서의 요청 때문이다. 즉 하나는 지구적 문제에의 대응 및 국제무역체제, 국제통화체제의 변화가 현실적으로 나타나는 등 체제 측면에서의 변화 요구가 강하게 나오고 있다. 다른 하나는 전후 특히 1970년대 이후 세계적으로 급속하게 확산된 과학기술혁명(정보통신기술, 바이오기술 등)에 의하여 행동수단의 측면에서 커다란 변화가 나타나고 있다.

한편 국제경제질서는 다음과 같은 세 가지 국제적 요소를 고려해야만 한다.

(1) 국제적 경제목표: 지역, 국가, 사회 등의 각 개별 단위가 갖는 국제적으로 공통된 가치, 이상, 기대, 니즈가 성립되어야 한다.

(2) 국제적 경제조직: 국제적 경제목표를 실현하는 데 작용하는 메커니즘 또는 구조를 제도적이고 국제적으로 연결하도록 디자인되어 있는 경제조직이 있어야 한다.

---

8) 池本 淸, 전게서 참조.

(3) 국제적 행동: 국제적 경제목표의 실현에 관하여 국가 간에 행해지는 경쟁, 협력, 교류활동, 태도표명 등의 국제적인 행동이 이루어져야 한다.

표 5-3. 국제경제 체제-질서-수단

	1860-1890	1947-1970	1980-
국제경제체제			
국제무역체제	자유무역	자유무역	관리무역
국제통화체제		고정환율	변동환율
체제의 목표	효율성	효율성 안정성	형평성 안정성
국제경제질서	2국 간 통상질서	IMF, GATT에 의거한 다자간 무역-통화	다자간 무역-통화질서 및 국제협정에 의한 질서 복합질서
국제경제수단	없음	간접적 금융-재정정책	경제정책협조 직접적 무역제한 관리변동환율 등

3. 국제경제질서 변혁의 동태성

1) 국제경제질서의 변혁

국제경제사회에서 그 어떤 시대에도 무엇인가의 경제 문제는 생겨났고, 그러한 문제가 해결되면서 성장, 발전해 왔다. 더욱이 경제 문제의 국제적 해결, 또는 개선방법이란 결국 국제경제사회의 질서유지가 어떠한 형태로 이루어지는가, 어떻게 바뀌는가에 따라 구체적으로 나타나기 마련이므로 이러한 국제경제질서의 형태는 무엇보다도 국제정치질서 형태와 상호 긴밀한 관계를 가지고 있다.[9] 이와 관련하여 경제 문제의 국제적 해결방식으로는 이론상 다음과 같은 세 가지 형태가 가능하며, 역사적으로도 세 가지가 순서대로 등장한다. 첫째는 단일의 헤게모니국가에 의한 국제질서(규칙, 조약 등을 포함)의 유지이며, 19세기

9) R. Gilpin, *Political Economy of International Relations*, Princeton Univ. Press, 1987.

영국에 의한 팍스-브리태니커, 20세기 후반 미국에 의한 팍스-아메리카나가 대표적이다. 둘째는 일국의 압도적 패권(또는 주도권)이 다른 국가에 의하여 도전되어, 주요국 간에 이른바 세력균형이 성립하고 그것이 안정화 요인으로 기능하게 되는 국제질서이다. 셋째는 주권국가가 일정한 권한을 국제기관에 위임하는 형식으로 국제기관(조약, 헌장, 기구 등)의 가맹국은 정해진 규정에 따라야 하는 질서의무를 갖는다.

이상의 세 가지 국제적 질서 또는 그에 의거한 문제 해결방법에는 각각 장점과 단점이 있다. 단일국가의 헤게모니가 영속하기 위해서는 다른 국가가 질서의 안정에 의해서 무엇인가의 이익이 충분히 보증되어야 한다는 것이 필요조건이 된다. 그러나 이러한 이익보증을 위해서는 헤게모니 국가의 자기희생(질서유지를 위한 비용 부담)이 요구된다. 한편 세력균형에는 그것이 안정적으로 되기 위한 불가결의 조건이 있으며, 이러한 조건이 충족되지 못하면 질서의 붕괴가 전쟁으로까지 발전할 위험성을 가지고 있다. 주요국 간의 세력균형을 불안정하게 하는 요인 가운데 가장 중요한 것은 세력균형에 의하여 얻어지는 이익보다도 현상의 균형을 제패함으로써 더욱 야심적인 이익을 추구하려고 하는 국가(군)가 비협력적으로 헤게모니적 행동을 취하는 경우에 나타난다. 이에 대하여 주요국이 상호의존의 관계를 강화하거나 협력적 행동을 취함으로써 각국의 이익을 한층 증대시키는 것이 가능하다고 하면, 이는 세력균형의 안정을 강화하는 요인이 된다.

2) 지배력의 원천과 국제경제질서

한편 국제경제질서는 그 당시 세계의 지배력 중심이 어디에 있는가에 따라 변화해왔다.

지배력의 중심이 군사력에 있는 시대에는 제국주의 이념이 번창하여, 제국이 그 주체로 번영하였고, 사람들의 이상은 제국에 의해 통합되었다. 국제경제질서는 제국에 의하여 성립, 유지되었다. 지배력의 중심이 군사력으로부터 경제력으로 전환되면서 국가가 사람들의 이상을 통합하고 국가주의 이념이 번성하여 국가가 세계 시스템의 기본단위로 되었다. 군사력, 경제력 다음으로는 상대적으로 문화력이 중시될 것으로 예상되는데, 이렇듯 지배력의 중심이 변화하면 국제경제사회 시스템의 기본 틀에 변화가 생기게 된다. 특히 문화력은 보편적인 문화력과 특수한 문화력으로 나뉠 수 있다. 여기서 보편적인 문화력이란 국제경제사회의 어디에서도 이해되고 수용되는 문화력으로, 보편적 문화력을 가진 가장 대표적인 것이 기술(문화)이다. 한편 특수한 문화력이란 각각의 민족 또는 지역문화를 들 수 있는데, 이는 어디에서나 수용될 수는 없지만 그 문화의 존재(가치)가 넓게 이해되어야 하는 것을 의미한다. 문화력이 지배력의 중요요인이 되는 경우 우선은 기술이라는 보편적인 문화력이 중시되는 단계가 나타날 것이며 바로 최근의 국제사회에서 나타나는 현상으로 이해할 수 있다. 앞으로는 각 지역/민족의 특수한 문화가 중시되는 단계로 진행될 여지가 있을 것으로 보인다.

결국 세계의 행동단위가 변화하는 과정에서 국제적 교환의 대상이 재화로부터 기술, 정보, 문화 등으로 전환되고 있으며 그에 대응하는 질서도 변화되고 있다.

표 5-4. 국제경제질서의 변화요인으로서의 지배력

	20세기 초까지	1945년-1970년대	1990년대-21세기
지배력의 중심요인	군사력	경제력	문화력
기본단위	제국	국가	민족/지역
이념	제국주의	국가주의	문화주의/지역주의

3) 국제경제질서의 형성과정과 리더십

국제경제질서의 궁극적인 목적 내지 이념에는 평화, 개발, 균등한 성장과 발전, 환경보호, 나아가서는 인권보호 등이 있다. 이러한 목표 및 이념을 추구해 나가기 위하여 국가 간에 활발한 의견교환이 이루어지게 된다. 그 과정에서 공동의 조사연구, 국제여론의 수렴 등을 통하여 국제경제질서 개발의 니즈를 찾아내고, 이에 관한 국가 간의 토론, 교섭을 통해 국제적 합의를 확보하면서 구체적인 국제경제질서가 형성되는 것이다. 이러한 질서형성의 방식으로는 강제적인 방식, 자유협력에 의한 방식, SUMMIT(집단지도방식), UN집중방식, 전문기능 분업방식 등이 있다.

한편 질서형성의 조건은 투명성, 협력성, 공개성, 공정, 평등, 자유, 상호신뢰와 지원, 협력 등을 들 수 있다. 이러한 조건이 충족되면 구체적인 질서형성 계획을 수립할 수 있으며 질서형성 기반에 관한 조사를 하고 관계국 간 조정의 과정을 거쳐서 국제적인 조직을 형성할 수 있게 된다.

이상과 같은 국제경제질서의 형성과정은 원칙론적인 설명이며 실제로 국제경제질서의 형성에는 그것을 위한 국제교섭 과정에서 강력한 리더십이 필요하다. 국제적인 제도에 관한 교섭에는 다음과 같은 세 가지 형태의 리더십, 즉 구조적 리더십Structural Leadership, 기업가적 리더십Enterprenerial Leadership, 지적 리더십Intellectual Leadership이 기능하고 있다. 여기서 구조적 리더십이란 물질적 제 자원(경제력, 군사력 포함)에 의한 구조적 파워를 교섭력으로 이용하여 상대를 동의시킬 수 있는 리더십을 말한다. 예를 들어 패권구조의 정상에 위치한 주도국, 물질적으로 커다란 영향력을 제도적으로 갖고 있는 주도국은 구조적 리더십을 발휘할 수 있다. 한편 기업가적 리더십은 자기의 구조적 또는 제도적인 파워는 지극히 약하거나 전무해도 교묘한 교섭기술이나 기업가정신을 발휘하여 목표를 실현해 나가는 리더십이다. 지적 리더십은 새로운 국제적 제도, 질서, 국제 시스템을 창안하여 구체화하는 데 지도적인 역할을 하는 리더십이다. 일반적으로 국제경제질서는 상기와 같은 리더십을 확보하고 있는 선진국들에 의하여 형성되며 점차 개발도상국 측으로 확산(경우에 따라서는 강요 또는 자발적인 수용)되나, 경우에 따라서는 개발도상국 측의 주도에 의한 질서의 논의, 성립 및 국제적인 확산도 있을 수 있다.

그러나 일반적으로 목표가 아무리 훌륭해도 제 국가 간 합의가 용이하지 않은 경우가 대부분이다. 또한 곤란한 교섭의 단계를 뛰어넘어 국제적 합의에 이르렀다고 해도 각국에서 국내적으로 합의가 이루어지지 않는 경우도 있다. 특히 지구환경 문제와 같이 희생의 배분이 뒤따르는 경우에는 국가 간 대립이 첨예한 가운데, 총론에는 찬성하나 각론에는 반대하여 국제질서가 형성되지 못하는 때도 적지 않다.

4) 국제경제질서의 경제성장, 발전에의 역할

국제경제질서의 기능은 교섭, 협력제공, 예방감시, 조정, 국제적 가치의 유지, 국제적인 위기관리, 역할의 배당 등이다. 이러한 국제경제질서의 기능이 제대로 발휘되면, 국제경제사회가 추구하는 궁극적인 목표가 달성될 수 있을 것이다.

이제 경제성장, 발전에 있어서의 국제경제질서의 역할에 관하여 살펴보자. 우선 개발의 과정을 두 가지 형태로 나누면, 하나는 그 추진력 또는 주된 자극이 국외로부터 오는 경우로 이것을 '외생적 발전'이라 하고, 다른 하나는 주된 자극이 국내요인에서 유래하는 형태의 발전으로 '내생적 발전'이라 할 수 있다.[10] 제2차 세계대전 이후의 개발정책은 발전을 위한 주된 자극을 외생적인 요인으로부터 얻게 된다는 전제에서 출발하였다고 볼 수 있다. 전후 1950년대 유럽과 일본의 경제부흥의 경험이 그러했고, 1970년대 이른바 신흥공업국도 마찬가지였다. 발전의 동태성은 우선 무역과 원조 및 국가 간 자본이동 등 대외적인 경제관계를 통한 것으로부터 비롯되었다. 이후 초점은 기술의 국가 간 이전에 맞춰졌고 이러한 외부로부터의 자극을 충분히 활용할 수 있도록 내부적인 유인을 조화시켜 나가게 되었다. 여기서 내부적인 유인이란 각종 국내정책(산업 및 무역정책 등)의 인센티브를 의미한다.

선진 제국은 그 개발과정에서의 역사를 보면, 거의가 내생적 발전을 해 온 나라들이다. 영국 등 이른바 선발국의 경우에는 국내적인 기술 변화가 발전의 원동력이 되었다. 후발 선진 제국에서도 발전의 원동력이 정부의 제도적인 측면에서의 변혁으로 내생적인 기술 다이나미즘을 뿌리내렸던 점에 있다. 그러나 선진 제국 가운데에서도 그 발전의 역사 대부분이 외생적 발전의 패턴을 보이는 나라들도 있다. 미국, 캐나다, 호주 그리고 뉴질랜드와 같은 국가들로, 이들의 경우 발전을 촉진하는 요인의 비중이 어딘가의 단계에서 외생적인 요인으로부터 내생적인 요인으로 옮겨 가게 된 것이다.

한편 개발도상국에서는 그 발전의 역사 대부분에서 성장의 다이나미즘은 외생적인 것이었다. 성장, 발전에 대한 자극으로부터 시작하여 금융 측면의 자본, 인적 자본, 생산양식, 요소시장 및 상품시장을 둘러싼 제반 제도, 인프라스트럭처의 정비 등에서 선진국의 발전전략이 도입되어 활용되는 방향으로 되어 있다.

이상과 같이 개발의 원천이 외생적인 것으로부터 생겨난다면, 개발과정의 실패도 역시 외생적인 요인에서 찾을 수 있다. 이에 따라 국제경제질서가 개발에 적합한 기회를 제공하지 못했기 때문에 실패하게 되었다는 논리가 생겨나기도 한다. 즉 국제경제질서는 주로 개도국의 저개발성을 영속화하는 국제경제관계의 체계로 해석될 수 있는 것이다. 1970년

10) I. Adelman, *Theories of Economic Growth and Development*, Stanford Univ. Press, 1967.

대 이후 제3세계 국가들이 신국제경제질서NIEO: New International Economic Order를 추구하게 되는 근본적인 이유도 여기에 있다.

4. 국제경제사회의 복합질서

1) 국제관계의 다양성

국제관계는 제 국가 간 상호작용에 의하여 형성되나 그 현대적 특징은 무엇보다도 그 상호작용이 너무나 복잡화되었다는 것이다. 국제질서를 구성해 온 기존의 틀이 충분히 기능하지 못하고 취약하게 된 것도 이 때문이다. 이에 따라 국제질서는 이른바 엔트로피적 위기 또는 무질서화의 위기에 직면해 있다고 할 수 있다.[11]

이러한 배경으로 국제무대에서의 행동주체의 수가 장기간에 걸쳐서 특히 제2차 세계대전 이후에 급속히 증가했으며, 이와 함께 이들 주체의 행동의 종류도 현저하게 증가하였다. 이러한 주체의 다양성은 동전의 앞뒷면과 같은 관계에 있는 국제관계의 다양성을 의미하기도 한다.

2) 국제경제사회의 복합질서

(1) 국제 regime

다양하고 새로운 주체들이 등장하여 새로운 국제경제관계를 형성하고 있는 국제경제사회에서 국제경제질서도 지속적으로 변화하고 있다. 이와 함께 국제경제사회의 제도도 중층적으로 복잡화되고 있다. 이에 따라 국제경제사회에서 서로 다른 레벨에 속하는 여러 가지 질서가 모여서 전체로서 하나의 중층적이고 복잡한 복합질서를 형성하게 된다. 이러한 국제경제사회의 복합질서는 일반적으로 regime이라고 불린다.

국제 regime에 관한 연구는 1980년대 국제관계 분야에서의 실증연구 및 이론적 논쟁의 중심으로 전개되었다.[12] 그러나 그 연구 대상은 대부분 선진국 간의 협력관계에 관한

---

11) Andrew M. Scott, The Logic of International Interaction, *International Studies Quarterly*, vol. 21, No. 3, sep. 1977, p. 429.

12) Stephan Haggard and Beth A. Simmons, "Theories of International Regimes," *International Organization*, vol. 41, No. 3, 1987. 이 논문에서 regime에 대한 4가지 이론적 접근이 소개되었다. (1) 구조주의(패권적 안

것으로,[13] 주로 미국의 패권 이후 새로운 선진국 간의 협력체제에 관한 것이었다. 한편 선진국과 개도국의 이른바 남북 간 협력체제 문제에 대해서 적극적으로 그 분석영역을 제공하는 연구는 드물다.

Regime이란 국제관계의 해당영역에서 구성국들의 기대가 집중되어 있는 암묵적·명시적인 원칙principles, 규범norms, 규칙rules, 의사결정 수속decision-making procedure 등 네 가지 요소의 종합으로 정의될 수 있다. 이 네 가지 구성요소를 구체적으로 설명하면 (1) 원칙이란 사실 관계, 공정함에 관한 신념이고, (2) 규범이란 권리와 의무의 관점으로부터 정의된 행동의 기준이며, (3) 규칙은 행동을 위한 특정의 규정, 금지사항이고, (4) 의사결정 수속이란 집합적 결정을 작성하여 수행하기 위한 일반적인 관행이다.[14]

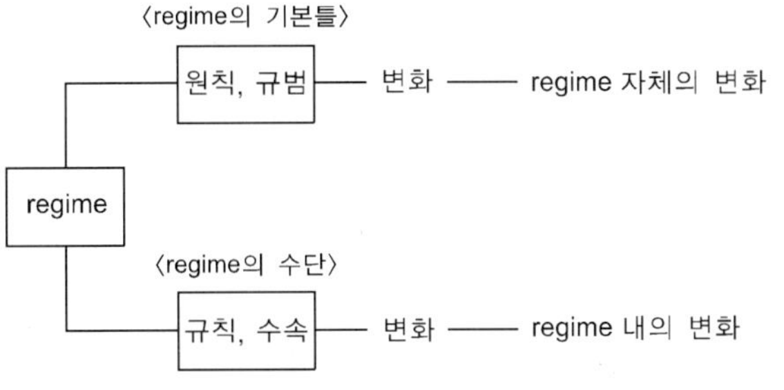

그림 5-2. regime의 구조

여기서 중요한 것은 이들 국제 regime의 네 가지 구성요소가 어떤 관계에 있느냐 하는 것이다. 크레스너Krasner에 의하면 (원칙, 규범)과 (규칙, 수속) 사이에 기본적인 구별을 하고, (원칙, 규범)이 regime의 기본적인 틀을 제공하며, (규칙, 수속)은 그것들에 준하는 것이라고 보고 있다. 그래서 "(원칙, 규범)의 변화는 regime 그 자체의 변화이다."라고 한다. 만일 "(원칙, 규범)이 바뀌지 않는 것이라면, (규칙, 수속)의 변화는 regime 내에서의

정이론), (2) 전략적·게임론적 접근, (3) 기능주의이론, (4) 인지주의이론.

13) Stephan Krasner, "State Power and thhe Structure of International Trade," World Politics, vol. 27, 1976. Rober, O. Keohane, *After Hegemony: Cooperation and Discord in the World Political Economy*, Princeton Univ. Press, 1985.

14) S. Krasner, "Structural Causes and Regime Consequence Regime as Intervening Variables," *International Organization*, 36, 1982.

변화에 불과한 것"이다.

이상과 같은 국제 regime의 정의에 관하여, 하스Hass도 마찬가지로 "regime이란 어떤 문제영역을 조정하기 위하여 합의된 규범, 규칙, 수속을 의미한다."고 보았다.[15] 여기서 규범이란 국가가 왜 협력하는가를 가르쳐 주는 것이며, 그것은 국가가 어느 특정 영역에서 행동능력을 획득하기 위한 것이다. 규칙이란 협력이 어떤 형태를 가지는가를 의미하는 것으로, 그것은 어떤 규범에 따르는 가맹국에 대한 일종의 명령과 같다. 그 내용은 (1) 정보의 공유, (2) 지식의 증대, (3) 행동의 허가 및 금지라는 세 가지로 분류된다. 한편 수속이란 협력이 어떤 방법으로 수행되는가 하는 문제에 답하는 것이며, 다음 네 가지로 나뉜다. 즉, 공통의 틀common framework, 공통의 시설joint facility, 공통의 정책common polocy, 단일의 정책single polocy이 그것이다. 이렇듯 하스Hass에 따른 regime의 기본적인 내용은 위에 제시하였듯이 일반적으로 인정되고 있는 regime의 내용과 별로 다르지 않다. 오히려 주목해야 할 것은 regime을 목적론적으로 다루어 regime의 목적을 '세계질서에 관한 여러 종류의 가치 가운데 특정한 하나를 지키는 것, 또는 기존의 질서가 없는 경우에는 그것을 만들어 내는 것을 기대하여, 복수의 국가가 모여서 만들고 참가하는 것'으로 규정하고 있다.

결국 국제사회에서의 중심적 가치로서 평등, 효율, 생존, 생활의 질과 같은 네 가지 요소를 들 수 있으며, 바람직한 regime이란 이러한 중심적 가치 및 목표를 추구해 나가기 위한 원동력으로서 일관되게 나타나는 것이라고 특정화할 수 있다.

(2) 국제 regime의 구도

이제 상호의존이 심화되고 있는 가운데, 상호긴밀한 관계에 있는 국제경제사회에 관하여 국제복합질서의 체계를 개괄적으로 도시하면 〈그림 5-3〉과 같다.

크게는 백 수십여 개 국가가 참가하는 국제조직으로부터, 작게는 2국 간 체약까지, 국제경제 regime에 포함되는 각종 조직, 제도, 기구는 매우 다양하다. 그 가운데 무역 regime, 금융 regime이 상대적으로 복잡하게 되어 있다. 이처럼 정부 간 기구, 다수국

15) Ernst B. Hass, "Why Collaborate? Issue-Linkage and International Regimes," *World Politics*, vol. 32, No. 3, 1980.

간 조약 등과 같이 전통적인 국제사회에 걸맞은 공식적인 제도로부터 다종다양한 NGO, 나아가서는 지극히 비공식적인 습관, 문화처럼 여러 가지 regime이 국제교류와 관련해서 오늘날 국제사회를 복잡한 중층적 네트워크로 엮어내고 있다.

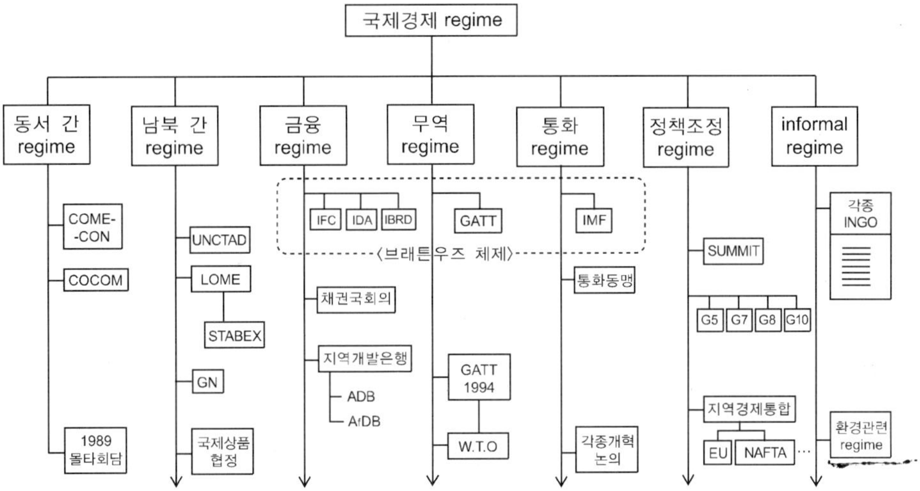

그림 5-3. 국제경제사회의 복합질서

(3) 국제 regime에 대한 새로운 인식

일반적으로 국제사회에서의 regime의 대부분은 역사적으로 서유럽제국이 형성한 국제질서가 지구적 규모로 확대된 것이다. 때문에 제2차 세계대전 후 독립한 100여 개 이상의 국가인 개도국은 물론 19세기 중반에 참가했던 일본과 같이 기존 국제사회에의 새로운 중도 참입국이며 더욱이 소국으로서의 역할을 해 온 국가에 있어서, regime의 대부분은 거의 주어진 것이나 다름없다.

그러나 1970년대 이후, 미국의 지도력이 흔들리는 상황에서 여러 국제교류 각각의 국면에서 이해관계가 강한 정부나 비정부 주체가 중심이 되어 협력적으로 국제질서를 만들고, 이해관계에 있지 않은 기타 주체들의 합의를 얻어 가는 것이 국제질서 운영방식의 주류로 자리 잡고 있기도 하다.

오늘날 다양한 분야의 국제교류나 상호의존, 상호침투를 둘러싸고 국제사회의 질서 만들기가 초미의 관심사이다. 더 이상 regime은 주어진 것이 아니고 또한 주어진 채로 유지되는 것도 아니며, 국제사회의 여러 주체에 의하여 만들어지고 개선되는 것이란 인식을 갖는 것이 중요하다.

제3절 국제경제기구

1. 국제경제사회의 새로운 주체 및 관계

1) 국제관계와 국가주체

국제관계에서의 전통적인 주체는 국가이며, 국제사회에서 제 국가가 상호 접촉하고 교류하면서 단선적인 국제관계가 생겨난다. 그러다가 국가는 평화유지, 우호관계의 발전, 경제성장, 발전을 위하여 점차 제 외국과 조약을 체결하거나 국제조직을 만들어 운영하기에 이른다. 입체적인 국제관계가 형성되는 것이다. 이렇듯 국가 간의 국제적 합의에 의하여 설립되는 조직은 공적인 국제조직이다. 공적인 국제조직이란 둘 또는 둘 이상의 국가대표에 의하여 형성되는, 적어도 하나의 기관을 포함하는 것이다. 특히 일반적으로 관여하는 범위가 넓어 강력한 국제질서를 형성하기 위하여 질서의 형성, 유지, 발전에 필요한 조직, 기구도 그만큼 커지게 된다. 현존하는 세계 최대의 것으로는 역시 UN이 대표적이다.

한편 그 조직이 국내법에 의하여 규율되면서 활동하는 것으로 사적인 국제조직이 있다. NGONon Governmental Organization(비정부기관)나 MNCMulti National Coporation(다국적기업)가 대표적이다. NGO는 복수의 개인, 또는 개인으로 구성되는 단체에 의해 설립되는 조직이다. 현재 수백 개에 이르는 NGO가 UN의 자문적 지위를 갖고 있다. 예를 들면 국제적십자사, 로마 가톨릭협회, 국제상공회의소, 국제학생사업단 등이 대표적인 것들이다. 이러한 사적인 국제조직은 서로 다른 인간 간의 상호이해에 기여하고, 국제관계에 있어서도 공적인 기관 못지않게 중요한 역할을 한다. 아울러 다국적기업MNC이야말로 사적인 국제조직으로서 국제경제사회의 핵심 행동주체로 부상되고 있다(MNC에 관해서는 제13장과 14장에서 구체적으로 다룬다).

2) 국제사회에서의 주체의 다양화

이상과 같이 국제사회에서의 행동주체의 다양한 출현은 더 이상 전통적인 주권국가가 유일한 행동주체로 한정될 수 없게 하였다. 국제사회에서 전통적인 주체인 국가뿐만 아니라 새로운 주체의 등장에 따른 주체의 다양성이 괄목할 만하게 진전되어 왔다. 국제사회에 등장하는 다음과 같은 여러 레벨의 주체들은 각기 중요한 제 역할을 수행하고 있다. (1) 국가를 대표하는 정부, (2) 유럽의 EU, 북미의 NAFTA, ASEAN 등과 같은 지역통합체 또는 지역 차원의 협정, (3) 자매도시 제휴,[16] (4) 정부 간 국제기구International Governmental Organization: IGO, (5) 비정부조직 및 국제비정부조직International Non-Governmental Organization, INGO 또는 NGO, (6) 기업 및 다국적기업MNC, (7) 정당, 노동단체, 종교집단, 학생단체, 환경시민운동 등, (8) 일반 개인 등이 바로 그 주체들이다.

좁은 의미에서의 국제기관, 조직이라면 역시 각국 정부가 전통적인 국제관계에서의 주요 주체로 그 역할 및 활동을 해 오고 있는 것을 들 수 있다. 정부 간 국제기구도 역시 전통적인 국제관계에서 주요 역할 및 활동을 해오고 있다. 한편 넓은 의미의 국제조직으로는 앞의 (1)-(8)의 형태가 있는데, 특히 제2차 세계대전 이후 정부 간 국제기구 및 국제비정부조직이 현저하게 증가하고 있다(〈그림 5-4〉 참조).[17]

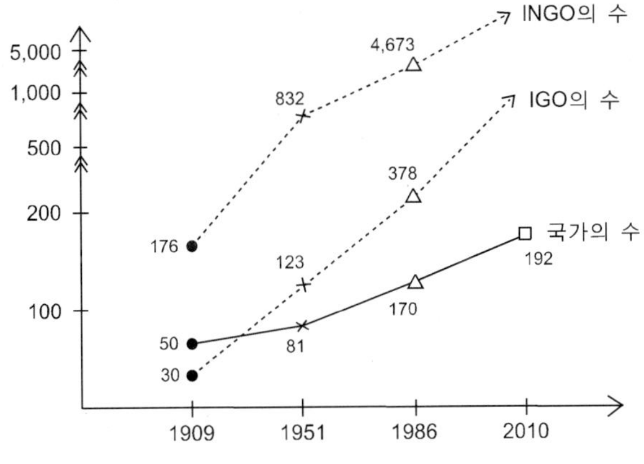

그림 5-4. 국제경제사회의 주체

16) 이를 통한 세계연방운동의 확산에서 볼 수 있듯이 각국의 주, 도시 등 지방자치체에 의한 자주적인 국제활동은 최근 들어서 지방주의(localism, 지방사회의 자율성을 존중하는 운동)와 관련해서 국제무대에 있어서 독특한 행위주체의 출현으로 주목되고 있다.

17) UN, *Yearbook of International Organization*, 1986/1987 참조.

이와 함께 세계질서 속에서 전통적인 행동주체인 국가의 경우 그 위상이 상대적으로 낮아지고 있는 반면, 초국가적 주체, 일반목적의 지역주체의 위상은 상대적으로 높아지고 있다. 특히 무엇보다도 특정 목적을 가진 국제기관, 특정 목적을 가진 지역기관의 위상이 급속하게 높아지고 있다.

3) 국제관계의 다양화

한편 이상과 같은 다양하고 새로운 주체들의 출현은 당연히 새로운 관계를 만들어 낸다. 공적인 부문의 각 주체들, 민간부문에서의 각 주체들이 국내무대와 국제무대에서 상호 연계되어 국제관계를 다양하게 하고 있다.[18] 〈그림 5-5〉는 국제조직을 포함하는 연계 모형이다.

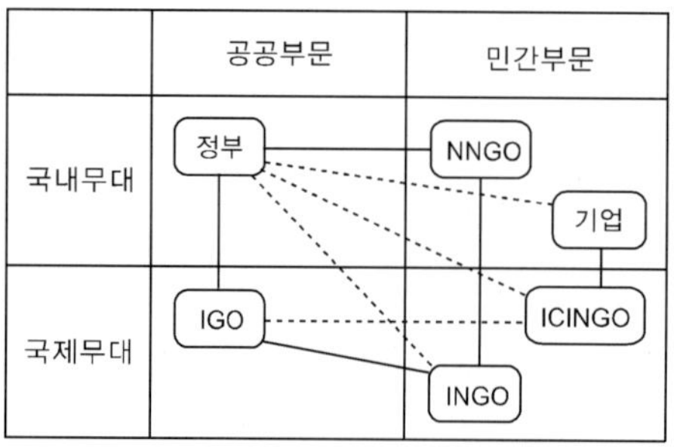

실선: 공식적 관계, 점선: 비공식적 관계
NNGO: National Non-Governmental Organization, 국내비정부조직
ICINGO: Industrial and Commercial(Profit-Making)INGO

그림 5-5. 국제조직을 포함하는 연계 모형

2. 국제경제기구의 기능

국제경제체제 및 국제경제질서에는 국가 간 규칙을 어떻게 할 것인가에 관한 커다란 원칙principle이나 시행세칙rule이 필요하다. 이러한 원칙과 세칙의 실행, 유지, 감시는 통상적으로 제 국가가 참여한 다수국 간 조약에 의하여 설립하는, 국가와는 독립적인 법적 실체를 갖는 국제경제기관이 존재함으로써 효과적으로 이루어진다. 주로 국제통화, 국제무역 등의 문제영역별로 설립되는 많은 국제경제기관은 그것들이 분담하는 영역과 과제를

18) Gorges Langrod, *Relation entre les Etats et les organismes*, AUS, 1961 참조.

명확히 정하여 효율적으로 기능하도록 조직됨과 동시에, 다른 국제경제기관과의 밀접한 협력관계 속에 운영된다. 이렇듯 유기적으로 결합되어, 더욱이 국제경제체제, 질서의 목적에 부합하도록 운영되는 국제경제기관 전체를 국제경제조직 또는 국제경제기구라 한다.

국제경제기구는 국제경제사회의 행동주체 가운데 그 대상으로 하고 있는 영역이 광범위하며 또한 참가국의 범위도 커서 국제경제사회 운영에 괄목할 만한 기능을 발휘한다. 국제경제기구의 주요 기능으로 다음의 세 가지를 들 수 있다.

첫째, 전문가집단으로서 대상영역을 조사, 분석하고, 단기적 또는 중·장기적인 전망을 하며, 새로운 정책을 제안하는 기능, 이른바 '싱크 탱크think tank의 역할'을 한다. 이러한 조사, 분석에 따라 국제기구는 우선순위가 높은 문제를 명확히 선정하고, agenda setting, 논의에서 지적 리더십을 발휘하게 된다. 이런 국제기구의 사무국이 갖는 전문가 그룹으로서의 지적 파워는 국제기구의 파워 소스 중 하나이다.

둘째, 국제기구에는 국제관계의 원칙, 룰을 만드는 '포럼forum으로서의 기능'이 있다. 조약이나 선언과 같은 명시적인 룰을 형성하는 경우도 있고, 반복되는 행동 속에서 일정 패턴이 점차 형성되고, 습관 등의 형태로 실질적으로 국가행동에 영향을 주는 경우도 있다.

셋째, 명시적 또는 묵시적인 룰을 유지, 운영해 가기 위하여 여러 활동과 사업을 한다. 이것들은 개발원조로부터 핵무기 사찰에 이르기까지 광범위하다. 이러한 국제기구의 활동은 국가와 비교해서 중립적인 입장을 살린다는 특징이 있는 반면, 재정적·인적 차원에서 많은 제약이 있는 것도 사실이다. 그러나 국제기구의 사업활동은 '카타리스트Catalyst(촉매)로서의 기능'을 갖는 것도 많아, 사업활동을 직접 만들어 내는 것 이상의 간접적인 효과를 국제관계에 주게 된다.[19)]

3. 국제경제기구의 유효성과 한계

1) 국제경제기구의 유효성

국제경제기구의 유효성은 무엇보다도 우선 이상과 같은 여러 기능을 통하여 국제경제관계에 있어서의 불확실성을 저하시키는 데에 있다. 즉 룰을 설정함에 따라, 국가행동의

19) 가령 IMF, WB의 융자정책이 2국 간 정부금융지원, 민간은행의 융자에 커다란 영향을 주고 있다.

선택 폭을 한정함과 동시에 국제경제조직의 결정, 국가행동에 일정한 패턴이 보이도록 함으로써 국제경제기구와 국가의 행동이 어느 정도 예측 가능해지기 때문이다.

그러나 국제경제기구가 룰의 위반에 유효하게 대처할 수 있는가에 관해서는 여러 가지 논의가 있을 수 있다. 국제경제기구는 룰을 위반한 국가에 벌칙을 부과할 수 있다. 이것을 효과적으로 실행하기 위해서는 국제경제기구 내에서도 강대국의 파워와 의지가 필요한 경우가 있다. 그러나 벌칙의 실행은 이것을 가하는 측에도 비용 등의 부담이 있으므로, 강대국이라 해도 결코 쉽게 결정할 수는 없다. 때문에 국제경제기구의 유효성은 궁극적으로는 강대국의 의지에 의존하게 된다는 견해도 있을 수 있다. 물론 국제경제기구에 의한 제제의 유효성에 관해서는 사례에 따라 상세한 검토가 필요하겠으나, 국제경제기구는 오히려 룰 위반 그 자체를 감소시킨다는 점에서 유효한 역할을 한다.

국가행동의 예측가능성이 높아지게 되므로 risk-taking의 행동을 할 필요성은 낮아지고, 국가 간의 상호작용이 대립적인 것보다는 협조를 지향하는 것으로 될 수 있다. 이에 따라 룰 위반을 하게 되는 유인이 작아진다. 요컨대 국제경제기구의 유효성은 국가주권을 넘는 중앙정부적인 권위로 국제경제관계를 강력하게 관리해 나가는 것에 있는 것이 아니라 오히려 위와 같은 세 가지 기능(전문가 집단으로서의 기능, 포럼으로서의 기능, 사업활동 촉매로서의 기능)을 통하여 각국의 기대를 집약시키고, 광범위한 규제, 강력한 제도의 필요성 그 자체를 작게 한다는 데에 있다 하겠다.[20)]

2) 국제경제기구의 한계

그러나 국제경제기구는 그 국제적인 활동에 있어서 일정한 한계를 가지지 않을 수 없는바, 국제경제기구의 한계에 관해서는 다음과 같이 정리할 수 있다.

첫째, 국제경제기구 설립 당초의 국제경제관계의 원칙과 파워 구조가 설립 이후에 동태적으로 크게 변화하게 된다. 이 때문에 '헌장'이나 '설립협정'에 나타난 전제와 국제경제관계의 현실은 격차가 지극히 크게 되어 국제경제기구의 제반 메커니즘이 원활하게 기능하지 못하게 된다는 점이다.

---

20) Giulio M. Gallarotti, "The Limits of International Organization: systematic Failure in the Management of International Relationas," *International Organization*, vol. 45, No. 2, 1991.

둘째, 국제경제기구의 기능강화가 진전되지 않는다는 점이다. 그 배경으로는 가령, 국제경제기구의 재정적 기반을 강화하는 구체적인 제안이 있어도, 이에 대하여 선진 제국을 비롯한 구성 국가들이 소극적으로 나오기 쉽다. 또한 국제경제기구의 기능강화에 대하여, 국제경제기구의 각국 주권에 대한 규제가 강화될 것을 우려하여 가맹국들 스스로가 국제경제기구의 기능강화에 대하여 경계하는 측면도 있다.

셋째, 중립성의 딜레마에 부딪치는 경우도 있다.

이러한 한계는 국제경제기구가 국제경제사회의 이익을 위하여 노력해 나가야 하나, 여러 요인 때문에 역부족의 상황이 된다는 이른바 '국제경제기구 성선설'을 전제로 하는 측면이 있다. 그러나 이런 전제 그 자체에 대하여 의문을 가지고, 오히려 국제경제기구가 문제해결에 역효과를 가져서 여러 폐해를 만든다는 비판도 있다. 국제경제기구 자체가 만들어내는 폐해로 지적되는 것으로 다음과 같은 문제들이 있다.

첫째, 분쟁해결을 위한 협의의 무대이어야 할 국제경제기구가 각국의 외교적 선전무대가 되어 문제를 진정시키기보다 오히려 확대시키는 경우가 있다.

둘째, UN총회의 경우에 현저하게 나타나듯이 광범위한 문제를 다루기 위하여 본래 상호연관성이 낮은 문제가 다수파를 얻을 목적으로 서로 연계되는 경우가 있고, 이것이 국가 간 대립을 증폭시키기도 한다.

셋째, 국제경제기구의 활동은 도덕적 해이moral hazard를 초래하기 쉽다.[21] 예를 들면 국제금융기구인 IMF에 각종 단기적 융자제도가 있는데, 이는 도리어 각국이 장기적으로 필요하다고 생각되는 국내경제의 개선노력을 게을리하게 하는 경우가 있다.

3) 국제경제기구의 존재가치

국제경제기구의 가치를 평가하는 것, 국제경제기구의 변화에 따른 효과를 평가하는 것, 국제경제기구 운영의 개선점을 찾아내기 위해서는 일정한 가이드라인이나 기준이 필요하다. 당초의 취지, 목적에 대비하여 그것들이 얼마나 달성되었는가를 조사하는 것만으로는 충분하지 않다. 왜냐하면 기본적인 목표 자체가 출범 시부터 틀려 있을 수 있고,

21) Giulio, M. Gallarotti, *op. cit.*, p. 210.

또는 다른 목표들의 달성과 상충될 수 있기 때문이다. 혹은 시간이 지나면서 그리고 환경이 바뀌면서 본래의 목적이 쓸모없게 될 수도 있기 때문이다.

국제경제기구들은 그 가맹국들의 정치적 목적과 경제적 목적 사이에 이루어진 약속의 결과들이다. 몇몇 가맹국들의 정치적 목적과 경제적 목적은 상식적으로 억제 또는 자제되기도 하지만 가끔 국가적 목적이 서로 배치되는 경우도 있다. 즉 빈국 또는 소국에서의 교역패턴, 자본이동, 관세, 기타 무역의 관리와 노동이동 등에 있어서의 관심사는 부국 또는 대국의 목적과 다를 수 있다. 이런 상황에서 국제경제기구의 목적, 행동이 최대다수의 최대행복이란 추상적인 이상보다 오히려 회원국들의 정치적·경제적 차원의 상대적인 힘을 반영하고 있음은 당연하다. 따라서 국제경제기구의 존재가치도 입장에 따라 다르며 일률적으로 평가될 수는 없다. 다만 국제경제사회의 몇몇 이상적인 표준을 제시하게 된다는 점은 일반적으로 수용되고, 평가되어야 할 부분이다.

제6장
지역경제통합과 국제경제관계

제2차 세계대전 이후 국제경제사회에서 국제주의는 선이요, 지역주의는 악이라는 극단적인 발상이 확산되었다. 당시 지역주의의 생성에 대하여 매우 부정적이었던 것은 1930년대 세계경제의 블럭화 진전과 세계적 불황의 지속이란 악몽이 작용하고 있었던 것으로 사료된다.

그러나 전후 국제경제사회에서 나타나는 지역주의, 지역경제통합의 경향을 '블럭화'로 본다고 해도, 이는 1930년대의 '블럭화'와 그 경제적 의미가 다르다. 이에 따라 지역주의에 대한 재평가 작업이 필요하다고 여겨지는 가운데, 지역주의는 더 이상 부정적인 것이 아니며, 진정한 국제주의를 추구하기 위해서는 지역주의 과정을 거치는 것이 필요하다는 주장이 널리 받아들여지고 있다. 더 나아가서 국제주의와 지역주의가 공존함으로써 비로소 국제경제가 효율적이고 공정하게 운영된다는 발상이 적극 제안되어 검토되고 있다.

1990년대 이후 국제경제사회에 수많은 지역경제통합체들이 형성되었고, 최근에도 관련 논의가 활발히 이루어지고 있다. 실제로 최근의 국제경제사회는 '지역경제통합의 시대'라 해도 과언이 아닐 정도로 수많은 지역경제통합체들이 결성되어 운영되고 있다. 〈표 6-1〉과 같이 2009년 10월 말 기준으로 WTO에 통보되고 발효 중인 지역무역협정은 총 253건에 이른다. 그 가운데 2001년 이후 새롭게 결성된 지역경제통합체의 숫자가 162건이며, 1991년 이후 2009년까지의 기간에는 228건에 이르는 등 전체 통합체의 70% 이상이 1990년대 이후 최근에 만들어진 것임을 알 수 있다.

표 6-1. 지역경제통합의 시기별 체결 현황

구분	'55-'60	'61-'70	'71-'80	'81-'90	'91-'95	'96-'00	'01-'05	'06-'09.10.
신규	1건	3건	11건	10건	28건	38건	87건	75건
누계	1건	4건	15건	25건	53건	91건	178건	253건

자료: 한국무역협회(www.kita.net), WTO Statistics(www.wto.org)

이제 지역경제체제, 지역경제질서, 지역경제기구의 총체적인 의미로서 지역경제통합(체)에대하여 그 역사적인 전개, 경제적 의미 등을 정리하고 국제경제관계의 새로운 측면을 조명해 보고자 한다.

제1절 지역경제통합의 기초

1. 통합의 개념

국제사회에서는 여러 형태의 경제적 통합과 정치적 통합이 중요한 현실 문제로 존재하고 있다. 그 개념 및 정의도 매우 다양하여 일률적으로 나타낼 수 없다. 통합이 진행되는 중간 단계에서 취할 것인가, 통합이 완결된 단계에서 취할 것인가에 따라서도, 또 통합의 필연성과 동기 등에 따라서도 통합의 개념이 달라진다.

일반적으로 통합integration이란 용어는 라틴어의 'integratio'에서 유래하며, 'combining parts into a whole'의 의미로 쓰인다. 이러한 일반적인 통합의 개념은 서로 다른 두 가지 접근을 통해 이해할 수 있다. 하나는 기능적인 측면을 중시하는 것이며, 다른 하나는 규범적 측면을 중시하는 것이다.

기능적인 측면을 중시하는 통합 그 자체는 반드시 특정 지역에 한정되는 것은 아니다. 세계 전체로 보아 다양한 실무적인 분야(이것을 기능이라 보며, 무역, 우편, 통신, 수송, 문화, 교육 등이 포함된다)에서 국경을 넘나들며 발생하는 교역 및 교류를 확대하고 그것의 경제적 효과를 극대화하기 위한 국가 간의 협력 장치가 만들어진다. 이후 그것이 다른 여러 분야에까지 파급되고, 궁극적으로는 정치적인 대립(특히 군사적 대립)까지 서서히 사라져 평화의 기회가 증대한다. 또한 특정 지역에 초점을 맞추어 보아도, 위와 같은 실무적인 분야에서의 통합이 진전되어 실제적으로 통합의 성과가 나타나게 되면, 통합은 다른 분야에 파급되어 최종적으로는 정치적인 통합에까지도 이를 수 있게 된다.

다른 하나인 규범적 측면을 중시하는 것은 특정지역의 사람들이 국경을 넘어 교류하면서, 기본적인 가치를 공유하게 되는 것을 통합의 기본적인 요소로 간주한다. 즉 기본적인 규범이 공유되고 있는 경우를 통합이라 하며, 만일 규범적인 통합이 이루어지면 서로 다른 국가에 속한 개인, 집단이 서로 긴밀한 관계를 맺는 국제적인 사회통합도 쉽게 달성될 수 있다. 일반적으로 사회 시스템이란 상호에 작용하는 복수의 행위자로 구성된다. 따라서 어느 특정지역을 생각하면 거기에 존재하는 행위자는 국가(정부), 기업, 개인 등 여러 주체가 공통의 규범을 추구하는 가운데, 이들 주체의 상호교류를 통하여 복합적·중층적으로 지역사회 시스템이 형성되어 나갈 수 있게 된다.

경제통합은 실제로 통합이 이루어지는 형태, 범위, 과정 및 그 목적을 어떻게 보느냐에 따라 그 개념 및 정의가 매우 다양하다.[1] 그런 가운데 경제통합이란 개별경제주체 혹은 개별경제집단이 경제적 기회균등과 경제적 효율성을 제고하기 위하여 차별이 존재하지 않는 보다 큰 하나의 공동경제권역으로 상호 접근해 가는 과정으로 파악된다는 공통점이 있다. 특히 제2차 세계대전 이후 이러한 공동경제권역으로의 접근과정은 특정지역 내에서의 무역을 자유화하고자 하는 지역별 광역시장권의 형태로 구체화되고 있다.

이에 따라 전후의 국가 간 경제통합이란 '경제적으로 공동의 이해관계를 가진 국가간에 상품 및 생산요소의 자유이동을 보장하는 조치를 취함으로써 독자적인 광역시장권을 형성하고 이로부터 각 구성국은 대시장의 경제적·기술적 이익을 향유하며, 통합체 전체의 후생증진을 도모하고자 하는 국가 간 경제협력의 한 형태'로 파악할 수 있다.

2. 경제통합의 형태

일반적인 의미에서 통합의 형태와 조건을 논한 연구로는 갈퉁(1968)을 들 수 있다. 갈퉁Galtung은 통합의 형태와 조건을 다음과 같이 분류하고 있다.[2]

---

1) 손병해, 『국제경제통합론』, 시그마프레스, 2011 참조. 손병해(2011)의 저술에 경제통합의 이론과 실제에 관한 설명이 깊고 넓게 잘 정리되어 있어, 본서 제6장의 내용 설명에 크게 도움을 주었다.

(1) 가치관에 따른 분류

- 평등주의에 입각한 통합
- 계급주의에 입각한 통합

(2) 동기에 따른 분류

- 유사형 통합: 개체 상호 간의 유사성을 증대시키는 통합
- 상호의존형 통합: 상호의존성을 높이는 통합

(3) 개체와 전체와의 관계에 따른 분류

- loyalty형 통합: 개체의 통합체에 대한 loyalty로 지지되어 통합체가 존재함
- allocation형 통합: 통합체의 각 개체에 대한 성과 제공이 통합체의 존재의의임

이 외에 갈퉁은 영토적 통합territorial integration, 조직적 통합organization integration, 사회적 통합associational integration의 세 형태로 분류하고 있으며, 이들 세 가지 기본적인 통합 형태는 동질성, 이질성, 다양성, 공평성, 경제적 산출 등의 관점에서 평가된다. 특히 이러한 각종 통합의 비중은 〈그림 6-1〉에서 나타나고 있듯이 시간의 경과와 함께 역사적으로 변화한다. 즉 영토적 통합의 비중은 점차 감소되고 조직적 통합과 사회적 통합의 비중은 증가하고 있다. 이러한 갈퉁의 고찰은 추상적이긴 하지만 지역경제통합의 형태와 기능 등을 이해하는 데 중요한 틀을 제공한다.

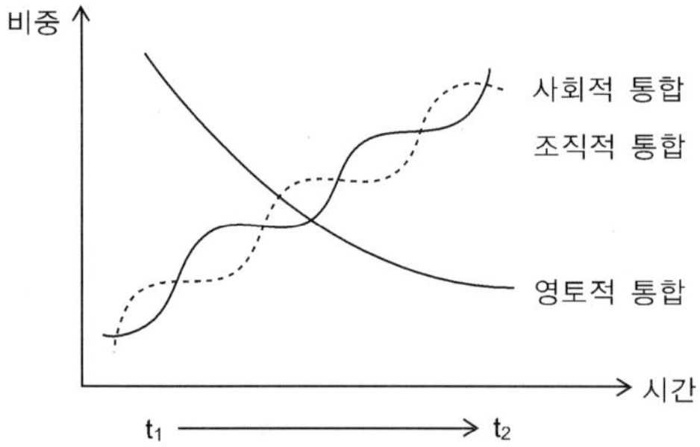

그림 6-1. 통합형태별 비중의 변화

---

2) Galtung, J., “A Structural Theory of Integration”, *Journal of Peace Research*, vol. 5, No. 4, 1968.

한편 경제통합이론에서 주로 나타나는 경제통합의 형태는 경제통합의 진화 단계에 주목하여 〈표 6-2〉와 같이 단계적 분류를 하고 있다.[3] 일반적으로 각종 무역장벽을 자유화하는 재화시장의 통합 단계로부터 시작하여 요소시장의 통합으로 이르게 되며, 점차 고도의 정책통합 및 종합적인 통합의 단계에 도달하게 된다. 물론 모든 지역경제통합이 반드시 이러한 단계를 거치면서 선형적으로 변화·발전하는 것은 아니다. 그러나 보다 고도의 통합 단계일수록 관련 논의 과정에서 고려해야 할 요소들이 많고 복잡하며 충족되어야 할 어려운 조건들이 존재한다. 따라서 일반적으로 〈표 6-2〉와 같이, 지역경제통합의 형태가 단계별로 나타나고 있다.

표 6-2. 경제통합의 단계별 형태

1) 각종 무역장벽을 자유화하는 단계(재화시장의 통합)
   - 자유무역협정(FTA: Free Trade Agreement)
   - 관세동맹(CU: Customs Union)
2) 각종 요소이동을 자유화하는 단계(요소시장의 통합)
   - 공동시장(CM: Common Market)
3) 각국 경제정책의 조화를 추구하는 단계(정책통합)
   - 통화동맹
   - 경제동맹
4) 정책의 완전한 일원화 단계(종합적 통합)

3. 경제통합의 조건

2개국 또는 그 이상의 국가들이 어떠한 형태로든 경제통합을 이루고, 가맹국 간의 경제적 통합관계가 모든 구성국에게 이익이 되는 관계를 실현하기 위해서는 경제적·사회적·정치적·문화적 제반 조건들이 충족되어야 한다. 이 외의 기본적인 통합의 조건으로는 역시 지리적 인접성, 문화적 배경의 유사성을 들 수 있으며 공통의 이해관계가 있는 경우에 통합논의가 빠르게 진전될 수 있고 통합이 성공적으로 이루어질 수 있다.

그 가운데 무엇보다도 기본적인 대전제 조건으로 효율성과 공평성의 두 가지 조건을

3) 손병해, 前揭書, 2011 참조.

들 수 있다. 경제통합이 이루어짐으로써 지역전체로서의 효율적인 경제운용이 가능하여 이른바 파이를 크게 할 수 있는 여지가 있어야 한다. 아울러 이렇게 커진 파이를 역내 각국에 분배하는 과정에서 공평성이 확보되어야 한다. 이러한 두 가지 대전제조건 가운데 어느 하나라도 충족되지 못하면 지역경제통합의 성립이 어려워지고, 또한 성립이 되었다고 해도 성공적인 운영을 기대하기 어렵다.

표 6-3. 경제통합의 조건

		효율성	
		존재	부재
공평성	존재	A	B
	부재	C	D

실제로 효율성과 공평성 두 가지 조건을 기준으로 〈표 6-3〉과 같이 네 가지 경우를 생각할 수 있다. 우선 A의 경우처럼 효율성과 공평성 두 가지 조건이 모두 충족되는 경우에는 바람직한 경제통합이 이루어질 것이다. 이러한 경우에는 관련 국가들 모두 적극적으로 통합논의에 참가하고, 성공적으로 통합체가 결성되며, 통합체의 운영도 성공적으로 이루어질 것으로 보인다. 반면에 D의 경우는 효율성과 공평성 기준 모두가 충족되지 못하는 경우로, 이러한 지역에서는 통합논의 자체가 무의미하며 관련국들도 당연히 통합논의에 부정적일 수밖에 없다. B의 경우는 공평성은 충족되지만 효율성은 충족되지 못하는 바, 지역경제통합에 따른 파이의 크기가 통합 이전보다 더 작아지게 된다. 따라서 B의 경우에도 통합의 논의 자체가 의미 없는 것으로 사료된다. 한편 C는 효율성은 충족되되 공평성이 충족되지 않는 경우이다. 실제 국제경제사회에서 바로 이러한 C의 경우가 일반적이다. 즉 통합에 따른 파이가 커지는데 그것의 공평한 분배가 구성국 간에 이루어지지 않는 것이다. 이 경우 공평성 확보를 위한 구성국 간의 약속이 이루어지고 이것이 실행된다면 각 구성국은 물론 지역 전체와 세계 전체 차원에서도 지극히 바람직한 통합의 결과를 기대할 수 있다.

한편 경제발전수준이 유사하면서 경제의 특성과 잠재력이 이질적인 국가들이 통합을 이루는 경우, 이른바 수평적 통합의 이익이 크게 발생할 것으로 기대된다. 이와는 달리 경제발전수준이 다른 국가들의 경우에도 상호 보완적인 경제관계를 적극 활용할 수 있다면, 이른바 수직적 통합의 이익이 구성국들의 다이내믹한 잠재력으로부터 창출되어 나올 것으로 기대된다. 따라서 경제발전 단계가 반드시 유사할 필요는 없고, 보다 중요한 조건은 오히려 통합체의 규모가 어느 정도로 이루어지는가에 있다 하겠다. 즉 통합체의 규모가 적정해야 구성국들 사이에 조정, 조화, 타협의 여지가 존재하며, 이에 따라 지역경제통합의 성립 및 진전이 가능하다. 통합체 구성국 상호 간 정책을 조정, 조화시켜 효율성과 공평성을 극대화할 수 있는 통합영역을 최적정책권(영역)이라 할 수 있는바, 최적정책권(영역)을 형성하는 조건이 곧 경제통합의 조건으로 간주될 수 있다.

제2절 지역주의의 심화

1. 지역주의 심화의 배경

국제경제상의 불확실성이 고조되는 경제환경 속에서 각국은 인접국 또는 이해를 같이 하는 국가들과 결속하여 공동이익은 물론 자국의 이익을 확보할 수 있다는 기대감을 가지게 된다. 실제로 1970, 80년대에 국제경제상의 불확실성을 고조시키는 다음과 같은 국제경제상황의 변화 속에서 지역주의의 움직임이 활발하게 전개되기 시작하였다.

첫째, 세계경제 리더십의 약화이다. 이데올로기의 퇴조와 함께 동서 양대 축의 결집력이 약화되고, 국가별로는 국가이익 추구의 경향이 증대되었다. 전후 세계(특히 자본주의 세계경제)를 지지해 온 미국경제의 리더십이 상대적으로 약해지는 가운데 일본, 서독 등 주요 흑자국은 세계경제의 견인을 위한 기관차적인 역할을 기피하고 상대적인 능력의 한계가 노정되기도 하였다. 이에 따라 G7 등 선진국 간의 협력에 의한 집단 리더십으로 미국의 리더십 쇠퇴를 보충하려는 노력도 소기의 성과를 거두지 못하고 있다. 결국 1970년대 이후 이른바 Pax Americana 체제는 쇠퇴기에 접어들고 있으나 그것을 대체할 새로운 체제는 아직 정립되지 못하고 있는 실정이다.

둘째, 경제의 상호의존성 증대이다. 상호의존의 심화는 한편으로는 각국의 복지증진에 기여하나 다른 한편으로는 국가 간 마찰을 확대시키기도 한다. 또한 국민경제에 대한 외국의 영향이 증대됨에 따라 각국 정부는 자국경제에 대한 스스로의 통제력이 약화되고 자신의 통제외적인 경제 현상에 대한 책임을 외국에 전가하려는 경향이 강하게 나타나고 있다.

셋째, 각국의 상대적 경제력의 급격한 변화이다. 일본이 경제대국으로 급부상하고 있음에도 불구하고 일본경제의 세계경제상의 위상이 아직 구체적으로 정립되고 있지 못하며, 신흥공업국의 등장과 중국, ASEAN, BRICs 등의 성장 잠재력이 커지는 가운데 세계경제의 중심축이 이동하고 있다는 지적이 나오고 있다.

넷째, 브레튼우즈 체제의 약화를 들 수 있다. 전후 30-40여 년간 세계경제의 안정을 유지해 온 브레튼우즈 체제가 약화되고 있는 상황에서 이를 대체할 만한 적절한 대안체제가 마련되지 못하고 있다. 그나마 GATT체제는 WTO체제로 전환되었으나, IMF체제는 지속적으로 약화될 뿐 새로운 체제로의 이행이 진전되지 못하고 있다.

한편 1980년대 후반에 들어서면서 전혀 새로운, 또 다른 국제경제사회의 변화가 나타난다. 우선 경제마찰/분쟁이 국제적으로 광역에 걸쳐서 확산되고 있다. 1980년대까지의 국지적이고 쌍무적 차원에서의 경제마찰/분쟁이 이제는 전면적이고 전방위에 걸쳐서 일반적인 현상으로 전개되고 있다. 이와 함께 이른바 신보호주의가 확산되었으며 이를 극복하기 위한 차선의 방책으로 새로운 지역주의 정신이 전면에 나타나게 되었다.[4)]

또한 중심부와 주변부가 결합하는 경제통합이 나타나고 이것이 점차 국제질서의 한 측면으로 정착되면서 새로운 지역주의의 전개를 가속화하고 있다. 특히 1989년 12월 몰타회담과 그 선언이 있은 후 냉전체제의 종식이 이루어지면서 이념적인 결속동기가 사라진 대신, 경제적 실리추구를 위한 지역주의가 새로운 국제협력의 기본철학으로 나타나게 되었다.

이 외에 ME[Micro-Electronics]기술혁명이 전개되면서 공업국 간 경쟁력의 격차, 고용구조

---

4) 손병해, 「신지역주의의 전개와 동아시아의 지역협력」, 『한국국제경제학회』, 1994, p. 12 참조.

상 문제점 등이 급부상함에 따라 이를 시정, 해결하기 위한 한 방편으로서 관리무역 차원에서의 지역경제통합의 움직임이 대두되고 있다.

2. 지역경제체제, 질서, 기구의 확립

이러한 배경하에 심화되고 있는 지역주의의 추세 속에서 점차 지역경제체제, 지역경제질서, 지역경제기구 등 지역 차원에서의 국제경제관계의 틀이 구체적으로 갖추어지고 있다. 이와 함께 최근 들어 지역 차원의 경제목표, 질서, 수단이 실제 국제경제사회의 특정 지역에서 유력한 운영방식으로 급부상하고 있다. 지역주의가 점차 하나의 국제적인 경제규범 또는 보편적인 국제경제질서를 형성하게 되었다.

물론 지역경제체제, 질서, 기구 등에 의한 지역경제운영은 국제경제체제, 질서, 기구들에 의한 국제경제 운영방식과는 다르다. 후자의 국제경제운영은 근본적으로 국제주의 Globalism 정신하에, 전자의 지역경제운영은 지역주의Regionalism 정신에 의하여 성립되고 운영된다. 이러한 지역주의와 국제주의는 상반되는 개념인바, 국제주의가 제국 간 경제관계의 장벽을 철폐함으로써 완전한 무역자유화를 실현하려는 데 반하여, 지역주의는 지역적 인접성, 공통의 문화, 역사상의 배경, 경제적 긴밀도 등으로 이해를 같이하는 특정 대상국 간에는 자유, 무차별을 국지적으로 적용하나 역외국가에 대해서는 차별적·배타적으로 된다.

3. 지역주의에 대한 평가

지역주의는 지역경제통합의 여러 방식과 형태로 구체화되면서 일반적으로 지역 내 상호 무역을 촉진시키는 측면과 그것을 억제하는 측면을 동시에 갖고 있다. 그것은 지역주의가 지역 내에서의 경제활동의 자유화와, 역외경제와 역내경제와의 차별화를 고유의 운영원리로 하고 있기 때문이다. 이에 따라 지역경제통합의 형성은 세계 전체의 입장에서 보아 플러스 효과와 마이너스 효과를 동시에 만들어 낸다. 즉 지역 내 구성국은 역내에서는 상호 무역 및 경제거래상의 편익을 공여하나, 역외제국에 대해서는 배타주의를 취함으로써 세계 전체의 최적자원배분에는 저해요인으로 작용할 수도 있다.

지역주의는 그 성격상 역내에 대한 자유주의적인 요소와 역외에 대한 보호주의적인 요소를 동시에 갖고 있어, 자유주의적 요소를 강조하는 긍정적인 시각과 함께 보호주의적 요소를 강조하는 부정적인 시각이 있게 된다.

1) 긍정적 시각

현재의 국제경제환경은 교통, 통신의 발달, 자본의 자유이동, 다국적기업의 활동 등 국제화가 크게 진전되고 있다. 이에 따라 1930년대와 같이 배타적 경제블럭이 형성되어 대립하는 시대와는 다르다. 또한 뜻을 같이하는 국가들로 구성되는 지역주의를 점진적으로 확대해 감으로써 세계 전체의 국제경제질서 확립과 국제거래의 자유화 및 확대도 실현할 수 있다. 즉 자유화를 위한 논의를 함에 있어서 대상 주체의 범위를 좁힘으로써 참가국들 간의 상호이해의 조정, 합의가 용이하게 이루어진다. 그리고 각 지역이 주체가 되어 세계 전체의 무역자유화 협상이 이루어질 경우 협상 주체의 수가 축소되어 협상 타결이 용이하며, 그로 인하여 세계 전체의 무역자유화에 쉽게 접근할 수 있다. 이러한 의미에서 선의의 지역주의 확산은 국제주의 실현의 차선책으로 평가될 수 있으며 경우에 따라서는 다자주의보다 더 효율적인 무역자유화 수단이 될 수도 있다.

2) 부정적 시각

반면에 표면상·형식상으로 무역자유화의 차선책으로 이루어지고 있는 지역주의의 움직임이 배타적 보호주의로 흐를 경우, 지역주의는 새로운 보호주의를 유발하고, 세계시장을 분할함으로써 세계 전체의 후생증대에 역행하는 결과를 가져올 것이다. 현재 진행되고 있는 북미, 유럽, 동아시아경제권 등이 배타적 지역주의로 확대 발전하고 세계시장이 이들 3대 지역에 의하여 과점적으로 분할될 경우, 세계후생도 그만큼 저해되지 않을 수 없으며 여기에 참여하지 못한 국가의 고립으로 인한 정치·경제적 부담도 적지 않을 것이다. 또한 경제의 지역주의화는 기존의 국제무역체제를 붕괴시켜 다자주의를 퇴조시키고 이에 따라 경제마찰/분쟁 등을 가속화할 수 있다.

제3절 지역경제통합의 사적 전개

1. 전전의 블럭주의

지역주의의 특성인 지역 간 배타주의의 대표적인 것으로 1930년대의 블럭화를 들 수 있다. 국제금본위제의 붕괴, 무역전쟁의 격화, 무역/통화 블럭 형성이라는 현상들로부터도 알 수 있듯이, 1930년대의 세계경제는 배타적 지역경제 블럭에 의하여 분할되었다. 무역 측면에 있어서 각국은 관세 인상, 새로운 관세 설정, 수입수량제 실시, 수출시장 확보를 위한 2국 간 협정체결 등으로 상호 대립적인 블럭 형성에 이르게 되었다. 통화 측면에서도 금본위제 포기, 외환관리 실시, 자국통화의 평가절하 실시 등으로 각국은 자국에 유리한 입장을 확보하려 노력했다. 이에 따라 결국 제로섬 zero-sum 게임의 대립상황 속에서 세계는 배타적 근린궁핍화 정책을 취하는 경제 블럭으로 분할되었다.

영국은 1932년에 오타와협정으로 영연방제국을 규합하여 스털링권을 형성하였다. 미국은 일부 라틴아메리카 제국과 호혜통상협정을 체결하고 국가주의적 뉴딜 정책을 실행하면서 국제경제로부터 자기격리를 하여 나름대로의 블럭을 형성하였다. 프랑스는 아프리카 식민지를 기초로 프랑권[5]을 형성하였다. 네덜란드, 벨기에, 독일, 일본도 유사한 행동패턴을 보였다. 이렇듯 세계는 다수의 블럭에 의하여 분할되었고, 각 블럭은 확장주의를 강화하면서 블럭 상호 간에 대립이 고조되었다. 당시 지역주의는 지극히 부정적인 현상으로 국제경제사회에 그 모습을 나타낸 것이다.

이상과 같이 1930년대까지 국제경제사회에서의 블럭 간 관계는 〈그림 6-2〉와 같이 나타낼 수 있다. 우선 선진국과 저개발국(농업국) 사이에는, 당시 선진국경제의 성장이 1차 산품의 수요를 유발하고, 그것에 의하여 저개발국의 발전이 촉진된다는 국제분업의 패턴이 형성되어 있었다.

5) 스털링권, 프랑권의 구체적 내용과 역사적 전개과정은 손병해, 前揭書, 2011 참조.

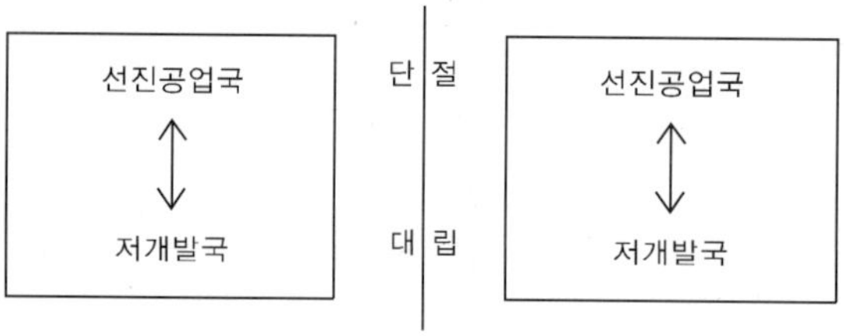

그림 6-2. 전전의 블럭주의

19세기 초부터 20세기 초까지는 영국으로 대표되는 선진국과 1차 산품 수출국의 수직무역이 세계무역의 대부분을 차지하였고, 선진국의 경제성장은 그것을 상회하는 1차 산품의 공급이 필요하게 되어, 이는 개발도상국의 경제성장을 유발하는 엔진으로 작용하였다. 이 시기에 시장의 확대는 주로 외연적·지리적인 확대에 의한 것이었으며 식민지시대의 지배와 종속의 구조가 형성되었다.

그러나 블럭 내부에서의 선진국과 저개발국 사이의 경제성장 파급과정과는 별도로 블럭 간의 상호적대가 심화되어, 폐쇄적인 경제 블럭에 의한 세계시장의 분할이 초래되었고, 이에 따라 세계의 무역은 축소되었다. 이러한 형태의 블럭화 진전은 블럭 내부에서 어느 정도 자기완결적인 동시에 블럭 내부에서의 분배도 점점 극단적으로 선진국에 유리해져 블럭 내부에서의 경제적 지배-종속관계를 심화시키게 되었다.

2. 전후의 지역주의

1) 전후 지역주의의 흐름

선진국 간 무역이 확대되는 반면 선진국과 개발도상국 사이의 무역은 상대적으로 축소되고, 선진국간의 상호수요의 유발에 의하여 선진 제국의 경제성장이 진전되는 가운데, 전후의 지역주의의 특징은 〈그림 6-3〉에서 나타나듯이 선진국 간의 지역경제 또는 개발도상국 간의 지역경제가 나타나기 시작했다. 이러한 지역화의 경향은 제2차 세계대전 이후의 세계경제에 나타난 하나의 현저한 경향이었다.

이러한 가운데 개발도상국이 산업근대화를 추진해 가기 위해서는 자본 및 기술이 필요하나, 개발도상국에는 그것이 축적되어 있지 않으므로 선진국의 자본과 기술에 의존하지 않을 수 없다. 즉 개발도상국의 경제발전과정은 선진국에의 의존이 심화되어 가는 과정인 것이다. 이러한 의미에서 〈그림 6-2〉의 관계가 구종속 관계라 한다면, 〈그림 6-3〉의 관계는 신종속 관계라 할 수 있다. 이러한 신종속의 기본적인 특징은 기술-산업적 종속, 다국적기업 등에 의한 자본의 종속이다. 즉 선진국의 경제성장에 의하여 유발되는 효과가 개발도상국의 경제성장으로 파급되는 것이 가능하다 해도 기술적 종속, 자본에 의한 종속으로부터의 탈피는 불가능하다는 것이다.

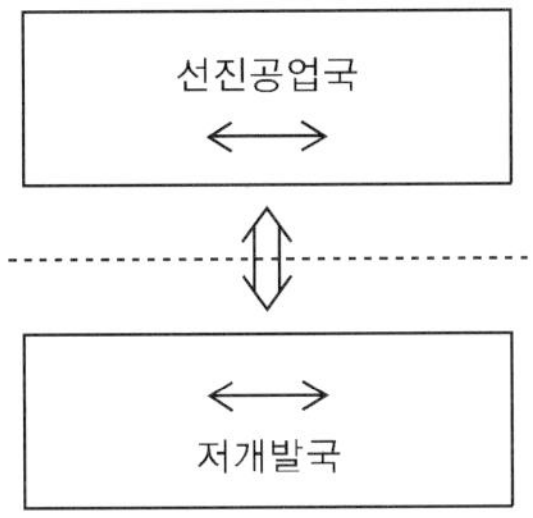

그림 6-3. 전후의 지역주의

2) 개도국 간의 집단적 자조

이에 대하여 개발도상국의 경제성장 과정에서 여타 개발도상국과의 협조가 중시되게 되었다. 상대적으로 협소한 국내시장규모, 상대적으로 제한되어 있는 국내자원 부존, 특히 자본, 기술, 생산주체인 기업의 부족 등으로 제약을 받는 개발도상국이야말로 상호 경제협력의 강화를 필요로 하며, 그 구체적 형태로 집단적 자조(지역내부 문제를 지역 내에서 집단적으로 해결)의 방식을 취하게 된다.

개발도상국 사이의 집단적 자조가 선진국에의 의존에 따른 경제적인 종속관계로부터 탈피하는 방법으로 취해지게 된 것은, 무엇보다도 개발도상국 상호 간에 협조적 행동을 취하여 스스로의 교섭력을 높여 갈 수 있으리란 기대감에서 비롯된다. 집단적 자조가 선진국에 대한 개발도상국의 교섭력 강화를 통하여 국제경제질서 속에서 개도국들의 확실한 기초를 만드는 것으로 된다. 이에 따라 국제경제거래에 따른 이익의 재분배를 얻어내는 데에 개발도상국이 보다 우위에 설 수 있다. 즉 국제분업구조상 극단적인 불균형을 개선하며, 개발도상국경제를 재구축하는 데 유효한 조치를 얻어 낼 수 있다는 기대감을 갖게 된다. 뿐만 아니라 개발도상국의 집단적 자조는 그들 내부에 존재하는 시장메커니즘을 새롭게 구축함으로써 보다 효율적인 자원배분, 생산의 특화, 지역시장의 확대가 가능하게 된다. 그러므로 개발도상국에 있어서 경제발전을 위한 전략으로서의 유효한 수단이 된다.

특히 1970년대 이후 신흥공업국NICs의 출현에서 보이듯이 개발도상국 사이에서 경제격차의 재생과 확대가 생겨나면서, 이의 시정이란 새로운 문제가 제기되어 개발도상국 간의 무역확대와 경제협력이 당면의 과제가 된다. 그와 함께 국제경제사회에서 개발도상국 상호 간에 경제협력 체계의 구축이 본격적으로 논의된다.

3) 선진국의 지역경제통합에 대한 개도국지역의 경계

이러한 선진지역과 개발도상지역의 경제격차, 개발도상지역 내부에서의 경제격차 확대라는 개발도상국의 문제는 단순한 개발도상국만의 문제로 처리될 수는 없으며, 오히려 선진지역과의 대외관계를 포함하여 처리될 필요가 있다. 이러한 인식은 제1회 국제연합무역개발회의UNCTAD(1964)부터 구체적으로 다루어지게 되나, 개발도상지역에서의 지역경제협조 체계의 구축은 다음과 같은 선진지역 경제통합에 대한 경계심으로부터 비롯되고 있다. 첫째, 선진국의 지역집단 구축이 진전되고 있는 가운데, 선진지역 중심의 무역확대가 개발도상지역 측의 이익을 축소해서는 안 된다. 둘째, 선진국의 지역집단 구축이 개발도상국의 수출무역에 새로운 장벽이 되어서는 안 된다. 셋째, 개발도상국에 대하여 상관습상의 차별대우를 해서는 안 된다. 넷째, 선진국은 개발도상국의 이익에 반하는 협동정책 조치를 취해서는 안 된다.

이들과 함께 취해져야 하는 행동으로, (1) 선진국은 개발도상국의 경제통합 구축에 대하여 불리한 영향을 초래하는 어떤 행동도 해서는 안 되며, (2) 개발도상국의 지역경제협력의 협정을 운영하는 책임 있는 기관에 기술, 자금 면에서의 지원 강화가 필수적이며, (3) 선진국지역과 개발도상국지역 사이에 적당한 기관을 통하여 항구적이고 공평한 관계의 수립과 촉진을 도모해야 한다. 또한 (4) 이러한 건설적인 관계에서 종래의 남북 간 무역의 확대와 새로운 무역통로인 남남 간 무역의 개척에 상호 협력하고 적당한 해결책을 강구하도록 해야 하는 등 네 가지 점을 지적하고 있다.

즉 선진국에 의한 지역경제통합이 개발도상국에게 커다란 불이익을 조장하게 될 것이라는 강한 경계심이 전면에 나타나 있는 것이다. 이러한 불이익을 축소시키고 없애기 위하여 선진국과 개발도상국 사이에 공평과 협조의 원칙에 입각한 항구적인 관계를 수립해야 한다는 요구가 나오게 된 것이다. 이렇듯 지역경제(통합)의 결성은 일반적으로 경제발전을 증진시키는 중요한 장치로서 선진국은 물론 개발도상국에도 인식되었던 것이다.

그러나 선진국과 개발도상국에서 지역경제통합의 기능이 전혀 다르다. 개발도상국의 지역경제통합은 어떻게 하면 경제발전을 달성할까가 제일의 우선순위이며, '보호의 범위를 확대하고, 보호의 효율을 높이는 것'이 중요 사안이다. 따라서 개발도상국의 지역경제통합의 목적은 한 나라의 보호로부터 지역 차원의 보호로 확대하는 데에 있다. 이는 이른바 '집단 보호의 이익'인 것이다.[6] 개발도상국은 종래의 협소한 국내시장에서의 제한으로부터 개발도상국가들에 의한 지역경제 형성으로 생겨난 지역 대시장에서의 보호로 이행할 필요가 있다는 것이다. 그래서 보호된 지역 차원의 대시장 내에서 규모의 경제와 특화의 이익이 가능해진다는 것이다.

실제로 현재의 세계무역 구조 속에서 개발도상국 자체에 의한 경제적 자립은 쉽지 않다. 따라서 개발도상국에서의 집단적인 자립화, 지역경제통합에 의한 상호 무역확대는 지극히 중요한 의미를 가진다.

3. 개방된 지역주의와 중층적 지역경제통합

1) 개발도상국 지역경제통합 효과의 한계

그러나 개발도상국 상호 간의 지역경제통합은 선진국과 개발도상국의 경제격차를 해소하기 위한 방법으로 그 실효성이 의문시된다. 또한 개발도상국 상호 간의 경제발전을 도모하는 데에 있어서도 그 실효성이 의문시된다.

개발도상국 간의 경제개발을 가속화하기 위한 수단으로서의 지역경제통합에 대하여 그 유효성이 의문시되는 이유가 몇 가지 있다. 그 이유를 리자노E. P. Lizano는 다음과

6) P. Robson, "Regional Economic Cooperation Among Developing Countries; Some Further Considerations," *World Development*, 1978.

같이 설명한다.[7] 지역경제 협조 프로그램의 진전은 그것을 촉진시키는 중요한 사회집단the important social groups의 정치적 지지에 의존하게 되나, 개발도상국의 내부에는 그러한 지지세력이 확립되어 있지 못하다. 계속되는 정치·사회적 불안 및 위기 속에서 이름뿐인 지역경제협조만 존재하며 실질적인 협조 프로그램의 진전은 보이지 않는다. 이러한 것들이 개발도상국들의 지역경제협조를 비관적인 것으로 만들고 있다.

개발도상국의 지역경제협조 문제는 발생사적으로 개발도상국과 선진국 사이의 전후사적 경제관계의 소산이지, 개발도상국 지역의 내부적 운동의 결과는 아니다. 즉 선진국과의 경제관계, 나아가서 국제경제체제와의 관계를 별개로 해서는 개발도상국의 지역경제협조가 성립하지 않는다.

2) 개방적·중층적 지역주의

따라서 선진국과의 경제관계가 개발도상국의 공업화 과정에서 갖는 중요성과, 개발도상지역 내부 문제의 자체 해결이란 두 가지 사안을 반영하여 지역주의를 재편해야 할 필요가 생겨난다.

이러한 두 가지 사안을 모두 반영하는 것으로 〈그림 6-4〉와 같은 지역경제 구도가 가능하다. 전체지역의 내부에서 개발도상국의 소지역 형성에 의하여 집단적 자조의 노력이 이루어져야 하며, 아울러 전체 지역 차원에서 선진국과의 역내 경제관계를 형성함으로써 공업화 추진에 따른 애로를 극복할 수 있다.

세계경제 속에서 소국으로서의 개발도상국은 이제 더 이상 국제경제사회에서 하나의 경제단위로 성립하지 못하는 경우가 나타날 가능성조차 있게 된다. 이런 가운데 개발도상국이 일정한 경제성장을 확보하려 해도 생산자원의 부족, 협소한 국내시장 등의 문제에 직면하게 될 뿐, 일국 내에서 해결할 수 없는 경우가 적지 않다. 그러므로 지역주의라 해도, 지역의 내외를 차별적으로 취급하는 것이 지역경제협조의 목적이 되지 않으며, 지역내부(개도국 지역)를 일체로 하면서 역외국(선진국 지역)과의 상호의존도 중시하는 이른바 개방된 지역주의를 추구하지 않으면 경제적 효과는 기대할 수 없다.

---

7) E. P. Lizano, *The Distribution of Costs and Benefits in Economic Integration Among Developing Countries*, UN, 1973.

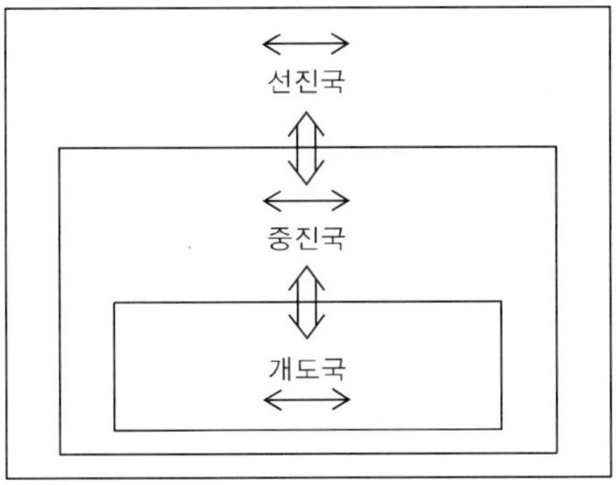

그림 6-4. 중층적 지역주의

이에 따라 〈그림 6-4〉와 같은 중층적 구도 속에서 선진지역 내에서 또는 개발도상지역 내에서 각각 수평분업관계가 진전됨과 동시에, 선진지역과 개발도상지역 사이에서는 수직분업이 진전되는 것이다. 특히 미드J. E. Meade가 지적했듯이 지역경제협조는 수평분업은 물론 수직분업에 의해서도 그 효과가 크게 나타날 것으로 본다면, 중층적 지역경제통합에 따라 수평분업은 물론 수직분업에 의한 이익을 전체 지역 내에서 확보할 수 있게 된다.[8] 즉 소지역과 전체지역 사이에 경제발전의 단계별로 중층적인 구도가 하나의 바람직한 방법이 될 수 있으며, 전체지역에서의 효율성 극대 및 소지역 간 공평성 확보라는 경제통합의 대전제조건 및 궁극적인 목표를 추구할 수 있게 된다.

4. 신지역주의와 국제주의[9]

지역주의는 적어도 국제주의가 의미하는 무차별성을 부정한다는 점에서 국제주의에 대립되는 개념이라 하겠다. 차별성이야말로 지역주의의 본질을 나타내며, 그 자체가 지역주의의 속성이다. 그러나 국제적인 자유, 다각, 호혜, 무차별은 일거에 성립될 수 있는 것이 아니며, 그것을 향하여 전진하기 위해서는 제도적·기능적인 면에서의 개선이 필요하다. 지역경제통합, 지역경제협조는 이것을 가능케 하는 과도적인 조직, 기능으로 활용될 수 있을 것이다.

---

8) J. E. Meade, *The Theory of Customs Union*, Greenwoon Pub. Group, 1980.
9) 신지역주의에 관해서는 손병해, 「신지역주의의 전개와 동아시아의 지역협력」, 한국국제경제학회 동계학술대회, 1994. 12. 참조.

이를 위해서 지역경제통합에 의한 지역주의는 국제주의에 대립되는 것이 아니라, 오히려 국제주의로의 길을 용이하게 하는 것이어야 한다. 즉 지역경제의 형성이 오히려 경제단위의 국제적인 확대과정에 있어서 과도적인 존재가 되어야 한다.

국제주의에서의 무차별성은 선진국과 개발도상국, 대국과 소국, 경제적 강국과 약국 사이에 차별을 두지 않는다는 의미에서, 각국을 평등하게 다룬다는 명분을 취하고 있다. 그러나 이는 형식적인 평등에 지나지 않고, 실질적으로는 오히려 국가 간 격차가 더더욱 확대될 뿐이다. 또한 기존의 국제주의의 양대 축이었던 GATT, IMF체제에 있어서의 국제경제의 운영은 국제경쟁이라고 하는 힘의 원리가 작용하는 가운데 각국이 경제발전을 도모하고, 그 결과 국가 간에 격차 및 불균형이 '일정 한도'를 넘어서 확대되는 경우에만 국제협력에 의하여 조정하게 된다.

즉 국제경제는 힘의 원리와 자기책임의 원리하에 성립되어 있다. 그러나 에너지, 인구, 식료, 환경 문제 등 세계 전체로 생각하지 않으면 안 되는 문제가 생겨나, 그것을 해결하기 위해서는 국가 간의 상호의존 관계나 연대성이 필요로 된다. 이제 국제경제는 자기책임으로 충분했던 시대로부터 연대책임의 시대로 전환되었다. 따라서 개방성, 중층성, 상호의존성을 확보하면서 점진적으로 형성되어 가는 현대의 지역주의는 기존의 지역주의와 다르다.

이렇듯 새로운 지역주의는 새로운 국제주의의 출발점이기도 하다. 그것은 경제발전단계의 속성으로부터 나오는 차별성을 중심으로 하는 것으로, 과거의 국제주의가 형식적인 무차별, 평등을 중시한 데 반해, 새로운 국제주의는 실질적인 무차별, 평등을 중시하는 것이 되는 셈이다.

제4절 경제권 형성과 각국의 대응

1. 광역 경제권 형성

전후 GATT, IMF에 의한 자유무역-통상, 통화-금융체제는 국제주의globalism가 그 기본이었으며, 이러한 자유체제는 세계경제 전체의 고도성장을 가능하게 했다. 이렇듯 국제주의가 기본이며 주류였으나, 그 가운데에서도 영연방, 라틴아메리카를 포함하는 미주경제권 등 역사적인 요인을 배경으로 한 경제권은 그대로 존재하고 있었다.

여기서 경제권이라 함은 집단의 내부적으로 경제적 연계가 강하며, 구성국의 내용이 비교적 안정적이고, 여타 경제권과 상대적으로 독립적인 경우를 의미한다. 즉 안정성이란 시간이 흘러도 각 그룹의 구성국이 크게 들어갔다 나왔다 변화하지 않는 것이며, 독립성이란 어떤 경제권과 다른 경제권을 비교하는 경우, 각각의 내부적 특징이 양쪽의 공통적인 특징보다 현저한 것을 의미한다.

실제로 제2차 세계대전 이후 자유무역질서가 성립되었으나 이러한 보편적인 원칙하에서도 전승국인 미국, 영국, 프랑스는 각각 라틴아메리카, 영연방, 아프리카와 같은 전전의 질서를 답습한 경제권을 유지하였다. 이러한 경제권들 사이의 관계에서는 상당한 변화가 있었으나 그러한 변화 속에서도 미국-라틴아메리카, 유럽-아프리카, 한·중·일-아시아의 경제권 내 관계가 밀접한 가운데, 안정적으로 추이하고 있다. 특히 이들 경제권에서도 미국, EC, 한·중·일의 비중이 각각 현저하게 높고, 이들 사이는 상호 경합적인 관계에 있기도 하다. 이것은 미국, EC, 한·중·일의 경제력이 글로벌한 성격을 가지면서 3극의 힘으로 구체적으로 나타나고 있으며, 원칙으로는 자유, 무차별이라는 국제무역의 규칙이 작동해 온 것을 반영하는 것이기도 하다.

이들 각 경제권에는 선진국만이 아니라 다수의 개도국이 포함되어 있으며, 각 경제권 내부에는 선진국과 개도국 사이에 계층적 관계가 있다. 또한 각 경제권 상호 간에는 선진국 간의 밀접한 관계가 있으나 개도국 사이의 관계는 그 정도가 약해지는 구도를 나타낸다.

2. 개도국 주도의 광역 경제권 형성의 시도

개도국이 제2차 세계대전 이후 일관해서 추구해 온 목표는 정치적으로 실질적인 독립을 획득하는 것, 선진국과의 격차를 시정하여 축소시키는 것, 국제경제질서가 보다 공평한 분배로 되는 것 등이었다. 이러한 목표추구는 여러 흐름 속에서 행해졌다. 두 가지 커다란 흐름 중 하나는 기존의 질서를 개혁하는 것으로, 신국제경제질서NIEO가 그것이다. 또 다른 하나는 바로 개도국 간 지역경제통합에 의하여 자조self help의 노력을 기반으로 시장을 확대하고 경제성장, 발전을 도모하자는 것이었다. 이들 두 가지 흐름 사이에서 범라틴아메리카주의, 범아프리카주의Pan-Africanism 등에서 보이듯이 개도국들이 정치적·경제적으로 결집하여 선진국의 영향력을 배제하여 정치적으로 독립하고, 경제발전을 도모하자는 움직임도 보였다. 그러나 이러한 정치적 운동, 대규모 지역의 경제통합에의 노력은 괄목할 만한 성과를 보지 못했다.

이렇듯 전후 개도국의 변혁 노력에도 불구하고 선진국과 개도국 간의 국제경제관계에 있어서의 구조는 커다란 변화를 보이지 않는다. 이러한 구조는 국가의 대소/강약, 경제발전의 격차를 반영하는 것이며, 나아가서는 역사적·지리적인 요인을 반영하는 것이므로 쉽게 변화할 수 있는 것이 아니기 때문이다.

3. 경제권의 형성과 선진국 및 개도국의 전략

선진국들은 스스로가 원하는 질서를 경제권에 성립, 유지시키면서 개도국이 그러한 질서에 참여하도록 유인하기 위하여 여러 비용 부담을 감수한다. 경제권 내에서 선진국과 개도국 사이에 긴밀한 관계가 있는 가운데 그러한 비용 부담을 선진국이 적극 수용하고 있다. 이러한 선진국의 비용 부담은 바람직한 질서형성 및 유지에 공헌할 뿐만 아니라, 그것이 성과를 올려 개도국이 경제적으로 발전하면 경제권 내에서의 유효수요 증대라는 장기적인 이득을 얻을 수도 있다.

그러나 선진국의 이러한 전략에는 한계가 있다. 특정한 선진국이 이러한 비용을 단독으로 부담하는 것은 힘들기 때문이다. 또한 경제권이 다른 국가를 배제하는 블럭으로 되어버릴 가능성이 있으며 이는 글로벌한 차원에서의 자유무역 유지라는 대원칙으로 되돌아가기 어렵게 한다. 특히 선진국이 이러한 전략을 취하게 되면 의도하건 의도하지 않건 경제권 내에서 개도국에 대한 지배를 강화하려 하며, 개도국이 탈피하려고 하는 남북간 격차를 더욱 확대할 우려가 있다.

한편 개도국이 그들의 경제발전, 자립성 증대라는 목표를 달성하기 위하여 취할 수 있는 전략은 다음과 같다. 우선 선진국에 대하여 집단적 압력을 넣어 개도국에게 유리한 개혁을 하도록 하는 것이다. 다음은 자조의 노력을 기초로 경제적 발전과 자립성을 획득하는 것이다. 그리고 선진국에 대한 또는 개도국 간의 경제적·정치적 관계에서 선택 폭을 넓히는 것이다. 이러한 점을 염두에 두면, 경제권 내에 복수의 선진대국이 존재하는 것이 바람직할 수 있다. 이는 선진국 간의 비용분담 등의 협력이란 점에서도 바람직하며, 선진국 간의 경쟁심화도 바람직하다. 경제권 내에서 개도국이 선진국과의 연계에서 선택의 폭을 넓게 가질 수 있고, 그 자립성을 고조시켜, 어느 특정 선진국이 만든 구조에 묶이는 것에 대한 불만을 회피할 수 있게 된다.

제5절 주요 지역경제통합체 간 무역의 상호연관

1950년대 이후 세계경제에서 총생산과 국제무역의 증가 추세를 보면 국제무역의 증가율이 총생산 증가율을 상회하고 있다. 특히 1970년대까지는 이른바 GATT체제하에서 국가 간 무역장벽의 완화와 철폐 노력 등으로 국제경제사회의 시장개방 및 자유화가 진전되는 가운데 국제무역이 빠른 속도로 확대되었다. 1970년대 이후 이른바 GATT Pragmatism 및 자유화의 패러독스 현상이 나타나면서 국제사회에서 보호무역이 점차 확산되기 시작하였으나 국제무역은 여전히 확대되어, 2010년 세계 전체의 무역 규모는 15조 달러에 이르고 있다. 2000년 6조 3천억 달러, 1990년 3조 3천억 달러라는 세계 전체 무역규모를 보면, 매 10년의 기간 동안 거의 두 배씩 규모가 확대되고 있음을 알 수 있다. 같은 시기에 세계 총 GDP 규모를 보면 2000년에 32조 달러에서 2005년에 45조 달러로, 2009년에 52조 달러로 증대하고 있는 바 국제무역의 확대가 더 빠른 속도로 이루어지고 있음을 알 수 있다. 이렇듯 국제무역이 지속적으로 증대하게 된 주요 요인으로 각국 및 각 지역간 상호의존관계가 심화된 것을 들 수 있다. 특히 그 가운데에서도 세계적인 지역경제통합의 움직임이야말로 역내 국가간 상호의존관계를 심화시키면서 보호무역의 세계적인 흐름 속에 국제무역을 증대시킨 요인으로 들 수 있다. 즉 각국은 지리적으로 인접한 국가들 또는 사회문화적으로 유사한 국가들 사이에 통합체를 결성하여 역내시장을 확대하였으며 이에 따른 역내무역의 증대가 괄목할 만한 것이었다. 다만 이러한 역내무역의 증대는 다른 지역과의 무역관계가 폐쇄적이고 배타적인 특성이 강한 경우에는 세계 전체의 무역을 축소시킬 여지가 있다. 그러나 지역 간 무역 연계가 구조적으로 형성되어 있다면 역내무역의 증대가 다른 지역과의 무역을 유발하고, 이러한 직간접 무역 유발 효과가 클 경우에는 세계 전체의 무역을 증대시킬 수 있을 것이다.

이런 가운데 국제경제사회를 한국, 중국, 일본으로 구성된 동북아지역, ASEAN(5개국), NAFTA(미국, 캐나다, 멕시코), EU국가들로 구성된 유럽 지역과 기타 지역으로 나누어 주요 지역별 역내 및 지역 간 국제무역의 규모가 어떻게 변하고 있는지를 살펴보면 〈표 6-4〉와 같다.

우선 2010년 현재 세계 총 무역규모는 약 15조 달러이며, 그 가운데 21.3%인 3조 2,040억 달러가 동북아지역의 수출로 나타났으며, 19.6%인 2조 9,455억 달러가 동북아지역의 수입인 셈이다. 한편 동북아지역 내 무역은 1조 578억 달러로 역내수출 비중은 33.01%, 역내수입 비중은 35.91%를 나타내고 있다. 동북아지역 내 무역은 규모 면에서 보면 EU의 역내무역 규모인 3조 3,508억 달러에 크게 미치지 못하지만, 동남아지역 내 무역인 2,227억 달러를 크게 상회하며, NAFTA지역 내 무역인 9,385억 달러보다도 크게 나타났다.

세계 총무역(수출, 수입)에서 각 지역이 차지하는 비중을 보면, 우선 EU의 경우 1990년에 44%, 41%였던 것이 2000년에 35.9%, 35.6%, 2010년에는 33.2%, 34.5%로 나타나는 등 지역경제로서 가장 큰 비중을 나타내고 있는 가운데 그 비중은 크게 축소되고 있다. 동북아지역은 1980년에 10.1%, 9.4%였던 것이 2010년에는 21.3%, 19.6%로 두 배 이상 확대되는 등 지난 30여 년간 세계 총수출, 수입에서 차지하는 비중이 1할 국가에서 2할 국가로 올라서고 있다. NAFTA지역은 1980년에 16.6%, 16.4%였던 것이 2010년에는 13.0%, 17.9%로 나타나면서 수출 비중은 점차 축소되고 수입 비중은 커지고 있음을 알 수 있다. 한편 동남아지역은 1980년에 3.6%, 3.5%였던 것이 2010년에는 6.6%, 5.9%로 확대되고 있다.

표 6-4. 지역 간 무역의 추이

(단위: 백만 달러, %)

	동북아	ASEAN	NAFTA	EU	ROW	세계	A
동북아							
1980	29,918	17,620	47.333	30,102	60,760	185,733(10.1)	16.10
1990	116,894	47,772	149,330	90,241	96,157	500,394(14.8)	23.36
2000	320,108	110,670	307,359	170,993	192,037	1,101,167(17.3)	29.06
2005	659,640	159,147	431,539	319,001	363,571	1,932,898(18.6)	34.12
2010	1,057,815	274,605	571,821	486,423	813,417	3,204,081(21.3)	33.01
ASEAN							
1980	22,037	11,117	11,656	9,095	12,629	66,534(3.6)	16.70
1990	39,088	25,237	29,422	22,297	23,070	103,114(3.0)	24.47
2000	105,138	86,835	83,865	58,069	71,449	405,356(6.4)	21.42
2005	179,123	142.180	91,448	76,617	118,364	607,732(5.9)	23.39
2010	332,845	222,706	100,538	105,440	240,351	1,001,880(6.6)	22.22
NAFTA							
1980	37,717	9,796	102,217	72,813	81,525	304,068(16.6)	33.61
1990	86,646	20,267	226,273	117,632	95,902	546,720(16.1)	41.37
2000	134,637	47,819	676,441	182,243	175,960	1,217,100(19.1)	55.57
2005	161,356	50,996	824,358	216,491	226,125	1,479,326(14.3)	55.72
2010	255,532	72,275	938,535	289,222	396,036	1,951,600(13.0)	48.09
EU							
1980	14,596	8,380	50,016	456,862	221,305	751,159(41.0)	60.82
1990	55,414	21,367	122.923	981,271	307,390	1,488,365(44.0)	65.92
2000	98,276	35,222	245,218	1,413,415	492,602	2,284,733(35.9)	61.86
2005	170,106	53,560	365,654	2,734,096	721,886	4,055,392(39.1)	67.42
2010	246,945	66,752	329,344	3,350,892	993,280	4,987,182(33.2)	67.19
ROW							
1980	68,470	17,506	88,929	184,306	165,805	525,016(28.6)	31.58
1990	99,259	27,456	119,137	264,899	196,356	707,107(20.9)	27.76
2000	223,841	65,711	246,718	447,928	380,476	1,364,674(21.4)	27.88
2005	566,477	131,210	609,556	754,478	240,321	2,302,042(22.2)	10.43
2010	1,052,382	260,332	754,709	939,364	774,530	3,850,157(25.6)	20.11
세계							
1980	172,738(9.4)	64,419(3.5)	300,151(16.4)	753,178(41.1)	542,024(29.5)	1,832,510(100)	
1990	397,301(11.7)	142,099(4.2)	647,085(19.1)	1,476,340(43.6)	718,875(21.2)	3,381,700(100)	
2000	882,000(13.8)	346,257(5.4)	1,559,600(24.4)	2,272,648(35.6)	1,312,524(20.6)	6,373,030(100)	
2005	1,736,702(16.7)	537,093(5.2)	2,322,555(22.4)	4,100,684(39.5)	1,680,267(16.2)	10,377,300(100)	
2010	2,945,519(19.6)	896,670(5.9)	2,694,947(17.9)	5,171,360(34.5)	3,286,454(21.1)	14,994,900(100)	
B							
1980	17.31	17.25	34.05	60.65	30.58		
1990	29.42	17.76	34.96	66.46	27.31		
2000	36.29	25.07	43.37	62.19	28.98		
2005	37.98	26.47	35.49	66.67	14.30		
2010	35.91	24.83	34.82	64.79	23.56		

주석) A: 역내수출 비중, B: 역내수입 비중

자료 출처) 한국무역협회, IMF의 각년도 무역통계자료.

역내 국가 간 수출과 수입 비중을 보면 EU에서 두 비율 모두 60%대를 상회하여 67%에 이르는 등 가장 높은 역내무역 비중을 보이고 있다. 특히 역내수출 및 수입 비율이 거의 비슷한 정도를 나타내고 있어 역내 국가 간 상호의존도가 매우 높음을 알 수 있다. NAFTA지역의 경우, 역내수출 비중은 1980년에 33%였던 것이 2000년대에 들어서면서 55%대까지 높아졌으나 2010년에는 48%대로 나타나고 있다. 한편 역내수입 비중은 1980, 90년대에 34%를 나타내 보였고 2000년에 43%로 크게 증대하였으나 2010년에는 34.82%를 나타내 보이고 있다. 동북아지역에서는 역내수출 비중이 1980년에는 16%였던 것이 지속적으로 증가하면서 2010년에는 33.01%를 나타내 보이고 있으며, 역내수입 비중은 1980년에 17%였던 것이 2010년에는 35.91%로 역시 지속적으로 커지고 있다. 즉 동북아 지역의 경우 역내수입이 전체 수출입의 1/3 정도로 나타나고 있다. 한편 동남아지역은 역내수출입 비중이 1980년에는 각각 16, 17%였던 것이 2010년에는 22%, 25%로 커지고 있다.

제3부
국제경제의 상호의존, 마찰/분쟁 및 협조/조정

제7장 _ 상호의존의 국제경제관계

제8장 _ 국제경제마찰/분쟁과 국제경제관계

제9장 _ 국제경제협조/조정과 국제경제관계

제10장 _ 국제경제파워와 국제경제관계

제11장 _ 게임이론과 국제경제관계

제7장
상호의존의 국제경제관계

제1절 국제경제교류의 심화와 상호의존론의 생성

1. 국제경제교류의 심화

오늘날 국제사회에서는 상호교류의 양적 증대, 질적 심화, 다양화가 빠른 속도로 진전되고 있다. 경제 측면의 무역과 투자 등의 국가 간 흐름이 괄목할 만하며, 문화교류, 이민, 여행, 유행의 전파, 정보통신 등의 경제 외적인 상호교류도 급속하게 증대, 심화되고 있다. 이러한 국가 간 상호교류는 오늘날에만 특징적으로 나타나는 것은 아니다. 전근대적인 제국의 시대에도 교역에 종사하는 특정의 민족이 존재하여 제반 국제교류를 수행하였다. 이후 국민국가의 시대로 접어들면서 정부가 갖는 중요 임무 중 하나는 국경에 의하여 내외가 구별되는 국내에 자율적인 국민경제, 국민문화를 확립, 유지하는 것이었다. 이에 따라 외국과의 국제교류는 국익의 관점에서 관리되며, 자국의 국경을 통과하는 교류를 조장하는 편이 바람직한 경우가 있을 수 있고, 반대로 제한하는 것이 이로울 수도 있었다. 이렇게 해서 국제교류를 관리하는 것이 정부의 주요 책무로 되었으며, 국민국가의 시대는 정부가 국제교류를 관리하는 국경장벽을 정책적으로 높이거나 낮추는 시대였다.

제1차 세계대전 이전까지 유럽 국민국가의 시대에는 국제무역이나 국제금융이 대폭 확대되어 국제교류 네트워크가 형성되었고, 그와 함께 아시아와 아프리카도 점차 국제교류 네트워크에 포함되었다. 이 시기에 국제사회에서 상호교류가 증대, 심화되었다. 그러나 제1차 세계대전이 시작되면서 이렇게 형성된 상호교류의 네트워크가 파괴된 것은 말할 것도 없다. 특히 국제경제에 관해서는 주지의 대공황을 계기로 고관세장벽, 무역관리, 결재통화 관리에 의한 블럭경제화가 진행되기도 하였다.

그러나 제2차 세계대전이 끝나면서 이전의 보호주의적인 블럭경제의 실패에 대한 반성과 미국의 압도적인 경제력을 기반으로 한 GATT-IMF체제가 재화, 통화금융을 중심으로 하는 국경장벽의 철폐를 촉진시켰다. 이런 경향 속에서 특히 공업국 상호 간에 제반 국제교류가 폭발적으로 증대하였다. 세계무역은 크게 증대되었으며, 더욱이 선진제국의 산업구조 동질화, 기업의 다국적화 등이 진전됨에 따라 산업내무역, 기업내무역, 상호주식보유 등 국제교류는 상호 침투적인 특징을 강하게 나타내게 된다. 이에 따라 한편으로는 특정국의 경제환경 변화는 여타국의 경제에 직간접적으로 커다란 영향을 미치는 등 상호 밀접하게 연계되어 운영되었고, 다른 한편으로는 국가 간의 경제마찰/분쟁을 초래하기도 하였다.

2. 상호의존론의 생성

1) 국제사회의 변화

1980년대로 접어들면서 동서 간 냉전구도가 화전和戰, 데탕트으로 이행되고, 점차 안전보장에 대한 관심이 약해짐과 동시에, 그것을 대신하여 국제사회의 전면에는 비군사적인 형태를 갖는 것, 특히 경제 문제가 비중을 가지고 나타나기 시작하였다. 물론 동서 간 안전보장에 관한 관심이 완전히 없어진 것은 아니나, 1970년대에 들어서부터 세계의 관심은 미소 전략병기 제한교섭SALT보다는 양차에 걸친 석유위기 이후 경제 문제를 다루는 선진국 수뇌회담SUMMIT으로 향하게 되었다. 아울러 소련의 군사력보다 일본의 경제력 급부상 및 중동의 석유정세가, 워싱턴의 신병기개발보다 뉴욕의 금융사정이, 군사적 안전보장보다 경제적 안전보장이 1970년대 이후에는 관심의 초점이 되었다.

이러한 국제사회 변화의 배경에는 세계경제의 구조변화가 있었다. 무엇보다도 전후 국제경제체제가 위기에 처하게 된 것을 들 수 있다. 미국 주도하의 브레튼우즈 체제는 자유화를 통하여 서방 측 내부의 각국, 각 지역을 연결하고, 상호의존 네트워크를 만들게 되며, 이것은 각국의 이해를 조화시키고, 항구적 평화를 가져다 줄 것으로 기대되었다. 확실히 1960년대까지, 특히 선진국 간에는 그러한 면이 강하게 나타난 것도 사실이다. 그러나 1970년대에 들어서면서 안정보다도 불안정이, 조화 및 항구적 평화보다도 새로운 형태의 마찰과 분쟁이 나타나게 된 것이다. 이와 같은 국제경제 상황 전개는 이른바 자유화의 패러독스로 불리기에 충분한 것이었다.

2) 자유화의 패러독스

무엇보다도 자유화의 패러독스는 자유경제체제를 유지하고 그를 위해 최대의 책임을 지는 국가 자신이 오히려 자유화 자체에 의하여 그 지위가 흔들리기 시작한 것을 나타내 보였다. 특히 자유경쟁은 각국의 경쟁력 변화와 불균형발전을 수반하였다. 경쟁력의 부단한 변화를 초래했던 요인 가운데 일본과 EC 경제의 부상이 대표적이며, 이들 국가 및 지역과 미국 사이에 강한 경쟁 관계가 나타나게 되었다. 이에 따라 리더국가였던 미국은 경제분야에 있어서의 위상이 여타국들과 크게 다르지 않게 되었으며 이제는 미국이 보통국가로 되었다는 인식이 생겨나기에 이른 것이다. 1970년대 중반부터 세계 평화유지에 특별한 책임을 지고, 타국의 바람직하지 않은 군사능력을 저지시키며, 달러를 기초로 한 국제금융체제를 유지하는 것 등을 더 이상 미국에 기대할 수 없게 되었다. 이러한 점에서 미국은 보통의 국가 또는 평균적인 국가가 되었다는 의식이 강하게 나타나기 시작한다.[1)]

더욱이 경제마찰 문제를 국제정치의 무대에 올려놓았으나 그것은 미국과 다른 국가 사이에서만이 아니라 미국을 추월하여 온 국가들 사이에도 널리 확산되었다. 또한 세계경제의 기조가 장기적 추세로 보아 상승기로부터 하강기로 접어들게 되었다는 인식과 함께 국가 간 경제마찰은 한층 격화되었다. 그러나 서측 내부의 마찰/분쟁의 해결에 군사력은 더 이상 과거와 같은 커다란 의미를 갖지 못하게 되었다.

---

1) R. Rosccrance, ed., *America As An Ordinary Country*, Cornell Univ. Press 1976.

3) 상호의존 논의의 출현

이러한 인식이 확산되는 가운데 미국의 자유주의파에 속하는 이론가들이 전개해 온 것이 상호의존이론이다. 냉전시대의 국가안전보장은 2차적인 상징으로 되고 점차 국제주의자의 1차적인 상징은 상호의존에 집중되고 있는 것이다.[2)]

상호의존론은 미국의 리더십 쇠퇴와 경제마찰/분쟁의 격화라는 현실을 기초로 하면서, 각국이 어떠한 교섭력을 사용하여, 어떻게 국가 간 조정을 하며, 분쟁-대립이 아니라 협조-관리를 진전시켜, 상호의존 세계를 안정시켜 나갈 것인가의 문제들을 다루고 있다.[3)]

이러한 상호의존론의 내용은 매우 다양하게 전개되었다. 상호의존상황의 심화는 종래부터 지적되어 온 선진공업국 사이의 경제적 상호의존에 머무르지 않고 남북관계에서도 광범위하게 나타나고 있다. 더욱이 정치·군사적으로 대립하고 있는 서로 다른 체제 사이에서도 서서히 그러나 명확하게 나타나고 있는 현상이기도 하다. 나아가서 경제 이외에 정치적·사회적·문화적인 분야에서도 상호의존이 심화되고 있으며, 이것들은 각기 별도의 것이 아니라 상호유기적으로 작용하고 있다.

제2절 상호의존의 개념 및 형태

1. 상호의존의 개념과 특성

1970년대 이후로 국제경제 또는 지역경제의 특성 가운데 하나로 상호의존관계의 심화란 용어를 빈번히 접하게 된다. 이러한 상호의존이란 주로 국제관계론이나 국제정치학의 개념으로 쓰였으나, 최근 국제경제학의 전제가 되는 개념으로 쓰이기도 하여 점차 학제적인 개념으로 자리 잡아가고 있다.[4)] 더욱이 최근의 국가 간 관계는 다방면에 걸쳐 형성되어

2) F. Bergsten and L. Krause, ed., *World Politics and International Economics*, Brookings Institution, 1975.

3) R. Keohane and J. Nye, *Power and Interdependence: World Politics in Transition*, Little, Brown, Boston, 1977.

4) 阿部清司, 『國際經濟相互依存論』, 1983 참조.

있으며, 더욱더 복잡해지고 있기 때문에 국가 간 상호의존의 개념, 정도 및 형태도 복잡, 다양하여 관점에 따라 상이하게 나타난다.

이렇듯 상호의존이란 용어는 다양한 의미를 가지고 있으므로 오히려 용어가 모호하게 사용되는 등 그 의미가 분명치 못한 경우도 있다. 그러나 가장 일반적인 의미에서 국가 간 상호의존이란 '한 국가의 행동이 직접적으로 다른 나라에 영향을 미치는 상태'로 국가 상호 간에 이러한 상태에 있음을 의미한다. 여기에서의 상호의존 관계에는 국가 간의 협조적인 관계뿐만 아니라 분쟁적인 관계까지도 포함하는 것이다.

이러한 일반적인 상호의존의 관계를 보다 구체적으로, 특히 국제경제 측면에서 정의하면 다음과 같다. '국경을 초월하여 사람, 재화, 기술, 정보, 금융, 서비스 등 물적·인적 교류 확대를 통하여 각국 국민과 정부의 일상적인 의식과 행동양식이 변질되어 가면서 쌍방이 영향, 감응을 주고받는 관계로서 이런 교류가 단절될 경우 각국 경제가 커다란 코스트를 감수해야 하는 관계'로 정의된다. 따라서 '경제적 거래의 확대에 의하여 상호이익이 증대하고, 거래의 단절이 쌍방에 치명적인 타격을 주기 때문에 이러한 것을 회피하려는 관계'로도 이해할 수 있다.[5)]

한편 추상적인 의미에서 상호의존을 상식적으로 표현하자면 '각종 국제교류를 통하여 국제사회의 여러 부분에서 변화가 서로 연동되어 있는 상태'라 할 수 있으며, 그 구체적인 특성은 다음과 같다.

첫째, 국제교류의 긴밀화에 의하여 어떤 국가의 국내 상황 변화가 다른 국가에 커다란 영향을 미치게 된다.

둘째, 국제교류의 변화에 국내 상황이 민감하게 반응하게 된다.

셋째, 이상과 같은 국제교류의 변화를 통한 국내 상황 변화의 연동이란 구도 속에서 각국의 산업정책이나 금융정책 및 무역정책이 서로 타국의 정책을 고려하면서 결정하지 않을 수 없는 정책 측면에서의 긴밀성이 존재한다.

넷째, 이상과 같은 상호의존의 특징을 갖게 된 오늘날의 국제교류는 일반적으로는 당사자끼리의 이해일치와 자발적인 합의에 의하여 이루어진다. 그리하여 과거에 국내를

---

5) R. N. Cooper, *The Economics of Interdependence*, MacGraw Hill, NY, 1968 참조.

중심으로 활동해 온 당사자는 점차 외국 상대와의 동지의식을 높이고 있기도 하다. 이런 의미에서 국제교류를 매개로 특정국가의 국내 상황 및 정책의 대외연동성이 다른 국가에 속한 사람들의 상호이해를 깊게 한다는 가능성을 지적할 수가 있다.

이러한 관점에서 국가 간 관계를 분류하면, 무관계, 일방적 의존, 상호의존으로 분류될 수 있으며, 이것들은 각각 독립, 종속, 쌍방의존의 의미로 쓰인다. 이 경우의 상호의존관계란 서로 의존하는 상황을 의미하는 것으로 상대국을 필요로 하는 상황, 대칭적 의존, 쌍방적 의존, 양면통행의 의미를 갖는다 하겠다.[6)]

2. 상호의존의 형태

국가 간 상호의존의 개념은 매우 다양하다. 이것은 더욱더 복잡화되어 가는 국제관계에 관한 관점이 논자에 따라 다르게 나타날 수 있기 때문이다. 이 가운데 중요한 개념으로 생각되는 몇 가지 상호의존관계에 관하여 그 내용을 보다 구체적으로 알아보자.[7)]

1) 양적인 상호의존: 수평적 상호의존/수직적 상호의존

우선 수평적 상호의존이란 재화, 서비스, 노동, 금융 등의 국제적 이동 내지는 거래가 이루어지면서 형성되는 국가 간 상호의존관계를 의미한다. 한편 수직적 상호의존이란 요소가격의 움직임에 각국이 민감하게 반응하는 상태를 의미한다. 수평적 상호의존 및 수직적 상호의존이 국가 간에 진전되면 각국 모두 국외에서 발생되는 상황에 쉽게 영향을 주고받게 된다. 특히 수평적 상호의존이란 두 나라 사이의 재화, 서비스, 자본 등 생산요소의 양적인 거래규모에 의하여 나타나게 되며, 수직적 상호의존은 그에 대응하는 요소가격면에서 한 나라에 대한 다른 나라의 경제적 반응을 나타낸다.

2) 질적인 상호의존: 취약성 상호의존

그러나 질적인 측면에서의 상호의존으로 이른바 취약성 상호의존 측면에서 생각하면

6) 阿部清司, 前揭書, 1983.
7) 阿部清司, 前揭書, 1983.

그 내용이 달라진다.[8)] 질적인 측면으로 분석을 심화해 나가기 위해서는 대외경제관계가 한 나라의 경제와 국민생활에 대하여 갖는 의미, 상대적인 중요성 및 그 이익의 대소가 고려되어야 한다. 상품무역에 한정해도 그 수출입상품이 갖는 중요성이나 불가피성, 나아가서는 수출입 단위당 무역이익의 대소에 따라 그 상품무역의 질적 의미는 재검토되어야 한다. 구체적으로 무역상품이 식량, 석유 등 생활필수품인 경우와 사치품인 경우 무역이 갖는 중요성, 불가피성은 질적으로 다르다.

각국 관계가 단절되어 그에 따른 비용이 서로에게 현저하게 커서 쌍방에 치명적이 되는 경우, 이를 취약성 상호의존이라 한다. 이와 관련하여 정치학적인 접근에서는 주로 최악의 극단적 사태를 전제로 하여 대외경제관계를 완전히 차단하는 경우의 비용 내지는 이익 상실의 크기를 문제로 삼지만,[9)] 경제학적 접근에서는 그러한 사태만이 아니라 한계적인 개념에서의 대외경제관계의 증감에 따른 이익 및 비용의 증감에 중점을 두고 그 극단적인 경우로서 최악의 사태를 분석하는 것이 바람직하며 유용하다.[10)]

한편 대외관계의 변화 및 그 비중의 증감에 따른 이익이나 비용만을 단지 수동적으로 고찰할 것이 아니라 한 나라의 정부, 경제가 대외관계에 따른 영향을 배제하거나 경감할 수 있는 가능성이나 능력을 갖고 있다는 점에 착안하여 고찰할 필요가 있다. 취약성 상호의존이란 대외경제관계 변화에의 정책적인 대응능력, 전환능력을 발휘한 후에 최종적으로 생기는 비용과 영향을 주된 대상으로 하고 있다. 구체적으로는 중동으로부터의 석유 수입이 감소, 차단되어도 그것을 여타 지역으로부터의 수입으로 신속하게 전환할 수 있다면 그 비용, 영향을 경감시킬 수 있으며, 석유 이외의 다른 대체에너지로의 전환 속도, 정도 혹은 일시적인 변화의 경우에는 비축의 이용 등에 의하여 그 비용과 영향을 크게 변화시킬 수 있다. 이렇듯 특정국의 정책변화와 대응, 전환능력의 발휘까지도 고려하여 최종적으로 생겨나는 대외경제관계의 변화에 의거한 비용, 영향의 대소에 따라 질적인 상호의존 내지는 취약성 상호의존의 분석이 이루어져야 한다.

---

8) D. A. Baldwin, "Interdependence and Power: a Conceptual Analysis," *International Organization*, vol. 34, No. 4, 1980.

9) C. P. Kindleberger, ed., *International Corporation: A Symposium*, MIT Press, Cambridge, 1970.

10) R. N. Cooper, "Economic Interdependence and Coordination of Economic Policies," R. W. Jones and P. B. Kenen, ed., *Handbook of International Economics*, vol. 2, North-Holland, 1985, pp. 1196-1200.

3) 대칭적/비대칭적 상호의존

국제적 상호의존관계는 반드시 국가 간 관계가 대칭적이란 것을 의미하지는 않는다. 대칭적인 상호의존관계도 존재하나, 현실적으로는 오히려 비대칭적인 상호의존관계가 보다 일반적이다. 즉 침투도나 취약성에 있어서 비대칭성이 존재한다는 것이다. 천연자원, 식료는 물론 공업제품에 있어서도 자급도와 필요성을 비교검토하면 비대칭성이 명확하게 나타나며, 원조나 직접투자의 경우에도 잘 나타난다.

3. 구조적 상호의존 및 경제정책의 상호의존

한편 국제적 상호의존의 개념은 매우 광범위하므로 다음과 같이 여러 레벨로 나누어 생각해 볼 수 있다.[11)]

첫째, 구조적 상호의존structural interdependence이다. 이는 복수의 국가가 상호 고도로 개방되어 있어, 각국에서의 경제여건 변화가 상대국, 타국에 커다란 영향을 미치는 경우이다. 이 경우, 각국은 서로의 경제구조, 경제수준 및 그 변화에 관심을 기울이지 않을 수 없다. 이와 함께 각국은 경제적 정보를 서로 공개할 필요성이 높아지기도 한다.

둘째, 경제정책 목표의 상호의존이다. 각국은 타국의 경제정책 목표 및 그 달성 상황에 커다란 이해관계에 놓이게 된다. 각국의 정책목표가 공통의 제약조건하에 있는 경우, 이것은 심각한 국제마찰의 원인이 되기도 한다. 환율, 국제수지를 둘러싼 마찰이 그 전형적인 예이다. 한편 그다지 명확하게 나타나는 것은 아니나 각국의 목표가 타국의 그것과 밀접하게 연관되어 있다면 국제적 조정이 필요하게 된다. 안전보장, 기초과학기술의 연구, 환경보호 등 국제적 공공재의 공급이 좋은 예이다.

셋째, 정책수단의 상호의존이다. 이것은 각국의 정책목표 내지는 경제후생이 타국의 정책에 의하여 좌우되는 경우이다. 이러한 상호의존 상태에서 각국은 타국이 어떤 정책수단을 취할 것인가를 고려하면서 자국의 정책수단을 취하게 된다. 이러한 의미에서 각국은

---

11) R. N. Cooper, *The Economics of Interdependence*, MacGraw Hill, NY, 1968. R. N. Cooper, "Economic Interdependence and Coordination of Economic Policies," in R. W. Jones and P. B. Kenen, *Handbook of International Economics*, 1985.

게임이론이 상정하는 것과 같은 상황에 놓이게 된다.

이상과 같은 상호의존관계를 보다 명시적으로 알아보기 위하여 2국(자국 및 외국)으로 구성된 국제경제사회를 생각해 보자.[12] 어느 기간에 자국 및 외국경제는 각각

$$H_i(t^h;\ p^h,\ p^f,\ d)=0 \quad (i=1,\ 2,\ \cdots,\ n^h) \qquad \text{식 (1)}$$

$$F_j(t^f;\ p^h,\ p^f,\ d)=0 \quad (i=1,\ 2,\ \cdots,\ n^f) \qquad \text{식 (2)}$$

와 같은 구조방정식에 의하여 나타낼 수 있다. t^h, t^f는 각각 자국, 외국의 목표변수 벡터이고, p^h, p^f는 각각 자국, 외국의 수단변수 벡터이며, d는 주어진 여건 또는 외생변수의 벡터이다.

식 (1)과 (2)는 각국의 목표변수가 양국에 공통의 외생변수, 각각의 수단변수뿐만 아니라 상대국의 수단변수에도 의존하고 있음을 나타낸다. 즉 양국 사이에 구조적 상호의존과 정책수단의 상호의존이 존재하고 있음을 나타내고 있다. 이러한 이론 모델은 양국 사이에 정책목표의 상호의존관계가 있는 것을 배제하지 않는다. 목표변수 벡터 t^h, t^f는 공통의 요소를 포함하고 있어도 되기 때문이다. 자국, 외국의 목표변수의 명칭의 집합을 T^h, T^f로 나타내자. 이때 정책목표 간에 상호의존관계가 있다면, $T^h \cap T^f \neq 0$인 셈이다.

여기서 T^h, T^f에 포함되는 서로 다른 정책목표의 수는 식 (1), (2)의 독립적인 방정식의 수, n^h+n^f를 넘지 않고, (1), (2)를 t^h, t^f에 관해 풀면, 다음과 같은 유도형이 얻어진다.

$$t^h = G^h(p^h,\ p^f,\ d)$$

$$t^f = G^f(p^h,\ p^f,\ d)$$

이 관계는 양국 사이의 구조적 상호의존, 정책수단의 상호의존을 한층 명확히 나타내 보인다. 여기서 t^h의 요소가 p^f 요소의 변화에 영향을 받기도 하고, t^f 요소가 p^h 요소의 영향을 받기도 하는데, 이때 정책수단의 상호의존관계가 있다고 볼 수 있다. 각국의 정책변수 가운데, 그 변화가 타국의 목표변수에 영향을 미치는 것은 국제적으로 비중립적

12) J. Tinbergen, *On The Theory of Economic Policy*, North-Holland, 1952.

non-neutral이라고 불린다. 비중립적인 정책수단이 존재하는 경우, 각국의 목표변수는 내외의 수단변수에 의존하게 된다. 따라서 국제적인 정책마찰이 생기거나 정책협조가 요구될 가능성이 있다. 국제적인 비중립적 정책수단의 예로는 관세, 수입할당 등의 무역정책제 수단과 외환관리, 외환조작 등의 외환정책 제 수단을 들 수 있다. 이런 부분에 관해서는 벌써부터 국제협조의 필요성이 인식되어 왔다. 그러나 국내정책의 수단이라도 무역재에 관련된 생산보조금, 소비세 등은 국제적으로 중립적이라 할 수 없다. 또한 금융재정정책 등의 거시정책도 국제적인 파급효과를 갖는 것으로 알려지고 있다. 최근의 정책협조 논의는 무역정책의 분야에 한정되지 않고 종래 각국의 경제주권에 속한다고 생각되어 온 국내정책, 거시정책에까지 미치고 있다.

4. 상호의존관계 전개상의 특성

국제적 상호의존성은 항상적으로 상승하는 것은 아니다. 상호의존성을 계측하는 단일의 지표가 없으므로 단정할 수는 없어도, 단순하게 주요선진국의 (무역/GNP) 비율을 보면, 1880년경까지는 상승, 1880-1900년에는 저하, 1900-1913년에는 상승, 1920, 30년대에는 크게 저하, 1960년대 이후에는 증대 경향을 보이는 등 주기적인 형상을 나타내기도 한다.

한편 길핀Gilpin은 상호의존성을 세계정치에 있어서의 정치, 군사체제의 산물로 보아, 1960년대에 들어서면서 미국의 세계정치에서의 지배력 저하와 함께 상호의존성이 저하하고 있다고 보았다. 이에 대하여 로제크레인R. Rosecrane 등[13]은 국제적 상호의존관계의 정치화가 생기기까지는 상호의존성이 높아지고, 정치화가 생기고부터는 각 국민국가가 경제적 안전보장을 확보해야만 한다는 의미에서 대외의존도를 줄여 나가는 등 주기적인 특성을 나타내 보인다는 주기설을 제시하고 있다.

13) R. Rosecrane, A. Alexandroff, W. Koehler, J. Kroll, S. Laqueur, and J. Stocker, "Whither interdependence?", *International Organization*, 1980.

제3절 국제경제 상호의존 심화의 배경

궁극적으로 상호의존이란 국가경제 상호 간의 연계가 강화되는 것을 의미한다. 즉 서로가 경제의 움직임에 영향을 주고받는 것이 일상적으로 된다는 것이다. 오히려 국민경제라는 표현 자체가 시대착오적인 것이 되고 있다. 이러한 상호의존의 국제경제관계 형성에는 여러 요인들이 작용한다.

상호의존 시대의 도래에 근본적인 힘을 만들어 낸 것은 역시 기술진보라 하겠다. 경제라 해도 그 거래를 용이하고 신속하게 하는 것은 통신, 수송 등과 관련된 기술이며, 그러한 기술진보에 의하여 세계가 좁아지고 작아지는 가운데 상호의존이 심화되는 것이다.

또 20세기 후반에 국가 간 상호의존이 심화된 커다란 요인으로 경제거래가 안정되게 이루어질 수 있도록 국제정치의 안정성이 확보되었다는 점을 들 수 있다. 그 배경으로는 미국의 패권적인 지도력이 발휘되었고, 공공재로서의 국제정치면의 안정이 공급되었던 것 등을 들 수 있다.[14] 한편 미소냉전이라는 '상상 속에서의 전쟁' 때문에 오히려 제2차 세계대전 이후에 오랫동안 '긴 평화'가 가능했었다고 보는 관점도 있다.[15] 정치적인 안정과 평화의 지속이 경제활동을 활발하게 한 하나의 커다란 요인이었던 것이다. 즉 기술진보와 국제정치의 안정이 이 시기의 경제적 상호의존 심화의 최대 기반을 만들어 낸 것이다.

이 외에 각국간 상호의존을 심화시키는 구체적인 요인은 다음과 같다. 우선 세계적인 경제통합의 움직임을 들 수 있다.[16] 서유럽, 북미지역 등의 선진 제국들은 상호 간에 무역제한조치들을 철폐해 나가고 있다. 이러한 것은 1950년대 후반부터 나타난 선진국들 사이의 지역경제통합의 움직임으로, GATT 등의 국제주의 추구 과정에서도 예외적인 것으로 용인된 가운데 상당한 진전을 보였던 것이다. 한편 선진국들 사이의 지역주의에 대한 일종의 반작용으로 후진국들의 지역경제통합이 자조selh-help의 정신하에 세계 각지에서 결성되기에 이르렀으며, 최근에는 경제발전 단계가 상이한 국가들 사이의 지역경제형성에 관한 논의도 활발히 이루어지고 있다. 이에 따라 국제경제사회에서 이해관계를 같이하

14) Charles Kindleberger, *The World in Depression*, 1929-1939, Berkeley: Univ. of California Press, 1973.
15) Mary Kaldor, *The Imaginary War*, Oxford, Polity Press, 1990. John Lewis Gaddis, *The Long Peace: Inquiries into the History of the Cold War*, Cambridge Univ. Press, 1987.
16) 지역경제통합에 관해서는 앞의 제6장에서 보다 상세히 다루고 있다.

는 국가들 사이의 상호의존관계가 심화되고 있다.

한편 국가 간 자본이동, 투자가 활발하게 이루어지고 있으며, 국경을 초월하여 생산 및 판매활동이 확대되고 있다. 이에 따라 더 이상 일국 내에서 생산활동이 완결될 수 없게 되었으며, 세계적인 차원에서의 재생산체계가 성립되기에 이르렀다. 이는 다국적기업의 활동에 의하여 더욱 가속화되고 있다.

이 밖에도 공업화가 선진국 이외의 국가들에게까지 확산되면서 신흥공업국들이 출현하게 되었으며, 이들 신흥공업국들이 공산품을 수출하는 단계에 도달함과 동시에 그들이 자급할 수 없는 투자재, 자본재, 중간재 등의 공산품은 선진국으로부터의 수입에 의존하지 않을 수 없게 되었다. 더욱이 과학기술의 발달로 공산품의 종류가 비약적으로 다양화되고, 공산품의 상호교역 기회가 증대하고 있다.

제4절 국제경제관계에서의 상호의존의 의의 및 전략

1. 상호의존의 경제적 의미

1) 세계 전체의 후생수준 증대

국제관계, 특히 국제경제관계를 파악하고 분석하기 위하여 일반적인 관점에서 국가 간 관계를 분류하면, 무관계(독립), 일방적 의존, 상호의존으로 나눌 수 있다.

여기서 독립과 의존은 상반된 개념이며, 상호의존은 의존의 어느 특정한 상황 즉 서로 의존하고 있는 상황을 내용으로 하는 것으로 일방적 내지는 종속적 의존이 아니라 대칭적 또는 상호의 의존상황이 그 대상이 된다. 즉 상호의존은 '의존'의 한 형태이며, 의존 그 자체는 국민국가 또는 국민경제의 자주성, 자급자족성을 어느 정도 상실하는 결과를 만들어 낸다. 이러한 점에 착안하여 상호의존은 상호침투라고도 불린다.

국제적 상호의존성은 '무역, 자본이동, 기술이전 등을 통하여 국민국가가 서로 침투하고, 서로 취약성을 높여 가면서 밀접한 관계를 가져, 이 관계가 단절되면 커다란 비용을 초래하게 되는 관계'로 정의될 수 있다. 즉 진정한 의미에서의 상호의존이란 국제경제관계 내지는 국제경제교류의 변화, 그 증감 또는 극단적인 단절의 경우에 생기는 비용과 이익, 혹은 1국 정부나 경제사회가 국외로부터의 영향을 배제, 경감할 수 있는 능력이나 정도에 따라 정의되어야 할 필요가 있다. 그러한 비용, 이익이 쌍방에게 또는 전체로서 상당히 크면 상호의존이고, 한편에게만 크고 다른 한편에게는 작다면 일방적 의존 내지는 종속이며, 쌍방 내지는 전체로 아주 작게 나타나면 독립의 관계에 있다고 하겠다. 또한 국외에서 생겨난 상황변화, 경제관계의 변화에 따른 영향을 배제, 경감할 수 있는 능력이 쌍방 내지는 전체로서 아주 적으면 상호의존이고, 한편만 크면 일방적 의존이며, 쌍방, 전체로 크다면 독립의 관계에 있다고 정의할 수 있다. 그러나 형식적으로 이러한 정의는 명확하나 현실적으로 그 비용, 이익, 능력을 구체적으로 어떻게 측정할 것인가, 나아가서 동태적인 변화, 전환, 대응능력까지를 고려한다면 곤란한 점이 많다.

진정한 의미의 상호의존관계가 2국 간 나아가서는 세계 전체에 널리 확립되어 있다고 하면, 상대국 측이 그 관계를 단절하거나 대폭 감소시킬 경우, 쌍방 내지는 세계 전체에 치명적인 중대한 비용, 영향을 만들어 내게 된다. 때문에 상대국 측의 자의적인 행동을 제약하고 안정화 요인으로 작용하면서, 상호 또는 국제적인 경제관계를 원활히 증진시키는 효과와 가능성이 크다고 기대할 수 있겠다.

각국이 이러한 사실을 충분히 인식하고 각국민들도 철저히 인식하고 있다면, 국민국가를 국제관계의 기본적인 구성단위, 제도, 틀로 하면서 경제의 국제화를 유지, 발전시켜 생산 및 소비의 세계적 효율화를 가능케 하며, 경제적 논리, 합리성에 의거한 경제적 이익, 후생을 세계 전체로 높여 가는 일이 될 것이다.

2) 경기의 국제적 동시화

재화, 자본, 노동, 정보, 기술 등의 국제 거래 및 이동은 괄목할 만하게 증대되어 왔다. 무역부문에서 상품, 서비스 모두 전체로 보아 경제성장률을 상회하여 증가하였고, 이에 따라 무역의존도도 높아졌다. 생산요소 측면에서도 자본, 기술의 이동이 급증하고, 인적 자원의 이동이 현저하게 나타나고 있다. 이러한 제 현상을 수평적 상호의존의 심화로 규정할 수 있는데, 이러한 수평적 상호의존의 심화는 수직적 상호의존도 진전시키는 결과를 초래하고 있다.[17] 이러한 수직적 상호의존이란 생산요소가격, 물가 측면에서의 상호의존을 중심으로 한다. 구체적으로는 임금, 이자율, 더 나아가 도매물가, 소비자물가 등의 움직임에서 국가 간 연동, 일체화, 내지는 상호작용성의 증대를 그 내용으로 한다. 이른바 수평적 상호의존이 진전되면 수직적 상호의존도 진전되어 간다. 실로 일국 경제가 타국 경제의 영향을 주고받으며, 동일 방향으로 변화해 나갈 가능성이 큰 것이다. 이것은 국제적인 경기 파급을 확대시키고, 경기의 국제적 동시화 현상을 초래하게 된다.

3) 국제적 격차

국제사회의 상호의존을 심화시켜 온 국제교류는 선진 제국 간에 특히 현저하게 나타난다. 그러나 국제교류는 북측과 남측 사이에도 상호의존의 관계를 심화시키고 있다. 단 북측 상호 간과 비교해서 남북 간의 상호의존은 여러 가지로 이질적인 부분이 있다. 통상적으로 비대칭적 상호의존으로 불리는 남북간 상호의존은 북측의 상호의존 상황에서 보이는 문제에 추가적인 문제를 포함하고 있다. 이들 문제는 남북 간의 국제적 격차에 기인하는 것이다. 남북문제로 상징되는 국제사회에서의 격차는 물론 최근에 발생한 것이 아니며, 유럽의 산업혁명과 그 후의 제국주의, 식민지주의 시대를 거치면서 형성된 것이다. 그러나 근래에 상호의존의 심화와 함께 세계 각지가 긴밀하게 연결되어 있는 가운데, 부국은 더욱 부유해지고 빈국은 일부 국가를 제외하고는 선진국에 뒤따르지 못하여 그 격차가 대처하기 어려울 정도로 커지게 되었다. 선진국과 후진국의 구도에 1970년 이후 원유가 급등과 함께 고소득의 석유산출제국이란 새로운 범주가 부가되었다. 한편 신흥공업국(과거의 NICs국가는 물론 최근에는 BRICs까지 포함되어 있음)의 등장에 따라 세계은행은 발전도상의 단계로부터 졸업이라는 명확한 문제를 제기하기도 하였다. 그러나 그것은 일부 국가의 문제이며 남북격차의 구조 자체를 변화시키지는 못하였다.

4) 상호의존과 구조조정

A. Smith나 D. Ricardo의 이론에 의하면, 상호의존의 심화는 각국의 비교우위에 의거해서 경제활동이 이루어지고, 인류를 보다 풍요롭게 할 것을 약속하고 있다고 해도 좋을

17) R. Rosecrane, A. Alexandroff, W. Koehler, J. Kroll, S. Laquueur and J. Stocker, “Whither Interdependence?”, *International Organization*, vol. 31, No. 3, 1977.

것이다. 이러한 상호의존은 국내경제의 구조조정을 부단히 요구한다. 구조조정이란 비교우위가 없는 부문이 세계시장 속에서 점차 경쟁력을 잃어 가고 경우에 따라서는 소멸하여 다른 부문으로 자본과 노동이 이전되는 것을 의미한다.

그러나 생산요소의 이동이 쉽게 이루어지는 것은 결코 아니다. 구조조정으로 생산요소가 이동하는 것이 곤란한 경우가 많다. 또한 구조조정을 잘못하게 되면 실업자가 늘어나고, 사회적·정치적 불안까지 조성되기도 한다. 자본은 노동보다 상대적으로 이동하기 쉬운 요소이나, 역시 다른 부문으로의 이동에는 어려움이 따른다. 그러나 세계시장 속에서의 위상이 높아질수록 구조조정은 불가피하다. 같은 부문이라도 계속 경쟁적이기 위해서는 부단한 적응이 필요한 것이다. 적응의 실패는 곧 소멸을 의미하기도 한다. 그러나 소멸되지 않고 정치적인 보호를 받으며 계속 존재하는 경우도 적지 않다.

국제경제에 자유주의와 보호주의가 공존하는 것이 20세기 후반의 특징적인 현실이다. 구조조정 요구가 커질수록 각국 정부에 대하여 구조조정에 적응해 나갈 수 없는 부문으로부터 보호주의의 요구는 강해진다.[18] 경쟁력을 잃은 부문은 사회적으로 약자라 할 수 있으므로 정치적인 보호를 구하기 쉽다. 민주정치가 기능하고 있을수록 그러한 보호주의의 요구가 받아들여지게 된다. 이러한 구도 속에서 비롯되는 국제통상 문제는 세계시장에서의 상호의존의 심화, 그에 따른 구조조정의 필요, 그리고 사회적 약자에 대한 보호라는 측면을 이해해야 문제의 본질을 알 수 있게 된다.

2. 상호의존 전략

상호의존은 국가 간 관계를 효율적으로 형성하는 데 대단히 유효하고 중요한 선택이라 할 수 있다. 세계 전체가 아니라 한 나라의 관점에서 보면, 상호의존보다 상대국을 자국에 일방적으로 의존, 종속시키는 관계가 강한 교섭력을 확보할 수 있는, 바람직한 관계로 볼 수 있다. 상호의존은 경제적 초강대국, 압도적으로 우위에 있는 국가가 선택하는 방향이 아니라 오히려 열위 내지는 상대적으로 약한 입장에 있는 국가가 보다 강대국에 대하여

18) N. Vousden, *The Economics of Trade Protection*, Cambridge: Cambridge Univ. Press, 1970.

그 교섭력을 강화하거나 관계를 안정, 평등화시키려는 목적으로 선택하는 방향, 방책이라 평가할 수 있다. 이런 의미에서도 초강대국, 압도적인 우위에 있는 국가가 되지 못하는 국가가 차선의 방책으로 선택하는 것이 바로 상호의존이라고 볼 수 있다.

또한 국제관계를 결정적으로 지배하고 좌우하는 요소로 생각되어 온 군사력의 의미, 영향력이 실제로는 약화되고 있는 상황에서 그것을 보충하고 어느 정도 대체하는 것으로 경제력이나 국제경제관계가 중시되고 있다. 실제로 군사적 초강대국이 군사력 강화와는 역상관의 형태로 경제적 부진, 경제력의 약화가 노정되고 있어 이러한 모순, 취약성을 오히려 은폐하는 방책으로 경제적 상호의존의 증대를 의도적으로 이용하는 경향도 있다.

한편 경제적 효율성의 추구, 보다 높은 생활수준의 달성이라고 하는 경제 국제화 진전의 기본적 목표가 세계 각국에서 추구하는 유일의 목표라고 할 수는 없다. 경제성장에 중점을 두는 국가도 있으며, 안전보장을 목표로 하는 국가도 있다. 이 외에 국가특수성을 감안하여 또 다른 부문에 국가목표를 두는 경우도 얼마든지 있을 수 있다. 이러한 상황하에서 안전보장, 자주성, 교섭력을 확보, 증진시키기 위한 차선의 선택으로 대외의존을 기본으로 하되 그것을 상호의존관계의 방향으로 하는 것이 중요시되고 있다.

3. 상호의존의 한계와 국가 간 최적거리

상호의존에는 긍정적인 측면뿐만 아니라 부정적인 측면도 있으므로 상호의존이 갖고 있는 마이너스 측면을 간과해서는 안 될 것이다. K. N. Walts는 “국가 간의 상호의존도가 높으면, 국제적인 접촉과 교류가 증대할 뿐 아니라 우발적인 분쟁 가능성도 커지게 된다. 역사적으로 보아도 격렬한 내전과 국제적 규모의 대전쟁은 상호 이해利害가 긴밀히 얽혀 있는 동질의 민족 사이에서 생겨났다. 분쟁에 참가하는 제국의 이해가 무엇인가의 형태로 밀접하게 연결되어 있지 않으면, 분쟁의 수행은 실제 문제로 나타나지 않는다. 상호의존관계에 있는 제국이 그 상호의존관계에 관한 규제수단을 갖지 않는 경우에는 결과적으로 국가 간의 분쟁을 만들어 내고, 때로는 전쟁에 이르게도 된다. 따라서 국가 간 관계와 같이 효과적인 규제수단의 유지가 곤란한 경우에는 오히려 상호의존도를 낮추는 것이 바람직하다는 견해도 성립된다 하겠다.”라고 하였다.[19)]

상호의존에는 상호협조와 경쟁(분쟁)의 양면성이 있고, 국가 간의 안정, 협력을 촉진하는 측면과 국가 간의 분쟁, 마찰을 야기하는 측면이 있다. 이렇듯 상호의존이 갖는 패러독스를 이해하기 쉽게 설명하기 위하여 사람과 사람의 접촉, 상호의존의 고찰에 이용되는 '산돼지의 딜레마'를 국가와 국가의 접촉 내지는 상호의존에 확대 적용하여 인용할 수 있다. '산돼지의 딜레마'는 쇼펜하우어의 유명한 우화로, "어느 겨울날, 추위에 떨던 산돼지 한 쌍이 서로의 몸을 비벼 대며 추위를 이기고 있었다. 그런데 그들은 자신들의 빳빳한 털이 서로를 찌르고 있다는 것을 알게 되었다. 그래서 서로 떨어져 보았는데, 그러자 다시 추워지는 것이었다. 몇 번이고 가깝게 비벼 대고 떨어져 보고 하는 시도를 반복한 후에 겨우 산돼지들은 서로에게 그다지 상처를 주지 않으면서 어느 정도 따뜻함을 유지할 수 있는 적당한 거리를 찾게 되었다."는 내용이다.[20] 이처럼 국가 간의 상호의존관계도 '산돼지의 딜레마'를 충분히 인식하여 바람직한 거리와 형태를 고려해야 한다.

4. 상호의존관계의 바람직한 전개

국제경제에서 공업화의 과정은 선진공업국에서 신흥공업국으로, 그리고 다시 후발개도국으로 단계적으로 파급되면서 각국의 무역, 금융, 산업기술 등의 상호의존이 심화되어 왔다. 무역부문에서의 상호의존관계는 일부 선진국에 대한 일방적인 의존관계가 진전되었으며, 이에 따른 무역불균형의 확대가 세계경제의 안정성장을 저해하는 요인으로 작용하기도 한다. 공업화 단계, 산업구조, 자원부존상태가 상이한 가운데 catch up 공업화가 진전되면서 선진국 간 경쟁은 물론 선진국과 신흥공업국 간, 신흥공업국과 후발개도국 간의 경쟁, 마찰도 심화되고 있다. 특히 지역 간 무역 유발 구조가 상호 대칭적으로 수렴되기보다는 수출특화, 수입특화 등 비대칭적인 상호의존관계가 현실로 되어 있다. 한편 산업연관을 통한 각국의 상호의존관계는 산업 간 수직적 의존관계가 산업 내 수평적 의존관계로 진전되고 있다.

---

19) K. N. Walts, "The Myth of National Interdependence," in C. P. Kindleberger, ed., *International Corporation*: A Symposium, M. I. T. Press, Cambridge, 1970.

20) L. Bellak, *The Porcupine Dilemma: Reflections on the Human Condition*, New York: Citadel Press, 1970.

이제 각국의 상호의존관계의 진전과 경제발전의 바람직한 과정은, 일방적 의존에서 자립을 전제로 한 의존으로, 그리고 다시 상호의존관계의 심화로 나아가야 할 것이다. 이와 함께 비대칭적 상호의존은 대칭적 상호의존으로, 쌍무적 상호의존은 보다 다각적인 상호의존으로, 그리고 한정적인 상호의존은 전반적인 상호의존의 방향으로 나아가는 것이 바람직하다.

표 7-1. 바람직한 상호의존관계의 전개 방향

일방적 의존 → 자립을 전제로 한 의존 → 상호의존
비대칭적 상호의존 → 대칭적 상호의존 쌍무적 상호의존 → 다각적 상호의존 한정적 상호의존 → 전반적 상호의존

제8장
국제경제마찰/분쟁과 국제경제관계

제1절 국제경제마찰/분쟁의 개념 및 주체

국제경제사회에서 상호의존관계가 심화되면 될수록 각국의 이해관계 및 경제 문제는 더욱 복잡하게 형성되며 그것을 풀어내기는 매우 어렵다. 복잡한 이해관계로부터 비롯되는 대립과 마찰/분쟁이 지속적으로 표출되고 있으나, 상호의존상황에 적합한 분쟁처리 관련제도는 아직 국제사회에 마련되어 있지 못하다. 상호의존을 둘러싼 분쟁의 발생과 그 해결에 관하여 국제사회는 적절히 대응하지 못하고 있는 것이다.

다종다양한 주체와 교류가 국경을 상호 침투해 가고 있는 복잡한 상호의존 상황을, 각국 정부가 자유재량을 가지고 관리할 수 있었던 시대와 같이 단순한 상황으로 되돌리는 것은 오히려 커다란 희생을 감수하지 않는 한 도저히 불가능하다. 아마도 상호의존에 깊은 이해관계를 갖고 있는 각국 정부들은 새로운 교섭방식과 국제교류의 상호관리방법을 학습해 나가야 할 것이다.

세계 각국, 각 지역 사이에 상호의존관계가 심화되면서 특정국, 특정 지역에서의 경제환경 변화, 정책의 변화는 곧바로 국가 간 상호의존, 상호파급, 상호연관의 메커니즘을 통하여 타국, 타 지역에 직간접으로 영향을 미치게 된다. 국제경제사회는 자기책임으로 충분했던 시대로부터 연대책임의 시대로 변화해 가고 있다. 이제 국익의 대변자로서의 각국 정부는 자국의 국익과 상대국 국익의 조정자로서의 역할까지도 담당해야 할 것이다.

국제사회의 상호의존을 둘러싼 마찰/분쟁과 그 처리 및 회피를 위한 질서형성을 분석하는 시각을 정리해 본다.[1)]

1. 국제경제마찰/분쟁의 개념

일반적으로 마찰의 의미는 둘 이상의 복수의 주체가 서로 이해관계를 달리하여 의견의 불일치가 존재할 때 생겨나는 불화를 뜻한다. 이러한 마찰의 단계에서 각국은 상호이해, 존중, 양보, 협력, 조정 등에 의하여 해결책을 모색할 수 있는 여지가 있다. 그러나 이러한 마찰이 심화되어 서로가 옳고 그름을 밝혀내고 승부를 겨루어 보겠다는 의지를 갖고 행해지는 대결행동으로 이어지게 되면 분쟁의 상태로 진전되는 것이다.

특히 경제주체의 경제운영에 있어서의 권리, 주장이 국가 간에 충돌하고, 법과 조약에 의거하여 상충하는 경우에 경제마찰이 생겨난다. 한편 이러한 경제마찰이 더욱 심화되면서 나타나는 국제분쟁의 개념은 '상호 모순된 집단목적에서 생기는 것으로 타국의 핵심적 가치와 이익을 희생시키지 않는 한 자국의 요구를 만족시킬 수 없기 때문에 거기서 대립이 생기고, 자국이 그 요구를 철회하든가, 상대국과 타협을 하든가, 상대국을 굴복시키든가 할 때까지 대립이 계속되는 것'이다.

이러한 국제경제마찰/분쟁은 국가 간 상호의존관계의 비대칭성 문제로부터 비롯된다. 국가 간 이해관계가 현저하게 한쪽으로 기우는 비대칭적인 관계에 있을 때에 각국 경제의 충돌이 경제마찰/분쟁으로 생겨나는 것이다. 또한 경제마찰/분쟁이 생기는 것은 상호의존의 심화 과정에서 대체성이 과도하게 높아지기 때문이다. 국제적인 대체성은 재화, 서비스, 직접투자 등의 부문에서 높아진다. 국제적인 대체성의 심화과정에서 이해의 비대칭성에 견디기 어렵게 되어 표면화하는 대립, 힘과 힘의 대립이 경제마찰/분쟁인 것이다. 그러나 국제상호의존의 심화가 항상 경제마찰/분쟁을 만들어 내는 것은 아니며, 제로섬 사회에 가까울수록 격렬하게 나타나게 된다. 정치상의 분쟁이건 경제상의 분쟁이건 문화상의 분쟁이건, 국가 간에 분쟁이 생기는 것은 균형상태의 안정이 무너지고 국가가 현상을

1) 山影 進 編, 『相互主義時代의 國際摩擦』, 東京大學出版會, 1985.

유지하는 것에 만족하지 않게 되는 경우이다. 특정국가의 불만표출과 그 신호에 대하여, 상대국이 어떠한 반응을 나타내는가에는 다음의 두 가지 극단적인 경우가 있다. 하나는 파트너 관계에 있어서 우위에 있는 국가가 일방적인 요구를 하는 경우이다. 역사적으로는 제국주의에서 종주국의 식민지에 대한 압력이 극단적인 경우이다. 다른 하나는, 이와는 대조적으로 국가 사이에서 대등한 교섭이 이루어지는 경우이다. 국제적 마찰/분쟁의 대부분은 이 양극단 사이의 어디엔가 위치하게 된다.

한편 국제사회에서의 경제적 제 문제와 관련된 마찰/분쟁은 소위 경제-경영의 국제화, 다국적화의 진전이 괄목할 만한 오늘날 더더욱 정치화의 경향을 심화시키고 있다. 따라서 이들 문제는 단순히 경제라는 틀 속에서 해결책을 모색하기 어려워지게 되었다. 때문에 국제경제마찰/분쟁은 경제의 틀을 뛰어넘어 정치, 법률, 사회, 문화 등 여러 각도에서 통찰되어야 한다.

이제 여러 종류의 국제경제마찰, 즉 무역마찰, 투자마찰, 기술마찰, 고용마찰, 금융마찰 등으로 불리는 경제 현상은 그것의 발생원인, 진전 과정, 법제상의 과제, 문화와의 관계 등의 측면에서 학제적으로 폭넓게 이해되어야 할 것이다.

2. 국제경제마찰/분쟁의 주체

개인, 집단, 정부 등의 주체가 세계 여타 주체들과의 관계에서 여러 문제가 생겨나는데, 되도록이면 마찰을 회피하려 하나 그것이 불가능할 경우 마찰을 일으키는 원인을 외국에서 찾으려는 태도가 나타나기도 한다. 국제경제마찰/분쟁은 기업 간은 물론 산업과 산업, 국가와 국가, 지역과 지역 사이의 대립으로 확대되어 나타난다.

국제경제마찰/분쟁의 주체로는 자기 측과 상대 측에 각각 개인, 기업, 산업, 국가, 국가그룹(지역) 등이 있을 수 있고, 개인이 관련되는 경우를 제외하면 16가지 형태의 조합이 생겨난다.

기업 차원의 국제경제마찰/분쟁으로 시작되어도 그 영향이 여타 기업에게까지 광범위하게 미치는 경우에는 산업 차원의 마찰/분쟁으로 확대될 것이며, 한편 그 영향이 더욱 확산되어 국익에까지 관계되어 나타나게 되면 국가 차원의 국제경제마찰/분쟁으로 격상되기도 한다.

상호의존 상황하에서 생겨나는 분쟁, 각국의 국제화 진전에 따른 마찰 등은 새로운 주체, 관계, 질서가 얽혀 있는 가운데 현저하게 나타나고 있다. 국제교류의 폭발적인 증대, 다양화와 축을 같이하여 등장한 새로운 주체, 관계, 질서에 대하여, 주권국가와 그것들이 형성하는 전통적인 국가 간 관계가 대응할 수 없는 상황이 되고 있는 것이다.

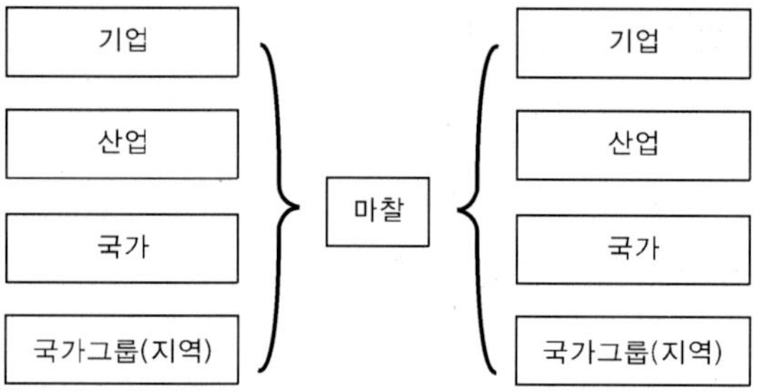

그림 8-1. 국제경제마찰/분쟁의 주체

제2절 국제경제마찰/분쟁의 배경

세계경제는 동시적 불황의 상태에 빠지기도 하며, 동시적 호황으로 전환되기도 한다. 이것은 이른바 경제의 국제화, 개방화, 정보화가 급진전하는 가운데, 각국 내외에서 발생하는 여러 경제적 현상이 가져오는 영향, 효과가 한 나라의 제도적인 경계의 틀 안에 한정되어 나타나는 것이 아니라, 그 틀을 뛰어넘어서 급속하게 세계로 확산되어, 하나의 글로벌 트렌드로 파급해 나가고 있기 때문이다.

그러나 각국의 경제, 산업, 기업, 노동자 등에게 나타나는 경제적 효과와 현상이 반드시 똑같이, 균등하게 세계 각국으로 확산되는 것은 아니다. 글로벌 트렌드라는 커다란 조류 속에서도 여전히 불균등 발전, 비대칭적 발전이 이루어지고 있다. 따라서 각국의 경제, 산업, 기업, 노동자 등의 경제적 이익집단이 가지고 있는 문제점들은 매우 다양할 수밖에 없고, 이런 이해관계상의 입장을 달리하는 2개 이상의 집단이 하나의 문제에 접근하려고 할 때 대립, 마찰/분쟁이 발생할 소지가 큰 것은 오히려 당연한 것으로 받아들여져야 할 것이다. 따라서 상호의존 상황하에서 마찰/분쟁의 발생은 당연하면서도 필연적인 것이란 인식을 갖는 것이 중요하다. 즉 접촉, 교류의 기회가 늘어날수록, 또한 그 폭이 넓어질수록, 관계되는 주체가 다양해질수록 마찰은 필연적으로 증대한다.

이러한 국제적인 대립, 마찰/분쟁은 이제 전 인류와 지구의 존망에 관계되는 전반적인 위기로 치달을 가능성을 배제할 수 없을 정도로 커다란 위험성을 갖고 있기도 하다. 또한 극단적으로는 한 나라로서는 처리할 수 없는 국제적 문제가 생겨나 국가의 무능함을 노정시키고 있는 것은 아닌지, 거대 국제기업이 국경이란 장벽에 구멍을 내고 커져 가면서 국가주권이 위기에 봉착한 것은 아닌지 등의 의구심이 생겨날 정도로 국제경제분쟁, 마찰이 항상화, 격화되고 있다.

특히 최근에는 보더리스borderless 경제로 세계가 하나의 시장으로 일체화되어 가는 과정에 있으며, 이러한 경향은 각국의 무역에 의한 상호진출과 함께 서비스시장, 외환시장, 금융시장에서의 규제완화에 따라 더욱 가속화되고 있다. 이들 각국의 규제완화의 흐름은 시장기능의 강화로 경제의 활성화를 도모하려는 최근의 경향으로 나타나고 있다. 규제가 완화되고 시장기능이 강화되면 세계경제는 하나의 시장으로 통합되며, 각국의 경제주체가 자유롭게 참가할 수 있게 된다. 각국의 경제는 규제완화와 무역장벽의 제거 등으로 통일화되는 경향이 있으나 한편으로는 좀처럼 서로 용인할 수 없는 요소로 인하여 경제마찰을 빚어내고 있다.

1. 국가 간 경제 시스템 마찰

경제마찰은 무역, 투자, 자본, 기술 등 폭넓은 범위에 걸쳐 생겨나고 있다. 이러한 경제마찰은 국가 간 상호의존의 비대칭성 문제로부터 비롯된다. 국가 간 이해관계가 현저하게 편향되어 비대칭적으로 되어 있는 때에 경제마찰이 생겨난다. 또한 경제마찰이 생기는 것은 국제상호의존의 심화과정에서 대체성이 과도로 높아지기 때문이다. 국제적인 대체성은 간접자본, 직접투자, 서비스, 재화 등의 부분에서 생겨난다. 즉, 간접자본의 경우, 영국의 국채 대신에 미국의 고금리 국채를 구입한다든지, 직접투자의 경우, 일본의 직접투자가 미국의 직접투자를 대체한다든지, 서비스의 경우, 영국의 보험업이 미국의 보험업을 대체한다든지, 미국의 자동차를 한국의 자동차가 대체한다든지 하는 것들이다.

이와 함께 경제마찰의 기본적인 이유는 시장 메커니즘의 불완전성에서 찾을 수 있다. 국제적으로 상호대체성은 고조되고 있는데 시장 메커니즘이 이를 뒤따르지 못하기 때문에 경제마찰이 생겨나는 것이다. 경제마찰은 시장 메커니즘이 작동하지 않거나, 작동한다고 해도 시간이 제법 걸린다거나, 작동하는 데 구조적 장애가 발생한다거나 하기 때문에 생겨난다. 각국의 경제 시스템은 완전한 시장 메커니즘에 의하여 운영되고 있지 않으며, 또한 여러 국가적 특수성을 포함하는 시스템의 복합구조를 가지고 있다. 미국경제(시장) 시스템은 일본경제(시장) 시스템과 다르고, 이들은 한국경제(시장) 시스템과도 다르다. 유럽경제(시장) 시스템이라 해도 유럽 내의 각국 간에 다르게 나타나고 있다. 이러한 각국 경제 시스템 간의 부조화가 경제마찰/분쟁의 배경이 된다. 각국의 특징적인 경제 시스템에 관하여 구체적으로 알아보도록 하자.

1) 미국경제 시스템

미국경제의 기본원리 가운데 가장 중요한 것은 경쟁의 원리이다. 미국사회에서 경쟁은 경제의 기본원리이며 사회원리로도 중요시되고 있다. 따라서 경쟁에 동일한 조건으로 참가하도록 개방하는 것이 공정이며, 공정성을 중시하는 것이 사회정의로 되어 있다. 서로 다른 문화, 인종이 모여서 구성된 사회로서 서로 다른 가치관이 병존하는 것을 중시하는 사회인 미국에서 유일한 공통된 사회원리가 자유경쟁인 것이다.

자유경쟁에 의한 경제 시스템이 안정적으로 되기 위해서는 여러 가지 전제조건이 필요하다. 근면, 부정의 배제, 사회에의 공헌, 자제심 등의 문화적 조건이 불가결한 것이다. 그러나 이것들은 경쟁원리와 기본적으로 모순되는 경우가 있다. 다니엘 벨의 지적과 같이 미국경제가 약화되는 원인은 의외로 바로 경쟁 그 자체에 있으며, 경쟁사회의 문화적 모순인 것이다. 즉 자본주의경제는 근면과 절약을 기초로 하여 성립되었고 그러한 행동을 규정하는 문화가 있었기에 자본주의의 발전이 가능했다. 이에 따라 벨은 자본주의 발전에 의하여 생활수준이 상승하고 사람들이 사치와 태만에 빠지게 되는 것을 우려하면서, 자본주의의 발전은 스스로의 문화적 기반을 파괴한다고 지적하였다.

한편 미국의 기업은 그 특징으로 대기업제도를 들 수 있다. 세계 상위권 기업의 상당수가 미국기업이다. 산업적으로는 독점체제에 있으며, 미국경제는 대기업에 의존하고 있으나 시장이 개방적이므로 과점에 의한 시장 지배적 행동에는 제한이 있어 국제경쟁력이 저하되면 곧바로 외국제품의 비중이 상승한다. 과점적인 산업에서도 협조적인 생산 제한적 행동을 취하면 곧바로 그것을 상쇄하는 수입이 증가하게 된다. 시장이 경쟁적인 한 한계비용과 가격이 일치되도록 생산요소의 투입량이 정해진다는 신고전학파 경제학 이론이 적용되어, 불황기에는 기업이 이윤확보를 위하여 고용을 감소하여 실업자가 생겨나고, 호황기에는 가격을 인상하여 이윤을 증대시키려 하므로 물가가 상승한다. 또한 미국기업의 평균 자본이윤율이 여타국 기업에 비해 높은 것은 기업행동원리에 차이가 있기 때문이며 미국기업은 이윤최대화를 지향하는 행동을 한다. 이러한 자유경쟁원리는 미국경제 시스템에 산업정책적 접근이 도입되어 실행되는 것을 오랫동안 막아 온 요인이기도 하다.

2) 일본경제 시스템

일본사회는 집단주의라고 불리는 강한 인간관계의 형성을 근간으로 하여 경제 시스템이 구성되어 있다. 개인주의적인 계약에 의한 연계가 아닌 것이다. 따라서 개인은 미국과 같이 시장의 가치에 의하여 평가되는 것이 아니고 조직에 의하여 평가되며, 개인적 능력의 발휘보다는 조직의 기능발휘에 경주하고 있다.

이러한 일본경제 시스템의 특성으로는 장기적 신용거래, 생산자 중시, 계열의 심화, 그리고 미세조정을 중시하는 점을 들 수 있다. 일본의 노동시장에는 장기고용이라는 노사간 장기신용관계가 일본식 관행으로 되어 있는데, 그 기본원칙으로는 해고보다는 배치전환을 중시하는 고용증대의 원칙, 생산성 향상은 노사 협의하에서 실현시킨다는 노사협의·협력의 원칙, 노-사-소비자에게 성과를 골고루 나누는 성과의 공정배분원칙이 일반적인 풍토로 정착되어 있다. 이는 다름 아닌 합리주의를 추구하는 성장성, 민주주의를 추구하는 인간성, 사회정의를 구현하는 공평성이 융합되어 있는 거래 관행으로 평가되기도 한다. 한편 기업 간의 장기신용관계는 세계적으로도 유명하며 그 자체가 대외적으로는 비관세장벽NTB으로 여겨질 정도로 투철하다. 이것은 그야말로 단기적인 시장 중시의 미국형 자본주의와 대립되는 것으로 미국은 가격, 품질이 기업거래관계에서 중요한 판단기준인 데 비하여 일본기업들은 적기납품, A/S 등 시장에서 직접 나타나는 가격, 품질보다는 오히려 기업간 거래에 따른 장기적이고 인격화된 신뢰관계를 중시하고 있다.

한편 일본식 경제 시스템은 상대적으로 소비자보다 생산자를 중시하는 기업자본주의로 성장해 왔다. 기업은 살찌는데 국민은 배고프다는 말까지 나오고 있다. 이러한 기업중심주의에 있어서 일본기업의 활력소, 활력의 원천은 다름 아닌 '평등주의'에서 비롯된다. 그러한 평등주의로부터 나오는 종업원 간의 기업 내 경쟁은 매우 격렬하다. 여기서의 평등주의란 가령 사장과 평사원 간의 급여격차가 작다든가, 엘리트 기술자가 작업복 차림으로 현장에서 생활한다든가 하는 등, 미국식 자본주의와 전혀 다르다. 이러한 생산자 중시의 경제가 바로 다름 아닌 '일하기 좋아하는 일벌레'를 만들어 내는 것이다.

다른 한편 일본경제 시스템의 또 다른 특징으로 계열의 심화를 들 수 있다. 세계 최대 규모의 은행, 상사, 중공업메이커를 중심으로 자동차, 전기전자, 화학 등 모든 주요 산업부문에서 기반을 구축하고 있는 기업집단은 특이한 존재이다. 중추기업을 정점으로 하여 1차, 2차, 3차의 계층적 하청관계가 형성되어 있다. 일반적으로 이러한 하청생산에서는 품질, 납기가 보증되지 않거나 가격을 속이거나, 제품제조 비밀이 타 기업에 누출될 가능성이 높기 때문에 외주 하청계열 생산은 사실상 위험성이 크다. 이런 위험성을 줄이고 협조적 기능을 최대화한 것이 일본식 계열이며, 일본식 자본주의라 하겠다. 이러한 관계는 양차에 걸친 석유위기로 한층 강화되었다. 계열기업의 상위기업은 하위기업에 대폭적인 비용인하 등 합리화를 요구했고, 하청기업 간 합리화 경쟁이 치열하게 전개되었으며, 여기서 살아남은 하청기업들은 모기업과 장기적 관계를 지속하게 되었다.

또한 일본의 경우 의사결정이 과잉으로 분권화되어 있다. 국가적인 의사결정, 기업의 의사결정이 지나치게 분권화되어 있어 애매하게 보이기까지 한다. 이것은 외부에서 볼 때 얼굴이 보이지 않는 나라 또는 너무 많은 얼굴을 가진 나라로 보이기도 한다. 이러한 것을 '중공中空구조'로 보기도 하는데, 이것이 일본사회의 기본구조이기도 하다. 중심이 비어 있으나, 주위의 요소들이 힘의 균형을 지키면서 잘 운용되고 있다는 뜻이다. 따라서 주위 요소들 간의 조정이 크게 중시되며, 분권화되어 있는 사회에서 가장 중요시되는 가치는 바로 화和, 화합인 것이다. 사회의 모순이 있어도 이를 크게 변화시켜 나가지 않고, 모든 내부의 조정을 미세조정으로 해결하기도 한다. 이러한 일본식 자본주의가 진행되면서, 손수건부터 자동차 등에 이르기까지 일본제품이 세계시장에 흘러넘치고, 세계 각국과의 분쟁 원인이 되고 있는 것이다.

3) 유럽경제 시스템

유럽경제 시스템은 다양하여 한마디로 표현하기 어렵다. 기본적인 특징은 사회의 계층화, 분권화가 진전되어 있으며, 경쟁은 일부에 한정적으로 적용된다. 미국이나 일본처럼 격렬하게 경쟁하는 사회는 아니다. 시장분할이 잘되어 있어 공급자는 안정적인 경영을 할 수 있으므로 공급자 주도의 경제 시스템이라 할 수 있다. 예를 들어 호황 시에는 초과수요의 조정을 수요자로 하여금 기다리는 것으로 해결하게 하며, 불황 시에는 수요자가 기다리는 것이 줄어든다는 것으로 대응 조정이 이루어진다. 이렇게 하여 항상 높은 부가가치를 유지하고, 이에 따라 착실한 연구개발투자, 품질향상이 이루어지는 것이다. 한편 노동자는 안정적인 경영하에서 짧은 노동시간, 고임금을 향수하게 된다. 유럽의 지역주의도 바로 이러한 경제 시스템의 논리를 기반으로 하고 있다. 지역 차원에서 보완되는 범위 내에서는 자유지역으로 하고 경쟁을 배제하는 것은 유럽의 시스템에도 적합하다.

유럽 내 각국의 경제 시스템은 같은 시장원리라고 해도 국가별로 다른 시스템을 갖고 있으며, 이것이 원인이 되어 마찰이 생기기도 한다. 국가 간 교류가 활발한 가운데 서로 다른 경제 시스템을 통일된 원리로 조정하기는 지극히 어렵다.

4) 아시아 및 구공산권지역의 경제 시스템

한편 아시아지역경제가 세계 성장축의 하나로 주목받고 있는 가운데, 아시아경제의 시스템은 구미 및 일본의 경제 시스템을 적극 도입하고 있으나 그것들과는 또 다른 특성으로 전개되고 있으며, 이것이 새로운 경제마찰을 자아내는 요인이 되고 있다. 그러나 아시아 각국의 경제 시스템이 어떻게 새로운 경제조건하에서 기능할 것인가는 명확하지 않다.

한편 구공산권은 국제적인 경쟁력을 갖추지 못한 상태에서 세계경제의 원조 대상이다. 특히 자본주의경제로의 이행에 필요한 기본적인 룰의 작성, 윤리관 형성 등에는 상당히 긴 시간이 걸릴 것이다. 그러나 구공산권, 특히 구동유럽지역의 유럽지역으로의 편입이 이루어지면서 아직은 마찰이 생겨날 소지가 크지 않으나 그 가능성은 항상 존재하고 있다.

이상과 같이 미국의 경제 시스템은 전형적인 시장경제 시스템으로 이해함이 적당하며, 그것을 기본으로 하여 만들어진 경제이다. 그러나 일본경제 시스템은 이른바 일본형 경영 시스템이 독특하게 형성되어 있어 민간부문 또는 관–민의 관계가 다른 국가들과는 달리 형성되어 있는 등 많은 점에서 시장경제 시스템과는 다른 요인들이 존재하고 있다. 한편 유럽의 경제 시스템은 미국만큼 시장경제로 운영되고 있다고 볼 수는 없으며, 일본의 경제 시스템과도 다르다. 또한 한국경제 시스템 역시 이상의 시장경제 시스템과 다르다. 현재 경제성장의 중심에 있는 중국의 경우에도 아무리 시장경제화를 추진한다 해도 구미형 경제 시스템을 그대로 도입할 수는 없는 실정이므로 무엇인가 새로운 형태의 경제 시스템을 모색해야 할 것인데, 이것까지 고려하면 세계경제는 더욱 복잡하게 된다.

이렇듯 서로 다른 경제 시스템이 만나게 되면 다양한 마찰을 초래하는 것은 피하기 어렵다. 이들 시스템의 어느 것이 특수성을 갖고 있으며, 어느 것이 일반적인 시스템인지를 판단할 수도 없다. 또한 어느 것이 공정하고, 어느 것이 불공정한지를 규정하기는 더더욱 어렵다. 그러나 서로 다른 경제 시스템, 즉 국경을 갖는 경제가 세계시장이라고 하는 공통의 무대에서 교류하게 되면, 그것을 조정하기 위한 시스템이 필요하다.

2. 시장의 포화

제2차 세계대전 이후 1970년대에 이르기까지 산업활동, 기업활동에서 추구해 온 규모의 경제효과는 대량생산 방식으로 구체화되었고 이에 대응하여 대량소비의 일반화도 진전되었다. 이와 함께 시장에 참여하는 각 기업들은 주로 규모의 경제를 추구함으로써 이익을 얻을 수 있었으며 이른바 대량생산, 대량소비가 일반화된다. 이에 따라 기업은 양적인 확대를 추구해 왔으며, 결국에는 특정 제품과 산업이 주요 성장부문으로 나타나 해당 부문의 시장은 곧 완전한 포화 상태에 이르게 된다. 이것이 점차 일반적인 현상으로 나타나 여타 제품, 산업에서도 시장포화의 현상이 나타나고 있다. 그런 가운데 인구증가, 지리적 확대 등에 의한 시장확대에도 한계가 있고, 이미 시장의 성장이 멈춘 분야들이 나타나고 있다. 이에 따라 각 주체들 사이에 경쟁은 더욱 치열해지게 되고, 이것이 국제경제사회에서 마찰/분쟁의 형태로 나타나 마찰/분쟁이 격렬해지게 된다(〈표 8-1〉 참조).

표 8-1. 국제경제마찰/분쟁의 배경

	규모의 경제 (scale merit)	범위의 경제 (scope merit)	구조의 경제 (structure merit)
시기	– 1970	1980	1990 –
생산방식	대량 생산	다품종 소량 생산	변품종 변량 생산
산업, 기업의 행태	양적 확대	질적 개선	구조 변화
분쟁의 형태	무역마찰 ⟶		
		기술마찰 ⟶	
			구조적 마찰 ⟶

이러한 시장 포화상태에 대해 기업은 점차 대량생산의 메리트가 아니라 범위의 경제에 의한 메리트를 추구하게 된다. 즉 대량생산 대신에 이제는 다품종 소량의 생산방식으로 전환하며 제품 차별화, 다양화를 지향하면서 특정 분야에서의 성장이 아닌 성장부문의 다각화를 모색하는 등 기업의 질적인 개선이 요구된다. 그러나 이러한 다품종 소량 생산방식을 취한다 해도 결국에는 시장의 포화에 직면할 수밖에 없고, 이에 대한 새로운 대응으로 변품종 변량의 생산방식으로 진전되는 것이다. 이러한 단계에서는 주요 성장부문은 전략적 사업영역 간의 구조심화가 이루어지는 부문이 되며, 이에 따라 기업의 형태도 구조적 변화를 적극 추진하게 된다.

이러한 시장포화의 이면에는 이른바 기술의 포화 현상이 작용한다. 기술적 우위야말로 해외시장에 진출하는 데 핵심적인 요인인데 1980년대 이후로 기술혁신이 급속히 진전되면서 기존의 제품화되어 있는 산업기술은 급속히 진부화되고 있다. 이러한 시장의 포화, 기술의 포화상태가 지속되면서 1970년대 이래로 국제경제사회에서 무역마찰이 심화되어 1990년대에까지 이르고, 1980년대 이래로 기술마찰이 심화되었으며, 1990년대에 이르러서는 종합적인 구조적 마찰로 현재화되고 있다.

3. 상호침투의 심화

국제교류는 단지 국가와 국가, 국민과 국민을 연계하는 것만이 아니라, 인간 활동이 국경을 넘어 상호침투되는 것이다. 이러한 상호침투는 첫째, 외국정부가 자국사회 가운데에서 영향력을 행사하는 문제, 둘째, 자국사회에 외국 요소들의 비중이 높아져 가는 문제, 셋째 정부가 자국사회 내에서 서로를 구별, 차별하는(또는 하지 않는) 것을 둘러싼 문제 등을 포함하면서 국가 간 마찰의 요인이 된다.

현실적으로 상호침투가 심화되고 있는 국제교류에서 여러 마찰, 대립, 분쟁이 국제경제사회에서 야기되고 있다. 무엇보다도 당사자 간에 거래, 계약, 습관, 이해(오해), 신용(불신)을 둘러싸고 마찰이 생겨난다. 이러한 종류의 분쟁 가운데, 국내교류에서도 발생할 수 있으나 국제교류와 관련해서 특히 강조할 필요가 있는 부분은 다름 아닌 교류의 방법상 문화를 둘러싼 마찰이다. 즉 국제교류의 긴밀화와 더불어 서로 다른 문화의 접촉이 빈번해짐에 따라 마찰/분쟁의 소지가 커진다는 것이다. 실제로 경제마찰은 단순히 시장의 획득을 둘러싼 문제에 한정되지 않고, 특정제품이 상대국 시장에 대량 유통됨에 따라서 야기되는 문화적·사회적 측면의 문제에서도 생겨난다. 이러한 문화적·사회적 마찰은 개도국에만 나타나는 현상이 아니라 선진 제국에도 나타난다.

한편 국제사회의 급속한 변화 가운데 전통적으로 국가 간 관계의 기본적인 원칙이었던 내정불간섭과 상호주의가 변질되어 가고 있다. 즉 내정불간섭 원칙을 전통으로 여겨 왔으므로 국내 사회 문제의 국제적 조정의 제도화는 크게 진전되지 못하고 있으나, 상호침투가 심화되면서 각국 국내정책의 조정이 불가피, 불가결하다는 인식이 확산되었고, 특히 한 나라의 성장, 발전전략과 기업의 국제화 전략과의 정합성을 어떻게 만들어 나갈 것인지는 문제점으로 남아 있는 것이다.

더욱 심화될 것으로 예상되는 상호침투의 상황하에서 각국 정부는 아마도 국내 사회 문제의 국제적 조정의 필요성을 학습하면서, 장기적으로 보아 정부 간에 서서히 무엇인가의 국제질서가 형성되어 나갈 것이다. 그 과정에서 서로 다른 사회와의 소통과 그를 통한 균질화, 조화 등이 국가 간에 주요 쟁점이 될 것이며, 이와 관련해서 상호주의의 의미도 다양하게 전개될 수 있다.

4. 마찰/분쟁 해결을 위한 비합리적인 수단의 채택

상호의존적인 상황하에서 생겨나는 국제경제마찰/분쟁은 그 발생 원인상 무력을 과시하거나 행사해서는 해결되지 않고 오히려 마찰/분쟁을 악화시킬 우려가 있다. 즉 서로 기본선에서는 협력하면서도 각국이 취할 분을 늘리려는 종류의 분쟁이므로 군사적 수단이 분쟁해결의 목표로 보아 타당성을 갖지 못하는 것이다. 이런 의미에서 nationalism이나 배타주의에 강하게 호소하여 국민을 동원함으로써 국제마찰/분쟁을 해결하려고 하는 정부는 오히려 비합리적인 수단을 선택하고 있는 것이라 하겠다.

그러나 국제교류를 둘러싼 마찰/분쟁이라 해도 경제전쟁, 무역전쟁 등에 비유되어 표현되고 있을 정도로 국민의 일부에서는 사활적인 국제분쟁으로 될 가능성도 있으며, 그 결과 정부가 경제제재, 보복이라는 기본적인 협력관계를 무너뜨리는 수단에 호소하는 경우도 충분히 있을 수 있다. 기본적인 협력관계가 단절되면 국제교류의 금지, 무력행사 등 극단적인 수단이 선택될 가능성이 높아진다. 여기에까지 이르면 이미 상호의존적인 국제교류로부터 서로 이익을 얻는 경제적 합리성은 사라지고, 국가의 위신이나 불공정하다고 판단되는 국가에 대한 감정적 차원의 보복 등 이질적인 가치에 의하여 각국 국민, 정부의 행동이 표출되기에 이른다.

이렇듯 비합리적인 수단으로 경제마찰/분쟁에 대응하려고 하면 오히려 마찰/분쟁을 심화시킬 소지가 있다.

5. 패권국의 약화

세계 시스템의 중심에 있는 패권국의 경우, 그 지배적 가치관이 세계의 다른 국가들에게 받아들여지게 된다는 것이 중요하다. 예를 들자면 19세기 영국의 의회민주주의, 자유무역주의 등이 다른 국가의 모범이 되는 가치로 확산된 바 있으며, 제2차 세계대전 이후 미국의 경우도 이른바 american way of life가 많은 사람들의 목표로 오랫동안 선망의 대상이 되기도 하였다. 이렇듯 특정국의 가치가 여타국에 수용되고 확산되면 해당 특정국의 힘이 강해질 수 있고, 경우에 따라서는 패권국의 위상에까지 이를 수 있다. 반대로 국제사회에 널리 수용되고 있는 가치를 대신하여 특정국의 새로운 가치가 나타나 확산될 경우, 패권국에 대한 도전이 되기도 한다. 19세기의 예를 보면 독일이 제국帝國과 보호무역을 체현하여 국제경제의 경쟁무대에 나타났을 때, 국제경쟁력이 약했던 영국은 크게 동요하였고, 보호주의로 기울어 식민지경쟁으로 치닫게 되었던 것이 대표적이다.

이렇듯 패권국의 가치관을 다른 국가들이 부정할 경우 새로운 심각한 분쟁의 원인이 된다. 이는 패권국의 위상이 약화되는 과정에서 괄목할 만하게 나타나기도 한다.

제3절 국제경제마찰/분쟁의 실체

1. 국제무역마찰

1) 국제무역마찰의 원인

무역마찰이란 산업구조변화의 방향, 속도가 국가 간에 서로 다르게 나타나는 가운데 각국의 공급구조나 수요구조의 불균형이 생겨나는바, 그에 대한 조정을 둘러싼 문제이다. 산업구조를 규정하는 총수요(국내수요, 소비, 투자, 정부지출, 해외수요인 수출)와 총공급(국내공급, 수입)은 시장구조나 정부개입 등에 따라 변화하게 되는데, 일단 불균형이 발생하게 되면 자원의 최적배분이 어려워지고, 시장경제하에서는 시장가격 메커니즘을 통해 이런 불균형을 해소해 나간다. 그러나 이러한 조정의 기간, 즉 총수요와 총공급이 변화하거나 산업구조 전체가 변화하여 불균형을 해소하기까지의 시간은 나라마다 다르며 여기에 무역마찰의 근본적 원인이 있는 것이다. 이러한 근본적인 원인 이외에 무역마찰을 격화시키는 구체적인 배경으로 다음과 같은 국가 간 경제상황의 격차를 지적할 수 있다.

첫째, 각국 공업발전 속도의 격차가 벌어지고 있다. 이미 1960년대에 들어서면서 생산증가율 및 생산성 증가율이 높았던 서독, 일본과 그것이 낮았던 영국, 미국, 프랑스 등의 국가들 사이에 발전 속도의 격차가 생기면서 그것이 산업구조변화의 속도차가 되어 나타나 무역마찰이 야기되었다. 한편 1970, 80년대로 접어들면서 개도국에도 공업화가 본격적으로 파급되면서 일부 신흥공업국가들의 산업구조도 급속하게 변화했다. 이들 제국은 수출지향형 공업화를 추진하면서, 낮은 임금비용을 활용, 수출드라이브에 진력했다. 이에 따라 선진국 간의 마찰에 더하여 선진국과 신흥공업국 사이의 마찰이 한층 격화되었다.

둘째, 1970년대 이후 선진국경제의 성숙화가 진전되었다. 이와 함께 각국은 설비과잉, 실업률 상승, 인플레 압력, 무역수지적자에 시달리게 되었다. 이른바 스태그플레이션에 의하여 성장산업에 대한 투자도 부진하게 되었고 산업구조변화의 속도도 저하되었다. 특히 선진 제국의 성숙화 현상이 각국 간에 차이를 보여, 독일 및 일본은 비교적 경제퍼포먼스가 좋았으나 영국, 미국은 상대적으로 좋지 못했으며 이러한 격차가 마찰을 격화시켰다.

셋째, 각국 산업구조변화의 속도에 격차가 존재하면서도 각국 간의 무역은 증가하였던 바, 선진각국은 저성장기에 들어서면서도 국내총생산에서 차지하는 수출입의 비중은 높아졌고, 신흥공업국은 수출을 급속히 증대시켰으나 그것은 한편으로는 투자재, 자본재, 부품의 수입을 급증시켰다. 이에 따라 각국의 무역의존도가 높아지고, 이것이 무역마찰을 격화시킨 것이다.

넷째, 무역마찰의 원인으로 각국 간 산업조정이 원활하게 이루어지지 못한 것을 지적할 수 있다. 각국은 요소부존의 정도가 다르고, 생산요소가격에도 차이가 있으므로 이에 대응한 산업조정이 이루어지지 못한 것이 무역마찰의 원인이 된 것이다. 일반적으로 헥셔-오린 정리에 의한 일반적인 생산요소의 국제무역이론은 단기의 경우에는 적합하지 못하고 특수적 생산요소 모델이 단기적인 조정 문제를 다루는 데 오히려 적합하다.

다섯째, 각국 경제정책에 의한 거시경제 운영상의 조정과 환율조정이 불충분하여 국가 간에 생긴 불균형의 시정이 진전되지 못하였다. 특히 미국은 재정과 국제수지의 이중적자의 해소가 진전되지 못했다. 이러한 조정을 자국의 부담이 아니라 무역상대국의 부담으로 진전시키려고 한 미국의 정책이 무역마찰을 격화시켰다.

그리고 마지막으로, 개도국뿐만 아니라 선진국에서도 시장기구에 대한 정책적 개입이 강한 경향으로 나타나면서 시장의 왜곡 현상이 심화되었고 그 결과 무역마찰이 격화되었다.

이렇듯 무역마찰은 산업구조변화의 속도가 다른 국가 간에 공급구조와 수요구조의 조정을 둘러싼 국제분쟁이다. 상대적으로 높은 성장을 지속하고 있는 국가는 일반적으로 공급면에 있어서도 산업구조변화의 속도가 빠르며 세계적으로 수요가 증대하고 있는 산업이 확대되어 간다. 또 확대하고 있는 산업은 최신설비를 장비하여 국제경쟁력도 높다. 이에 비하여 성숙 단계에 달하여 상대적으로 성장이 멈추어 있는 국가는 공급면에서 산업구조변화의 속도가 느리며 기술진보도 늦다. 이러한 국가의 경우 수요구조 변화에 비해 공급구조 변화의 속도가 느리기 때문에 수급 불균형이 발생하기 쉽다. 그 수급 불균형을 메우려고 타국으로부터 수입을 늘리면 공급구조 조정이 불가피한데, 그 불균형이 좀처럼 조정되지 못하는 경우에는 마찰이 발생하게 되는 것이다.

2) 국제무역마찰에의 대응

각국의 경제불균형이 한계적·일시적인 것이 아니라 시장의 자동조정작용에 의해 시정될 것이 기대되지 않고 불균형이 지속될 것으로 판단되는 경우에 분쟁이 비롯된다. 불균형을 방치하여 사태가 한층 악화되면서, 이른바 '보이지 않는 손'에의 신뢰가 없어지고 '눈에 보이는 효과'가 기대되어 정부의 대외교섭의 강한 자세가 정당화되는 것이다.

무역마찰은 2국 간 또는 다자간 수출입의 규모, 구조, 내용 등의 형태에 기인한다. 피해국에서 피해를 주장하는 것은 그 나라의 국민 또는 기업 또는 산업이 주체가 되어 행한다. 2국 간 무역마찰에서는 일반적으로 무역적자국이 피해국, 무역흑자국이 가해국으로 설정되고 피해국은 가해국에 대하여 기득권익이 침해되었다고 하면서 피해국이 행사할 수 있는 카드를 이용하여 여러 가지 대응조치를 취하려 한다.

그 가운데 불균형을 만들어 내는 무역기회 자체를 제한하는 정책을 취하는 등 소극적 대응을 하는 경우가 있다. 이는 조정속도를 오히려 늦추는 방위적 정책으로, 수입국 내 규제에 따른 기득권익을 창출하여 규제가 장기화되고, 특정 품목의 소극적 보호 조치는 다른 경쟁적 품목에 파급(소극적 정책의 파급성)되기도 한다.

한편 적극적 대응으로는 1978년 OECD 각료이사회가 채택한 '적극적 산업조정정책 PAP'이 대표적이다. 조정속도를 늦추지 않으면서 경쟁력이 강한 산업에의 전환을 촉진함으로써 국제분업의 이익을 기대할 수 있으며 세계경제를 확대균형으로 이끄는 정책이 적극 모색되기도 한다.

그러나 어떤 국가의 무역정책은 정책의 이념 및 정책에 관련된 경제적·정치적 이해관계, 그리고 정책의 기획, 실행을 위한 제도적 틀의 상호작용에 의하여 결정된다고 볼 수 있다. 따라서 무역정책이 경제적·정치적 이해관계만으로 지배된다면 각국이 보호주의 정책을 취하고, 무역마찰이 일상화될 것은 자명하다.

2. 국제기술마찰

1) 국제기술마찰의 주체

국제기술마찰이란 기술에 관한 권리, 주장이 국가 간에 충돌하고, 법과 조약에 의거하여 상충하는 것이다. 국제기술마찰의 당사자도 무역마찰의 경우와 마찬가지로 각각 개인, 기업, 산업, 국가, 국가그룹이 있을 수 있고, 개인 간의 관계를 제외하면 16가지 형태의 조합이 있다. 처음에는 기업 간 차원에서의 국제기술마찰이라 해도, 그 영향이 다른 많은 기업에 미치는 경우에는 산업 차원으로 격상되기도 하는데, 이 경우 업계, 단체가 마찰의 당사자로 참가하게 된다. 더욱이 그 영향이 커서 국가이익에 관계되면 국가 차원의 분쟁으로까지 확대된다.

2) 국제기술마찰의 구조

국제기술마찰은 주로 세 가지 문제와 관련이 있다. 첫째, 시장의 결함, 둘째, 질서의 결함, 셋째, 행동주체의 결함이다. 시장의 결함이 존재하면 연구개발 자원의 효율적인 배분을 기대할 수 없고, 중복 연구 및 투자, 국제분업의 실패 등이 생겨난다. 질서의 결함이 존재하면, 공업소유권 보호의 실패, 상호커뮤니케이션의 불완전, 기술마찰 등이 일어나기 쉽다. 한편 행동주체의 결함에 의하여 불완전한 독점적 행위, 부정에의 유혹 등이 문제가 된다. 시장의 결함 및 질서의 결함은 국가적 또는 국제적인 정책노력, 협조에 의하여 시정해 나가야 하나, 행동주체의 결함은 기업 자신이 시정하려는 노력이 있어야 한다.

기술혁신의 조류가 변하면, 시장의 결함, 질서의 결함이 새롭게 생겨난다. 따라서 국가적·국제적인 정책, 협정에는 이러한 조류변화에 충분히 대응하여 새로운 국제기술마찰을 예방하는 행동이 요구된다.

국제경제에 있어서 국제경쟁력 요인의 상대적 중요성이 점차 기술요인으로 이행되고 있어 국가 간 기술경쟁이 더욱 격화되고 있으며, 전후 기술이전의 촉진으로 기술격차를 축소시켜 온 국가의 수가 증가하였는데, 이것 역시 기술마찰을 증대시키고 있다.

한편 기술의 고도화·거대화가 진전, 기술변화가 격렬하고, 기술개발비용이 거대화되고 있는 것도 기술마찰을 조장하는 요인이다. 뿐만 아니라 기술개발자 측의 강한 독점성과 이용희망자 측의 비용회피 유혹이 항시 존재하고 있으면서 기술마찰의 요인이 되고 있으며, 세계적인 공업소유권 자체가 완전히 정비되어 있지 않고, 특히 개도국의 경우 정비가 늦은 가운데 마찰/분쟁이 생겨나고 있다. 이와 함께 기술경쟁이 격렬한 국가일수록 국제기술마찰이 일어날 가능성은 당연히 크다 하겠다.

성숙기술의 경우, 공급자도 수요자도 많아 기술교류의 기회가 많다. 따라서 기술마찰은 있어도 기술분쟁으로까지 이어지는 경우는 거의 없다. 그러나 첨단기술의 경우, 막대한 기술 독점이익, 향후 국제시장의 지배, 국제기술경쟁상 우위, 국가안전보장의 확보 등을 고려해서 대외적으로 여러 전략, 규제책이 취해진다. 특히 군사산업과의 관계, 국방-안보 차원의 판단이 들어가면 기업의 기술에 대하여 대외적인 경영전략 외에 국가의 기술적 대외정책이 추가된다. 기술에 관하여 기업은 기술독점이윤의 극대화를 추구하고, 국가는 국익의 극대화를 실현하려 한다.

첨단기술의 대외활동에 있어서 주된 주체는 정부와 다국적기업이다. 정부는 국익을 우선하고, 다국적기업은 기업이익을 추구한다. 국가의 법률이나 정책은 주로 국경 내에서 제한되지만, 다국적기업의 경우 국경을 초월하여 글로벌한 기업활동을 한다. 여기서 두 가지 문제에 직면하게 된다. 첫째, 국익과 기업이익이 차이가 나거나 상반되는 경우, 둘째, 정부의 국내정책과 기업의 국제경영전략이 충돌하는 경우가 그러하다. 기업의 입장에서는 중요부품의 생산을 비용상승에 고심하는 국내로부터 해외로 이전하는 것이 유리하며, 또 해외 자회사로부터 조달하는 것이 합리적이라 해도, 국방상의 이유로 규제를 받을 수 있다. 정부가 규제를 강화할수록 국내 기업은 첨단기술, 선진기술의 해외이전에 의한 막대한 이익기회를 잃을 수 있다.

3) 새로운 국제기술마찰의 특징

국제기술마찰에 다음과 같은 몇 가지 새로운 특징이 나타나고 있다.

첫째, 기술의 대형화, 종합화에 따라 국제기술마찰이 더욱 대형화, 정치화된다. 거대 기술개발 프로젝트는 산-관-학 공통으로 실시되는 경우가 많고, 개발 코스트도 거액에 이르는 만큼 기술마찰이 발생하면 대형 소송으로 이어지거나, 국제정치적 측면에서 해결해야 할 경우가 많아진다.

둘째, 기술혁신 경쟁과정에서의 마찰이 상류화한다. 즉 국제기술마찰이 공업소유권 취득 후의 기술이전 단계에서 연구개발 단계로 올라가고, 더욱이 기초연구 단계로 거슬러 올라가게 된다. 이렇듯 상류로 갈수록 법적 마찰이라기보다 정치적 마찰이 될 가능성이 높아진다.

셋째, 새로운 종류의 기술마찰이 증대되고 있다. 대국적으로는 기술혁신의 흐름이 하드웨어 중심에서 소프트웨어 중심으로 옮겨 가고 있다.

넷째, 1985년경부터 주요 제국에서 공업소유권의 개정 또는 새로운 보호법이 만들어졌다. 이들 새로운 종류의 법률이 생기면서 그에 관련된 마찰이 늘어나고 있다.

다섯째, 향후에는 우주개발, 해양개발이 활발히 이루어질 것이다. 우주개발에 따른 특허발명에 관해서는 특정국이 독점하지 않도록 규정하는 것이 바람직하나, 한편으로는 세계적 군사적 균형에 크게 영향을 받을 것으로 생각되며, 이 경우 특허법만으로는 판단할 수 없는 사안이 생겨날 것이다. 해양개발에 있어서도 1983년에 UN해양법 성립으로 겨우 바다 질서에 국가 간 의견수렴이 이뤄져 연구개발이 지속적으로 추진되고 있다. 그러나 바다의 개발과 군사적 이용이 얽혀, 새롭게 생겨나는 국제기술마찰은 법률과 경제원칙만으로 해결될 수 없을 것이다.

여섯째, 이 외에도 새로운 종류의 기술혁신에 의하여 새로운 종류의 기술범죄가 발생하게 될 것인데, 컴퓨터범죄, DB의 불법이용 등이 그것이다.

3. 국제고용마찰

1) 외국의 희생에 따른 고용기회 확대

오늘날 각국경제에서는 고용확보가 중요한 경제사회 문제의 하나로 되어 있다. 실업의 축소는 각국에게 최대의 정책목표이기도 하다. 고용기회를 증대시키기 위하여 재정지출의 확대, 감세를 도모하지만 오히려 재정적자의 확대, 정부채무의 누증 등의 마이너스 효과만 나타나는 경우가 많다. 또한 과도한 금융완화정책으로 인플레를 초래할 위험성이 높아지는 등 사회적 비용이 증대된다. 때문에 실업 문제를 해소하기 위하여 그 수단을 해외로부터 구하여 수입에 관세를 부과하거나, 수출에 보조금을 지급하거나 함으로써 국내의 고용기회를 확대하기도 한다. 외국의 희생으로 국내고용 확보를 추구하는 한, 보호주의는 당연히 타국으로부터 보복을 부르고 대외마찰을 일으킨다.

이러한 고용 문제는 특히 안전보장 문제의 중요성이 저하된 냉전 후의 국제사회에서는 대외마찰의 한층 커다란 요인이 되고 있다. 특히 1990년대 이후 실업 문제의 특징으로는 단지 경기순환 측면뿐만 아니라 고용기회를 둘러싼 세계적인 경쟁의 고조를 반영하고 있는 것이다.

2) 고용관행의 대외적 영향

기업의 최적생산량은 한계비용이 한계수입과 같게 되는 점에서 결정된다. 그러나 불황 시에 수요가 감소하여 그것이 평균비용과 만나는 수지균형점을 하회하면 기업경영은 적자로 되나, 생산활동은 지속하는 것이 바람직하다. 그러나 더욱 불황으로 되어 가격이 평균가변비용을 하회하면 생산활동을 멈추는 것이 합리적이다. 이것은 기계설비 등의 고정비용은 불황기에도 생산수준과는 관계없이 지불되어야 하나 원재료, 노동투입에 따른 비용은 생산량 수준에 따라 변화하는 가변비용이므로 그것이 한계수입을 하회하면 생산을 지속할수록 적자가 늘어나기 때문이다. 그러므로 수요가 감소하고 가격이 저하하면 노동집약적인 산업에서는 조업정지가 곧바로 가능하며, 자본, 장치집약적 산업에서는 가동률을 유지하기 위하여 생산을 지속하는 것이 최적의 선택이 된다.

각국의 고용관행 차이가 기업의 최적 생산활동수준에 커다란 영향을 미친다. 고용자가 여타 중간투입재와 마찬가지로 시장에서 쉽게 조달할 수 있는 상품인 국가에서는 노동비용이 가변비용이므로 불황 시 고용자를 해고함으로써 고용조정이 쉽게 이루어지게 된다. 그러나 경기가 악화되어도 커다란 교육훈련투자를 한 고용자를 해고하는 것은 기업으로서는 손실이며, 사회적으로 비난의 대상이 되는 그러한 사회에서는 상황이 다르다. 노동비용은 더 이상 가변비용이 아니라, 자본설비와 마찬가지로 생산활동 수준과 관계없는 고정비용이므로 그런 국가경제에서는 총비용에서 차지하는 가변비용의 비중이 그만큼 낮아진다. 임금이 가변비용인 국가의 경우에는 수요가 감소하면, 시장가격이 곧바로 평균가변비용을 하회하는 기업폐쇄점에 달하여 공장을 폐쇄하는 것이 합리적인 행동이다. 이에 대하여 임금의 대부분이 고정비용의 성격을 갖는 경우에는 수지균형점과 기업폐쇄점의 격차가 커서, 그만큼 불황기에도 생산활동을 지속할 수 있는 여지가 커진다.

이렇듯 기업 내부의 인적 자본 형성은 기업의 생산활동의 효율성을 높이는 반면 그것이 기업의 고정비용의 비중을 높여, 경기순환의 과정에서 수량조정의 여지를 좁히며 가격조정의 정도를 높이는 효과를 갖는다. 여기서 무역이 존재하지 않는 폐쇄경제라면 수요의 감소에 걸맞은 공급량이 충분히 감소되지 않으므로 국내시장에서 대폭의 가격인하가 생겨나고 겨우 기업폐쇄점에 이르러 생산조정이 행해지게 된다. 그러나 무역을 통하여 각국이 결합되어 있으면 특정 산업에서의 제품가격의 저하에도 불구하고 생산활동을 지속하는 기업의 수출에 의하여 세계시장 규모로 가격인하가 생겨나고 그것이 여타국의 해고를 한층 부추길 가능성이 있게 된다. 이 경우에는 결과적으로 특정국가가 고용자를 인적 자본으로 보아 기업내에 확보하고 있는 분만큼 여타국에서 실업이 증대하는 것이다. 특정국의 관점에서 보면 시장가격이 평균가변비용을 상회하는 한 생산활동을 지속하는 것이 정상적이나, 고용비용이 가변비용인 국가의 기업들에게는 기업폐쇄점을 하회하는 가격으로 수출하는 특정국의 행동이 덤핑으로 비춰질 수 있다.

제9장
국제경제협조/조정과 국제경제관계

제1절 거시경제정책의 국제협조

국제경제사회에서 각국 경제는 서로 밀접하게 연계되어 있는 가운데, 인플레이션, 실업, 국제수지의 불균형 등에 대처하기 위하여 여러 가지 정책을 취하게 된다. 그런데 이러한 한 국가의 경제정책은 다른 국가의 경제에 직접 또는 간접으로 커다란 영향을 미친다. 특히 주요 선진국들 가운데 특정의 한 국가가 행하는 경제정책은 주위의 비교적 소국경제에 커다란 영향을 미칠 뿐만 아니라, 다른 주요 선진국들에까지도 영향을 미치며(이 가운데에는 좋은 영향도 있고 나쁜 영향도 있다.) 나아가서는 세계경제 전체에도 커다란 영향을 미친다. 때문에 최근에 각국의 경제정책, 특히 주요 선진공업국 경제정책의 국제적 협조가 긴급하고 중요한 과제로 논의되고 있다.

1970년대 후반 이후, 일부 주요 국가에서는 강한 인플레이션 압력이 생기고, 다른 일부 국가에서는 국내수요의 정체가 장기간 지속되었다. 한편 환율제도가 변동환율제로 이행되었음에도 불구하고 국제수지의 불균형은 지속되었다. 때문에 국제수지 적자국은 스스로의 정책노력만으로 실업과 인플레이션을 극복하기가 어렵게 되었다. 이에 따라 주요 국가들 사이에서 경제적 성과가 양호한 국가와 나쁜 국가의 격차가 점차 확대되었다. 이러한 상황에서 자국경제에 악영향을 미칠 뿐만 아니라 세계경제 전체에도 악영향을 미치고 있는 것은 아닌가 생각되는 타국의 경제정책에 대하여 각국이 서로 문제점을 제기하고, 또 비판하는 기회가 많아진 것은 당연한 귀결이다.

이러한 상황에 대처하기 위해서는 주요 국가들이 협력하여 경제정책의 국제협조에 관한 일련의 합리적인 체계, 규칙을 확립할 필요가 생겨난다. 그러나 아직 그러한 체계, 규칙은 확립되어 있지 않으며, 각국의 경제정책 협조는 쉽게 이루어지지 않고 있다. 극단적으로는 국제협조에 관한 게임의 룰에 대해 참가국들 사이에 합의가 없을 경우에는 선의에 의거한 협조의 시도조차도 불이익을 받을 것으로 예상하는 국가의 저항과 반감을 초래하여 잘 기능하지 못하게 된다.

1. 국가주권과 국제협조

우선 주요 국가들이 경제정책의 국제협조를 시도하는 경우, 각국 정부의 권한에 속하는 영역과, 관련 분야에서의 각국 정부행동을 국제적으로 협조 또는 규제할 필요가 있는 영역이 존재한다. 이상의 두 가지 영역에 관한 구분이 명확하게 이루어지는 것은 아니나, 이를 구분하여 대응할 수 있다. 첫 번째 영역에 속하는 정책은 기본적으로 주권국가인 각국이 전면적인 책임을 지는 내정사항으로 생각되어 왔다. 첫 번째 영역에 속하는 정책도 얼마든지 타국에 커다란 영향을 미칠 수 있으나 일반적인 상황에서는 어떤 국가의 내정사항에 관해서 다른 국가든 국제기관이든 외부자가 간섭하여 특정 정책을 취하도록 또는 취하지 못하도록 강한 압력을 넣는 것은 부당하다. 이에 대하여 두 번째 영역의 사항에 관해서는 오랜 기간 동안 각국이 정책 조화를 도모하려고 노력해 왔고, 그 결과 오늘날 수없이 많은 국제협정, 국제기관 등에 의한 국제협조가 그 정도의 차이는 있을지라도 존재하고 또 기능하고 있다. 주요 제국이 상호 경제정책의 국제협조를 도모하려는 때에 각국 모두 기존의 국제협정을 준수, 존중하는 것은 매우 중요하다. 국제무역, 관세, 비관세장벽, 국제수지, 환율, 국제투자 등에 관련된 사항은 두 번째 영역에 속하는 대표적인 것들이다.

2. 정책목표와 정책수단

국가 간 경제정책의 국제협조를 논할 때, 인플레이션, 실업, 국제수지적자 등의 상황에 놓여 있는 각국이 거시경제정책의 목적 내지는 목표로 하는 것은 물가안정과 완전고용,

국제수지의 균형 등인데, 이것들은 동시에 달성해야 할 주요 사항으로 되어 있다. 그런데 경제정책이론상 동시에 달성해야 할 복수의 정책목표들이 존재하는 경우에는 일반적으로 정책목표의 수와 동수 내지는 그 이상의 정책수단이 필요로 된다. 예를 들어 세계경제에 있어서 각국이 위와 같은 여러 가지 목표 가운데 두 가지 정책목표를 추구한다고 하면, 각국은 각각 적어도 2개 이상의 유효한 정책수단을 갖고 있어야 한다.[1)]

이 경우, 경제정책의 목표가 복수이며, 정책수단도 동수 이상 있을 때, 각 목표에 대하여 정책수단의 각각을 어떻게 사용할 것인가 하는 문제가 생겨나게 된다. 복수의 목표와 수단이 있고, 더욱이 경제 시스템의 구조가 정확히 파악되지 않은 때에는 먼델R. A. Mundell이 지적했듯이 "각각의 시장(정책목표)에 대하여, 그것에 가장 직접적인 영향을 미치는 변수(정책수단)를 대응시키는 것이 경제 시스템을 가장 잘 기능하게 한다." 환언하면, 경제정책 시스템은 각 정책목표에 대하여 가장 직접적인 영향을 미치는 한 개 또는 그 이상의 정책수단을 선정하여 그 정책목표에 할당함으로써 가장 유효하게 기능할 수 있다는 것이다. 이 원리는 먼델에 의하여 유효시장분리의 원리the principle of effective market classification로 불리며 정책할당 문제로 논의되어 왔다.[2)]

3. 정책할당 문제

정책운용의 여하에 따라 경제목표달성이 반드시 가능한 것은 아니라는 문제제기를 한 것이 먼델의 정책할당 문제assignment이다.

정책할당 문제를 설명하기 전에 우선 염두에 두어야 할 것은 틴버겐J. Tinbergen이 지적했듯이 정책목표달성을 가능하게 하기 위해서는 정책목표의 수에 대하여 정책수단이 그것과 동수 이상 필요하다는 점이다. 예를 들어 실업 해소와 국제수지균형이란 두 가지 목표가 있다고 하자. 그 두 가지 목표를 달성하려면 금융정책, 재정정책과 같이 독자적으로 움직일 수 있는 정책수단이 두 개 이상 필요하다는 것이다.

정책할당 문제는 비록 목표와 같은 수의 독립적 정책수단이 있다 해도 그 운영방법이

---

1) Tinbergen, J., *On the Theory of Economic Policy*, Amsterdam, North-Holland, 1956.
2) Mundell, R. A., *International Economics*, New York: Macmillan, 1968.

다르면 목표달성이 불가능하다는 것을 나타낸다. 여기서 정책목표는 대내균형, 대외균형의 두 가지가 있다고 하자. 대내균형은 인플레가 없는 완전고용이며, 대외균형은 종합적인 국제수지균형이라 하자. 정책수단은 재정지출과 금리이다.

이제 〈그림 9-1〉에서 완전고용을 초래하는 두 개 정책수단의 조합은 AA선으로 나타낸다. 완전고용하에서 재정지출이 확대되면 재화수요가 증대하게 되는바, 금리상승에 따른 저축증대가 재화시장의 균형을 추구하기 위한 대응방안이 되므로 AA는 우상향의 형태를 나타낸다. 국제수지에 있어서 재정지출의 증대는 소득 또는 물가상승을 초래하여 경상수지를 악화시키는데, 국제수지의 균형을 맞추기 위해서는 금리를 올려 자본유입을 증대시킬 필요가 있다. 따라서 이 곡선 BB도 우상향의 형태를 나타낸다.

이렇듯 대내균형하에서 재정지출의 증대는 재화의 초과수요를 초래하여 국제수지를 적자화하고, 대내, 대외균형을 회복하려면 금리상승이 필요하다. 단 대내균형을 위해서는 재화의 수요가 원래 상태로 돌아갈 정도로 금리를 올려야 하는데, 그때 경상수지는 원래대로 되나 대외균형을 위해서는 금리상승이 자본수지를 흑자화하므로 경상수지가 원래대로 될 정도로 금리를 상승시킬 필요는 없다. 즉 소득이 완전고용수준으로 돌아올 정도로 금리를 상승시킬 필요는 없다. 따라서 대내균형을 나타내는 AA가 대외균형을 나타내는 BB보다 기울기가 급하다. 이들 두 곡선의 교점이 두 가지 정책목표를 달성시키는 재정지출의 크기, 금리수준을 나타낸다. 만일 이들 대외균형, 대내균형을 초래하는 재정지출, OC와 금리수준, OD가 정책당국에 알려진다면 그것을 정책당국이 실현시키면 된다. 그렇게 되면 양 정책목표의 달성이 가능하게 된다.

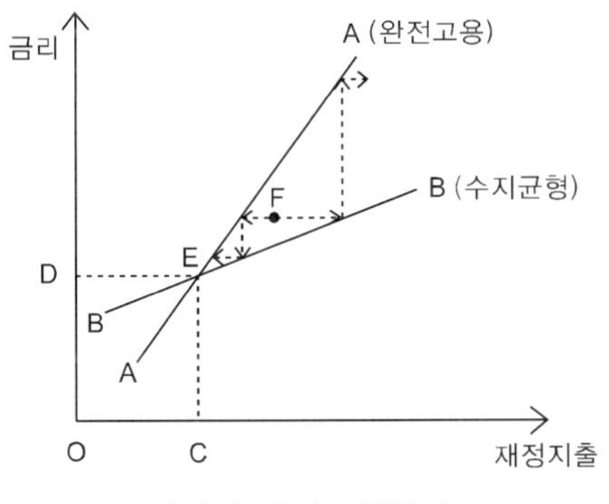

그림 9-1. 대내외균형과 정책할당

그러나 현실경제에서는 비록 목표와 동수의 정책수단이 있다 해도 그것들을 대외, 대내균형을 실현시키는 수준으로 즉각 가져가는 데에는 곤란한 점이 많다. 현실경제는 아주 복잡하여 그림의 AA, BB선을 파악하는 것이 불가능에 가깝다. 이렇듯 정보가 불완전하고, 정책당국이 반드시 경제상황을 바르게 인식할 수 없을 때, 목표를 확실히 실현하기 위하여 정책당국이 어떤 정책을 운영하면 좋을까 하는 것이 할당 문제의 출발점이 된다.

이에 대한 답은 두 가지 정책목표에 대하여 두 개의 정책 가운데 어느 것이 보다 유효한가를 판단하여 보다 유효한 정책목표에 각각의 정책을 할당하면 되는 것이다. 무역이론에서의 재화의 수출, 수입결정에 관한 비교우위의 논의와 마찬가지로, 정책목표에도 '비교유효성'을 갖고 있는 수단을 할당해야 한다는 것이다.

먼델-플레밍의 모델의 경우, 재정정책, 금리정책 모두 양 목표에 유효하나, 재정정책은 대내균형에 보다 유효하고, 금리정책은 대외목표에 보다 유효하다. 소득을 같은 정도로 변화시킬 수 있는 재정지출의 변화와 금리변화를 생각하자. 이 경우, 경상수지에의 영향은 같다고 하자. 그러나 자본수지를 고려한 국제수지에의 영향은 금리변화만 자본이동에 영향을 주므로 금리변화 쪽의 국제수지에 미치는 영향이 크다. 따라서 대외목표에는 금리변화가 유효하다.

〈그림 9-1〉에서 경제가 F점에서와 같은 상황에 있다고 하자. AA보다 윗부분은 금리가 너무 높은 상황이며, 아랫부분은 인플레 상황이다. BB보다 윗부분은 금리가 너무 높아 국제수지가 흑자이다. 따라서 F점은 대내균형에 관해서는 수요초과로 인플레이며, 대외균형에 관해서는 국제수지 흑자이다. 이때, 대내균형에는 재정정책이 보다 유효하며, 따라서 그것을 이용하는 것이 바람직하다는 것이 정책할당의 결론이다.

국내경제는 인플레이므로 우선 재정지출을 감소시켜 대내균형을 얻는다. 그러나 그때 대외균형에 관해서는 대외균형을 가져오는 재정지출, 금리의 조합보다도 금리가 높으므로 국제수지는 흑자이다. 따라서 대외균형을 위하여 금리를 움직일 필요가 있다. 이때 금리가 낮아져 국제수지가 균형을 이룬다. 그러나 금리의 저하는 대내균형에 대하여 재차 초과수요를 초래하므로 재정지출이 삭감된다. 이렇게 해서 그림의 두 곡선의 교점인 E에 가깝게 된다.

그러나 만일 정책할당을 변경하여 재정정책을 대외균형, 금리정책을 대내균형에 할당하면 어떻게 될 것인가. 국제수지가 흑자이므로 재정지출을 확대할 필요가 있다. 그래서 대외균형이 이루어진다 해도 대내균형은 보다 인플레로 되므로 대내균형을 위하여 금리를 상승시킬 필요가 있다. 이에 따라 대내균형이 달성된다 해도 대외균형이 파괴되어 다시 흑자로 되므로 재정지출이 증대되어야 한다. 이렇게 하여 균형점으로 수렴하게 되지 않는다.

정책은 비교유효성이 있는 목표에 쓰여야 한다. 실제 경제에서 정책당국은 한 개의 목표에 한 개의 정책수단을 이용하지는 않는다. 양 목표를 보면서 정책수단을 활용하나, 원칙적으로 경제정책은 단순히 비교유효성이 있는 목표에만 관심을 갖는 것이 틀림없다. 특히 불확실성이 높은 경제에서는 더더욱 그러하다.

제2절 국제정책협조의 필요성 및 유형

1. (n-1)개국 문제와 국제정책협조의 필요성

전 절에서 이론적으로 보았듯이 국제경제의 밀접한 상호의존관계의 존재는 각각의 국가에서의 정책실시에 복잡한 문제를 남긴다. 실제로 선진 제국 간에는 각각의 거시경제 정책의 발동을 둘러싸고 격렬한 논의가 전개되곤 한다. 그 이유 중 하나는, 국제경제의 상호의존하에서의 각국의 거시경제정책에는 이른바 정책협조라는 어려운 요인이 관계된다는 데에 있다. 이제 이러한 상황하에서 정책협조란 요인이 왜 중요하며, 왜 필요한가에 관하여 검토하자.

국제경제에 정책협조의 필요성을 논할 때, 가끔 지적되는 사항으로 이른바 (n-1)개국 문제가 있다. 지금 세계에는 n개국이 존재하고 각각 국제경제거래를 행하고 있다고 하면, 당연히 국가 수만큼의 통화가 존재하고 국제수지도 존재한다. 즉 n통화, n국제수지이다. 그러나 변동환율제건 고정환율제건 환율은 국가 수보다 하나 적은 (n-1)만 존재하게 된다. 예를 들어 미국을 제외한 세계 (n-1)개국이 자국통화의 대미 달러환율을 고정하여 정책목표 환율로 설정하면, 미국은 새로운 다른 환율을 설정할 여지가 없다. 이는 마찬가지로 국제수지의 경우에도 해당된다. 국제수지의 정의로부터 세계 n개국 국제수지의 합계는 제로로 되지 않으면 안 된다. 어떤 국가의 흑자는 반드시 여타국의 동액의 적자로 되어 있기 때문이다. 따라서 이 경우도 (n-1)개국이 각자 목표로 하는 국제수지의 목표수준을 설정하면, 나머지 한 나라는 다른 (n-1)개국의 목표수준의 합계의 부호를 역으로 한 것이 된다.

이제 국제경제에 n개국이 존재하는 경우에는 독립적인 각국간 국제수지는 (n-1)개가 존재하게 된다. 이런 가운데 각국이 타국에 미치는 영향을 충분히 고려하지 않고, 각각 독자적으로 국제수지에 관한 목표를 설정하거나 국제수지개선을 위한 정책을 결정하는 것은 적절하지 못하다. 국제수지는 국제적인 사항이므로 국제수지 영역에서의 정책목표를 전면적으로 각국에 위임하고 각국이 국제수지에 관하여 자국의 이익을 추구하는 것에 맡길 수는 없다.

이렇듯 여타국과의 상대적인 관계에 있는 환율, 국제수지 등의 변수에 관해서는 n개국 모두가 독립적으로 그 목표를 설정하고, 나아가서 정합적으로 추구할 수 있는 것이 아니다. 따라서 이들에 대한 무엇인가의 조정 내지는 협조가 각국에 요구된다.

우선 1차적으로 각국이 국제수지 전체로서의 균형을 도모하는 것이 중요하다. 즉 여기에서 각국의 정책목표는 대외지불과 수취가 일치되도록 하는 것이다. 이러한 정책목표는 국제적으로 양립할 수 있는 것이다. 각국이 전체로서 대외지불과 수취를 일치시킨다면, 그 이상 국제수지목표에 관한 국제협조의 필요성은 생기지 않는다.

(n-1)개국 문제는 국제경제에는 조정이나 협조가 필요로 된다는 것을 선험적인 형태로 나타내고 있다. 그러나 앞의 2국 모델에서 보았듯이 국제경제의 상호의존 상황하에서는, 이른바 정책협조가 반드시 필요로 되는 경우가 있다. 혹은 정책협조가 잘 행해진다면, 어떤 국가도 보다 좋게 되는 경우가 한층 복잡하게 경험적인 형태로 생겨난다. 정책협조란 자국의 정책 실시에 있어서 외국의 상황을 고려할 뿐만 아니라 외국도 그 정책의 발동에 자국의 상황을 고려해 준다는, 다국 간 정책실시에 있어서의 협조행동이다.

2. 국제정책협조의 유형

국제협조는 그 대상이 되는 정책수단이 플러스의 파급효과를 갖느냐, 마이너스의 파급효과를 갖느냐에 따라 상호억제형, 상호촉진형, 비대칭형의 세 가지 유형을 나타낸다.[3)]

1) 상호억제형 정책협조

국제협조를 통하여 정책수단의 행사를 억제함으로써 양국의 후생을 높일 수 있다. 각국의 정책수단이 마이너스의 파급효과를 갖는 데 따라, 억제적인 국제협조가 바람직하다고 생각되는 사례가 적지 않다. 관세, 수입할당과 같이 수입제한적인 무역정책은 그 전형적인 예이다. 국제적인 관세인상 경쟁은 국제무역의 축소를 초래하고, 모든 관계 제국의 경제후생을 저하시킬 가능성이 크다. GATT는 바로 이러한 귀결을 회피하기 위하여 만들어진 억제적 협조의 대표 격이다.

동시적 불황에 있는 각국의 금융완화정책은 상호억제형 국제협조의 다른 예이다. 국제자본이동이 자유로워지면, 한 나라의 이자율 하락은 자본유출을 통하여 환율의 감가를 초래하므로 국내경기에는 플러스가 되나, 타국의 경기에는 마이너스가 된다. 그 결과 국제적인 이자율 하락 경쟁이 생기고, 이자율의 과도한 저하를 초래할 가능성이 있다. 이런 경우에 협조적인 이자율 상승이 필요로 되는 것이다.

2) 상호촉진형 정책협조

국제협조를 통하여 정책수단의 행사를 촉진함으로써 양국의 후생을 증대시킬 수 있다. 실제로 상호촉진형 국제협조가 추구되는 경우는 많다. 안전보장, 기초적 연구, 환경보호 등 국제적 공공재의 공급은 일반적으로 과소하게 되기 쉽다. 한 나라가 국제공공재의 공급을 증대시키면, 그 편익은 국내에만 머무르는 것이 아니라 타국에까지 미치기 때문이다. 이 경우, 각국이 협조적으로 공공재의 공급을 증가시킴으로써 모든 국가의 후생을 높일 수 있다. 그러나 이 분야의 국제협조는 모든 공공재의 공급에 공통인 무임승차자의 문제가 생길 수 있다. 국제공공재의 공급에는 상당한 비용이 드나, 그 국제적 분담의 결정이 어렵다. 각국은 되도록 타국에 그 비용을 부담시키려 하고 국제공공재에 대한 선호를 과소하게 표명하는 경향이 있기 때문이다. 따라서 국제협조의 합의가 성립되기 어렵고, 국제마찰이 생겨나기 쉬운 것이다.

거시경제정책에서 상호촉진형 국제협조는 이른바 '기관차론'으로 제창되어 왔다. 세계

---

3) 失內原 勝, 深海博明, 大山道廣, 『世界經濟의 뉴프런티어』, 1988 참조.

경기가 전반적으로 저미한 경우, 국제수지, 재정수지 등의 제약에 여유가 있는 제국이 협조적으로 재정지출을 확대하고, 경기회복을 리드하는 기관차 역할을 해야 한다는 것이다. 이것도 한 나라의 재정확대가 타국에 파급되어 그곳에서의 경기회복에 플러스로 작용한다는 인식에 기초한 것이다.

3) 비대칭형 정책협조

한편의 국가의 정책수단이 플러스의 파급효과를 갖고, 다른 한편의 국가의 경우 마이너스의 파급효과를 갖는 비대칭적인 국제협조가 있다. 비대칭형 국제협조는 무엇인가의 의미에서 비대칭적인 상태에 있는 국가 간의 협조이다. 예를 들면 선진국과 후진국은 일부 산업에 있어서 그러한 상태에 있다. 선진국이 비교열위에, 후진국이 비교우위에 있는 노동집약적인 경공업을 예로 보자. 선진국이 그런 국내산업의 보호를 강화하면, 후진국의 후생은 저하한다. 그러나 개도국에 의한 동종의 유치산업 조성은 제품가격의 저하를 통하여 선진국에도 좋은 영향을 미칠 것으로 생각된다. 따라서 선진국과 개도국은 협조하여 비대칭적인 산업정책을 추진하는 것이 바람직하다.

거시정책분야에서는 환율, 국제수지와 같이 국제적인 변수의 비대칭성이 문제가 되는 경우가 많다. 한편의 국가의 흑자는 다른 한편의 국가의 적자를 의미한다. 이 경우 국가 간 협조하에 비대칭적인 거시경제정책을 추진하는 것이 바람직하다.

제3절 국제정책협조의 한계 및 무용론

1. 국제정책협조의 한계

국제경제의 상호의존하에서는 거시경제정책의 효과가 국내에만 머무르는 것이 아니라 국경을 넘어 외국에까지 파급된다. 또한 그러한 상황하에서는 각국의 거시경제정책이 협조적으로 실시됨에 따라서 비협조적으로 실시되는 경우에 비해서 각국의 결과가 더 좋아질 가능성이 있다.

그러나 국제정책협조의 필요성이 인식되고 있다 해도 본래의 성과를 달성하는 데에는 한계가 있다. 거시경제정책에 관한 정책협조를 곤란하게 하는 문제로 우선 국제거시경제 시스템 그 자체, 특히 정책목표와 수단에 관한 지식의 문제가 지적되고 있다. 정책을 협조적으로 실시해서 목표에 관한 성과를 올리려면 우선 정책목표 그 자체가 명확해야만 한다. 그러나 협조에 참가하는 국가 사이에서 무엇을 목표로 할 것인가 또는 그 우선순위를 어떻게 할 것인가에 관한 합의를 이루기가 쉽지 않다. 더욱이 이에 대하여 합의를 보았다 해도 어떤 정책수단 변수의 변경이 어떠한 정책목표 변수를 어떠한 방향으로 어느 정도 변화시키는지는 명확하지 않다.

구체적인 상황이 명확하게 설정된다면, 예를 들어 자국의 정부지출확대가 자국의 실업률 저하, 성장률 상승의 효과가 있다는 등 효과의 방향에만 관해서라면 어느 정도 정확한 예측이 가능할 것이다. 그러나 그러한 경우는 한정되어 있으며, 정책수단, 목표변수가 여러 국가에 걸치게 되면 그 효과에 관해서 불분명한 영역이 커지게 된다. 여기에 정책협조의 한계가 있다. 한편 정책협조가 성립하지 못하는 이유, 정책협조의 장애[4]로 아래의 몇 가지를 지적할 수 있다.

첫째, 경제동향의 분석이 국가 간에 일치하지 않는다는 것이다. 각국의 예측이 다르면 금후의 경제운영에 관한 정책협조가 어려워 무엇을 해야 할지 합의를 보기 어렵다.

둘째로, 목표에 관해서 의견일치가 어렵다. 기업과 가계(소비자)는 목표에 관하여 일치되지 않는다. 각각이 독자적인 목표를 가지고 단독으로 의사결정을 한다. 이에 따라 바람직한 결과가 생겨난다. 그러나 정부의 역할과 민간시장에의 타당한 개입의 정도에 관해서는 적용될 수 없다. 따라서 정책협조가 어렵다. 목표가 서로 다르다는 것보다 더 중요한 점은 정부가 그 어떤 선택을 할 때까지, 정부 자체가 무엇을 목표로 하는지 알지 못한다는 것이다. 정부가 명확한 의견을 가지고 있을 때에는 정부 간 합의를 확립하기가 어려운 반면, 정부의 목표가 명확하지 않은 경우에는 오히려 정책협조가 잘된다.[5]

셋째, 정책활용의 기술로 불리는 목표와 수단 사이의 관계에 관하여 일치된 의견을

---

4) Cooper, R. N., "International Cooperation: Is it Desirable? Is it Likely?", *Washington Quarterly*, spring 1988.

5) Putnam, R. D. and N. Bayne, *Hanging Together: The Seven-Power Summits*, (2nd ed), London, Sage Publications, 1987에서 1975년 이후 SUMMIT 연구에서의 흥미로운 점으로 지적되고 있다.

갖고 있지 않다. 목표와 수단의 관계가 명확하지 않으면, 정책협조는 어렵다. 경제동향에 관한 의견이 일치하고 정부 간의 목표가 정합적이라 해도, 목표를 달성하기 위하여 어떤 방책을 강구할 것인가에 의견이 달라지면 협조는 어려워진다.

넷째, 정책협조로부터 얻어지는 이익의 배분에 관한 문제이다. 특히 교섭의 결과 커다란 이익이 생겨나는 경우에도 이익과 비용의 배분에 관하여 의견일치를 보기가 어렵다는 문제가 있다. 국제공공재의 공급에 따른 무임승차 문제는 그 특수한 예이다. 무임승차의 세계에서는 각각의 국가가 공공재의 필요성을 인식하고 있으나 공공재를 공급하는 비용은 다른 국가가 부담했으면 하고 바라게 되므로 국제공공재의 적정공급에 관한 협조/조정이 어렵다.

한편 정책협조로부터 커다란 이익이 기대됨에도 불구하고 각국 정부가 협조하지 않을까 하는 기본적인 의문이 사라지지 않는다. 이 점에 관해서는 (1) 교섭을 해도 거짓 행동을 하는 정부가 있으며, 교섭에 참가하고 있는 국가가 서로 신뢰할 수 없는 경우, (2) 관계하고 있는 정부가 경제의 메커니즘이나 세계경제가 어떻게 움직이는가에 관하여 다른 의견을 갖고 있는 경우, (3) 정책목표가 다른 경우, (4) 교섭과정에 정치적·법적 제약이 있을 경우 등을 들 수 있다.

2. 국제정책협조의 비판, 무용론

국제협조는 쉽게 실현될 수 있는 것이 아니다. 전통적으로 각국의 주권 범위 내에 있다고 생각되어 온 정책수단을 국제적인 협조에 맡긴다는 것은 상당한 정치적 비용부담이 될 수도 있다. 의회제 민주주의하에서 거시경제운영에 관하여 자국의 이익을 희생하고 타국의 이익을 우선하여 자국의 정책수단을 타국의 정책목표를 달성하기 위하여 사용할 것을 제안, 실행하는 정치가와 정당은 정권을 담당할 수 없으므로 거시경제정책의 협조가 정치적으로 불가능하다.[6]

국제경제에 있어서 각국의 고용, 물가 등 거시적 정책목표가 주어진 경우, 각국의

6) R. Komiya, "Is International Co-ordination of National Economic Policies Necessary?", in P. Oppenheimer ed., *Issues in International Economics*, vol. 5, Oriel Press, Stocksfield, 1980.

거시적 정책수단(재정정책, 금융정책 등)의 수가 주어진 목표의 수 이상 존재하면, 그것들을 이용하여 목표를 실현할 수 있다. 그러나 불필요한 비용을 들이지 않고 효율적으로 목표를 실현하기 위해서는 각 목표에 대한 수단의 상대적 효율성을 비교하여, 비교우위의 원칙에 따라 수단을 할당해야 할 필요가 생긴다. 그런데 한 나라의 재정금융정책이 그 나라의 고용, 물가에 미치는 자기효과own effect에 비하여 그것이 타국의 고용, 물가에 미치는 교차효과cross effect는 상대적으로 미약하다. 즉 각국의 거시정책 제 수단은 그 나라의 거시정책 제 목표에 압도적인 비교우위를 갖고 있는 셈이다. 따라서 먼델Mundell의 정책할당론을 적용하면, 각국의 정책수단을 그 나라의 정책목표에 할당하여 운용함으로써 모든 국가의 목표를 효율적으로 달성할 수 있게 된다는 것이다. 이것은 비협조적인 정책운용에 합리적 근거를 인정하는 국제협조 불요론이다.[7)]

또한 정책협조의 효과는 경제상황을 대폭 개선시킬 수 있다고 생각된다. 그러나 어떤 국가의 정책이 다른 국가에 미치는 영향을 시산해 보면, 그 영향은 지극히 작다. 이러한 성과와 정책협조에 관한 효과의 연구를 총합하면 정책협조로부터 얻는 이익이 크다고 볼 수 없다. 더욱이 정책협조가 사태를 개선하기보다는 악화시키는 경우가 있다는 이론적 연구도 있다.

버벨Vaubel[8)]은 각국 정부가 협력이 아니라 경쟁을 해야 한다고 보고 있다. 정책협조는 정부 간 경쟁을 축소시키고, 정책상의 오류로부터 생기는 비용을 높인다. 각국 정부가 각기 행동하면 특정의 정부정책상 오류가 상쇄될 수도 있으나, 일률적으로 움직이면 집단적으로 틀린 정책을 전개하게 될 수도 있다.

코덴Corden[9)]에 의하면 국제통화제도에서 현행 시스템의 기본적 특징은 국제적인 자유방임주의로, 많은 정부가 다른 국가의 경우를 고려하지 않고 독자적인 판단으로 행동하고, 시장에 참가하는 자유시장인 것이다. 이처럼 시장을 중시하는 생각에서는 각 정부가 자유로이 독자적인 재정, 금융정책을 선택할 수 있고, 또 그렇게 해야 한다고 본다.

---

7) R. Mundell, *International Economics*, New York: Macmillan, 1968.

8) Vaubel, R., "Coordination or Competition among National Macroeconomic Policies?", in *Reflections on a Troubled World Economy: Essays in Honor of Herbert Giersch*, eds., F. Machlup, G. Fels and H. Muller-Groeling, London, 1981.

9) Corden, W. M., "The Logic of the International Monetary Non-system", in Gehard Fels, *Reflections on a Troubled World Economy: Essays in Honor of Herbert Giewrsch*, Palgrave Macmillan, 1983.

제4절 국제경제조정

1. 국제경제조정의 필요성

국제협조는 관계 제국 간 정책수단의 조정으로 접근할 수 있다. 구체적으로 각국의 경제불균형을 어떻게 시정할 것인가, 각국은 어떻게 협력할 것인가가 조정의 과제이다.

불균형과 마찰은 개별상품이나 개별산업에 있어서 무역불균형, 무역마찰 등으로 나타난다. 즉 섬유, 철강, 자동차, 반도체 등의 무역불균형 및 마찰이다. 또한 현재 생겨나고 있는 문제뿐만 아니라 장래에 생길 것으로 예상되는 부문까지 조정의 대상이 된다. 이는 기업, 산업의 사활이 걸린 경쟁이므로 예민한 부분이기도 하다.

이러한 불균형을 시정하기 위해서는 거시경제정책의 조정이 필요하다. 전반적인 재정, 금융정책이나 경기정책, 정부지출, 공공투자, 화폐공급, 이자율조정, 관세 및 국내보호정책의 조정, 철폐 등이다. 즉 국가 간의 불균형, 이해대립을 어떠한 목적을 위하여 시정하려고 하는 것이 국제경제조정이다.

국제경제조정이란 복수의 제국의 공공경제 당국 상호 간의 행동 조정이다. 국제경제사회에서 경제정책의 주체는 여전히 국가이며, 그 국가 사이에는 조정이 필요하다. 그것은 무엇보다도 각국이 재화, 서비스의 무역 및 자본거래에 의하여 밀접한 상호의존관계를 맺고 있기 때문이다. 한 나라의 정책효과는 다른 나라에 파급되고, 또한 타국의 정책에 영향을 받는다. 따라서 어느 나라도 타국의 행동을 고려하지 않고 자국의 행동을 결정할 수 없다. 이와 같이 국제경제조정이 필요로 되는 것은 각국의 경제가 어떤 형태로든 상호의존관계에 있기 때문이다. 각국 사이에 아무런 상호의존관계도 없다면 국제경제조정도 무의미한 것이다.[10] 국제경제조정이 필요로 된 배경으로 다음의 구체적인 네 가지 요인을 들 수 있다.

첫째, 경제의 국가 간 상호의존관계 및 이해관계가 강해지면서 한 나라의 경제후생을 생각하는 데 있어서 국가 간의 조정이 필요하다.

---

10) R. N. Cooper, Economic Interdependence and Coordination of Economic Policies, in R. W. Jones and P. B. Kenen ed., *Handbook of International Economics*, Amsterdam: Elsevier, 1985, pp. 1196-1200.

둘째, 경제활동은 국제화, 세계화를 추구하면서 이른바 보더리스화되어 가는 데 비하여 정치체제는 여전히 국가 중심으로 이루어지고 있는바, 이러한 갭을 해결하기 위하여 국제조정이 필요하다.

셋째, 자본주의체제를 보완하고 유지하기 위한 국제조정이다. 가령 자본주의 질서유지를 위한 제 비용의 분담 재조정 등이 그것이다.

넷째, 환경 문제 등과 같이 인류 전체에 영향을 미치는 대국적인 현상이 생겨나고 있다.

2. 국제경제조정의 방법

실제로 기업의 생산활동은 주로 국가라고 하는 공간에 제약을 받아 왔다. 이와 관련된 국가 간 경제관계는 주로 무역을 중심으로 한 것이었다. 자국에 존재하지 않는 또는 존재한다고 해도 비용이 크게 드는 재화를 수입하고, 자국의 비교우위재를 수출한다. 즉 이동이 곤란한 국가 고유의 우위성에 의거한 통상관계가 이루어져 있는 것이다. 이러한 단계에서도 국가 간의 교역과 결제를 둘러싼 불균형, 이해대립이 생겨난다. 그 조정은 주로 국제시장메커니즘이 하게 되나, 극단적인 경우에는 공황이나 전쟁이라는 형태로 조정이 이루어지기도 한다.

국제경제조정의 필요성이 인정된 경우, 그 다음 문제는 어떻게 그것을 실현시킬 것인가이다. 국제경제조정은 관계 제국의 비중립적 정책수단의 조정으로 볼 수 있다. 그 구체적인 방법은 여러 가지로 생각될 수 있으나 다음과 같은 두 가지 조정방법을 일반적인 것으로 들 수 있겠다. 첫째, 각국의 의무가 비교적 명확히 규정되어 있는 경우, 규정에 의한 조정이 가능하고, 둘째, 세계경기나 국제수지의 상태에 따라서 특별하게 다루어지는 경우, 재량에 의한 조정이 가능하다. 국제기관을 설치해서 가맹국의 정책수단 행사를 위임하거나, 국제협정을 맺어 각국의 정책수단 행사 방식을 정하는 것은 규정에 의한 조정의 성격을 갖는 것이며, 이와는 달리 경우와 필요에 따라서 관계 제국이 모여 특정의 정책수단을 협조적으로 운영하는 것은 재량에 의한 조정인 셈이다.[11]

11) 失內原 勝, 深海博明, 大山道廣, 전게서, 1988 참조.

1) 규정에 의한 조정

규정에 의한 조정은 특정의 정책수단 행사에 관하여 일정한 규정을 정하여 관계 제국이 이를 준수하는 것으로 실현된다. 그 가운데에는 각국이 특정의 정책수단을 행사할 수 없다는 것도 포함된다. 규정에 의한 조정의 장점은 각국이 해야 할 것과 해서는 안 될 것이 미리 정해져 있어 자의적인 재량의 여지가 없다는 것이다. 각국의 행동 규정이 확실하게 규정되어 있기 때문에 계속적으로 실행될 수 있다는 점도 중요한다. 즉 투명성과 계속성의 장점이 있다.

규정에 의한 국제조정이 실현되기 위해서는 몇 가지 조건이 필요하다. 첫째, 조정의 여건이 명확하며, 규정화되어야 한다. 거기에는 일어날 수 있는 모든 사태에 관한 조정방법이 명확히 제시되어 있어야만 한다. 둘째, 조정이 1회에 한해서 이루어지는 것이 아니라 장래에 몇 번이고 반복된다는 예측이 있어야 한다. 이런 예측이 없으면 당면한 조정이 아무리 바람직한 것으로 생각되어도 그것을 규정화하기는 어렵다. 셋째, 관계 제국이 조정을 통하여 적어도 장기적으로는 조정의 비용을 상회하는 이익을 향수할 수 있다는 확신이 있어야 한다. 조정이 단지 전체의 이익이 된다는 것만으로는 충분치 않다. 만일 조정의 이익이 일부 국가에 편재되면 규정에 의한 조정은 지속 불가능하게 된다. 그런 경우에는 규정을 수정하거나 국제적 이전에 의하여 일부 국가에 집중된 이익을 다른 국가에 재분배할 필요가 생겨난다.

2) 재량에 의한 조정

국제경제조정의 규정화는 실제로는 적용하기 어려운 부분이 있다. 재량에 의한 조정은 상황에 따라 특별하게 정책조정을 하게 되며 규정에 의한 조정으로는 대응할 수 없는 문제에 적용된다. 그것은 미시경제정책의 분야에도 보이나 경제변동의 안정화를 목적으로 하는 거시경제정책에서 요구되는 경우가 많다. 실제로는 재량에 의한 조정과 규정에 의한 조정이 병행되어 이루어지기도 한다. 재량에 의한 국제경제조정을 표현하기는 쉬우나 그 실행에는 많은 장애가 있다.

첫째, 각국이 국제경제의 현상 및 장래 동향에 관하여 공통의 인식을 갖고 있다고 볼 수 없다. 때문에 각국이 서로 다른 경제모델에 의거, 상호 모순되는 국제경제조정을 제안하는 경우도 있을 수 있다. 나아가서는 각국의 정책 행사의 정도, 타이밍에 관하여 합의에 도달하기가 아주 어렵다. 실제로 이 점은 각국의 자주적인 결정에 의하는 경우가 많다.

둘째, 국제경제조정이 약속된다 해도 기대처럼 실행되어 소기의 성과를 올리지 못하는 경우도 있다. 국가 간 조정은 커다란 정책방향이며, 세부적인 사항은 각국의 결정에 의하는 것이 보통이다. 그 결과 각국의 최종적인 결정이 상호 기대를 저버리는 것이 되는 수도 있다.

셋째, 거시경제정책이나 기타 전통적으로 각국의 내정사항으로 되어 있는 정책분야에서의 국제경제조정에 대해서는 국내적으로 뿌리 깊은 반발이 있다. 그러나 이러한 반발은 각국의 국가주권과 국민경제의 자립성을 혼동하는 것이다. 전자는 각국이 스스로의 의지로 그 행동을 결정한다고 하는 권리이다. 이에 대해서 후자는 각국이 타국으로부터 독립적으로 스스로의 행동만으로 목표를 달성할 수 있다는 사태를 의미한다. 현대의 세계에서는 그 어떤 국가라도 그러한 자립성을 추구할 수 없다. 국제적 상호의존하에서 국제경제조정은 각국의 경제후생을 높일 가능성이 있다. 따라서 국제조정이 잘 진행되는 한, 국가주권이 침해되기보다는 오히려 국가주권을 현명하게 행사할 수 있다.[12)]

3) 제도적 구조조정

시장기구를 이용한 조정에서는 불균형을 해결할 수 없는 경우 불균형의 원인이 각국의 제도, 관습 차이에 있다고 하여, 제도적 구조조정이 필요해진다. 그 대표적인 예가 미일 구조조정SII인 셈이다.

미일 구조조정은 단지 양국의 무역불균형을 시정하기 위한 것이 아니다. 미국이 일본에 대하여 독점금지법 강화, 토지정책, 공공지출정책, 각종 규제 완화 등을 요구하고 있는 것으로 보아 각국의 제도, 관습의 측면을 조정해 나가려는 것이다.

12) R. N. Cooper, *op. cit* (1985), pp. 1229-1230.

3. 국제경제조정의 한계

국가 간에 조정이 이루어지기 위해서는 국제경제조정에 의한 상호이익이 있어야 한다. 또한 조정에는 비용이 들게 된다. 따라서 조정정책을 채용하면 어느 정도의 이익이 생길까, 얼마만큼의 비용이 들까를 알아야 한다. 그렇지 않으면 조정이 성립되지 않는다. 그런데 정책과 그 결과(효과)의 인과관계는 정량적으로 명확히 하기가 어렵다. 정성적인 관계에 대해 긍정적인 인식을 하고 있는 경우에도 정량적인 이해관계가 명확하지 않으면, 정책비용의 부담 문제 등을 해결하기 어렵다. 실제로는 대부분의 정책효과에 관하여 정량적으로는 물론 정성적으로도 그 효과를 명확히 알지 못하는데, 그럴 경우 각국은 이익을 되도록 많이 보고 부담은 가능한 한 적게 지려고 한다.

국제경제조정에 의하여 이익을 실현할 수 있다는 것을 안다고 해도 그 관련정책이 채용된다는 보장은 없다. 외국이 조정을 실행하려는 것을 알고 있는 경우, 자국이 그것을 전제로 하여 대응되는 정책을 실행하면 보다 나은 결과를 얻을 수도 있기 때문이다. 따라서 조정에 관한 강제력 있는 벌칙규정이 없는 한 실행될 보장은 없다. 물론 국제경제조정이 한 차례로 끝나는 것은 아니므로 보복이 이어지기도 한다.

국제경제조정에 각국 정부가 합의한다 해도 그것이 반드시 실행된다는 보장은 없다. 정치적으로 합의가 이루어져도 경제활동은 주로 기업에 의하여 이루어지므로 국제경제조정을 기업이 받아들이지 않는 한 실행되지 않는다. 또한 국제경제조정이 기업에 받아들여져도, 정부의 정책유도가 오히려 기업활동을 혼란시키는 경우가 있다. 조정을 실행하려는 것이 오히려 경제를 혼란시키는 것이다.

제5절 국가 간 양허 및 이전에 관한 협조와 그 경제적 효과[13)]

국제경제협조로부터 커다란 순이익이 기대되는 경우, 각국 정부는 협조적 행동을 취하는 것이 바람직하다. 그럼에도 불구하고 각국 정부는 협조적 행동을 취하는 데 소극적으로

13) 심승진, 김진, 「국제간 양허 및 이전을 통한 국제경제협조의 최적체계 모색」, 『국제경제연구』, 2005 참조.

되기 쉽다. 이는 교섭을 해도 거짓 행동을 하는 정부가 있는 등 교섭에 참가하고 있는 국가가 서로 신뢰할 수 없는 경우이다.

여기에서는 국가 간 협조에 참여하는 국가들이 서로 신뢰하면서 완전정보하에서 행동하는 경우와, 각국이 실제와는 다른 거짓 보고를 통하여 자국 이익만을 극대화하려는 등 비협조적인 경우로 나누어 접근함으로써 국제경제협조의 필요성과 경제적 효과를 정량적으로 분석하고 국제경제협조의 최적체계를 도출하기 위한 분석 모형을 제시해 보고자 한다.

1. 기본 모형

국가 간 양허 및 이전에 관한 협조와 그 경제적 효과에 관한 분석을 위하여 국제경제사회에 선진국과 개도국의 2개 국가가 존재한다고 가정한다. 양국 간에 보다 자유스럽고 개방된 시장체제로 이행하기 위하여 국가 간 양허 수준에 대한 국제경제협조의 교섭이 진행되고 있다고 하자. 이 경우 양국의 입장과 상대국의 전략에 따라 각국의 최적 양허 수준은 달라진다. 각국은 자국의 경제적 후생을 극대화하기 위하여 양허 수준에 대한 교섭에 임하게 되며 합의에 이르기 위한 구체적인 조정의 수단을 모색하게 된다.

선진국이건 개도국이건, 각국은 경제적 편익을 증대시키기 위하여 상대국과 양허를 주고받는다. 선진국은 자유경제체제의 유지와 확산을 통하여 그 경제적 편익을 극대화하려 노력하게 된다. 이를 위하여 선진국은 그 스스로의 시장을 개방하는 등 개도국에게 높은 수준의 양허를 하며, 아울러 그에 가까운 높은 수준의 양허를 개도국으로부터 얻으려고 한다. 그러나 개도국은 선진국이 요구하는 정도의 양허를 할 경우 자국 경제에 크게 부담이 될 것으로 판단하여 같은 수준의 양허를 허락하는 데 소극적이 될 것이다. 다만 그러한 개도국의 부담 및 비용을 선진국이 이전transfers의 형태로 보상하는 경우에는 반드시 소극적이지만은 않을 것이다. 이런 가운데 국제경제체계 속에서 양국 간 양허의 수준이 높으면 높을수록 또한 이전의 규모가 크면 클수록 시장개방의 정도가 높아지고 그에 따른 경제적 이익이 클 것으로 기대할 수 있다.

국제경제가 보다 자유롭고 개방적으로 운영되기 위하여 양국 간 양허 수준에 관한 협조가 필요하고 아울러 이전의 규모, 형태, 방법 등을 포함한 제반 조정이 검토되어야 한다. 이러한 협조와 조정은 협상 테이블에서 각국이 특정의 양허 수준에서 직면하게 되는 기대편익과 비용을 상대국에게 알리는 것으로부터 논의가 시작된다고 하자. 이때 각국은 상대국의 양허에 관한 보고와 실제에 대하여 어느 정도는 예상을 할 수 있다. 왜냐하면 그들은 국제경제체계 속의 구성국가로 행동하고 있기 때문이다.[14)]

일반적으로 선진국과 후진국으로 구성되는 국제경제체계의 운영은 다음의 세 가지 형태를 생각해 볼 수 있다. 첫째, 선진국이 주도적으로 운영해 나가는 것으로, 이 경우 후진국의 사적 정보에 대해 선진국이 보고를 받고, 이에 기초한 의사결정으로 화폐이전을 결정하고, 양국이 후진국의 양허 수준에 대해 논의하여 결정하게 된다. 둘째, 후진국이 주도적으로 국제경제체계를 운영하는 형태를 들 수 있다. 그러나 선진국의 후진국에 대한 양허의 수준이 높다고 보면 이런 경우는 현실적으로 존재하기 어렵다. 셋째, 제3의 독립적인 기구를 설립하여 국제경제체계를 운영해 나가는 경우이다. 이 경우 해당 기구가 독립성을 기초로 일종의 규칙formula을 갖고 국제경제사회를 운영해 나가는 것이 바람직하다고 볼 수 있으나 현실적으로 실현되기 어렵다. 실제로는 상기의 첫 번째 형태로 국제경제체계가 운영되거나 또는 선진국이 주도적으로 설립, 운영하는 국제기구를 통하여 국제경제체계가 움직여지고 있는 것이 일반적이라 하겠다.[15)]

이러한 국제경제체계 속에서 각 구성국은 양허의 한계적 효과와 경제발전의 궤도가 서로에게 알려져 있다는 점에서 양국의 완전한 예상을 가정한다. 그러나 만일 추가적인 양허에 따른 한계비용과 편익의 변화가 특정국가 자신의 특별한 상황에 영향을 받는다면, 혹은 특정국가에 의하여 전략적인 것으로 다루어지게 된다면, 그것은 상대국에 알려지지 않는 사적인 정보로 될 것이다. 경우에 따라서 일국은 상대국이 알지 못하는 사적인

14) 국제경제체계는 일반적으로 세 가지 구성요소가 갖추어져야 성립된다(Sombart W.(1950) 참조). 첫째, 특정 시기에 산업사회의 일반적이고 보편적인 생산양식인 일정의 기술이 존재해야 하며, 둘째, 국제경제사회가 일반적으로 추구하는 일정한 정신(자유, 무차별, 호혜, 평등 등)이 존재해야 하며, 셋째, 국제경제사회가 효율적으로 운영되기 위한 일정한 질서가 존재하여야 한다. 이러한 세 가지 구성요소가 갖추어져야 비로소 국제경제체계가 성립된다. 이러한 구성요소들은 각 시대별로 당시의 선진국이 리더십을 발휘하여 제시하고 정착시키는 것이 일반적이다.

15) 특히 선진국이 불확실성을 갖는 경우에도 선진국이 거짓 보고를 할 유인이 없기 때문에 제3의 독립기구 형태보다 선진국이 주도적으로 국제경제체계를 운영해 나가거나, 또는 선진국 주도의 국제기구가 일반적이다.

정보를 가지게 된다. 가령, 개도국은 그 자신의 양허에 대한 한계비용곡선을 정확하게 알고 있으며, 선진국은 개도국의 해당 곡선의 가능한 범위만을 알고 있을 수 있다. 우리는 불완전한 정보의 상황을 다루기 위하여 양국 간 양허와 이전의 관계에 대한 이러한 분산된 정보의 효과를 분석하는 단순 분석 모형을 구축해 보기로 한다. 다만 국제경제사회에서 선진국의 양허 수준은 개도국의 그것보다 상대적으로 높을 것으로 생각된다. 이에 따라 국제경제사회에서 궁극적으로 이슈가 되는 것은 개도국의 양허 수준이라 할 수 있다.

이제 선진국에 대한 양허에 따른 개도국system follower의 한계비용을 MCsf(c)라 하고, 한계편익을 MRsf(c)라 하자. 단 c는 개도국의 양허 수준을 나타낸다. 한계비용은 증가하고 한계편익은 감소한다고 가정하자. 그리고 그러한 양허의 수준에서 선진국system leader이 얻게 되는 한계편익을 MRsl(c), 선진국이 부담하는 국제경제체제 운영을 위한 제도적 비용instrumental cost을 I(c)라 하자. 한계편익은 감소하고 제도적 비용은 양허의 수준에 비례적이라 가정한다.

양허 수준에 따른 개도국의 순한계비용을 NC(c)=MCsf(c)−MRsf(c)라고 정의하고, 선진국이 얻게 되는 순한계편익을 NR(c)=MRsl(c)−I(c)라고 정의하자. 양허 수준이 높아짐에 따라 NC(c)는 증가하고 NR(c)는 감소하는 것으로 생각할 수 있는데 분석의 편의를 위해 다음과 같이 선형함수로 가정한다.[16)]

$$NC(c)=F^{*}c - A,\ 단\ A>0$$
$$NR(c)= -L^{*}c + B,\ 단\ B>0$$

개도국의 순한계비용 NC는 그 특성을 나타내는 F^{*}와 A의 값으로 설명되는바, F^{*}는 NC선의 기울기로 양허 수준 c가 높아지면서 발생하는 순한계비용의 크기를 나타낸다. A는 NC선의 절편으로 양허 수준이 제로인 경우의 순한계비용의 크기이다. A값이 크다면 양허 수준이 제로이거나 낮은 양허의 수준에서 개도국의 순익(즉 마이너스의 순한계비용)이 큰 것으로 나타난다. 한편 선진국의 순한계편익 NR은 그 특성을 나타내는 L^{*}와

16) 선형함수가 아닌 일반적인 경우에도 이하의 분석결과는 성립한다.

B의 값으로 설명된다. L^*는 NR선의 기울기로 양허 수준 c에 따라 발생하는 순한계편익의 크기를 나타내며, B는 양허 수준이 제로인 경우에 선진국이 얻게 되는 순한계편익의 크기이다. 특히 NC, NR선의 기울기인 F^*와 L^*는 확률변수random variable로 불확실성을 갖고 있다고 가정한다. 즉, 양허에 따른 순한계비용과 순한계편익의 크기가 확실하게 정해진 것이 아니라 일종의 분포를 갖는 변수라고 가정하여 현실경제의 불확실성을 모형화하기로 한다. 분석의 편의를 위해 F^*와 L^* 각각에 불확실성이 발생하는 두 가지 경우가 존재하는 것으로 가정한다. 즉 F^*는 F 또는 F′이며 F<F′이고, L^*는 L 또는 L′이며 L<L′인 경우이다.

이제 각국이 실제 당면하는 순한계비용과 순한계편익의 크기가 사적 정보private information라고 가정하기로 한다. 즉, 각국은 자국의 비용 혹은 편익의 크기는 알고 있으나 상대국의 비용 혹은 편익의 크기에 대해서는 일종의 불확실성을 갖고 있다고 상정한다. 그러나 아무리 각국이 상대국의 상황에 대하여 실제의 값을 알지 못한다 해도 실제의 값이 어느 정도로 분포되어 있는지는 알고 있다고 가정하자. 따라서 두 확률변수random variable F^*와 L^*에 대해 양국이 갖는 공통분포함수common prior distribution가 공공정보public information라고 가정한다. 이러한 정보의 비대칭성에 근거한 불확실성을 극복하고 이에 대해 어느 정도의 위험분산을 통해 경제적 이익을 증가시킬 수 있는지를 살펴보는 것이 본 절의 취지이다.

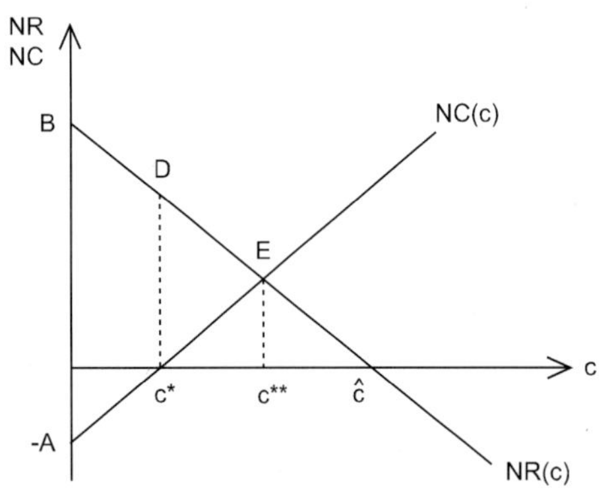

그림 9-2. 선진국, 개도국 및 세계전체의 적정 양허 수준

양국이 비대칭적으로 갖고 있는 정보를 나타내는 확률변수가 실현되어 실제 값이 F와 L로 주어진다면 세계 전체의 적정 양허 수준이 계산될 수 있다. 〈그림 9-2〉는 실제 값이 주어졌을 때의 NC(c)와 NR(c)를 나타낸다. 세계 전체의 적정 양허 수준인 c^{**}는 〈그림 9-2〉에서 상기 두 한계선의 교점에서 결정된다. 개도국의 경우, 적정 양허 수준은 NC선의 수평축의 교점인 c^{*}에서 결정된다. 한편 선진국에 극대 편익이 되는 양허 수준은 $\hat{c}$이며 이는 NR선의 수평축과의 교점이 된다.

개도국이 원하는 양허 수준, 선진국이 원하는 양허 수준, 그리고 세계 전체에 최대한의 이익을 주는 양허 수준은 다음과 같은 세 가지 극대화 문제로 얻어진다. c^{*}는 식 (1)을 극대화하도록 개도국에 의하여 결정되고, $\hat{c}$는 식 (2)를 극대화하도록 선진국에 의하여 결정되며, c^{**}는 식 (3)을 극대화하도록 선진국과 개발도상국의 합의에 의하여 결정된다.

$$\int_0^c -NC(c)dc = \int_0^c -(F^*c - A)dc \qquad \text{식 (1)}$$

$$\int_0^c NR(c)dc = \int_0^c (-L^*c + B)dc \qquad \text{식 (2)}$$

$$\int_0^c [NR(c) - \max\{0,\ NC(c)\}]dc = \int_0^c [-L^*c + B - \max\{0,\ F^*c - A\}]dc \qquad \text{식 (3)}$$

여기서 $c^*(F^*) = \frac{A}{F^*}$, $c^{**}(F^*,\ L^*) = \frac{A+B}{F^*+L^*}$, 그리고 $\hat{c}(L^*) = \frac{B}{L^*}$이다.

이하에서는 분석의 편의를 위해 모든 F^*와 L^*의 값에 있어서 $\hat{c}(L^*) > c^*(F^*)$라고 가정한다. 즉, 양국간 양허에 대한 협조가 항상 필요하기 때문에 국제경제협조를 위한 제도를 생각할 수 있다. 그러면 모든 (F, L) 조합에 대해,

$$c^*(F) < c^{**}(F, L) < \hat{c}(L^*)$$

이 성립한다. 따라서 선진국은 개도국의 더 높은 양허 수준을 기대하고, 두 나라의 양허 수준에 대한 협조를 경기이론적game theoretic 상황으로 생각할 수 있다.

2. 완전정보하의 국제경제협조와 국제경제체계의 정식화

1) 완전정보하의 국제경제협조

이제 양허의 수준과 그에 따른 한계비용 및 한계편익에 대한 정보가 양국 모두에 알려져 있고 이 정보를 공유하고 있다고 가정하자. 그러면 이상적인 상황으로 생각할 수 있는 것은 양국이 완전히 협조적인 관계를 갖는 것이다. 즉, 정보의 비대칭성이 없는 이상적인 경우 양국은 국제경제협조를 통해 파레토 최적Pareto optimal인 상황을 실현할 수 있다.

〈그림 9-2〉에서 c^*는 이전이 존재하지 않는 경우 개도국의 양허 수준으로 c^*의 우측에서 양허가 이루어질 경우 개도국은 추가적 순비용이 발생하게 된다. 이를 선진국이 이전의 형태로 보상해 주는 경우 개도국의 양허 수준은 c^*보다 높은 수준으로 될 수 있다. 선진국의 경우에는 $\hat{c}$의 양허 수준이 최적으로 되는바, 선진국으로서는 되도록 $\hat{c}$에 가까운 높은 수준을 추구하게 되고, 개도국은 되도록 c^*의 낮은 수준에서 양허 허용이 이루어지기를 바라게 된다. 이런 가운데 세계 전체 차원에서의 적정 양허 수준은 c^{**}로 NC와 NR의 교점에서 정해진다.

c^{**}의 양허 수준이 되려면 선진국으로부터 개도국에로의 이전이 c^*Ec^{**}의 면적만큼 이루어져야 한다. 국제경제체계 속에서 선진국으로부터 개도국에로의 이전을 통하여 개도국의 추가적인 순비용 발생분이 보상됨으로써, 선진국은 추가적인 순편익인 c^*DE의 면적에 해당되는 것을 얻을 수 있고, 세계적인 적정 양허 수준을 얻게 된다. 이 경우 개도국은 선진국의 이전에 따른 양허 수준 제고의 제의를 거절할 유인이 없어진다. 특히 선진국의 경우 개도국에로의 이전을 c^*Ec^{**}보다 크게 하여 개도국의 양허 수준을 보다 높게 만들고 그에 따른 선진국의 추가적 이익실현이 기대된다면, 이전의 규모가 c^*Ec^{**}보다 크고 c^*DEc^{**}보다 작은 규모까지 이루어질 수 있으며, 이 경우 개도국은 c^*보다 높은 수준에서 양허를 하려고 하는 유인이 더 강하게 작용하게 된다.

2) 국제경제체계의 정식화

여기에서는 선진국이 능동적으로 국제경제체계를 운영하면서 자국의 이익을 극대화하는 데에 국제경제체계를 이용한다고 가정한다. 그러면 선진국의 이전비용 규모는 c^*Ec^{**}가 된다. 따라서 개도국의 환경변수인 F의 함수로 선진국의 이전비용을 다음과 같이 표현할 수 있다.

$$P(F) = \int_{c^*(F)}^{c^{**}(F,L)} NC(c)dc = \frac{(FB - LA)}{2F(F+L)}$$

선진국은 자신의 사적 정보를 알고 있기 때문에 국제경제체계를 운영하기 위해서는 후진국의 사적 정보를 도출하여야 한다. 그 전형적인 방법은 후진국의 사적 정보 제공에 기초하여 양허에 따른 손실을 이전을 통해 보전해 주는 방식이다. 우리는 국제경제체계를 선진국의 이전과 개도국의 양허로 이루어지는 제도로 이해할 수 있다. 이 제도는 사전적으로 계획되며 계속해서 사용된다. 개도국 관련 정보인 F가 주어지면 이에 따라 양허 수준과 이전비용이 계산된다. 이러한 국제경제체계를 단순체계naive system라고 부를 수 있는데, 개도국이 참된 정보를 제공한다고 가정하기 때문이다.

일반적으로 선진국은 국제경제체계의 형성과 유지 및 확산을 위하여 개도국에게 일방적으로 양허를 하는 경향이 있다. 선진국이 그 이익을 극대화하는 것도 높은 양허 수준에서이다. 그래서 선진국은 개도국에게 보상의 차원에서 이전을 하면서까지 양허 수준을 높이려고 한다. 특히 선진국이 충분한 경제적 여력을 확보하고 있는 경우에는 더욱 그러하다.

이상의 논의는 개도국의 NC의 절편과 기울기, 선진국의 NR의 절편과 기울기에 관한 정보가 양국에 공히 완전하게 알려져 있는 경우에 해당되며, 이전이 존재하거나 존재하지 않는 경우의 양허 수준과 이전의 규모, 각국이 얻게 되는 이익의 크기 등이 명확하게 도출된다. 특히 개도국이 원하는 양허 수준, 선진국이 원하는 양허 수준, 세계 전체에 최대한의 이익을 주는 양허 수준은 결국 앞의 식 (1)부터 식 (3)까지의 세 가지 극대화 문제로 얻어지며, 선진국은 개도국의 더 높은 양허 수준을 기대하고, 두 나라의 양허 수준에 대한 협조를 경기이론적game theoretic 상황으로 생각할 수 있다.

먼저 국제경제체계의 기본 특징으로 선진국에 의해 운영되는 것이 바람직한 이유를 정보 유출에 대한 용이성의 측면에서 밝혀보고자 한다. 개도국의 정보 F가 국제적으로 알려져 있고 L^*가 선진국에게 사적인 정보인 경우를 상정해 본다. 개도국은 L^*의 분포distribution를 알고 있다. L^*는 확률 q로 L이 되거나, 확률 (1-q)로 L′로 되며, L < L′라 가정하자. NR_1은 L에 관한 것이고, NR_2는 L′에 관한 것이며 〈그림 9-3〉은 이러한 경우를 나타내고 있다.

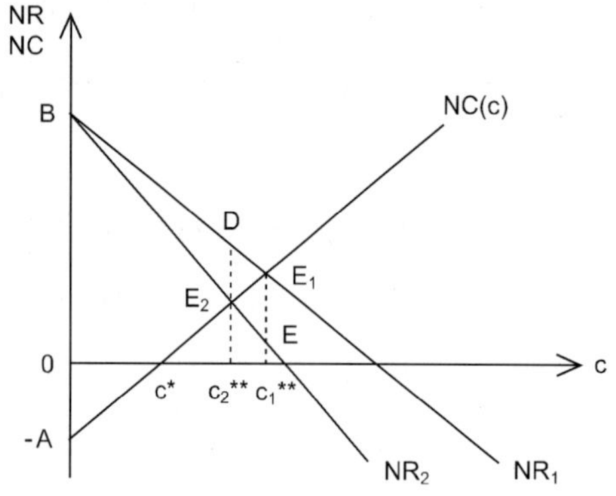

그림 9-3. 선진국의 보고유형별 편익

실제 선진국의 순한계편익선은 NR_1이라 하자. 선진국에 있어서 NR의 기울기가 L^*의 사적 정보에 의하여 결정되므로, 선진국이 L′라는 거짓을 보고할 경우 이전이 이루어진다면 양국 간 적정 양허 수준은 c_1^{**}로부터 c_2^{**}로 낮게 결정될 수 있다. 개도국으로서는 선진국이 NR_1이건 NR_2이건 각각의 경우에 이전이 이루어지기만 한다면 편익의 크기가 다를 바 없다. 따라서 선진국으로서는 거짓 보고를 할 인센티브가 존재하지 않는다. 양국 간 양허의 적정수준은 이전이 존재하는 경우 선진국이 성실하게 보고함으로써 국제경제체계를 통하여 편익의 극대화를 실현할 수 있다.

즉 실제로 양허 수준에 따른 선진국의 한계편익이 L일 때, 협상의 장에서 있는 그대로 보고하면 순익이 OBE_1c^*만큼 생겨난다. 그러나 실제와는 달리 선진국이 보고하는 한계편익을 L′로 하면 순익은 $OBDE_2c^*$가 된다. 따라서 L과 같이 있는 그대로 보고하는 것이 더 유익하다는 것을 알 수 있다. 한편 실제로 양허 수준에 따른 선진국의 한계편익이 L′일 때, L로 거짓 보고하면 순익이 ($OBEc_1^{**}$ - $c^*E_1c_1^{**}$)로 나타나고 L′와 같이 있는 그대로 보고하면 순익이 OBE_2c^*로 나타나는바, 선진국으로서는 L로 거짓 보고하는 것보다

L′와 같이 있는 그대로 보고하는 것이 더 유익하여 굳이 거짓 보고를 하면서 교섭의 장에 나갈 이유가 없다.

3. 비대칭적 정보하에서의 국제경제협조

1) 국제경제협조의 단순체계

본 절에서는 선진국이 국제경제체계를 운영한다고 상정하여 분석을 하기로 한다. 선진국은 개도국으로부터 '양허에 따른 순손실'에 대한 정보를 보고 받고 이 보고에 기초하여 화폐이전을 계산, 실행함으로써 자국의 이익을 극대화한다. 이하의 분석에서 알 수 있듯이 선진국의 이러한 자국이익 극대화의 전제조건은 개도국이 참된 보고를 하게끔 선진국이 얼마나 유도할 수 있느냐는 것이다.

선진국의 NR선의 기울기인 L^*는 선진국이 활용 가능하기 때문에 국제경제체계의 운영에 사용되기에 비교적 잘 알려져 있는 공공정보public information라고 상정한다. 그러나 F^* 즉 개도국의 NC곡선의 기울기, 양허의 수준에 따라 개도국에 생겨나는 순손실의 정도에 대해서는 개도국이 보유한 사적 정보private information라 하자. 물론 위에서 가정한 바와 같이 선진국은 F^*의 가능영역에 관해서 그 분포를 알고 있다.

개도국이 국가 간 협조를 논의하는 무대에서 선진국에 제시하는 보고는 사적인 정보에 의존하는 것이므로 선진국과 개도국 간 협상의 무대에서 개도국은 그들의 이익을 극대화할 수 있도록 F^*의 값을 제시하게 된다. 즉 실제의 F^*값을 밝히기보다 가령 더 커다란 F^*의 값을 제시하여 추가적인 양허 허용으로 비롯되는 순한계비용의 발생이 실제보다 크게 나타난다고 밝히고 그에 따른 개도국의 행동, 즉 낮은 수준의 양허를 허용하지 않을 수 없음을 주장할 수 있다. 선진국으로서는 적정 양허 수준을 얻어내기 위해서 개도국의 F^*에 대한 참된 보고를 유인할 필요가 있다. 이를 위해 개도국의 보고에 따라 적절한 유인체계로 화폐이전을 사용하는 국제경제체계를 생각해 보자.

국제경제체계, 즉 개도국의 보고에 대한 양허 수준과 이전비용 수준에 관한 규칙이 주어지면 개도국은 보고에 따른 이익과 손실을 계산하여 가장 좋은 결과를 주는 보고를 할 것이다. 먼저 국제경제체계로 완전정보하에서 분석한 결과를 이용하여 양허 수준과 이전비용 수준을 계산하는 방식을 생각할 수 있는데 이를 단순체계naive systems라 부르기로 한다. 이하에서는 이러한 단순체계를 이용한 국제경제협조가 궁극적으로 개도국의 참된 보고를 올바르게 유도하지 않음으로써 안정적으로 성립하지 않음을 설명하고자 한다.

단순체계로 이루어진 국제경제체계를 분석하기 위하여 다음과 같이 가장 간단한 경우를 분석하기로 하자. 즉, F^*는 확률 p로 F가 되거나 확률 (1−p)로 F′가 된다고 가정하자. 그리고 F′가 F보다 커서 양허에 따른 손해가 더 큰 경우를 나타낸다고 하자. 〈그림 9-4〉는 이러한 경우를 나타낸다. NC_1은 F의 경우를 나타내며, NC_2는 F′의 경우를 나타낸다.

이제 실제 F^*의 값이 F이며 순비용선이 NC_1이라 하자. 만일 개도국이 선진국에게 있는 그대로 비용을 알린다면 국가 간 협상을 통하여 선진국으로부터 이전이 이루어질 경우 $c1^{**}$의 양허 수준에 이르게 되고, 선진국으로부터의 이전은 $c_1^*E_1c_1^{**}$의 크기에 해당된다. c_1^{**}에 따른 손실에 해당하는 만큼 이전을 받으므로 순익은 0이다.

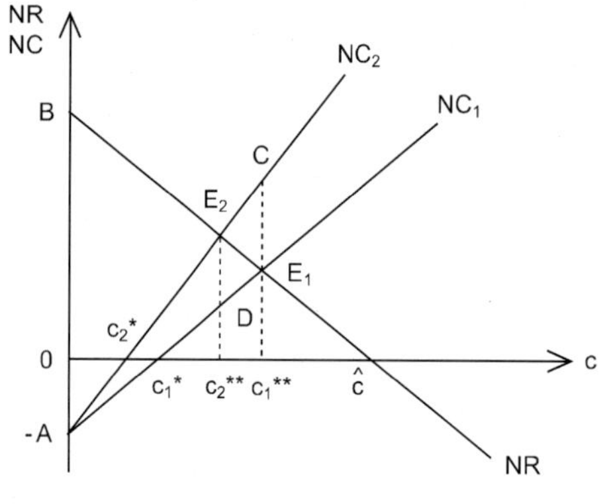

그림 9-4. 개도국의 보고 유형별 편익

한편 F′인 것으로 거짓 보고함으로써, 개도국은 선진국으로부터 $c_2^*E_2c_2^{**}$만큼의 이전을 얻는다. 이때 c_2^{**}에 따른 실제 손실 $c_1^*Dc_2^{**}$을 제외하면 순익은 $c_2^*E_2Dc_1^*$이다. 따라서 개도국은 항상 비협조적으로 행동하는 유인을 가지게 된다. 즉 이전은 이전대로 선진국으로부터 얻으면서 보다 낮은 양허 수준을 허용해도 되기 때문이다. 즉 개도국은 양허에 따른 손해가 적게 발생할 것으로 기대되는 경우에도 손해가 크다고 거짓으로 보고한다.

왜냐하면 거짓 보고를 함으로써 $c_2^*E_2Dc_1^*$만큼의 순이익이 보장되기 때문이다. 이는 단순 체계를 사용함으로써 발생한 오류라고 생각할 수 있다.

두 번째 경우로 F^*가 F′이며 실제 순비용선이 NC_2라면, 개도국은 거짓 보고를 할 유인이 없다. 이를 살펴보면 F′로 정직한 보고를 할 경우 손실 $c_2^*E_2c_2^{**}$만큼의 이전을 받으므로 순익이 0이다. 만일 F로 거짓 보고할 경우, 손실이 $c_2^*Cc_1^{**}$만큼, 이전이 $c_1^*E_1c_1^{**}$만큼 발생하므로 순손실 $c_2^*CE_1Dc_1^*$가 발생한다. 결론적으로 항상 $c_2^*CE_1Dc_1^*$의 순손실이 개도국의 거짓 보고를 통해 발생한다.

따라서 단순체계하에서는 개도국의 보고가 항상 F′로 되기 때문에 그에 기초한 양허 수준은 c_2^{**}가 되고 이전은 $c_2^*E_2c_2^{**}$가 된다. 단순체계하의 보고 및 이전, 그리고 양허 수준을 각 실제유형에 따라 분석 정리하면 다음의 〈표 9-1〉과 같다.

표 9-1. 국제경제협조의 단순체계 하에서 각국의 순익과 양허 수준

실제유형		F		F′	
보고		F	F′	F	F′
개도국	손실	$c_1^*E_1c_1^{**}$	$c_1^*Dc_2^{**}$	$c_2^*Cc_1^{**}$	$c_2^*E_2c_2^{**}$
	이전이익	$c_1^*E_1c_1^{**}$	$c_2^*E_2c_2^{**}$	$c_1^*E_1c_1^{**}$	$c_2^*E_2c_2^{**}$
	순익	0	$c_2^*E_2Dc_1^*$	$-c_2^*CE_1c_1^*$	0
선진국	이익	$OBE_1c_1^{**}$	$OBE_2c_2^{**}$	$OBE_1c_1^{**}$	$OBE_2c_2^{**}$
	이전비용	$c_1^*E_1c_1^{**}$	$c_2^*E_2c_2^{**}$	$c_1^*E_1c_1^{**}$	$c_2^*E_2c_2^{**}$
	순익	$OBE_1c_1^*$	$OBE_2c_2^*$	$OBE_1c_1^*$	$OBE_2c_2^*$
양허 수준		c_1^{**}	c_2^{**}	c_1^{**}	c_2^{**}

지금까지 단순체계를 분석하였는데 이를 살펴보면 개도국의 참된 보고를 이끌어 내기 위해서는 실제유형이 F일 경우에 참된 보고를 하도록 유인하는 것이 중요함을 알 수 있다.

이상의 두 경우를 살펴보면, F일 때 개도국의 참된 보고를 이끌어 내기 위한 유인으로서 선진국은 보고에 민감하지 않은 순익, 즉 일정액lump-sum인 순이익을 결과하여야 한다. 즉, 어떠한 보고에도 개도국에게 돌아가는 순이익이 일정하도록 이전이 이루어져야 한다.

실질적으로 이루어질 순이익은 F일 때 거짓 보고할 경우의 순이익으로 결정되며, 그 경우 이전규모인 P는 $c_2^*E_2Dc_1^*$이다.

2) 최적체계의 경제적 의미

〈표 9-1〉은 개도국의 실제유형이 F 또는 F′인 경우, 선진국과의 교섭에서 있는 그대로의 정보로 협조적으로 행동하는 경우와 거짓 보고를 하는 경우의 양허와 이전에 따른 각국의 경제적 효과를 나타낸다.

우선 개도국 관련 정보인 F, F′가 주어지면 이에 따라 양허 수준과 이전비용이 계산되는 단순체계에서, 개도국의 경우 실제 F인데 F′로 거짓 보고하는 등 비협조적으로 행동하면서 보다 큰 순익을 실현시킬 수 있다. F′인데 F로 거짓 보고를 할 경우에는 개도국의 순익이 마이너스를 나타내므로 거짓 보고에의 유인이 존재하지 않는다. 결국 단순체계 속에서는 개도국은 실제 F인데 F′로 비협조적인 행동을 취할 유인이 상존한다. 선진국으로서는 항상 개도국이 F로 보고하고 협조적으로 행동하는 경우에 양허 수준이 보다 높게 나타나고(그래서 보다 자유롭고 개방된 국제시장거래가 가능해지고), 순익의 측면에서도 마찬가지이다.

이제 개도국이 실제 F인 때에 F로 나오건 F′로 나오건 종국에 얻게 되는 개도국의 순익에 변화가 없도록 선진국이 이전의 규모를 일정액lump-sum 형태로 제안하게 되는 경우를 살펴보자.

〈표 9-2〉에서 알 수 있듯이, 개도국은 F건 F′건 순익이 항상 $c_2^*E_2Dc_1^*$만큼 실현되므로 굳이 F′의 거짓 보고를 할 유인이 없어지게 된다. 이는 F로 보고하는 등 협조적 행동을 할 경우 선진국으로부터의 이전이 $c_2^*E_2DE_1c_1^{**}$만큼 이루어짐으로써 가능해진다. 즉 개도국이 거짓 보고를 할 경우 기대되는 순익과 같은 크기의 순익을 보장하는 것이다. 이 경우 선진국은 개도국이 비협조적으로 행동하는 경우에 치루어야 할 이전비용 $c_2^*E_2c_2^{**}$보다 더 큰 비용을 부담하게 된다. 그럼에도 불구하고 선진국이 얻게 되는 순익은 $E_2E_1D + OBE_2c_2^*$로 오히려 더 커지고 있음을 알 수 있다.

즉 선진국으로부터 개도국에로의 이전이 일정액lump-sum 형태로 이루어지면서, (1) 개도국으로서는 비협조적으로 행동할 유인이 전혀 존재하지 않게 되고, (2) 선진국의 이전비용은 더 커지나, (3) 선진국이 종국에 얻게 되는 순익은 더욱 커지며, (4) 따라서 세계 전체의 순익이 증대되고, (5) 국가 간 양허 수준이 높아지면서 국제시장이 보다 개방되고 자유스럽게 운영된다.

이상과 같은 특징들이 나타나게 되는 것의 시발점은 선진국의 일정액lump-sum형태의 이전에서 비롯된다. 따라서 국제경제의 양허 수준을 높여 나가는 과정에서 선진국의 개도국에 대한 일정액의 이전은 이른바 '마중물 효과priming-pump effect'를 나타내고 있음을 알 수 있다.[17] 이상에서 분석한 방식을 최적체계optimal systems라고 할 수 있는데 이는 이러한 방식하에서 개도국의 사적 정보를 최소한의 비용으로 도출함으로써 선진국의 이익을 최대화하기 때문이다. 최적체계하의 보고 및 이전, 그리고 양허 수준을 각 실제유형에 따라 분석 정리하면 〈표 9-2〉와 같다.

표 9-2. 국제경제협조의 최적체계하에서 각국의 순익과 양허 수준

실제유형		F		F′	
보고		F	F′	F	F′
개도국	손실	$c_1^{*}E_1c_1^{**}$	$c_1^{*}Dc_2^{**}$	$c_2^{*}Cc_1^{**}$	$c_2^{*}E_2c_2^{**}$
	이전이익	$c_2^{*}E_2DE_1c_1^{**}$	$c_2^{*}E_2c_2^{**}$	$c_2^{*}E_2DE_1c_1^{**}$	$c_2^{*}E_2c_2^{**}$
	순익	$c_2^{*}E_2Dc_1^{*}$	$c_2^{*}E_2Dc_1^{*}$	$-CE_2DE_1$	0
선진국	이익	$OBE_1c_1^{**}$	$OBE_2c_2^{**}$	$OBE_1c_1^{**}$	$OBE_2c_2^{**}$
	이전비용	$c_2^{*}E_2DE_1c_1^{**}$	$c_2^{*}E_2c_2^{**}$	$c_2^{*}E_2DE_1c_1^{**}$	$c_2^{*}E_2c_2^{**}$
	순익	E_2E_1D + $OBE_2c_2^{*}$	$OBE_2c_2^{*}$	E_2E_1D + $OBE_2c_2^{*}$	$OBE_2c_2^{*}$
양허 수준		c_1^{**}	c_2^{**}	c_1^{**}	c_2^{**}

지금까지 단순체계에서 발생하는 의도와 결과의 차이를 감안하여 최적체계를 설계할 경우를 두 가지 사건이 존재하는 상황으로 설정하여 분석하였다. 분석 결과 일반적인 경우의 최적제도의 설계를 수학적으로 표현하면 다음과 같다. 즉 개도국이 참된 보고를 하도록 유인을 주면서 선진국의 순익(=선진국의 이익(Bsl) − 개도국에로의 이전비용(P))을 극대화

17) '마중물효과(priming-pump effect)'에 관해서는 Shim, S. J. and J. Kim, "Convergence, Divergence and International Economic System," 2002 참조.

하는 것으로, 선진국의 문제는 다음 식 (5)의 제약하에서 식 (4)를 극대화하는 것이다.

$$\max_{\overline{p}(\cdot)} B_{sl}(F', L) - \overline{P}(\cdot) \quad \text{식 (4)}$$

$$\text{s.t. } B_{sf}(F, F) \geq B_{sf}(F', F) \quad \forall F, F' \quad \text{식 (5)}$$

여기서 식 (5)의 Bsf는 개도국이 얻게 되는 순익으로, 개도국이 사적 정보에 대해 거짓 보고를 하지 않는 유인조건incentive compatibility condition이며, 참된 보고가 개도국의 문제를 최적화해야 함을 의미한다. 또한 식 (5)의 유인조건과 함께 다루어야 하는 선진국의 예산제약 조건은, 기본 모형에서 양허 수준에 따라 나타나는 선진국의 NR이 마이너스 값으로 되기 전에 개도국의 NC와 교차한다는 가정을 도입함으로써 자동적으로 성립하고 있음을 알 수 있다.

한편 양허 수준에 따른 개도국의 순한계비용선 NC(c)는 시간이 흐르면서 동태적인 변화를 나타낼 것이다. 특히 최적체계 속에서 개도국이 얻게 되는 순익을 활용하여 경제력을 배양함으로써 개도국 경제가 추가적인 양허에 따른 시장개방의 충격에의 대응력을 강화해 나갈 수 있게 될 것인바, 직관적으로 NC(c)는 그 기울기가 작아지거나 선 자체가 오른쪽으로 이동하게 될 것이다. 이것은 개도국 스스로의 손에 양허 허용 수준의 결정을 맡겨도 일정한 높은 수준의 양허에 도달하는 데 시간이 오래 걸리기는 하겠지만, 가능하다는 것이다. 특히 선진국으로부터 개도국으로의 이전이 개도국의 양허 수준을 이전이 없는 경우보다 더 높게 만들고, 보다 더 자유로운 국제경제에 도달하는 데에 걸리는 시간이 짧아진다는 것을 의미하기도 한다.

이렇듯 개도국의 NC(c)가 우측으로 이동하거나 기울기가 작아지는 것은 선진국의 이전비용이 점차 그 크기가 작아지고, 작은 이전으로도 개도국의 양허 수준을 크게 높일 수 있다는 뜻이기도 하다. 따라서 국제경제협조의 초기 단계에서는 선진국이 부담하게 되는 이전비용이 크다 할지라도 개도국의 협조적 행동을 유인하면서 양허 수준을 높여 나가기 시작하면, 이후 시간이 지나면서 점차 이전비용 부담이 감소하면서 선진국이 추구하는 높은 양허 수준에서의 국제경제의 개방과 자유를 달성할 수 있다.

제10장
국제경제파워와 국제경제관계

제1절 국제관계와 국가파워

국민국가의 형태가 구체적으로 갖추어지고 국제사회가 성립된 이래로, 한편으로는 국가 간 마찰/분쟁이 끊임없이 생겨났으며, 다른 한편으로는 그 해결을 위한 협조/조정이 진전되면서 국제사회는 동태적으로 변화, 발전해 왔다. 이러한 마찰/분쟁 및 협조/조정의 과정에서 국가 간 제반 문제는 각 국가주체들의 국가파워 및 국가 간 파워구조에 의하여 제기되고 다루어지고 해결되어 왔다. 즉 힘의 논리에 의하여 문제가 제기되고 논의되고 해결되었다. 단지 변한 것은 그 힘의 구성요소가 군사적 내지는 정치적인 것으로부터 점차 경제적·기술적·문화적인 것으로 전환되고 있다는 것이다. 특히 최근에는 국제관계에서 경제적 측면의 국경은 점차 소멸되고 있는 반면, 정치적인 측면의 국경은 아직도 남아 있어 경제적 공간과 정치적 공간의 개념이 크게 달라지고 있다. 이와 함께 각국의 제반 문제는 복잡 다양하게 제기되고 다루어지고 있으며, 그 과정에서 역시 복잡 다양한 파워의 행사와 균형이 나타나고 있다.

국제사회에서 정치적 행동과 그에 대한 책임의 기본단위는 국가이다. 각국은 대외적으로 독립된 단위로 행동하기 위하여 주권을 가지고 대외적인 파워를 행사하게 된다. 주권국가가 병존하고 있으며, 각 주권이 독립적으로 성립되고 행사되는 국제사회에서 주권국가 간 시스템을 기본적으로 움직이게 하는 것은 다름 아닌 '파워'이다. 한 나라가 국제사회에서 여타 행동주체를 의식하지 않고 자국의 대내외적인 목적을 얼마만큼 추구할 수 있느냐의 정도는 자국이 가지고 있는 파워, 국력에 의존하게 된다.

1. 파워의 개념

국가의 파워란 무엇인가? 일반적으로 국제관계에서의 파워란 '다른 국가들로 하여금 그들이 하려고 하지 않는 것을 하게끔 하는 능력'이다. 경우에 따라서는 국가 간 마찰/분쟁이 생겨났을 때 이를 조장하는 능력일 수도 있고 마찰/분쟁을 협상, 조정을 통하여 해결해 나가는 능력이기도 하다. 극단적으로는 국가 간의 제반 문제를 제기하는 것까지도 국가파워에 포함된다. 따라서 국제관계에서 강력한 파워를 행사할 수 있는 국가란 그들이 원하는 방향으로 마찰/분쟁 내지는 교섭, 협상을 전개시키며, 또 그들에게 이롭게 교섭, 협상, 분쟁의 산물을 차지할 수 있는 국가이다. 이렇듯 파워란 의도한 효과를 보려 하는 능력으로 정의되기 때문에, 국제관계에서 매우 중요한 전략적 요소이다.

국제관계론에서 파워는 일반적으로 군사적 능력을 의미하기도 하고, 경우에 따라서는 보다 광범위하게 영향력이란 의미로 쓰이기도 한다.[1] 즉 국가가 단독으로 또는 복수국이 협력, 결속하여 타국(단수 또는 복수)에 어떤 행동을 취하도록 영향력을 발휘하는 능력이 그 나라 또는 복수국이 갖는 파워이다. 이러한 파워에 관하여 광의의 개념을 유형별로 정의하면, (1) 강제를 수반하는 영향력, (2) 강제를 수반하지 않는 영향력, (3) 일반적인 실력행사로 나뉜다. 특히 (1)과 같이 강제를 수반하는 경우의 영향력은 압력의 의미를 갖고, (2)의 경우는 단지 영향력으로 불린다.

만일 어떤 행동의 주체(이하 여기서의 논의상 '국가'와 같은 뜻으로 사용한다.) B가 다른 주체 A의 의지표시(행동, 요구, 희망, 제안, 시사, 기대 등)의 결과로서 자기행동을 A의 의향에 합치하도록 수정한 경우, B는 A로부터 영향을 받았다고 한다. 역으로 말하면 A가 B에 대하여 영향력을 행사, 발휘하였다고 할 수 있다. 그때 A의 의향에 따라 행동을 수정한 것이 B가 본래 달성하려던 목표에 있어서 마이너스(제약적인 것)인 때에는 (1) 강제를 수반하는 영향력이 된다. 이에 반하여 A의 영향이 B가 본래 달성하려던 목표에

---

1) J. Holsti, *International Politics: A Framework of Analysis*, Prentice-Hall, 1967.

있어서 플러스(고무적인 것)인 경우에는 (2) 강제를 수반하지 않는 영향력이 되는 것이다.

영향력이란 그것의 행사가 강제적이든 아니든 상대의 행동, 정책에 일정한 변화를 초래함으로써 자기 목표를 달성하려고 하는 방법이며, 그러한 의미에서 상호작용이다. 반면 단순한 실력행사는 일방적인 행동에 따라 기성사실을 만들어 내, 이익배분을 자기에게 유리하도록 변경해 버리는 것이다.

실력행사의 수동적인 형태는 거부력(상대의 욕구하는 가치를 오히려 거부하는 능력)이다. 예를 들면, 미국의 시장개방요구는 보통 (1)의 경우로 해석되고, 마찬가지 여타 선진국에 대한 대외원조 강화 요청은 (개개 사례에 관해서는 단순치 않으나 전체적으로는) (2)의 경우에 속한다고 하겠다. (3)의 사례로는 1971년 8월 닉슨 대통령이 취한 신경제정책(달러-금의 교환정지 및 수입과징금 부담)을 대표적인 것으로 들 수 있다. (3)은 차치하더라도 (1)과 (2)의 구별은 종종 미묘하여 견해에 따라서는 압력행사로도 볼 수 있고 영향력 발휘로도 볼 수 있다. 이는 국가이익에 관해서는 결국 각국의 주관적인 요소가 들어가게 되고, 국익이라 해도 생산자 대 소비자, 도시 대 농촌, 사용자 대 피사용자, 정부 대 기업 등등 그 구성원들의 입장이 상이하여 일률적으로 정의하기 어렵기 때문이다. 따라서 어떤 사람은 영향력 정도로 받아들이는 것을 다른 사람은 압력으로 받아들일 수도 있다.

한편 파워의 행사에는 강제적이든 아니든, 영향력이라는 형태를 취하지 않는 것도 있음에 주의해야 한다. 그것은 A국이 B국의 행동에 무엇인가의 변경을 초래하려는 것이 아니라, 단순히 자기의 욕구를 실력으로 쟁취하거나, B가 욕구하는 무엇인가의 가치를 오히려 거부하여 그에게 주지 않는 방법이다. 이러한 각국 파워의 구조적 변화가 강력하게 나타나는 때, 경우에 따라서는 어떤 국가가 국제경제체제, 질서를 지지하고 있던 기존의 파워구조를 크게 변화시키고 별도의 새로운 국제경제체제, 질서에로의 전환을 일으키게 될 수도 있다.

2. 파워의 근원

파워에는 잠재되어 있는 파워와 현실화된 파워가 있다. 고전적인 정치경제학에서도 파워를 이와 같은 범주의 것으로 생각하고 있으며 결코 단순히 군사력만을 가지고 논하고 있지 않다. 잠재되어 있는 파워로는 예를 들어 군사력에 관해서만 본다면, 군사적 잠재력(인적 능력, 공업력 등), 군사적 평판(이익의 침해에 직면했을 때, 군사적으로 대응하는 성향의 강약) 등의 요소가 있다. 실제로 각 국가가 가지는 파워는 잠재적인 것이든 현실화된 것이든, 다양한 파워구성요소들의 복합적인 작용에 의하여 형성된다. 파워의 구성요소 가운데 대표적인 것으로 (1) 영토, (2) 군사력, (3) 정치적 침투력(선전, 스트라이크, 데모의 유발, 반대그룹의 지원, 매수 등), (4) 경제력(경제적 이익의 약속 또는 유보 등), (5) '정의'를 위한 파워의 사용의지, (6) 문화력 등을 들 수 있다.

국제관계론에서 이러한 파워의 근원은 보다 구체적으로 다음과 같이 여러 가지 요인들을 포함한다. 몰겐소H. Morganthau에 의하면,[2] (1) 지리(국가의 면적과 위치), (2) 천연자원, (3) 공업력(경제의 규모와 특질), (4) 군비(군사력, 방위전력의 규모, 특징, 준비), (5) 인구(규모, 구성, 교육과 훈련수준 등), (6) 국민성, (7) 국민의 사기, (8) 외교의 질(다른 주체들과의 정치적·군사적·경제적 관계), (9) 정부의 질(리더십, 사회구조, 정치적 구조, 조직, 안정도) 등 9가지를 지적하고 있다. 이 외에 수송, 커뮤니케이션, 국가가 비공식적으로 공격과 원조활동을 하는 능력 등을 포함시켜서 광의의 파워 기반(파워 베이스)으로 볼 수 있다.

이들 예에서 알 수 있듯이 파워 베이스는 매우 다양한 요소를 포함하고 있으며, 각 이슈별, 관계별로 상당히 다양해진다. 특히 질적인 측면을 중요시하는 부분이 많고, 파워행사의 과정에서 필요로 되는 제반 자원들을 포함하는 개념의 것이다.

그런 가운데 가장 일반적이고 포괄적인 의미에서 파워의 근원은 다름 아닌 국부national wealth라 할 수 있다. 국부와 파워는 통상 같은 의미로 쓰이기도 하나, 국부와 파워는 항상 동태적인 관계에 있다. 국가가 부유할수록 분쟁에서 우세한 잠재적 파워를 갖는다. 국부와 파워의 관계는 지정학적·지경학적으로 산업혁명 이후 극적으로 전개되어 왔다. 산업혁명 이후 가장 강력한 국가는 국부가 가장 크게 성장해 있으며, 가장 앞서가는 산업기반을 가진 국가였다. 또한 국부는 더 많은 국부를 창출하는 데 쓰인다.

2) H. Morganthau, *Politics Among Nations: The Struggle For Power and Peace*, Knopf, 1973.

3. 국제관계와 파워

국가의 실제 파워는 특정시점에서 단지 분쟁의 산출물, 결과에 의하여 측정될 수 있는데, 그때까지의 파워는 잠재적인 것이다.[3] 이와 관련하여 파워에 관해 논할 때, 한 가지 주의할 점은 잠재적 파워와 현시적 파워를 구별하는 것이다. 잠재적 파워는 이른바 파워의 행사에 필요한 수단이며, 획득하여 축적할 수 있는 것이다. 구체적으로 눈에 보이는 것으로는 국고에 비축된 금은재화(중상주의적 견해라면), 무기고에 축적된 총포, 병사의 수(역시 고전적인 견해)이며, 현대적 개념으로는 국민총생산GNP도 포함될 수 있다. 그러나 실제 문제가 되는 것은 파워행사가 어떤 효과를 초래하는가인데, 이것이 현시적 파워이다. 예를 들면, 거대한 GNP를 가졌건, 얼마나 다수의 핵탄두를 갖고 있건, 그것에 의하여 바람직한 상황을 만들어 내거나 유지하는 것이 불가능하다면, 효과로서의 파워는 작은 것이 된다. 따라서 모든 국가들은 어떤 주어진 교섭, 협상 및 분쟁의 과정에서 보유하고 있는 유능한 인력자원, 천연자원 등을 그들의 목적을 실현하기 위하여 효율적으로 총동원함으로써 파워를 얻으려 한다. 이러한 국제관계에 있어서 파워를 고찰하는 데에는 다음과 같이 주의해야 할 점들이 있다.

첫째, 국가의 파워는 항상 다른 국가들의 파워에 대하여 상대적이다.

둘째, 국가의 파워는 추구하는 데 가치가 있는 목적이 아니라, 국가목표를 달성하기 위한 수단이다. 특히 국제관계에 있어서 파워는 지극히 중요한 역할을 해 오고 있으나 그것은 각각의 주권민족국가가 추구하는 제반 목적 또는 제 가치를 실현할 수 있도록 하기 위한 수단인 것이다. 이를 넘어서서 맹목적인 파워지향은 파워의 자기 비대, 파워의 효율성 저하를 초래하여 붕괴를 자초하는 것이 된다.

셋째, 현실 국제관계의 모습이 정치 측면의 파워에 의하여 구성되는 것이라 해도 국제무대에서의 실제적인 파워행사, 우선 무엇보다도 대국에 의한 군사력 행사에 대한 회의, 비판이 국제적·국내적으로 강해지고 있다.

넷째, 최근에 들어서 파워관계가 보다 복잡화, 다양화되고 있다. 군사력 이외에 경제,

3) Hans Morganthau, *Politics Among Nations: The Struggle For Power and Peace*, Knopf, 1973, p. 9.

자원, 에너지 등 이른바 파워의 비군사적 요소가 보다 중요한 의미를 갖는다. 이와 함께 교섭, 대화에 의한 외교를 통하여 타국에 영향을 주는 범위가 넓어지고 있다. 파워라고 해도 오히려 타국을 설득하는 능력 또는 영향력, 때로는 여론을 지배하는 능력이 상대적으로 더욱 중요시되고 있다. 따라서 국익national interest을 지키기 위하여 한 나라와 관련된 영향력을 이용하는 경우조차도, 보편적 인류사회의 가치에 뿌리를 둔 정당성을 확보하여 여론의 지지를 얻어야만 한다.

4. 파워균형

경제학 등 사회과학에서 사용하고 있는 용어인 균형은 어떤 체제를 구성하는 요소들 가운데 상반되는 힘을 가진 요소들 간에 적절한 균형이 성립되어 있는 상태를 나타낸다. 마찬가지로 파워균형이란 두 개 이상의 복수 국가들에 파워가 균등하게 분산되어 균형이 성립되어 있는 상태를 의미한다. 각국의 자율적인 국가행위를 독립적으로 허용하고 있으며, 이에 따라 균형의 목적이 안정과 각국의 보존을 포괄하는 것이 될 수 있다.[4)]

모든 균형의 목적은 균형을 구성하고 있는 요소들 가운데 어느 하나라도 약탈되거나 파괴됨이 없게 하는 것이다. 만약 그 목적이 안정뿐이라면 그러한 안정은 한 요소가 여타 요소를 수탈, 파괴하도록 방치함으로써 실현 가능할 것이다. 그러나 균형의 목적이 안정뿐만 아니라 체제구성요소들의 보존까지 포괄하는 경우에 균형을 유지하기 위하여 채택되는 수단은 다음과 같은 지침이 서 있어야 한다. 즉 한 요소가 가진 경향tendency이 여타 요소의 경향을 무색하게 하지도 않고, 그것에 의해 무색하게 되지 않을 만큼의 힘을 각 요소들이 갖는 점까지 각 요소들의 자율적인 행위를 허락하는 것이다.

파워균형은 국가 간에 불안정한 안정precarious stability을 형성하기도 한다. 그러한 안정은 언제라도 깨질 수 있으나 그때마다 관련 당사국들의 노력으로 다시 원상태 즉 안정을

---

4) Hans Morganthau, *Politics Among Nations: The Struggle For Power and Peace*, 6th ed., Knopf, 1985, pp. 188-189.

되찾게 된다. 따라서 이러한 불안정한 안정이야말로 가정된 파워패턴 조건하에서 실현 가능한 안정이다. 또한 국가 간에 안정적으로 성립되어 있는 파워균형은 언제라도 깨질 수 있고 다시 회복될 수도 있는 불안정한 안정의 형태를 나타내고 있다. 이러한 파워균형은 정면대치형 균형과 경쟁형 균형으로 대별된다.[5)]

1) 정면대치형 균형

정면대치의 균형상태는 두 국가 간에 파워 쟁탈전이 전개되고 있는 경우에 이루어진다. 각국이 파워관계에 있어서 서로 우위를 차지하려 하고, 한 치의 양보도 없는 일종의 정면대치direct opposition 상황에 처하게 된다. 이렇듯 파워가 일방에게 기울지 않고 양국이 정면으로 대치하는 상황도 불안정하기는 하지만 파워균형 상태라 할 수 있다. 그렇다면 정면대치 상황 하에서 파워균형은 어떻게 달성되는 것인가.

A국이 B국의 정책결정에 크게 영향을 줄 수 있도록 파워를 증대시키면, B국은 A국의 영향에 대응하여 A국의 정책을 무산시킬 수 있을 정도로 자국의 파워를 증대시켜 나가게 된다. 이러한 상호대립적인 파워균형 유지과정이 지속됨으로써, 한 나라의 파워증진은 상대국의 파워를 적어도 비례적으로 증대시키게 된다.

2) 경쟁형 균형

A국이 C국에 영향력을 행사할 수 있도록 정책을 펴면, C국은 그에 대항하거나 순응하게 된다. B국도 C국에 대해서 마찬가지일 경우 A국 정책의 목적은 C국에 영향력을 행사하는 것인데, B국의 정책이 이에 대항하는 것이 된다. 왜냐하면 B국도 C국과의 현상을 유지하거나 영향력을 행사하려 하기 때문이다. 이러한 A, B 양국 간의 파워분쟁은 정면대치라기보다는 경쟁의 형태를 나타낸다. 이 경우 C국의 독립은 A, B국 사이의 파워관계에 의존하게 된다.

---

5) Hans Morganthau, *Politics Among Nations: The Struggle For Power and Peace*, 6th ed., Knopf, 1985, pp. 192-196.

제2절 경제적 파워와 국제경제관계

1. 경제적 파워

1) 경제적 파워의 개념

파워에 관한 이상과 같은 개념정리를 활용하여 경제적 파워에 대해 보다 구체적으로 알아본다. 한 나라가 타국에 대한 힘의 관계를 고려하면서 스스로의 목표를 실현하는 경제적 수단의 측면을 경제적 파워라 한다.[6] 경제적 파워란 일반적인 파워 가운데 경제적인 측면으로부터 생기는 것이나, 이를 보다 구체적이고 적극적으로 보면 '경제정책, 금융정책을 이용하여 경제적으로 강한 국가가 약한 국가에 대하여 손실을 주거나 손상을 줄 것이라고 위협함으로써, 또는 이익을 주거나 이익을 줄 것이라고 약속함으로써 한 나라가 스스로의 이익을 실현해 나가는 능력' 또는 '경제적 측면에서 보아 타국이 자국에 대하여 행사하는 경제적 파워를 제한하는 능력'으로 정의하고 있다.

한편 경제적 파워를 '어떤 국가가 단독으로 또는 복수국이 협력해서 타국(단수 또는 복수국)에 대하여 어떤 행동을 취하도록 영향을 주는 것으로 경제면에서 생기는 능력'으로 규정할 수 있다.

2) 경제적 파워의 행사

국제관계(특히 정치 차원에서)를 존재를 건 피아의 싸움이라는 견해를 가지고 보는 한, 파워행사는 강제력을 수반하는 적대적인 방법을 취하거나, 일방적인 실력행사가 되기 쉽다. 이 경우 "경제력은 군사적 수단을 통하여 비로소 정치력이 된다."라는 명제가 성립하게 된다. 과거의 중상주의자가 국고에 금은재화를 축적하는 데에 열중했던 것은 유사시에 그것을 전비에 충당할 수 있으며, 또 그것만이 전비를 충당할 수 있다고 생각되었기 때문이다. 경제력의 개념이 금은보화로부터 보다 광범위한 '부'로 변한 후에도 위의 명제에 본질적인 변화는 생기지 않는다.

---

6) 池本清, 『國際經濟體制論の研究』, 1981, p. 61.

이러한 적대적 관계를 전제로 하는 가운데, 거대한 GNP(또는 경제적 잉여, economic surplus)를 갖고 있는 잠재력이라 해도, 그것만으로는 현재화된 파워가 되기 어렵다. 그것은 이른바 '경제제재(경제력의 강제적 · 적대적 행사)'가 대개의 경우, 커다란 효력을 발휘하지 못하는 것을 보면 알 수 있다. 그것이 효력을 발휘하는 것은 1972년 OPEC에 의한 석유전략의 예와 같이 지극히 특수한 조건(예를 들면 공급자 수가 한정되어 seller's market으로 되어 있는 상황 등)이 갖추어진 경우에만 나타나는, 매우 드문 상황이다.

물론 경제제재는 상대의 행동을 강제적으로 수정시키는 것만을 목적으로 하지는 않는다. 중동 제국의 석유전략은 중동에 유리한 행동(석유가를 올리는 것)을 서방 측 제국으로부터 정착시키는 데에 성공했다는 의미에서 전형적인 압력행사의 사례라 할 수 있다. 그러나 경제제재는 오히려 일방적인 행동에 의하여 사실상 상대에 불리한 상황을 만들어 내는 것을 목적으로 하며, 그런 의미에서 일정의 효력을 발휘하는 것을 목표로 하는 경우가 많다. 예를 들면, 미국을 비롯한 서구 제국이 소련(그리고 어떤 시기까지의 중국)에 대하여 전략적 물자의 수출을 금지하고 제한해 온 것이 그 예이다. 이 경우 상대의 행동을 보다 유화적인 것으로 변경시킨다기보다, 그 국력 증진을 방해하는 것에 목적이 있다고 하는 편이 옳다. 이러한 파워의 행사(실력행사에 속함)가 어느 정도의 효과를 가져오는가는 정확하게 측정될 수 없다.

3) 경제적 파워를 성공적으로 발휘할 수 있는 조건

상호에 적대적인 제로섬zero-sum 게임이 아니라 넌-제로섬non-zero-sum 게임이 국가 간 게임의 기본적인 특성이라 한다면, 그 게임에서의 영향력의 상호행사가 현대의 새로운 국가 간 정책에 나타난다. 이 영향력의 상호행사에서 경제적 수단을 보다 많이 갖는 자가 보다 커다란 영향력을 발휘할 수 있는 입장에 서게 된다. 일부 선진국에게 경제대국으로서의 역할을 기대하는 것도 바로 이러한 이유에서이다.

그러나 경제적 수단을 많이 갖고 있는(그런 의미에서 경제적 파워가 강한) 것만으로는, 자국이 원하는 방향으로 상황을 만들어 갈 수 없다. 즉 경제적 수단을 많이 갖는 국가가 현실적으로 보다 커다란 영향력을 발휘할 것이라고 단정할 수 없다. 이는 여러 이유가 있으나, 가장 기본적인 이유는 정치 측면의 시간적 · 공간적 단위가 경제적 측면의 그것과 다르다는 데에 있다. 달리 나타내면, 장기적으로는 이익이 조화롭게 분배된다는 것을 알고는 있어도(경제), '지금, 여기서' 상호이익이 일치하지 않는다(정치)는 사실이 있기 때문이다.

이런 관계 속에서, 경제적 파워(경제대국)가 그에 맞는 영향력(리더십이라 할 수 있음)을 발휘하기는 쉽지 않다. '지금, 여기서'의 이해利害의 불일치를 뛰어넘어, 장래의 이익과 조화를 중시하고 그것을 추구해 나가기 위해서는 상상력과 함께 비전까지도 필요하다. 단기적인 이익에서 타국을 움직이는 것은 쉬울지 모르나, 그 효과는 오래 가지 못한다. 단기적인 이익이 없어지면서 끝나기 때문이다. 그 대표적인 예로 대외원조정책을 들 수 있다. 따라서 지속되는 영향력이란 시스템, 제도, regime을 디자인하고, 그것으로 모두의 행동을 유도해 나가는 능력이다. 그렇게 함으로써 비로소 단기적인 이익에 의거한 행동을 장기적인 이익을 추구하는 행동으로 연결시킬 수 있다.

경제대국이 그에 걸맞은 영향력을 발휘하기 위해서는 위대한 상상력이 필요하며, 그런 의미에서 전략적인 사고가 불가결하다. 이는 결국 사상적인 측면에 속하며 문화력의 문제로 귀결된다. 이처럼 경제적인 부를 권력 내지 영향력power으로 전환하는 장치는 실로 복잡하고 미묘하다.

2. 경제적 파워 베이스

경제적 파워 베이스를 거시적으로 국가 차원에서 보면, 다음의 요소가 포함된다.

(1) 국내시장의 크기를 나타내는 국민소득 내지 GNP의 규모로, 외국의 국민소득이 자국의 국민소득을 크게 상회하면, 규모의 경제, 산업다양화, 기술개발 등에서 외국을 우위로 하는 경제적 파워 베이스가 발생할 것이다.

(2) 경제발전 단계를 나타내는 1인당 국민소득수준의 경우, 외국이 높으면 자본축적, 기술수준, 기술개발력, 자산 등이 많거나 높은 것으로 외국의 경제적 파워 베이스가 우위에 있다 하겠다.

(3) 기술개발력, 기술수준

(4) 경제원조

(5) 타국에 대한 누적채권 잔고

(6) 직접투자잔고의 비율과 중요산업분야에의 집중 정도로, 외국이 높으면 판매, 생산, 기술 등에 있어서 외국의 경제적 파워 베이스가 높다.

(7) 중요자원, 예를 들면 원유, 식량 등의 수출이 대규모일 것

(8) 중요자원의 수입의존도가 높지 않을 것

(9) 수출품의 집중도, 수출의 지리적 집중도가 높지 않을 것

(10) 수입의존도가 특정국에 대하여 높지 않고 분산되어 있으며 대체적 공급원이 있을 것

(11) 경제적으로 협력할 수 있는 동맹국이 있고, 상대국보다 강력할 것

(12) 국내에서 자기충족적 내지는 그에 가까운 산업연관관계를 가지고 중요산업을 많이 포함하고 있을 것 등이다.

이상과 같은 경제적 파워 베이스의 각 요소들을 수량화하여 집계하는 것은 쉽지 않다. 그러나 OPEC의 원유의 경우처럼, 상기의 (7)과 (11) 두 가지 요소만으로 전 세계를 뒤흔들어 놓기에 충분할 정도로 힘을 갖추는 경우도 있음을 감안하면, 반드시 상기의 모든 요소들의 합계치가 의미를 갖는다고 볼 수도 없다. 또한 경제 측면에서 발휘되는 경제적 파워의 원천에는 단지 상기와 같은 경제적 요인뿐만 아니라 군사력, 정치력, 국민의 통일성, 사기, 외교능력 등의 비경제적 요인도 작용하고 있음은 말할 것도 없다.

경제적 파워는 국가가 가지고 있는 군사력에 의존하나, 그 군사력이란 것도 결국은 전력물자는 그 나라의 산업력, 기업력, 기술개발력에 의존하는 부분이 크다. 국가가 기술개발을 조성하는 경우도 많으나 산업, 기업이 한 나라의 경제적 파워 형성에 중요한 역할을 하고 있다.

한편 이상과 같은 경제적 파워 베이스의 거시적 요인과는 별도로 미시적 요인도 무시할 수 없다. 경제적 파워 베이스의 미시적 요인으로 자국기업에 비하여 외국기업이 경영능력, 기술력, 금융력, 마케팅력, 원재료 조달력 등에서 우위에 있거나 기술제공, 직접투자를

행하여 자국기업을 종속적 입장에 두는 등의 의미에서 보아 대기업 또는 우월한 기업의 경영활동 자체도 경제적 파워 형성에 중요한 역할을 한다.

3. 경제적 파워의 배경으로서의 기술력

특히 국부, 경제적 파워를 보다 구체적이고 명시적으로 나타내 주는 것은 기술의 획기적 성공, 개발을 이용하는 국가의 능력이다. 케네디P. Kennedy는 경제적·기술적 능력은 궁극적인 파워 소스라고 하였다. 파워의 원천으로서의 구체적 기술력이란 제품기술, 생산기술 등과 같은 하드기술과, 관리기술, 개선기법 및 정보처리기술 등의 소프트기술을 포함한다.

이러한 기술과 경제적 파워의 관계를 둘러싼 경제학의 논점은 상당히 중요한 부분이다. 무엇보다도 기술이 패권을 둘러싼 분쟁의 초점이 되는 것에 관하여 다음과 같은 설명이 가능하다. 우선 첨단기술은 선진 제국이 독점한다는 사실이다. 이것은 반드시 의도적으로 그렇게 된다기보다는 세계 시스템에 있어서 기본적으로 비교생산비의 원리가 관철된다고 하면, 노동임금에는 국제적으로 균등화되는 힘이 작용하는 것에 의한다. 즉 생산요소(노동력)가 국제적으로 이동하면 노동임금의 균등화는 가장 직접적으로 이루어진다. 그렇지 않으면 자유무역에 의한 수입품과의 가격경쟁, 가격하락이 같은 효과를 가져온다. 자유무역이 선진국 내에서 여러 반대에 직면하는 것은 그 때문이다. 선진 제국의 노동자로부터 보아 균형화는 임금의 억제, 하락을 의미하므로 이는 당연한 것이다. 그러나 실제로 선진 제국이 경제적 우위를 유지하고 있는 것은 이러한 균등화를 진행시키지 않는 무엇인가의 요소가 작용하고 있기 때문이다. 수입제한, 생산요소의 이동제한 등은 그것을 위한 직접적인 수단이다.

그러나 선진 제국은 기본적으로는 이러한 직접적인 수단에 의존하지 않는데, 그러면서도 임금격차가 유지되고 있는 가장 커다란 원인은 선진 제국의 수요가 고급화, 차별화되어 다른 국가들의 생산자가 그것에 충분히 대응할 수 없었다는 것을 지적할 수 있다. 선진 제국에서는 기본적으로 소비자의 기호가 수요를 결정한다. 그것이 소프트화, 다양화되어 있으므로 그것에 대응해서 생산 측면에서 다양화, 다품종소량생산 등이 진전된다. 뿐만 아니라 품질, 생산에서의 정밀도, 리얼타임 납입 등의 요청이 있게 되어, 타국의 생산자에게는 불리하다. 생산요소로서의 자본의 이동은 현재는 스스로 유입을 제한하지 않는 한, 자유스럽다. 따라서 또 하나의 생산요소인 기술의 차이가 생산요소의 보수로서의 임금차가 생겨나는 가장 기본적인 이유이다. 이러한 사정이 명백해짐에 따라 선진기술을 둘러싼 선진 제국의 경쟁이 더욱 격렬해지며, 국가의 경제력을 유지하는 데 있어서 첨단기술을 국내에 토착화하는 것이 정치적으로도 강력한 요구사항이 되고 있다. 기술적인 우월성, 기술력은 국민생활의 수준을 유지하고, 국제경쟁에 대처해 가는 데 중요한 요소인 것이다.

4. 경제적 파워의 사용 및 사용의지

한편 경제적 파워를 사용하는 것은 어떠한 경우인가? 국가가 합리적으로 행동한다고 가정하면, 파워의 사용은 그 결과 얻어질 것이라고 생각되는 이익이 파워의 사용 코스트를 상회한다고 예상되는 경우에 이루어진다. 다만 경제적인 대립은 그 해결을 위한 국제적 메커니즘이 발달해 있고, 비용과 이익의 평가가 비교적 용이하여, 파워를 사용할 것인지 아닌지를 어느 정도 명확하게 결정할 수 있다. 극단적으로 경제적인 대립에 의하여 전쟁이 비롯된다고 가정하면, 전쟁에 의한 파괴 등의 비용이 그 결과 얻어지는 교섭상의 이익보다 훨씬 크게 나타나는 것이 일반적일 것이다. 단 종교적 대립 등의 경우는 차원을 달리한다. 서로 자신이 절대적으로 옳다고 생각하기 때문이다. 이데올로기의 대립도 이것과 유사한 면을 갖고 있음에 유의해야 할 것이다.

국가 간의 교섭에 있어서 어떠한 파워일지라도 파워를 사용하게 되는 것은 그것에 의하여 교섭을 유리하게 이끌어 나가려는 목적에서이다. 그 외에 경제력 사용의 목적으로 타국에 대한 지배력의 증대,[7] 우호국, 동맹국의 능력강화, 적대국의 능력 약화,[8] 국력의 경제적 기반 강화, 불만의 표명, 처벌 등을 들 수 있다.

이러한 각 목적을 달성시킬 수 있는 경제적 수단이 모두 존재한다거나, 그것들이 모두 유효하다고 간단히 결론지을 수는 없다. 실제로 예를 들면 아프가니스탄 사건을 계기로 한 미국의 대소련 곡물금수禁輸는 그것이 효과를 얻기 위한 필요조건인 국제협력을 거의

7) 가장 일반적인 예로는 국채의 구입 등이 있다.
8) 전략물자의 금수 등이 있다.

얻지 못했다. 세계적인 이상기온 때문에 곡물수급이 핍박해진 결과, 소련 내에서 대량으로 가축을 도살하는 등의 성과를 보였으나, 소련군을 아프가니스탄에서 퇴출시킨다는 당초의 목적은 달성할 수 없었다. 또 미국 내에서는 농민이 수출규제에 불만을 갖게 되었고 결국 미국은 효과불명인 채, 1981년 4월에 대소 금수를 풀게 되었다.

경제적 파워가 발휘되는 경우, 그 수단은 국제경제거래의 채널에 따라 여러 가지가 있을 수 있다. 무역에 관해서는 무역제한, 즉 수출금지, 수입제한, 수출자율규제, 상계관세, 덤핑방지관세, 비관세장벽, 세이프 가드 등의 조치가 있다. 이들 조치의 강화 및 완화가 있으며, 원조에 관해서도 개시, 확대, 자본진출에 관해서는 개시, 증대, 퇴출, 기술제공의 중지 등이 있다. 경제적 파워 행사의 대표적인 것으로 역시 무역제한을 들 수 있으나, 이것은 항시 예외적인 한정이 있었기에 성공적으로 행사된 예는 많지 않다.

한편 경제적 파워 베이스가 경제적 파워로 현재화하기 위해서는 그 국가의 경제적 파워가 국제경제환경에서 차지하는 지위에 걸맞게 축적되어 있는가, 국제환경이 파워 플레이를 용인하는 상황으로 되어 있는가, 또한 당사국이 경제적 파워를 행사하려는 의지를 갖고 있는가에 의존한다. 경제적 파워는 경제적 파워 베이스에 입각해서 경제적 파워를 행사하는 조건이 정비되고, 또한 경제적 파워를 현실로 이용하려는 의지가 있어야 행사할 수 있다.

경제력이건 군사력이건, 그 행사를 위해서는 무엇보다도 의지가 있어야 한다. 의지가 약하면 파워를 성공적으로 행사할 수 없다. 이러한 의지의 정도를 측정하기는 지극히 어렵다. 특히 평상시에는 더욱 그러하다. 국가가 확실한 정책을 가지고, 이것이 국민일반에 지지되고 있는 때에는 그 국가의 의지가 강하다고 볼 수 있다. 의지의 문제와 관련하여 특히 중요한 것은 정부의 의지와 국민전체 의지의 갭이다. 양자의 갭이 거의 없으며 높은 수준에 있을 때, 그 행사는 강력하게 이루어질 수 있다.

국력의 측정 등에 이러한 의지의 요인은 아주 중요시된다. 의지와 흡사한 것으로 '의도'가 있다. 의도는 외부로부터는 알기 어려운 것으로, 공식적으로 발표된 의도의 이면에는 다른 숨은 의도가 있는 경우도 많다.

이상과 같은 의지, 의도는 실제로는 아주 복잡한 내용과 계산을 포함하고 있으므로 그것을 간단히 표현하거나 간단한 수치로 나타내기는 불가능하다.[9)]

5. 경제적 파워와 국제경제관계

국제경제 문제를 해결하기 위하여는 2국 간 또는 2그룹 간의 교섭, 제3국 내지는 국제경제조직에 의한 조정, 주요국 회의 등에 의하여, (1) 문제를 일으킨 국가가 자주적으로 원인을 명확히 함으로써 해결한다든지, (2) 문제를 일으킨 국가가 상대국의 경제적 파워에 굴복한다든지, (3) 해당 문제에 관하여 당사자들이 타협한다든지, (4) 상대국이 다른 면에서 양보함으로써 해당 문제에 대하여 상대국의 주장이 관철된다든지, (5) 결렬된다든지 하는 등의 여러 경우가 있을 수 있다.

경제적 파워는 타국과 상대적으로 비교한 국내의 파워 베이스와 상호의존의 비대칭성에 기초를 두고 있으며, 그러한 상대성 및 비대칭성의 정도에 따라 위의 여러 경우 가운데 어느 하나로 해결된다. 그런데 각국의 경제적 파워는 각국 경제의 성장, 발전과 그들 사이의 국제경제거래의 확대에 의하여 강화되기도 하고 약화되기도 한다. 각국 경제가 불균등발전을 나타낸 결과, 경제적 파워는 상대적으로 변화하고 경제적 파워의 hierachy구조도 변화한다. 경제적 파워의 불균등 변화 가운데 특히 중요한 점은 현존 국제경제체제를 지지하는 강대국에 대하여 지금까지 하위에 있었던 국가가 경제성장의 성과, 희소자원의 보유 등으로 대등한 지위에 접근하거나 대등하게 되는 경우가 있다. 이 경우, 기존의 국제경제관계의 유지가 곤란해지면서 새로운 국제경제관계로의 이전이 필요로 된다. 그 결과 국제경제 문제의 해결도 위의 여러 경우의 다른 어떤 것으로 바뀌게 된다.

6. 경제적 파워와 대외원조

이제 경제적 파워로서의 대외원조에 관하여 알아본다. 대외원조를 하게 되면 외교정책상 특정 목적을 달성할 뿐 아니라 국가의 지위와 자존심을 높일 수 있다. 그러나 원조는 결코 박애심으로 이루어지는 것이 아니다. 최선의 경우에도 그것은 장기적인 상대국 경제성장에 의한 자국이익의 기대, 세계경제의 안정화 등을 추구하는 것이다.

---

9) R. S. Cline, *World Power Trends and US Foreign Policy for 1980s*, Westview Press, 1991.

일반적으로는 수출증대, 민간의 해외투자에 대한 원호사격 등을 목적으로 하는 경우가 대부분이다.

원조는 통상 원조국과 피원조국의 정부이익에 의하여 동기가 부여된다. 그리고 양국이 일체감을 갖고 있을 때, 원조국이 갖는 특별이익(군사기지 등의 대상代償, 타국으로부터의 위협에 휩쓸릴 때 등)을 피원조국이 받아들일 수 있는 경우, 원조는 대립 없이 이루어진다.

한편 원조는 강제적으로 사용될 수도 있다. 그러나 강제성이 없다 해도(예를 들면 규정에 따른 경제발전을 추진하는 것 등의 조건이 붙어 있는 경우), 피원조국이 '원조국은 미덕을 강제적으로 행한다.'라고 느끼는 경우가 많다. 나아가서 향후 어떤 종류의 의도가 있는 것은 아닐까 하는 우려를 갖는 경우도 있다. 이런 사태를 피하기 위하여 피원조국은 가끔 복수의 원조국으로부터 동시에(또는 국제기관으로부터) 원조를 받음에 따라, 그 영향을 중화시키려 하기도 한다.

제3절 국가별 파워의 계측

이상과 같이 경제적 파워 베이스는 다양한 요소들로 이루어져 있으며, 한 국가가 확보하고 있는 경제적 파워를 구체적이고 절대적으로 계측하기란 지극히 어렵다. 실제로 국제경제사회에서 의미를 갖는 각국의 경제적 파워란 상대적인 파워이며, 이 역시 각국의 정치, 경제, 군사, 문화 등 다양한 요소들에 의하여 인지된다. 이러한 복합적인 파워 베이스를 종합하여 지표로 나타내기는 곤란하다. 그런 가운데 국제사회에서의 국력을 상대적으로 평가한 대표적인 연구로 클라인R. S. Cline의 연구를 들 수 있다. 국가 간 상대적 파워의 정도는 각국의 정치, 군사, 경제, 문화 등의 복잡한 요인들에 의하여 인지되는 것으로, 클라인은 이를 인지된 파워perceived power라 부른다.

현실적으로 한 나라의 파워는 전략적·군사적·경제적·정치적 혼합물이라 할 수 있다. 파워는 군사력에 의하여 부분적으로 좌우되기도 하나, 그것보다는 지리적 위치, 인구, 자원, 경제구조, 기술진보, 인종, 사회적 결속력, 정치적 발전 및 결정의 안정성 등에 의하여 결정되고 심지어는 국민정신 등의 무형요소에도 영향을 받는다. 이들 다수의 요소들이 결합하여 일국 또는 지역체의 파워를 형성하는데, 클라인은 이러한 인지된 국력을 구체적으로 측정하기 위하여 다음과 같은 파워공식을 제안한다.[10]

PP=(C+E+M)*(S+W)

여기서 PP는 인지된 파워perceived power, 즉 제3자에 의하여 인지된 국력이고, C는 국력 가운데에서 기본적으로 중요한 요소로 인구와 영토이며, E는 경제력의 요소로, GNP, 에너지, 비연료성 광물, 산업, 식량, 무역 등이다. 한편 M은 군사력이며, S는 전략적 목적, W는 국가전략을 추구하는 국민의 의지를 나타낸다. (C+E+M)을 클라인은 기본적 국력으로 보고, PP를 종합적 국력으로 본다.

한 나라의 상대적으로 인지된 파워는 기본적인 국력에 국가전략과 국민의지를 곱하여 계측되는바, (S+W)가 상당히 중요한 역할을 한다. 이른바 종합적 국력을 계측하는 데 일종의 승수역할을 하는 것이다.

특히 국민의지는 한 나라의 국민들 사이에 형성되어 있는 결의 수준degree of resolve을 나타낸다. 일국 내 사람들은 그들 개개인의 삶의 목표에 어느 정도 공통성을 지니는 가운데 함께 모여 산다. 일국 내 모든 사람들이 광범위하게 하나의 공통된 목적만을 추구한다고 할 수는 없으나, 특정 국가사회에는 여타 사회와 구별되는 일반적인 방향성과 추세가 있기 마련이다. 이러한 일국 내 국민들의 공통된 방향성과 추세로 인하여 여타국과 분쟁이 발생했을 때 국민들의 의지가 하나로 될 수 있다. 물론 그러한 국민의지의 응집력은 나라마다 다르게 나타날 수 있다. 국민의지를 확고하게 하는 요소로 국가적 통합수준(문화적 통합수준, 지역적 통합수준 등), 국가통솔력(정부의 정책수립 및 시행능력, 사회기강), 정략과 국익의 연관성 등을 들 수 있다.

특히 국가전략과 국민의지는 상호보완적인 역할을 한다. 국익을 위해 설득력 있게 수립된 전략은 국민의지를 하나로 결합시키며, 또한 응집력 있는 국민의지는 국가전략이 대외적으로 그 영향력을 발휘하기 위한 전제조건이 된다.

---

10) Ray S. Cline, *World Power Trends and US Foreign Policy for 1980s*, Westview Press, 1991.

경제적 파워의 대소를 비교적인 정량적 차원에서 취하게 되면 경제적 파워의 대소는 당연히 종합된 수치의 대소에 의존하게 된다. 그러나 각 항목에 어느 정도의 비중을 두면 좋을까, 양적인 측면뿐만 아니라 질적인 측면을 어떻게 할까 등에 따라 여러 결과가 나올 수 있다. 클라인은 경제력의 계산에 있어서 GNP는 100, 무역, 에너지, 광산물, 산업, 식량은 각 20의 비중을 두고 있는데, 경제력의 합계점은 낮다 해도 에너지라든가 식량 등의 개별적인 중요성에 따라 경제적 파워가 막강하게 나타날 수도 있다. 더욱이 국제경제 관계가 비대칭적인 상호의존관계에 있음을 감안하면 더더욱 그러하다.[11]

제4절 대국과 소국

전통적인 국제경제학 가운데에서 경제적 파워를 명시적으로 도입하고 있는 이론의 부분은 그리 많지 않다. 우선 가장 명확한 형태로 경제적 파워를 도입하여 분석하고 있는 것으로, 2국모델의 국제균형을 설명하는 오퍼곡선 분석에서 독점력을 가진 국가가 교역조건을 유리화하기 위하여 스스로 오퍼곡선을 자유로 이동시킨다는 것을 들 수 있다.

교역조건을 변화시킬 수 있는 정부의 능력에 관한 기존의 경제학을 확장시킨 것으로 허쉬먼A. Hirschman의 연구가 있다.[12] 그는 관세 및 수출세를 부과함으로써 교역조건을 자국에 유리하게 조절할 수 있는 능력으로 시장력market power을 들고 있다. 상호 무역관계에 있는 양국정부가 모두 시장력을 갖추고 있다면 교역조건의 균형은 양국정부의 행동에 따라 결정되며 여기에는 협상력bargainiing power이 크게 작용하게 된다는 것이다. 협상력을 갖춘 정부는 이를 이용하여 교역조건을 개선할 수 있을 뿐만 아니라 여타 주요 정치적 양허political concession까지도 얻어 낼 수 있다고 본다.[13]

상대국에 완전경쟁하에서의 정당한 경제행위 이외의 무엇인가를 강제하는 것이 아니다. 상대국에게 아무것도 강제하지 않고 자국만이 무엇인가를 행할 수 있다는 것으로

---

11) 池本清, 전게서, 1981.
12) A. Hirschman, *National Power and the Structure of Foreign Trade*, Univ. of California Press, 1981.
13) 이러한 허쉬먼의 시장력 및 교섭력에 관한 논의는 R. H. Wagner, "Economic interdependence, bargaining power and political influence," *International Organization*, 42. 3. 1988에서 보다 정교하게 논의되고 있다.

한 나라가 타국에 대하여 갖는 경제적 파워의 일부만을 고려하고 있음을 알 수 있다.[14)]

〈그림 10-1〉에서처럼 횡축은 자국 수출(상대국 수입)을, 종축은 자국 수입(상대국 수출)을 나타내면, 자국의 오퍼곡선은 OH, 상대국의 오퍼곡선은 OF와 같이 된다. 이때, 각국 내에서는 완전경쟁이 전개되고 있다고 하면, 양국의 오퍼곡선의 교점인 E에서 국제무역의 균형이 이루어지고, 따라서 교역조건은 a선과 같이 된다.

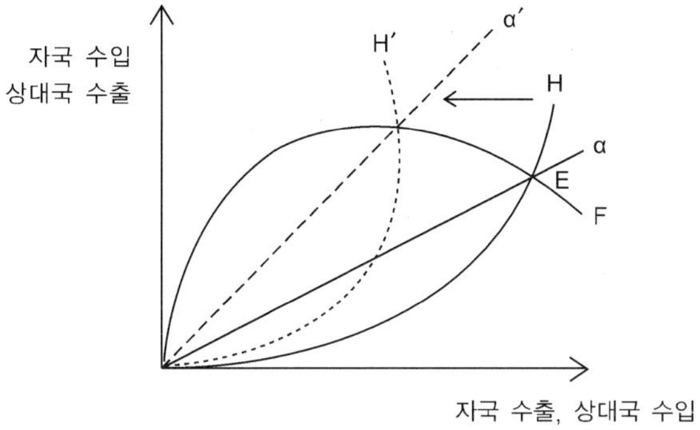

그림 10-1. 교역조건과 경제적 파워

자국이 상대국에 비하여 무엇인가의 이유로 강한 입장에 놓이게 되면, 오퍼곡선을 자유로이 이동시킬 수 있다. 예를 들어 자국은 수입관세를 부과함으로써 자국의 오퍼곡선을 좌측으로 이동시켜 교역조건을 개선시키고, 자유무역 시보다 높은 후생을 얻게 된다. 이것은 보복이 없는 경우의 최적관세론에 해당하는 것이다. 여기서 자국이 관세를 부과하는 것은 자국 내의 수단을 활용하는 것에 불과하다. 상대국의 국내조건에 개입하여 무엇인가를 강제하는 것이 아니다. 상대국의 국내조건에 개입하여 경제적 파워가 명확히 도입된다고 생각할 수 있는 것으로, 오퍼곡선 분석에서의 대국과 소국의 무역 문제를 들 수 있다. 〈그림 10-2〉에서 보듯이 자국(대국)의 생산블럭이 상대국(소국)보다 충분히 크므로 상대국의 오퍼곡선은 작고, 무역이익은 소국인 상대국에 보다 크게 분배됨을 알 수 있다.

14) 오퍼곡선 분석에 따른 독점의 분석은 국가 간의 경제적 파워를 명확히 인식한 것이라기보다는 오퍼분석이 완전경쟁을 전제로 하고 있기 때문에 완전경쟁에 대치되는 독점의 경우는 어떠한가의 관점에서 접근한 것이라 하겠다. 전통적인 국제경제학에서는 한 나라가 독점력을 행사할 수 있는 이유가 무엇인지는 명확히 하지 않은 채 어떠한 이유에서 독점력이 발휘되었다고 하고 그 직접적인 효과만을 분석하고 있다.

오퍼곡선의 원점에 있는 접선의 기울기 크기가 무역 전의 비교생산비 격차를 나타내고 있음은 주지의 사실이다. 대국과 소국의 무역에서는 결정되는 교역조건이 대국에 있어서의 무역 전의 상대가격에 가깝다. 따라서 소국에게 유리하다.

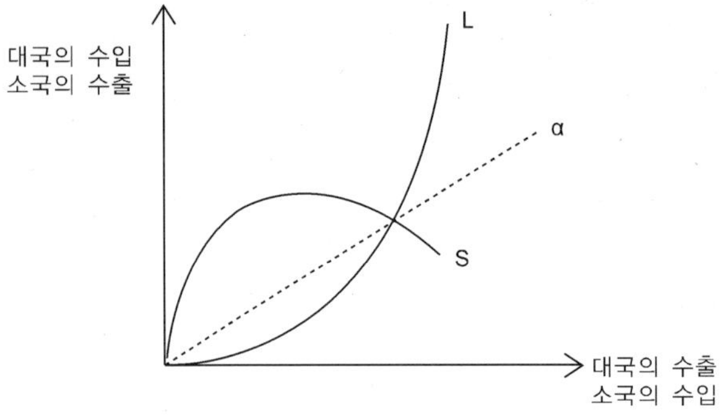

그림 10-2. 대국과 소국의 오퍼곡선

대국이냐 소국이냐에 따라 한 나라의 행동이 세계의 경제적 후생에 미치는 영향은 크게 다르다. 소국의 경우, 그 행동이 세계 전체에 미치는 영향이 작거나 무시할 수 있는 정도이므로 일반적으로 소국에 의한 보호무역정책은 해당 국가의 경제후생을 현저하게 증대시키며 세계 경제후생에 큰 영향을 미치지 않는다. 그러나 대국의 경우, 그 행동이 세계 전체에 큰 영향을 미친다. 실제로 이익을 얻는 것은 해당 선진대국인 반면 여타 다수국은 커다란 피해를 입을 수 있다. 따라서 대국의 보호무역정책의 도입에 대해서는 신중해야 하며 용인하기 쉽지 않은 것이다.

제11장
게임이론과 국제경제관계

제1절 게임이론의 개요

1. 게임이론의 의의

경제학에서 제반 경제 문제들을 이해하고 해결하는 데 있어서 전가의 보도와 같이 활용되고 있는 것은 다름 아닌 '수요와 공급의 원리'이다. 경제학 또는 현실경제의 세계라는 것이 바로 '수요와 공급의 세계'를 의미하며, 아무리 고도화된 자본주의 경제에서도 그 어떤 재화, 서비스를 막론하고 가격이 정해지게 되며, 따라서 이러한 세계를 이해하기 위해서는 수요와 공급이 중요한 요소임은 더 말할 것도 없다.

그러나 현실경제에서, 수요와 공급의 원리만으로는 문제를 이해하고 또 해결하기 어려운, 풀리지 않는 문제들이 얼마든지 생겨나고 있다. 특히 국제경제사회에서의 국가 간 경제마찰/분쟁을 둘러싸고 각국 간 교섭 및 협상이 이루어진다든가 하는 상황에서는 수요와 공급의 원리라는 것이 아예 성립되지 않는 경우가 종종 있다. 특히 그것이 상당히 중요한 사안인 경우, 그것에 관하여 경제학적인 논리의 전개를 정교하게 해 나가면서 그 이해 및 해결책의 모색이 필요한데도 불구하고, 적어도 수요와 공급의 세계에 머물러 있는 경제학으로서는 취급할 수가 없는 부분이 얼마든지 생겨나고 있는 것이다. 그것은 이런 상황을 취급하기 위해서는 상대방이 어떻게 나올 것인가를 읽는 것이 가장 중요한데 이것을 어떻게 경제학적인 논리전개로 이끌어 나갈 것인가에 관한 방법이 없었기 때문이다.

이것을 가능하게 한 것이 바로 게임이론이다.[1] 이 이론은 상대방이 어떻게 나올 것인가를 읽어 내는 전략적인 상황을 분석하는 기본적인 도구로서, 오랫동안의 우여곡절 끝에 이제는 폭넓게 경제학자들 사이에 받아들여져서 활용되고 있다. 게임의 이론이 활용되기 시작하면서 경제학의 내용도 크게 변화하게 되었다.

경제의 여러 가지 국면에서는 상대방의 반응을 읽어 내는 것이 중요하다. 특히 국제경제에 관련하여서는 더더욱 그러하다. 가령 한국과 미국 사이의 경제교섭에서 한국은 어떤 타협안을 준비하면 좋을까는 미국이 어떠한 요구를 해 올 것인가에 의존하게 된다. 미국이 실제로 무엇을 요구할 것인가는 교섭에 임해 보지 않으면 알 수가 없으나 한국으로서는 미국의 대응을 읽어 낼 필요가 있다. 그런데 미국이란 상대는 여러 요구를 랜덤으로 해 오는 기계가 아니라 그 역시 상대의 대응을 읽고 행동하는 주체이다. 그렇다면 미국의 대응을 읽기 위해서는 '미국이 한국의 대응을 어떻게 읽고 있을까'를 알아야 한다. 이것을 반복해 나가면, '한국이 미국을, 미국은 한국을, 다시 한국이 미국을…. 어떻게 읽고 있는가를 어떻게 읽고 있는가….' 하는 것이 끝없이 계속된다. 이렇게 상대의 대응을 읽어 낸다는 것은 단지 확률적인, 최적화의 수학 문제를 뛰어넘어서, 사회과학이기 때문에 다루어야만 하는 기본적인 문제임을 알 수 있다.

국제경제사회에서 그 중심축이 되는 '시장메커니즘'은 개인과 기업이 스스로의 이익만을 추구한다고 하는 각각의 합리적인 행동이 상호 연계되어 운영되고 있다. 이러한 분권적인 행동의 메커니즘을 분석해 보면, 각 개인은 자유롭게 스스로의 이익을 추구하려는 행동을 하게 되고, 또한 각 국가는 국제적으로 스스로의 국익을 최대로 확보하기 위하여 국가주권을 주장하는 것으로 되어 있다. 실제로 이러한 발상은 국내적으로도, 국제교섭에서도 빈번히 나타나고 있다.

원래 자유경쟁이 경제활동의 원동력임에는 틀림이 없다. 경제학에서 후생경제학의 기본정리에 의하면 일정 조건이 충족되면 자유스런 경쟁이야말로 한 나라 또는 세계 전체에서 가장 효율적인 자원배분이 실현된다는 것을 알 수 있다. 즉 개인이나 국가가

1) 게임이론의 초석이 된 것은 1928년에 발표된 John von Neumann의 "Zur Theorie der Gesellschaftsspiele", *Mathematische Annalen*, 100, pp. 295-320이며, 이후 John von Neumann and Dskar Morgenstern의 *Theory of Games and Economic Behavior*, 1st ed. 1944, Princeton Univ.가 세상에 알려지면서, 케인즈의 일반이론 이후 가장 중요한 경제학의 업적으로 평가되기도 한다.

자유로이 권리를 행사하는 것이 오히려 사회전체나 개개인 자신에게 바람직하지 못한 상황을 실현하게 하는 것은 그 일정조건이 충족되지 못하고 왜곡되어 있기 때문이다. 복수의 주체 간에 상호의존관계가 존재하는 경우, 각 주체가 어떤 행동을 선택하느냐가 서로의 이해득실에 직접적인 영향을 미친다. 이러한 상호의존관계를 논리적으로 분석하고 각 주체의 행동을 예측하려고 하는 것이 게임이론이다.

양국이 자국의 국가주권만을 주장하면 극단적으로는 양국 간의 무역이나 경제관계가 파멸로 치닫게 되고, 서로의 경제활동이 성립될 수 없을지도 모른다. 이렇듯 자유스러운 국제경제사회에 살고 있다고 자유스런 권리행사만을 주장하는 것은 도리어 자기 목을 조이는 결과가 되기도 한다. 특정국가가 자국의 경제주권만을 중시하며 자유스럽게 행동하여 단기적으로는 득이 된다 해도 결국 국제경제사회에서의 상호의존 네트워크로부터 배제되면 자국경제는 궁극적으로 성립되지 못할지도 모른다.

특히 국제경제사회에서 각국 통상정책의 결정과정은 단순한 것이 아니다. 제반 통상정책들이 결정되는 데 있어서 정부와 민간 부문 간의 복잡한 교섭이 이루어지며, 동시에 각국의 통상정책은 그 나라의 사정만으로 결정되는 것이 아니라, 상대국의 정책적 상황에 크게 영향을 받는다. 이러한 복잡한 정책결정 메커니즘에 관하여 정확히 이해하고 분석하는 것은 국제경제관계상의 제반 문제를 고려할 때 매우 중요하다. 최근의 경제학에서는 게임 이론이 이러한 문제의 분석에 아주 유효하게 이용되고 있다.

최근의 경제학에서는 게임이론의 전략적 행동의 분석가능성에 주목하여 합리적인 국가 간의 전략적 최적행동, 최적정책의 선택을 분석하려 하고 있다. 이러한 합리적인 경제주체 간의 이해 갈등을 게임이론이 어떻게 분석하며, 어떤 경제적인 의미를 얻어 내는지를 알아보도록 한다.

2. 게임이론의 개요

전 절에서 보았듯이, 둘 이상의 주체가 서로의 행동이 서로의 이익에 직간접적으로 영향을 주고받는 관계에 있는 것을 상호의존관계라 할 때, 그러한 관계 속에서는 각자의 이익을 추구하려는 행동이 서로에게 영향을 주게 되는바, 누구라도 행동의 결과를 독자적으로 만들어 나갈 수 없는 상황이 전개된다. 이러한 상황을 분석하려는 이론이 게임이론이다. 전략적 상황에 놓여 있는 각 주체들은 서로를 상대로 게임을 하는 것과 같은 양상을 보이게 되는데, 게임이론은 각 주체의 행동선택과 그에 따른 결과를 체계적으로 이해하는데 유용하다.

게임의 기본적인 의사결정 단위를 구성하는 주체를 경기자라 하고, 한 경기자가 경기 도중에 취하게 되는 행동에 대한 계획을 전략이라 하며, 각 경기자가 취할 수 있는 전략의 수는 유한하다고 가정한다. 전략에는 순수전략과 혼합전략이 있는데, 순수전략은 각 경기자가 하나의 전략을 선택하고 그것을 고수하는 경우의 전략이며, 혼합전략은 미리 선택된 확률에 의하여 자신의 행동을 무작위로 선택하는 전략이다.

그러한 게임의 결과로 나타나는 것을 보수(이득)라 하며 대개 효용의 수준으로 측정되기도 하고, 화폐의 단위로 측정되기도 한다. 이러한 게임의 결과 나타나는 모든 보수(이득)의 수치를 하나의 표에 행렬의 형식을 갖추어 체계적으로 정리해 놓은 것을 보수(이득)행렬이라 한다.

한편 경기자들이 서로 협상하지 않고 경쟁을 하는 과정에서 상대방의 행동, 전략에 대하여 그 변화를 추측하여 의사결정을 하는 경우를 비협조게임이라 한다. 일반적으로 비협조게임이 주요 분석대상이 되는데 실제 경제에 있어서 협조게임보다 비협조게임의 틀에서 이해해야 하는 현상들이 많이 일어나고 있기 때문이다.[2)]

각 경기자들이 상대방의 전략적 행동을 추측하고 그에 대응하여 선택한 전략에 의하여 하나의 결과가 나타났을 때, 모든 경기자가 더 이상 전략을 변화시키려는 유인이 존재하지 않게 되면 균형이 이루어졌다고 한다. 즉 게임의 결과로 나타날 가능성이 매우 높은 것을 균형으로 간주한다.

균형에는 순수전략의 경우, 우월전략균형과 내쉬균형이 있다. 우월전략균형이란 경기자의 입장에서 상대가 어떤 전략을 취하는지와 무관하게 최적이 되는 전략인 우월

2) 비협조게임(non-cooperative games)의 이론은 Nash, J. F., "Equilibrium Points in n-Persons Games", *Proceedings of the National Academy of Science of the USA*, vol. 36, pp. 48-49, 1950과 "Non-cooperative Games", *Annals of Mathmatics*, vol. 54, pp. 286-295, 1951에 소개되었다.

전략을 선택할 때, 그 우월전략의 조합으로 이루어지는 균형을 의미한다. 한편 내쉬균형이란 경기자가 상대의 전략을 보고, 자신에게 최적인 전략을 선택할 때, 이러한 최적전략의 조합을 의미한다. 내쉬는 상대방이 서로의 대응을 읽어 나가는 과정에서 안정된 종착점이 무엇일까를 생각하여 그것을 '서로 상대의 대응에 대하여 가장 바람직한 대응을 하고 있는 상태'로 정식화한 것이다. 이것을 내쉬균형이라고 부른다. 이런 상태가 달성되면, 누구도 자신의 대응을 변화시킬 필요가 없어지게 되므로 내쉬균형은 사회의 안정상태를 나타내기도 한다. 내쉬균형은 어떤 게임에서 하나 이상 존재하는 경우도 있다.

한편 각 경기자가 순서에 염두를 두고 전략을 선택하는 것으로 순차게임이 있다. 이 경우 게임이 진행되는 순서에 맞추어 이를 풀어 쓴 형식인 전개형을 사용하여 게임을 분석하기도 한다.

제2절 국가 간 교섭

통상 문제를 국가 간 교섭에 의하여 해결하는 것이 초래하는 여러 가지 정치·경제적 문제를 검토하면서 통상 문제를 교섭에 의하여 해결해야 하는 경우, 어떤 형태로 교섭을 행하는 것이 보다 바람직할 것인지에 관해 생각해 본다.[3)]

1. 개별교섭과 포괄교섭

각국의 통상 문제를 국가 간 교섭으로 해결하는 경우, 교섭의 형태에 따라 실현되는 결과가 달라질 수 있다. 말할 것도 없이 교섭의 형태가 교섭결과의 모든 것을 규정하는 것은 아니고 최선의 교섭형태가 있는 것도 아니다. 그러나 현실에 채용되는 몇몇 교섭형태에는 그것에 특유한 장점 및 단점이 있게 마련이다.

---

3) 伊藤元重, 沃野正寬 編, 『通商問題의 政治經濟學』, 1991.

이제 교섭이 2국 간에 이루어진다고 전제하고, 자동차, 반도체 등의 통상교섭과 같이 하나하나의 품목을 둘러싸고 개별적으로 이루어지는 교섭, 즉 개별교섭과 여러 논점을 동시에 일괄해서 다루는 교섭, 즉 포괄교섭의 차이를 알아본다.

자동차, 반도체에 관하여 자율규제의 요구가 있으며, 그것을 개별적으로 교섭할지 일괄해서 교섭할지 선택을 해야 한다고 하자. 이들 교섭을 개별적으로 하게 되면 적어도 2가지 문제가 생겨난다. 통상교섭을 각 산업이 독립적으로 행하는 경우, 첫 번째 문제는 수입제한행위로 인하여 소비자가 얻는 불이익이 하나의 제품수입을 제한하는 것만으로는 충분히 크지 않을 수 있다는 것이다. 보호무역은 소비자를 비롯해서 여러 그룹에 피해를 주게 된다. 그러나 소비자는 그 숫자가 많으므로 수입제한행위에 대한 반대활동을 그렇게 활발하게 하지는 않는다. 반면에 수입제한행위가 여러 제품에 대하여 동시에 이루어지게 되면 소비자도 그만큼 반대를 크게 할 것이다. 이런 측면까지 고려한다면 여러 품목의 통상교섭을 동시에 검토하는 것이 한 나라 전체의 이익을 반영한 정책을 수립하는 데 바람직하다.

개별교섭의 두 번째 문제는 왜 수입제한을 하는 유인이 있는가 하는 점에 관계된다. 수입제한을 요구하는 것은 수입제한에 의하여 해당 산업이 국내에서 보다 높은 가격을 얻을 수 있고, 그만큼 높은 이익을 확보할 수 있기 때문이다. 만일 반도체의 수입이 제한되면, 반도체의 국내가격은 높아지게 된다. 자동차산업이 자동차의 수입제한으로 모처럼 가격이 높아져도 자동차부품 중 하나인 반도체 가격이 높으면 자동차산업의 이익은 작아지게 된다. 따라서 반도체의 수입제한이 이루어지고 있으면, 자동차산업의 수입제한 요구는 그만큼 크게 될 것이다. 마찬가지로 자동차의 수입제한이 이루어지고 자동차의 국내가격이 높아지면, 반도체산업의 비용이 높아져 반도체산업의 수입제한에 대한 유인도 그만큼 커진다. 그 결과 자동차산업과 반도체산업 사이에 보다 고율로 수입제한을 요구하는 경쟁이 생겨날 수 있기 때문에 실제의 수입제한은 이들 산업에 있어서조차 지나치게 고율로 될 수 있다.

이에 대하여 포괄교섭에서는 반도체와 자동차의 수입제한이 일괄적으로 교섭된다. 때문에 자동차산업은 부품인 반도체가격의 상승을 우려하여 반도체의 수입제한을 억제하려고 하고, 마찬가지로 반도체산업도 자동차가격의 상승을 우려하여 자동차의 수입제한을 억제하려 하게 된다. 그 결과 적어도 개별교섭보다는 저율의 수입제한이 실현되기 때문에 소비자나 사용자를 포함한 모든 사람에게 개별교섭보다는 바람직한 방향으로 될 가능성이 높다.[4)]

2. 2국간 교섭과 다국간 교섭

또 하나의 교섭형태로 수입국과 수출국의 2국간 교섭과 다국간 교섭이 있다. 이 차이는 교섭결과에 어떠한 차이를 만들어 낼 것인가?

교섭에 의한 해결의 한 특징은 교섭참가자 가운데 한 사람이라도 현상보다 상황이 악화되는 쪽이 있으면 그 사람의 반대로 교섭이 결렬되기 쉽다는 것이다. 반대로 교섭이 타결되는 것은 교섭이 결렬되는 경우보다 모든 참가자의 상황이 개선되기 때문이다. 많은 경우, 교섭이 결렬되면 교섭 이전의 상태로 되돌아가지만, 자유무역의 상태로부터 무역제한을 위한 교섭을 행하고 있는가, 보호무역으로부터 자유무역을 위한 교섭을 행하고 있는가에 따라 결론은 달라진다.

이제 자유무역 상태에서 출발하여, 어떤 나라가 수입제한을 위해 통상교섭을 행하는 경우를 보자. 예를 들어 반도체 수입국이 수출국으로부터 수입제한 요구를 받아 2국간 교섭을 한다고 하자. 앞에서 보았듯이 수입국, 특히 수입국의 반도체산업은 수입제한으로 이익을 얻는다. 그러나 수출국(의 반도체산업)은 이러한 보호무역조치에 따라 손해를 보므로 이해대립 때문에 교섭이 쉽게 타결되지 않는다. 그러나 보호무역조치의 형태에 따라서는 비교적 쉽게 교섭이 타결된다. 예를 들어 수출국 측의 수출자율규제, 가격감시제도에 의하여 관리무역이 이루어지는 경우, 이들 관리무역수단은 사실상 수출국 측이 수출카르텔을 조직해서 공급량을 조절하거나 가격을 올리거나 하는 것이다. 그 결과 수입국에서의 국내가격이 오르는 한편 수출국의 수출량은 감소하고, 수출가격은 상승한다. 이 때문에 관세 등 여타 보호무역수단을 쓰는 경우에 비하여 수출국산업의 손실이 적다. 만일 수출량의 감소에 비하여 수출가격의 상승이 충분히 크다면 수출국산업도 오히려

4) K. Kiyono, M. Okuno Fujiwara and K. Ueda, "Industry Specific Interests and Trade Protection: A Game Theoretic Analysis," *Economic Studies Quarterly*, 1992.

이익을 얻을 가능성이 있다.

이렇듯 수출자율규제, 가격감시제도의 채용을 둘러싸고 2국간 교섭이 이루어지면, 양국 간의 이해대립을 피하여 양국 쌍방에 이익이 되도록 규제방법이 존재할 가능성은 크다. 그만큼 관리무역이나 보호무역이 실현되기 쉽다.

이에 대하여 다국간 교섭의 이해는 복잡하다. 예를 들면 반도체교섭에서도 국내의 반도체산업을 보호하기 위하여 규제를 요구하는 수입국과 그 대상이 되는 수출국에 더하여 국내에 반도체산업이 존재하지 않는 수입국(제3국)이 존재한다. 반도체의 사용자만 있는 제3국은 수출자율규제나 가격감시제도에 의하여 세계가격이 상승하는 것이 어떠한 득도 되지 않는다. 또는 국내에 반도체산업을 가지면서 수입규제를 요구하지 않는 국가도 있을 것이다. 이런 국가에서는 수입국이 수출국에 대하여 수출자율규제를 행하면, 남아도는 생산이 자국에 유입되어 국내 반도체산업에 피해를 주게 된다. 이렇듯 이해구조가 복잡한 다국간 교섭에서는 어떤 해결법을 생각해도 피해를 받는 국가가 나온다. 그 결과 교섭이 자유무역을 추구하는 것이건 관리무역을 추구하는 것이건, 합의를 보기가 어렵게 된다. 이처럼 다국간 교섭은 2국간 교섭에 비하여 교섭의 합의가 어렵다는 일반적인 결점을 갖고 있다. 그러나 다국간 교섭에는 장점도 많다.

첫째, 참가국의 교섭력이 문제이다. 일반적으로 대국은 그 경제력을 배경으로 큰 교섭력을 갖고 있다. 특히 커다란 군사력, 정치력을 갖는 국가는 그것을 배경으로 자국의 이익을 타국에 강제하기 쉽다. 2국간 교섭에서는 일국이 상대국에 비하여 커다란 군사력, 경제력을 갖고 있다면, 비대칭적인 교섭력을 배경으로 상대국에 불이익을 가져오는 결론이라 할지라도 이를 강제할 수 있다. 이에 비하여 다국간 교섭에서는 이 나라에 대하여 다른 나라가 힘을 합쳐서 교섭을 행하는 것으로 교섭력을 균형 있게 할 수 있다.

둘째, 다국간 교섭은 심리적인 측면에서도 2국간 교섭보다 바람직한 성격을 갖고 있을지 모른다. 다국간 교섭이라면 교섭이 난항인 경우, 제3국이 중개역으로 기능할 수 있는 여지가 크고, 교섭이 타결되기 쉽다. 또한 2국간 교섭과는 달리 다국간 교섭에서는 한 나라가 고립된다는 것에 대한 심리적 부담이 있어서 합의가 성립되기 쉽다.

그러나 다국간 교섭의 바람직한 점, 달리 말하면 2국간 교섭 등 일부 국가만의 교섭의 결점은 다음의 두 가지이다.

첫째, 일부 국가만의 교섭에서는 교섭에 참가하지 않은 국가의 이해가 무시되고, 교섭당사국에게만 바람직한 해결이 취해지게 된다. 일부 선진국 간의 교섭에 의하여 현지부품조달local contents조항, 수출자율규제가 생겨나 그것이 선진국 간의 해외직접투자나 현지생산에 연결되는 것은 교섭 당사국에 있어서는 바람직한 해결일 것이다. 그러나 이것은 본래라면 해외직접투자의 대상이 되었을지도 모를 일부 비선진국의 이익을 앗아가는 것이 될 수 있다.

둘째, 통상교섭이 일부국가에서만 이루어지면 얻어지는 합의가 세계 전체의 국가 rule과 정합적이지 못한 경우가 있다. 사실 GATT의 자유무역정신이 세계 전체 무역질서의 배후에 있음에도 불구하고 수출자율규제라는 사실상 관리무역이 만연하게 된 것은, 미일교섭 등 2국간 교섭을 통하여 양국에 이익을 가져오는 실질적인 해결이 추구되었던 것이 하나의 이유이다. 이들 관리무역의 틀이 자유무역을 원칙으로 하는 세계무역에 들어온 결과 자원배분이 왜곡된 것이다.

제3절 국제무역관계의 게임이론적 접근

1. 대국과 소국 간 무역관계의 게임이론적 접근

대국과 소국 사이의 무역관계를 단순화하여 〈표 11-1〉과 같이 보수행렬의 형태로 나타내자.[5] 단 소국은 하나의 국가라기보다 복수의 소국들을 동시에 고려하는 것으로 한다. 대국과 소국이 취할 수 있는 정책은 자유무역과 보호무역뿐이며, 그림의 각 난의 숫자는 앞의 것이 소국의 보수(이득), 뒤의 것이 대국의 보수(이득)를 나타낸다. 〈표 11-1〉의 무역관계가 나타내는 특징은 다음과 같다.

대국은 소국이 자유무역을 취하건 보호무역의 입장을 취하건 상관없이, 자유무역의 입장을 취하는 것이 이득이다. 이에 대하여 소국의 경우는 대국이 자유무역의 입장을

5) 伊藤元重, 沃野正寛 編, 전게서, 1991 참조.

취한다면 보호무역을 행하는 것이 이득이 크다. 이러한 게임은 다음과 같은 경제적 관계를 상정해서 작성되고 있다.

하나의 대국과 복수의 소국의 무역관계가 고려되고 있으며, 소국은 대국에 의하여 자유무역이 유지되고 있는 한, 보호무역의 입장을 취하는 것이 이득이 커지게 되어 있다. 이러한 보호무역으로부터의 이득은 산업육성정책에 의한 것일 수도 있고, 단지 국내의 보호압력에 의한 것일 수도 있다(여기에서의 이득은 정책결정주체의 이득이므로, 반드시 그 국가의 경제후생이 되지는 않는다).

이에 비하여 대국 측은 자유무역을 높게 평가하고 있다. 대국에 있어서 자유무역 시스템의 유지가 정치적인 안정상 커다란 의미를 갖고 있기 때문이다. 실제로 전후의 동서간 정치적 긴장관계 속에서 미국은 서방 측 제국의 자유무역체제를 추진하여 경제적 안정을 도모하는 것을 상당히 중요시해 왔으며, GATT나 IMF 등의 제도 확립과 유지를 적극적으로 추진해 온 바 있다.

표 11-1. 대국과 소국의 무역관계

		대국의 정책	
		자유무역	보호무역
소국의 정책	자유무역	(10, 10)	(3, 8)
	보호무역	(15, 5)	(0, 0)

이 게임의 예에서 흥미로운 것은 자유무역을 높게 평가하는 대국이 자유무역주의의 입장을 취해서는 안 된다고 하는 점이다. 여기서의 자유무역주의란 상대국이 어떠한 입장을 취한다고 해도 자유무역의 자세를 견지하는 것이다. 그림에도 나타나 있듯이 만일 대국이 이러한 입장을 취한다고 하면, 소국은 보호무역의 입장을 취할 것이다. 대국이 자유무역의 입장을 고수한다고 하는 것으로 소국이 여기에 무임승차할 수 있기 때문이다.

이에 대하여 대국이 보복주의의 입장을 취하면 어떻게 될 것인가. 여기에서의 보복주의란 이른바 눈에는 눈, 이에는 이의 입장이다. 즉 상대국이 자유무역을 행하고 있는 한 자유무역의 입장을 취하나, 상대국이 무역을 제한하게 되면 자국도 무역을 제한하는 것이다. 대국이 이러한 보복주의의 입장을 취하면, 소국은 더 이상 대국의 자유무역에 무임승차할 수 없게 된다. 만일 소국이 보호무역을 행하면, 대국도 무역을 제한하게 되어 그 결과 소국은 이득을 얻을 수 없게 된다. 그것보다는 소국도 자유무역의 입장을 취함으로써 대국에도 자유무역을 유지하도록 하는 편이 보다 큰 이득을 가능케 할 수 있다.

이 예는 언뜻 보아, 대국이 보호무역주의로 생각되는 보복주의를 취한 경우에는 자유무역이 실현되었으나, 자유무역주의로 생각되는 (무조건의) 자유무역을 취하면 도리어 보호주의가 나타나는 결과로 되어 있다. 각국의 통상정책이 단독으로 결정되는 것이 아니라 서로 영향을 주고받으면서 결정되기 때문이다. 그렇기 때문에 더더욱 게임이론적인 관점에서 통상정책에 관해 생각하는 것이 의미가 있다.

2. 무역전쟁과 균형

의사결정주체인 경기자로 A국과 B국이 있으며, 자유무역, 관리무역 및 수용, 거부 등이 각각의 경기자가 선택하는 전략이라 하자. A국, B국의 양국관계에서는 쌍방에게 다음과 같은 선택이 가능하다고 하자. A국 측은 B국과 자유무역을 유지할 것인가, 아니면 자유무역을 포기할 것인가(혹은 관리무역으로 전환할 것인가)를 선택할 수 있다. 전자를 자유무역전략(F), 후자를 관리무역전략(M)이라 하자. 한편 B국은 A국의 요구를 받아들여 현재 자국의 경제 시스템을 개혁하든가, A국의 요구에 불복하든가 둘 중 하나를 선택할 수 있다. 전자를 수용(A), 후자를 거부(R)라 하자.

B국이 A국의 요구를 받아들일 것인가 아닌가, A국이 자유무역을 유지할 것인가 관리무역으로 전환할 것인가에 따라서 양국관계는 네 가지 유형으로 나뉜다. 각각의 경우 양국이 얻게 되는 이익은 다르다. 그 가상적인 수치를 〈표 11-2〉와 같이 생각해 본다.

A국이 자유무역을 유지할 경우, B국이 거부하면 A국의 이익은 40이 되지만, 받아들인다면 100의 이익을 얻을 수 있다고 하자. 마찬가지로 A국이 관리무역을 채택하면 B국이 받아들이거나 거절하거나 관계없이 A국의 이익은 60이라 하자. 역으로 B국이 A국의

요구를 받아들인다면 A국이 자유무역을 취할 때 B국의 이익(100)은 관리무역을 취할 때의 이익(30)보다 클 것으로 생각된다. 거절하는 경우에는 자유무역 시의 이익(120)이 관리무역 시의 이익(40)을 상회할 것이다. 이렇듯 양국이 어느 정도의 이익을 얻을 것인가는 상대국이 어떠한 전략을 취하는가에 크게 의존하게 된다. 이것이 상호의존관계이다.

이러한 가상적인 양국의 이익은 〈표 11-2〉와 같이 나타내진다. 이들 수치의 절대액을 변화시켜도 이하의 전개에는 영향을 주지 않는다. 중요한 것은 이들 수치의 상대적인 대소관계이다.

표 11-2. 무역전쟁의 게임

B국 \ A국	자유무역 F	관리무역 M
수용 A	(100, 100)	(30, 60)
거절 R	(120, 40)	(40, 60)

〈표 11-2〉의 보수행렬의 상황하에서 각국이 그 정책을 자국주권하에서 자유롭게 선택하면 어떤 결과가 생겨날 것인가. 우선 왼쪽 열부터 시작해 보자. 즉 A국이 자유무역을 견지하고 B국에 대하여 정치 경제 시스템을 변혁시킬 것을 요구하고 있는 상태이다. A국이 자유무역을 지속한다고 하면, 왼쪽 열의 어느 것인가가 반드시 실현된다. 이때 B국은 A국의 요구를 수용하여 100의 이득을 보기보다는 거절하여 120의 이득을 취하는 것이 이롭다. 따라서 자국의 주권을 행사해서 A국의 요구를 거절하게 된다.

한편, B국이 A국의 요구를 거부하는 것이 확실해지면 A국 국내에서도 A국의 국가주권을 행사하여 관리무역을 선택해야 한다고 주장하는 집단의 힘이 강해지게 된다. B국이 A국의 요구를 거절하는 한, B국과의 자유무역을 지속한다 해도 A국의 이득은 40에 불과하다. 이에 반해서 B국과의 무역을 포기하거나 관리무역화함으로써 A국의 이득은 60으로 증대될 수 있다. 이렇듯 양국이 서로 자국의 주권을 행사한다면, 그 결과 오른쪽 아래의 상태 즉 (거절, 관리무역)의 조합이 실현된다. 이 상태는 다음과 같은 의미에서 안정성을 보인다. 즉 서로 상대국이 그 정책(전략)을 변경하지 않는다고 생각하는 한, 자국의 정책(전략)만을 일방적으로 변경시켜도 자국의 이득으로 연결되지 않는다. A국은 관리무역에서 자유무역으로 전환해도 이득을 60에서 40으로 저하시킬 뿐이며, B국이 A국의 요구를 수용해도 그 이득은 60으로 변하지 않기 때문이다. 이러한 특성을 가진 (B국의 거부, A국의 관리무역)의 조합은 게임이론에서 내쉬균형으로 불린다.

그러나 이러한 균형상태는 A국에 있어서나 B국에 있어서나 바람직한 것은 아니다. 만일 B국이 A국의 요구를 받아들여 A국이 자유무역을 취한다면 훨씬 바람직한 상태, 즉 B국도 A국도 100의 이득을 실현할 수 있기 때문이다. 양국이 자국의 국가 주권만을 고집하는 것은 이렇듯 양국의 상태를 모두 나쁘게 만들기 쉽다.

3. 보복전략과 그 실행

국제경제관계에서 보복이란 상대가 자신이 원하는 행동을 하지 않을 경우 상대가 원치 않는 행동을 하는 것이다. 물론 상대가 자신이 원하는 행동을 하면 상대가 원치 않는 행동을 하지 않는다. 또한 상대가 자신이 원하는 행동을 할 경우에는 보복을 해제한다는 것도 포함된다 하겠다. 한편 상대의 행동 여하에 관계없이 자신은 상대가 원치 않는 행동을 한다면 그것은 보복이 아니다. 또 가령 상대가 자신의 행동 여하에 관계없이 원하는 행동을 할 때 보복은 전혀 필요치 않다.

서로에게 바람직하지 않은 균형, (거부, 관리무역)의 조합을 회피하는 데에 보복의 위협이란 방법이 실제로 쓰이고 있다. 미국의 대외제제를 염두에 두고 만들어진 수퍼 301조가 그 대표적인 예이다.

미국통상법 수퍼 301조는 타국의 불공정무역행위를 조사해서 의회에 보고하는 것을 의무화하고 있다. 그 나라의 행위가 불공정하다고 인정되는 경우, 미국은 그 나라로부터의 수입품에 대하여 제제를 가하는 것이 가능하다.

이러한 수퍼 301조는 미국과 여타국 쌍방에 바람직한 상황을 만들어 내는 하나의 조합으로 유도하는 작용을 하기도 한다. 수퍼 301조의 발동에 의하여, 여타국의 정치, 경제 시스템이 불공정하다고 인정될 때에 여타국이 그것을 개선하지 않으면, 미국은 자동적으로 관리무역전략을 취하게 된다. 즉 여타국이 미국의 요구를 거절하는 한 미국은 관리무역을 취한다는 형태로 스스로의 전략선택의 여지를 만들지 않고 있다. 이러한 제약이 있으면 (B국(여타국)의 거부, A국(미국)의 자유무역)의 조합이 실현될 수 없다. 따라서 여타국은 (B국(여타국)의 수용, A국(미국)의 자유무역)의 상태를 실현할 것인가, (B국(여타국)의 거부, A국(미국)의 관리무역)의 상태를 실현할 것인가를 선택해야 한다. 이때 여타국은 자국에 40의 이득뿐인 (B국(여타국)의 거부, A국(미국)의 관리무역)이 아니라 100의 이득이 실현되는 (B국(여타국)의 수용, A국(미국)의 자유무역)을 선택할 것이다. 이것이 수퍼 301조의 역할이다.

미국의 이런 전략은 수퍼 301조 없이도 실현된다. 여타국이 미국의 요구를 거절하면 관리무역으로 전환하겠다고 여타국을 위협하기만 하면 되기 때문이다. 수퍼 301조의 역할은 의회에서 입법화해서 정부에 불공정무역행위의 조사를 의무화함으로써 미국이 이러한 보복의 위협을 보다 확실한 것으로 한다는 데에 있다 하겠다.

그러나 잘 알려진 바와 같이, 이러한 수퍼 301조에는 많은 문제점들이 있다. 첫째로 어떤 재화의 무역에 불공정성이 존재한다고 해도 그에 관한 대응수속은 GATT/WTO와 관련된 국제통상법상에 이미 정해져 있다. 피해자인 미국산업은 여기에 제소할 수 있고, 불공정행위가 사실로 인정되는 경우, 해당 재화의 수입을 제한할 수 있다. 둘째로, GATT/WTO의 대응수속에 의하지 않는 해결을 인정한다고 해도 특정재화의 무역에 관련된 불공정행위에 대하여 다른 재화 및 서비스의 수입제한으로 대응하는 것은 공정한 제제라 할 수 없다. GATT/WTO에서는 해당재의 수입을 제한하는 것만을 인정하고 있다. 셋째로, 행위의 불공정성을 인정하는 것은 미국정부이다. 중립적인 국제기관이나 제3국이 아니라 당사국의 발언도 허용하지 않는 일방적인 미국정부의 인정으로 제제가 결정된다. 이것은 국제분쟁을 가속화할 우려가 있다.

수퍼 301조에 의한 미국의 전략(위협)은 국제경제관계에 있어서 바람직한 것이 아니다. 실현되는 상태가 자유무역으로 바람직한 것이라 해도, 거기에는 미국에 의한 보복의 협박과 그것에 의하여 여타국 국민감정을 악화시킬 가능성이 있기 때문이다.

4. 위협과 완전균형

이제 A국(미국)과 B국(여타국) 간의 현실의 보수행렬을 새롭게 〈표 11-3〉으로 나타내

자. 〈표 11-2〉와의 차이는 A국이 자유무역을 선택하고 B국이 거부하는 때에 A국의 이득이 40이 아니라 80이라는 데 있다. 이 게임에서는 (B국의 수용, A국의 자유무역)은 내쉬균형이 아니다. A국은 B국이 A국의 요구를 거절한다고 생각해도 자유무역을 선택하는 것이 유리하기 때문이다. 이 게임의 내쉬균형은 (B국의 거부, A국의 자유무역)이다.

표 11-3. 각국의 무역전략과 게임

B국 \ A국	자유무역 F	관리무역 M
수용 A	(100, 100)	(30, 60)
거부 R	(120, 80)*	(40, 60)

그런데 이 게임에서는 미국과 여타국의 어느 쪽이 선수를 치는지가 명확하지 않다. 엄밀하게는 〈표 11-2〉나 〈표 11-3〉은 양국이 서로 어떤 전략을 취할 것인지를 모른 채 각국의 전략을 동시에 선택하는 게임을 나타내고 있다. 그러나 수퍼 301조는 여타국이 어떤 전략을 선택하는지를 보고 나서 미국이 자국의 전략을 자동적으로 발동한다고 하는 의미로, 여타국에 선수를 강제하고 있는 전략이다. 그래서 수퍼 301조의 결과, 미국이 후수를 갖고 있는 경우를 생각해서, 그 경우에 수퍼 301조 전략이 유효한지를 생각해야 한다. 이렇듯 선수, 후수를 명시적으로 생각할 때, 경기는 〈그림 11-1〉과 같은 전개형 게임으로 볼 수 있다.

여기서 게임은 좌측 끝에서부터 시작된다. 여타국은 미국의 요구를 수용할 것인가 거부할 것인가 둘 중에서 하나를 선택해야 하고, 그 선택에 따라 게임이 진행된다. 미국은 여타국이 어떤 선택을 할 것인지를 알고 나서 비로소 자유무역이냐 관리무역이냐를 선택할 수 있게 된다. 그 결과로 생기는 양국의 보수(이득)는 우측 끝에 나타나 있다.

이때 미국은 여타국이 어떤 선택을 하느냐에 따라 자국의 행동을 바꿀 수 있으므로 전략이 복잡해진다. 수퍼 301조는 여타국이 수용하는 경우에는 자유무역을, 거절하는 경우에는 관리무역을 선택한다는 전략이다. 이 경우 실현되는 균형은 여타국이 요구를 수용하고 미국이 자유무역을 선택하여, 그 결과 양국 모두 100의 이득을 얻는 상태이다. 이것이 균형인 것은 다음과 같이 확인할 수 있다. 여타국이 미국의 요구를 거절하면,

미국이 관리무역으로 치닫게 되므로 자국의 이득은 100에서 40으로 감소한다. 따라서 수용을 선택하게 되는 인센티브가 존재한다. 한편 미국은 '수용-자유무역'을 그만두고 '수용-관리무역'을 선택하면 이득이 100에서 60으로 감소한다. 따라서 미국 측에도 균형으로부터 이탈하려고 하는 인센티브는 없는 것이다.

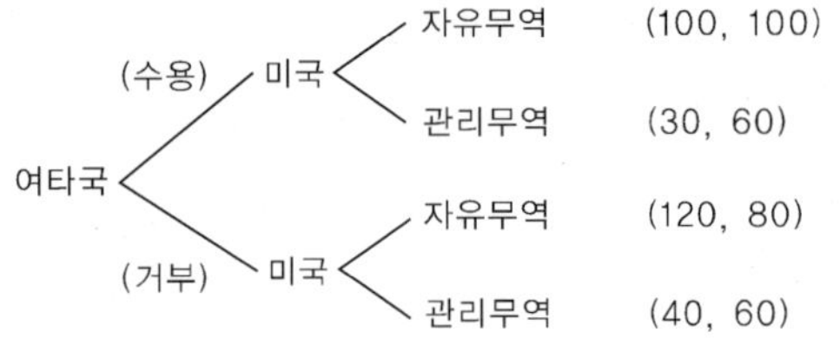

그림 11-1. 전개형 게임(Ⅰ)

이렇듯 수퍼 301조 전략의 한 해석은 여타국이 미국의 요구를 수용하지 않는 〈표 12-2〉의 게임에서조차 여타국에 선수를 강요하는 것으로, 미국의 요구를 수용하도록 강요하는 전략이라 볼 수 있다. 이것이 보복의 위협에 관한 하나의 해석이다.

그런데 게임이론의 최근의 전개는 이러한 위협의 실효성에 의문을 던지고 있다. 위협은 어디까지나 위협이고 실행되지 않을 수도 있기 때문이다. 위협이 실행될 것인지 아닌지를 판단하기 위해서는 실제로 여타국이 '거부'라고 하는 전략을 선택한다는 가상적인 상황을 생각해서, 미국에 위협을 실행하는 인센티브가 있는지를 생각해 보면 될 것이다. 그런데 만일 여타국이 미국의 요구를 거절해 버리면 미국은 위협을 실행해서 관리무역으로 이행, 60의 이득을 얻는 데 만족할 것인가, 아니면 위협을 실행하지 않고 자유무역을 유지해서 80의 이득을 얻을 것인가 둘 중 하나를 선택해야 될 것이다. 여타국이 거절해 버린 이상, 미국정부가 합리적이라면 60보다는 80의 이득을 획득하기 위하여 자유무역을 유지할 것이다. 역으로 여타국은 미국의 위협이 있어도 이상과 같은 가상연구를 확신하게 되면 미국의 요구를 거절할 것이다. 따라서 '수용-자유무역'은 현실성이 결여되어 있는 균형이라 하겠다.

이에 대하여 〈그림 11-1〉에는 또 하나의 균형이 있다. 여타국이 미국의 요구를 거절하고, 미국이 자유무역을 유지하는 것에 따른 균형이다. 이 균형에서는 여타국이 선택하지 않을 '수용'을 선택했다고 해도 미국은 '자유무역'이란 전략대로의 행동을 선택하는 것이 최적이다. 이렇듯 상대 경기자가 균형전략대로의 행동을 선택하지 않는 경우에도 각 경기자에게 균형대로의 행동을 선택할 인센티브가 존재하는 균형을 '완전균형'이라 부른다. 〈그림 11-1〉의 경우에는 더 이상 보복의 위협을 사용하는 균형, 즉 수용과 자유무역은 완전균형이 아니다. 여타국은 미국이 합리적으로 냉정하게 전략을 선택할 것으로 생각하고 자국도 합리적으로 냉정하게 판단하면, 보복의 위협에도 굴하지 않기 때문이다.

그런데 보수가 〈표 11-2〉와 같으면 〈그림 11-2〉와 같이 [수용, 자유무역]이 유일한 완전균형이 된다. 보수가 〈표 11-2〉와 같은 경우 수퍼 301조는 여타국에게 선수를 강제함으로써 여타국에게 미국의 요구를 수용할 것을 강제하는 전략임을 이해할 수 있다. 이것은 〈표 11-2〉에서 나타나는 게임(동시적 플레이의 게임)에서는 오른쪽 아래(여타국이 미국의 요구를 거부하고, 미국이 관리무역을 선택하는 상태)가 균형임에 반하여, 여타국이 선수를 강제 당하는 〈그림 11-2〉의 게임에서는 여타국이 미국의 요구를 받아들여 미국이 자유무역을 계속 선택하는 상태가 완전균형인 것에 의해서 명확하다.

이 경우에는 오히려 수퍼 301조의 역할은 정책담당자인 미국정부의 보수행렬을 〈표 11-3〉의 값으로부터 〈표 11-2〉의 값으로 변화시키는 데 있음을 알 수 있다. 즉 수퍼 301조에 의하여 의회는 정부에 보복의 실행을 의무화하고 있으며, 이 때문에 만일에 여타국이 미국의 요구를 거부하는데도 불구하고 미국이 자유무역을 선택하기 위해서는, 미국정부가 의회로부터 수퍼 301조의 철회를 인정받지 않으면 안 된다. 따라서 여타국이 거부하는 경우에도 자유무역전략을 채용한다면 미국정부에 필요 이상의 코스트가 들게 된다. 그 결과 미국의 보수는 〈표 11-3〉 또는 〈그림 11-1〉에서 〈표 11-2〉 또는 〈그림 11-2〉로 바뀐다. 이러한 보수의 변화에 따라, 미국은 여타국에 대한 요구에 보다 현실성을 더해서, 여타국이 미국의 요구를 수용하지 않을 수 없는 상태로 몰고 간다고 생각할 수 있다. 이렇게 보면, 수퍼 301조는 여타국이 요구를 거부하는 경우에, 미국정부가 자유무역을 선택하는 코스트를 크게 함으로써 미국정부에게 보복의 위협을 실행하게 하는 인센티브를 제공하고 있는 것이다.

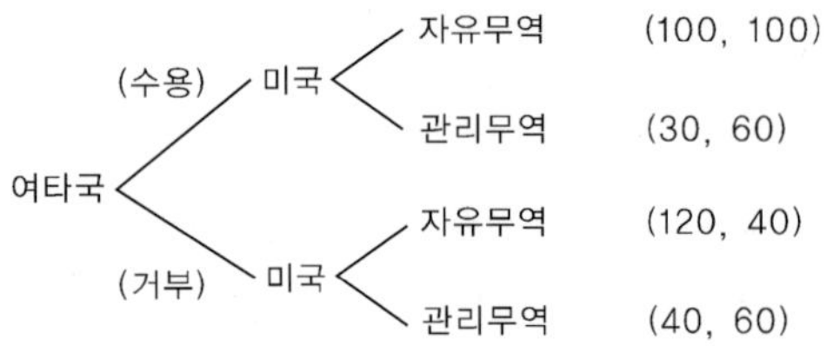

그림 11-2. 전개형 게임(II)

제4절 협조게임과 국제경제관계

이상 설명했듯이, 쌍방이 대립적으로 행동하는 것을 암묵적으로 가정하는 게임이론을 비협조게임이라 한다. 반면에 양국이 협력해서 서로 바람직한 상황을 실현하는 경우를 분석하는 것이 협조게임의 이론이다. 본 절에서는 협조게임이론에 관하여 알아본다. 우선 협조게임과 비협조게임의 차이를 이해하기 위해서, 〈표 11-4〉와 같이, 유명한 '수인의 딜레마' 게임을 생각하자.

표 11-4. 수인의 딜레마 게임

A \ B	협조	위반
협조	100, 100	0, 120
위반	120, 0	20, 20

이 게임의 내쉬균형은 A도 B도 위배를 선택하는 상황이다. 상대가 위배를 선택한다고 예상하는 한, 자신만이 협조를 선택하는 것은 각기 20의 이득을 잃게 될 뿐이기 때문이다. 그러나 이 게임에서는 [위반, 위반]의 조합은 내쉬균형보다 강한 안정성을 갖고 있다. 상대가 어느 쪽을 선택할 것이라 예상해도, 자신은 '위반'을 선택하는 것이 유리하기 때문이다. 즉, 상대가 협조를 선택한다고 예상한다면, 자신은 협조를 선택해도 100의 이익뿐인데 반해, 자신이 위반하면, 이익은 120으로 증가한다. 한편, 상대가 '위반'을 선택할 것으로 예상하면, 협조해도 이익은 제로인데, 위반하면 20의 이익을 얻는다. 이렇듯, 상대가 어떤

전략을 선택해도 '위반'을 선택하는 것이 최적인 것을 위반이 '지배전략'이라고 한다. 위반이 지배전략이므로 상대가 내쉬균형을 경기한다고 예측하지 않아도 자신은 위반을 선택하는 것이 항상 최적이다. 이런 의미에서 '수인의 딜레마' 게임에서의 균형은 내쉬균형이기도 하지만, 그 이상으로 강한 안정성을 갖고 있다. 이것을 '지배전략균형'이라 한다.

그런데 '수인의 딜레마' 게임의 균형, [위반, 위반] 대신에 [협조, 협조]의 조합을 선택할 수 있다면, 두 경기자는 모두 이익을 얻을 수 있다. 즉, [협조, 협조]는 [위반, 위반]에 비하여 보다 바람직한 상황이다. 따라서 서로가 교섭이나 대화를 하면, 파레토 효율적인 [협조, 협조]가 실현될 가능성이 있다. 환언하면, '수인의 딜레마' 게임을 비협조게임으로 플레이하면 [위반, 위반]이 실현되나, 협조게임으로 플레이하면 [협조, 협조]가 실현된다.

그러면 협조게임과 비협조게임의 차이는 무엇인가. 서로가 교섭을 행하면, 반드시 [협조, 협조]가 실현될 것인가. 결론은 그렇지 않다. 대화를 통하여 내일 경기하는 '수인의 딜레마' 게임에서 두 사람 모두 [협조, 협조]를 약속했다고 하자. 그러나 내일이 되어 게임을 하게 되자, 각 경기자는 다음과 같이 생각하게 된다. '어제는 확실히 [협조, 협조]를 약속했다. 따라서 아마도 상대는 협조를 플레이할 것이다. 그렇다면 자신은 협조를 플레이해서 100의 이득을 얻기보다는 위반을 해서 120의 이득을 얻을 수 있다. 상대도 그렇게 생각할지 모른다. 그러나 상대가 똑같이 생각해서 위반을 선택해도 자신은 협조를 선택해서 제로의 이득을 얻기보다는 위반을 해서 20의 이득을 얻는 편이 좋다. 어느 쪽이든 위반을 선택함이 유리하므로 위반을 선택하자.'

실은 [협조, 협조]를 협력에 의하여 실현하기 위해서는 단지 교섭이나 대화가 아니라, '구속력을 갖는 계약'이 필요하다. 구속력을 갖는 계약이란 계약에 위반된 행동을 취하는 경우에는, 위반한 계약자가 상대에 대하여 거액의 패널티를 지불해야만 되는 것이다. 만일 교섭이나 대화를 통해서 이러한 구속력을 갖는 계약을 할 수 있다면, [협조, 협조]를 경기할 것을 약속, 만일 그 약속에 위반하는 경우에는 위반한 경기자가 상대에게 500의 패널티를 지불해야 한다는 계약을 할 수 있다. 이러한 계약이 이행된다면 어떤 경기자도 위반을 해서 100 대신에 120의 이득을 얻고 그 결과 500의 패널티를 지불하는 선택은 하지 않을 것이다.

제4부
산업과 기업 차원의 국제경제관계

제12장 _ 국가 간 산업연관과 국제경제관계

제13장 _ 다국적기업과 국제경제관계

제14장 _ 다국적기업의 경제적 효과와 국제경제관계

제12장
국가 간 산업연관과 국제경제관계

제1절 국제연결 산업연관의 개요

산업사회에서 공업화가 진전되면 될수록, 그리고 산업구조가 고도화되면 될수록 그 어떤 산업도 여타 산업과의 생산활동 연계 없이 독립된 상태로 생산활동을 지속할 수 없다. 산업에 따라 정도의 차이는 있지만 반드시 여타 산업과의 직간접 연관 속에서 생산활동이 이루어진다. 예를 들면 자동차산업과 같이 만 오천여 개에 이르는 다수의 부품을 조립함으로써 최종재인 자동차를 만들어 내는 산업의 경우 그 배후에 철강, 금속, 고무, 전자전기, 정밀기계, 석유화학 등은 물론 서비스산업까지 수많은 관련 산업들의 균형 있는 산업구조가 형성되어 있어야만 한다. 이들 배후 산업들이 국내에 존재하지 않는 경우에는 해외의 해당 산업과의 연관이 이루어져야 국내 자동차산업이 존재할 수 있게 된다.

모든 산업부문을 국내에 조성하여 국내적으로 산업활동을 완결시키는 것은 가능하지도 않고 바람직하지도 않다. 따라서 국가 간 산업 연관관계 속에서 각국의 산업활동이 성립되는 것이 일반적이며 바람직하다. 그 어떤 국가, 산업에서도 관련기술이 궁극적으로 체화되면서 투입물이 산출물로 만들어지기까지에는 여러 종류의 중간투입물인 원료, 연료, 부품, 제조설비 등이 필요하게 된다. 이것들은 국내에서 조달되는 것도 있으나 외국으로부터의 수입에 의존하기도 한다.

특정 국가의 특정 산업이 급속하게 성장 발전하여 국제경쟁력을 확보하면서 수출산업으로 부상하는 경우를 보더라도, 단지 해당 국가, 해당 산업의 생산성과 기술효율에만 의존하는 것이 아니다. 그 배후에는 관련 여타 국가, 여타 산업의 생산효율이 어떤 형태로든, 어느 정도로든 작용하게 된다.

결국 산업연관의 차원에서 국가 간 경제관계가 실질적으로 매우 긴밀하게 연계되어 있다. 이러한 투입과 산출을 연결해 주는 기술요인에 의하여 각국의 무역구조와 산업구조 속에서 국가 간, 산업 간 연관관계를 정량적으로 분석하는 데 효율적이고 명확한 분석방법을 제시해 주는 것이 다름 아닌 국제연결 산업연관분석이다. 이제 국제연결 산업연관의 틀을 이해하기 위하여 우선 다음과 같이 일국 내 산업연관의 기초부터 정리해 본다.

1. 산업연관의 기초

현대의 제반산업은 상호 연관관계를 맺으면서 생산활동을 하며, 복잡한 상호의존관계의 망으로 연결되어 있다. 뿐만 아니라 산업의 생산활동은 한편으로는 국민경제의 수요구성 특성에 좌우되기도 하고, 다른 한편으로는 임금, 이윤 등 소득의 형성이나 분배에도 영향을 미치게 된다. 따라서 산업 간 연계에 따른 생산활동은 한편으로는 지출 측면에서 수요의 품목 구성, 다른 한편으로는 분배 측면에서 소득의 부문 구성이란 양 측면에 밀접하게 연계되어 있으면서 국민경제를 구성하게 된다. 이것이 전체로서 한 나라의 산업구조의 형태를 규정한다. 산업연관분석의 중심적인 관점은 이러한 연관관계 가운데 생산활동을 통한 제 산업 간의 생산기술적인 연계관계를 다루면서, 이러한 관계를 지출면의 수요구성과 분배면의 소득형성을 연계시킴으로써 국민경제의 구조를 파악하는 데 있다.

1) 산업연관표

특정 국가에서 일정기간 동안(일반적으로 1년) 이루어진 경제활동을 산업 간 연결을 주축으로 하여 경제순환의 통계치로 나타낸 것이 산업연관표이다.[1] 이러한 산업연관표의 일반적인 형태는 〈표 12-1〉과 같다.

1) 산업연관표 및 산업연관분석의 선구적인 연구는 W. Leontief, *The Structure of American Economy 1919-1939*, Oxford Univ. Press, 1960로부터 비롯되어 최근에는 산업구조에 관한 연구뿐만 아니라 환경 문제, 군축 문제 등에 이르기까지 광범위하게 활용되고 있다. 강광하, 『산업연관분석론』, 연암사, 2000 참조.

〈표 12-1〉에서 산업연관표의 수치를 수평의 행 방향으로 읽어 나가면 해당 산업 생산물의 판로구성 내지는 산출의 배분 구성을 알 수 있다. 그것은 두 가지 부분으로 대별되는데 하나는 각 산업부문 1, 2, 3, …, n에 중간재로 팔려 나간 중간수요를 나타내는 부분이다. 다른 하나는 소비, 투자, 수출 등 최종재로 팔려 나간 최종수요의 부문으로 나타난다. 이러한 중간수요와 최종수요의 합이 총산출이다.

표 12-1. 산업연관표의 구조

산업	1 2 3 ……………… n	최종수요	총산출
1	x_{11} x_{12} x_{13} ………… x_{1n}	F_1	X_1
2	x_{21} x_{22} x_{23} ………… x_{2n}	F_2	X_2
3	x_{31} x_{32} x_{33} ………… x_{3n}	F_3	X_3
.	.	.	.
.	.	.	.
.	.	.	.
.	.	.	.
.	.	.	.
.	.	.	.
n	x_{n1} x_{n2} x_{n3} ………… x_{nn}	F_n	X_n
부가가치	V_1 V_2 V_3 ………… V_n		
총투입	X_1 X_2 X_3 ………… X_n		

한편 산업연관표를 수직의 열 방향으로 읽어 나가면 각 산업이 제품을 산출하는 데 필요한 비용의 구성 내지는 투입 구성을 알 수 있다. 이것도 두 가지 부분으로 대별되는데, 하나는 각 부문이 제 산업 1, 2, 3, …, n으로부터 구입한 중간재의 중간투입이며, 다른 하나는 노동과 자본 등 본원적 생산요소의 투입에 따른 고용자 소득, 영업이익 등의 부가가치로 나타난다. 이러한 중간투입과 부가가치를 합한 것이 총투입이다.

이상에서 알 수 있듯이 열 방향의 비용구성이란 어느 산업부문이 그 생산활동을 위하여 중간재, 노동/자본 등의 생산요소를 얼마나 투입하는가의 구성을 나타내며, 행 방향의 판로구성이란 생산된 산출물의 배분구성이다. 산업연관표가 투입산출표로 불리는 것은 이러한 이유에서이다.

2) 투입계수

산업연관표는 가공하지 않고 그대로 들여다보아도 많은 정보를 제공해 준다. 그러나 표를 보다 효과적으로 활용하기 위하여 투입계수표를 만들어 이용하기도 한다.

산업연관표에서 열 방향의 비용구조에 주목하면 그것은 각 산업의 중간생산물의 투입 형태이며 산업의 생산기술적인 관계를 나타낸다. 각 산업은 필요한 중간재의 투입을 통하여 직간접적으로 상호 연결되어 있는바, 산업연관표는 산업 간 연결의 형태, 정도 등의 정보를 제공한다. 특히 투입계수는 각각의 산업의 중간투입액을 생산액으로 나누어 구해진다. 이 수치가 의미하는 것은 '어떤 산업에서 생산물 한 단위를 생산하기에 필요한 제 산업부문으로부터의 중간재 투입량'을 나타낸다. 이렇듯 각 산업부문에서 생산물 한 단위를 생산하는 데 어느 정도의 중간재 투입이 필요한가를 나타내는 투입계수를 계산하여 하나의 표로 나타낸 것이 투입계수표이다.

이제 제j산업에서는 생산 X_j에 대하여 원재료로서 제i산품을 X_{ij}만큼 투입하는 경우,

$$a_{ij} = X_{ij}/X_j \quad (i,\ j = 1,\ 2,\ 3,\ \cdots,\ n) \qquad \text{식 (1)}$$

와 같이 비례정수 a_{ij}를 얻는다. 따라서 a_{ij}는 제j산업이 생산 한 단위당 필요로 하는 제i산품의 투입단위를 나타낸다. 이러한 투입계수 a_{ij}에 대하여 모든 산업부문에서 모든 투입계수를 산업연관표의 중간투입 부분의 배치와 같이 행렬로 나타낸 것이 투입계수행렬이다.

$$A = \begin{bmatrix} a_{11}\ a_{12}\ a_{13} \cdots\cdots a_{1n} \\ a_{21}\ a_{22}\ a_{23} \cdots\cdots a_{2n} \\ \cdots\cdots\cdots\cdots\cdots\cdots \\ a_{n1}\ a_{n2}\ a_{n3} \cdots\cdots a_{nn} \end{bmatrix} \qquad \text{식 (2)}$$

이러한 투입계수를 이용하여, 예를 들면 2부문의 산업연관의 균형식은 다음과 같이 간단하게 나타낼 수 있다.

$$X_{11} + X_{12} + F_1 = X_1$$ 식 (3)

$$X_{21} + X_{22} + F_2 = X_2$$

(중간수요) (최종수요) (총생산)

이것을 투입계수를 이용하여 표시하면,

$$a_{11}X_1 + a_{12}X_2 + F_1 = X_1$$ 식 (4)

$$a_{21}X_1 + a_{22}X_2 + F_2 = X_2$$

즉

$$(1-a_{11})X_1 - a_{12}X_2 = F_1$$ 식 (5)

$$-a_{21}X_1 + (1-a_{22})X_2 = F_2$$

와 같이 나타낼 수 있다.

3) 역행렬계수

이러한 투입계수를 사용하면 산업 간 인과적인 연쇄관계를 명확히 할 수 있다. 예를 들어 자동차 부문에 대한 최종수요가 10% 증대한다면, 우선 자동차부문은 직접적으로 10% 생산이 증대되며, 이를 위하여 필요로 되는 각종 원재료, 철강, 유리, 고무, 전자전기 등등의 중간재 투입도 10% 증대된다. 즉 자동차부문에 중간재를 공급하고 있는 모든 산업은 자동차산업으로부터 그들의 중간재 수요가 증대된 것에 대응하여 생산을 증대시킨다. 이것은 다시 그들 산업에 중간재를 공급하는 산업의 생산을 필요로 하게 된다. 이렇듯 관련 산업의 중간수요는 지속적으로 파급되어 나간다. 즉 어느 한 부문의 경제활동의 자극은 직접, 간접으로, 또한 간접의 다시 간접의 경로를 따라서 다른 부문에 끊임없이 영향을 미치는 것이다.

이렇듯 산업 간 투입계수를 통한 산업 간 연쇄반응을 끊임없이 고려해 보면 각 산업부문의 필요 생산량을 결정할 수 있다. 그러한 연쇄반응의 파급은 무한히 계속된다. 그러나 그러한 파급은 멈추지 않고 확산되는 것은 아니다. 왜냐하면 파급의 범위가 확산되어가지만 그 파급의 세기, 강도는 점차 파급의 차수를 더해 갈수록 약해지기 때문이다. 종국에 그것은 무한히 제로에 가깝게 된다.

이러한 파급연관의 효과는 투입계수를 매개로 하여 나타나는 것이므로 투입계수로부터 얻을 수 있다. 이것을 수치로 나타낸 것이 레온티에프W. Leontief의 역행렬계수이다. 이는 직간접 총파급효과의 계수로 산업연관의 승수효과를 나타낸다. 어떤 특정산업부문에서의 생산물 한 단위를 생산하기 위하여 직접, 간접으로 필요로 되는 제 산업 부문의 산출수준이 최종적으로 어느 정도 될 것인가를 나타내는 계수인 셈이다.

이제 앞의 식 (5)를 X_1, X_2에 관하여 정리하면, 다음과 같다.

$$\begin{bmatrix} 1-a_{11} & -a_{12} \\ -a_{21} & 1-a_{22} \end{bmatrix} \begin{bmatrix} X_1 \\ X_2 \end{bmatrix} = \begin{bmatrix} F_1 \\ F_2 \end{bmatrix} \quad \text{식 (6)}$$

이것은 다시 다음과 같이 정리된다.

$$\begin{bmatrix} X_1 \\ X_2 \end{bmatrix} = \begin{bmatrix} 1-a_{11} & -a_{12} \\ -a_{21} & 1-a_{22} \end{bmatrix}^{-1} \begin{bmatrix} F_1 \\ F_2 \end{bmatrix} \quad \text{식 (7)}$$

간단히 표시하면,

$$\mathrm{X} = [1-A]^{-1}\ \mathrm{F} \quad \text{식 (8)}$$

와 같다. 여기서 $[1-A]^{-1}$가 바로 레온티에프의 역행렬로 불리는 것이다.

2. 국제연결 산업연관의 기초

이상과 같은 한 나라의 산업연관표 및 산업연관분석의 발상은 그대로 국제경제의 경우에도 적용된다. 이것이 이른바 국제연결 산업연관표이다.

한 나라의 산업연관표에서 외국과의 거래는 수출 및 수입부문으로 일괄해서 처리되고 있다. 수출 및 수입 거래도 중간투입재 및 최종재 수요를 위한 거래로 나뉘고 이것들을 특정의 국가 및 산업과의 사이에 수출입 거래로 명시하여 나타낸 것이 국제연결 산업연관표이다. 즉 한 나라의 산업연관표를 국가 간, 산업 간 재화의 수출입으로 연결시킴으로써 국제연결 산업연관표로 확장할 수 있다. 각국 재화의 수출입 가운데 일부는 최종수요재로 쓰이기도 하고, 일부는 중간투입재로 활용되기도 한다.

1) 국제연결 산업연관표

2개국 이상의 산업연관표를 통일된 기준으로 연결하면 국제연결 산업연관표가 만들어진다. 하나의 예로 동북아지역 내 한국, 중국, 일본과 그 외의 기타세계의 4개국(지역) 간 국제연결 산업연관표를 구성해 보자. 한국은 K, 중국은 C, 일본은 J, 기타세계는 R로 나타내고 각 산업은 i, j = 1, 2, …, n으로 나타내면, 이러한 경우 실제 국제연결 산업연관표는 〈표 12-2〉와 같다.

이제 각국의 투입구조는 국제연결 산업연관표의 열 방향을 취하여 알 수 있다. 한국의 경우를 보면, X_{ijKK}는 한국 국내에서의 생산활동을 위하여 필요한 국내산업 간의 거래를 나타내는 국내부문 간 투입행렬이다. 한편 X_{ijCK}, X_{ijJK}, X_{ijRK}는 각각 한국의 생산활동을 위하여 필요한 중국, 일본, 기타세계로부터의 중간재 수입을 나타낸다. 한편 중국을 보면, X_{ijCC}는 중국 국내에서의 생산활동을 위하여 필요한 중국 국내산업 간 거래를 나타내는 국내부문 간 투입행렬이다. 한편 X_{ijKC}, X_{ijJC}, X_{ijRC}는 각각 중국의 생산활동을 위하여 필요한 한국, 일본, 기타세계로부터의 중간재 수입을 나타낸다. 마찬가지로 일본의 경우에도 일본국내의 산업 간 거래인 X_{ijJJ}와 함께 X_{ijKJ}, X_{ijCJ}, X_{ijRJ}만큼의 한국, 중국 및 기타세계로부터의 중간재의 수입이 나타난다.

이러한 열 방향의 접근과 함께 행 방향의 접근도 산업연관의 국가 간 연계에서 커다란 의미를 갖는다. 즉 각국의 경우 각 산업별로 생산된 산출물은 자국 내의 중간재는 물론 여타 국(지역)에 중간투입재로 활용되고 있으며 아울러 최종재로도 판매되고 있음을 알 수 있다.

표 12-2. 한·중·일 국제연결 산업연관표

		한(K)	중(C)	일(J)	ROW	최종수요	총산출
		1 ⋯ n	1 ⋯ n	1 ⋯ n	1 ⋯ n		
한	1 ⋮ n	x_{ij}^{KK}	x_{ij}^{KC}	x_{ij}^{KJ}	x_{ij}^{KR}	FD^K	X^K
중	1 ⋮ n	x_{ij}^{CK}	x_{ij}^{CC}	x_{ij}^{CJ}	x_{ij}^{CR}	FD^C	X^C
일	1 ⋮ n	x_{ij}^{JK}	x_{ij}^{JC}	x_{ij}^{JJ}	x_{ij}^{JR}	FD^J	X^J
ROW	1 ⋮ n	x_{ij}^{RK}	x_{ij}^{RC}	x_{ij}^{RJ}	x_{ij}^{RR}	FD^R	X^R
부가가치		V^K	V^C	V^J	V^R		
총투입		X^K	X^C	X^J	X^R		

2) 국제연결 투입계수

국제연결 산업연관표의 열 방향의 비용구조에 주목하면 그것은 각국, 각 산업의 중간재 투입을 의미하며 산업의 생산기술적인 관계를 나타낸다. 각국, 각 산업은 필요한 중간재의 투입구조를 통하여 직간접적으로 상호 연결되어 있는바, 각국, 각 산업 간 연결의 형태, 정도 등의 정보를 제공하는 것이 국제연결 산업연관표이다. 특히 국제연결 투입계수는 각국, 각 산업이 중간재 투입액을 각각의 생산액으로 나누어 구하는 것이다. 이 수치는 '특정 국가의 특정 산업에서 생산물 한 단위를 생산하기에 필요한 특정국 및 여타 외국 제 산업으로부터의 원재료 투입량(즉 국산중간재, 수입중간재)'을 의미한다. 국제연결 산업연관표에서도 투입계수는

$$a_{ijRS} = X_{ijRS} / X_{jS}$$ 식 (9)

와 같이 얻어진다. 여기서 R=K, C, J, R이며, 마찬가지로 S=K, C, J, R이다. 따라서 a_{ijRS}는 S국의 j산업이 생산 한 단위당 필요한 R국 i산업의 투입단위를 나타낸다. 이러한 국제연결 투입계수 a_{ijRS}에 대하여 모든 국가, 산업부문에서 모든 투입계수를 국제연결 산업연관표의 중간투입 부분의 배치와 같이 행렬로 나타낸 것이 국제연결 투입계수행렬이다.

$$A_{RS} = \begin{bmatrix} a_{ijRR} & a_{ijRS} \\ a_{ijSR} & a_{ijSS} \end{bmatrix}$$ 식 (10)

3) 국제연결 역행렬계수

이러한 국제연결 투입계수를 이용하면 국가 간, 산업 간 생산과정의 인과적 연쇄관계를 명확히 할 수 있다. 예를 들어 R국의 자동차 부문에 대한 최종수요가 10% 증대할 경우 우선 R국의 자동차 부문에서 직접적으로 생산이 10% 증대되는데, 그를 위해 필요한 각종 원재료, 철강, 유리, 전자전기부품, 고무 등등의 투입도 10% 증대된다. 즉 자동차부문에 중간재를 공급하는 R국 및 S국의 제 산업은 R국 자동차산업으로부터 그들의 중간재 수요가 증대된 것에 대응하여 생산을 증대한다. 이것은 다시 그 산업에 중간재를 공급하는 각국, 각 산업의 생산으로 이어진다. 이렇듯 관련 국가 및 산업의 중간수요가 계속해서 파급되어 나간다.

이렇듯 국가 간, 산업 간 투입계수를 통한 연쇄반응을 끊임없이 고려하면 각국, 각 산업 부문의 필요생산량을 알 수 있다. 그러한 연쇄반응의 파급은 무한히 계속된다. 이러한 각국, 산업 간 파급연관의 효과는 국제연결 투입계수를 활용하여 구할 수 있다. 이를 수치로 나타낸 것이 바로 국제연결 역행렬계수표이다. 말하자면 각국, 각 산업 간 파급효과의 계수로서, 국제연결 산업연관의 승수효과를 나타낸다. 즉 어떤 특정 국가, 산업부문에서의 생산 한 단위를 위하여 직접, 간접으로 필요한 자국 및 여타 외국 제산업 부문의 산출수준이 최종적으로 어느 정도인가를 나타내는 계수인 셈이다.

이제 앞의 식 (10)을 활용하여 각국별, 산업별 균형식을 다시 정리하면,

$$X_{iR} = (1 - A_{ijRS})^{-1}F \qquad \text{식 (11)}$$

와 같으며, 여기서 $(1 - A_{ijRS})^{-1}$는 국제연결 산업연관에 따른 레온티에프의 역행렬이다.

제2절 국가 간 산업연관의 단위구조unit structure

1. 일반적인 단위구조 분석 모형

이상과 같이 일반적인 투입산출분석은 외생적으로 주어진 최종수요로부터 출발해서 그것을 충족시키는 생산액을 구한다. 그러나 이와는 반대로 특정 부분의 최종수요 한 단위를 산출해 내기 위해서 경제(산업) 제 부문 간에 반드시 필요한 중간투입 거래의 조합을 구할 수 있다. 이러한 산업 간 연관관계를 패턴화한 것이 단위구조이다.[2] 즉 단위구조란 특정 부문의 산출 한 단위를 만들어 내기 위하여 전체 산업 사이의 직간접 중간투입의 연계가 어느 정도 필요로 되는가를 나타내 보여 준다. 따라서 이러한 단위구조는 각 산업별로 구할 수 있으며, 산업별 특성을 입체적이고 종합적으로 나타내 보여 주게 되는바, 입체적이고 종합적인 생산함수로 이해될 수 있다.

일반적인 생산결정의 논리를 2개 부문 모형으로 단순화하여 나타내면,

$$\begin{bmatrix} F_1 = 1 \\ F_2 = 1 \end{bmatrix} \Rightarrow \begin{bmatrix} b_{11}\, b_{12} \\ b_{21}\, b_{22} \end{bmatrix} \Rightarrow \begin{bmatrix} X_1 \\ X_2 \end{bmatrix}$$

와 같다. 단, F_i: i부문의 최종수요, b_{ij}: 레온티에프의 역행렬계수, X_i: i부문의 생산, i, j=1, 2산업을 나타낸다.

---

2) 단위구조의 개념은 尾崎嚴, 「經濟發展의 構造分析」, 『三田學會雜誌』, 1980, pp. 82-102에 처음 제시되었는데, 이러한 단위구조는 특정 산업의 재화 한 단위를 생산하는 데 필요한 산업 간 중간거래의 함수로서, 단위구조의 체계에서 산업 간 직간접적인 중간 투입경로를 보여 준다.

반면, 단위구조의 논리는

$$\begin{bmatrix} U_{11} & U_{12} \\ U_{21} & U_{22} \end{bmatrix} \Rightarrow \begin{bmatrix} F_1 = 1 \\ F_2 = 0 \end{bmatrix}$$

와 같이 나타낼 수 있다. 단, U_{ij}는 부문 간 특정 중간거래 패턴이며, i, j = 1, 2이다. 두 번째 식은 부문 간 특정거래 패턴의 행렬 Uij가 실행된 결과 제1부문의 최종수요가 한 단위 충족될 수 있음을 보여 준다.

이제 레온티에프의 역행렬을 B, 최종수요 벡터를 F, 산출액 벡터를 X라 하여,

$$B = \begin{bmatrix} b_{11} & b_{12} \\ b_{21} & b_{22} \end{bmatrix}, \quad F = \begin{bmatrix} F_1 \\ F_2 \end{bmatrix}, \quad X = \begin{bmatrix} X_1 \\ X_2 \end{bmatrix}$$

로 하면 일반적인 생산결정 과정은 X=〉BF와 같이 나타내어지나, 여기서 최종수요와 생산물 사이의 결정관계를 역전시켜서 생산량 X를 투입계수 a_{ij}를 가지고 중간거래 U_{ij}로 분해한 것이 단위구조인 셈이다. 이 단위구조는 n개 산업 각각의 최종수요 한 단위에 각각 하나씩 대응하여 존재하는 특정의 중간거래 조합이며, 따라서 각 부문별로 구할 수 있으므로 산업부문 수만큼 존재한다.

이러한 단위구조의 각 요소 U_{ij}는 다음과 같이 구해진다. 2개 부문의 경우를 예로 들어 제1부문의 최종수요를 1, 제2부문의 그것을 0으로 하면, 경제 전체의 필요 생산량은 레온티에프의 역행렬을 이용하여,

$$\begin{bmatrix} X_1 \\ X_2 \end{bmatrix} = \begin{bmatrix} b_{11} & b_{12} \\ b_{21} & b_{22} \end{bmatrix} \begin{bmatrix} 1 \\ 0 \end{bmatrix}$$

로 나타낼 수 있다. 여기서,

$$\begin{bmatrix} X_1 \\ X_2 \end{bmatrix} = \begin{bmatrix} b_{11} \\ b_{21} \end{bmatrix}$$

과 같이 된다. 즉 역행렬의 제1열이 최종수요 Y_1을 충족시키기 위한 생산량으로 필요하게

된다는 것이다. 이제 제1부문에서는 $X_1 = b_{11}$, 제2부문에서는 $X_2 = b_{21}$의 생산이 이루어지고 최종생산물 $Y_1 = 1$이 충족되나, 이 경우 행해지는 중간재 거래를 U_{ij}로 하면, 생산물의 수요-공급의 균형관계는 다음의 〈표 12-3〉과 같다. 여기서 투입계수의 정의로,

$$a_{11} = U_{11}/b_{11}, \qquad a_{12} = U_{12}/b_{21}$$
$$a_{21} = U_{21}/b_{11}, \qquad a_{22} = U_{22}/b_{21}$$

표 12-3. 단위구조 메트릭스

	1	2	최종수요	총생산
1	U_{11}	U_{12}	1	b_{11}
2	U_{21}	U_{22}	0	b_{21}
부가가치	V_1	V_2		
총투입	b_{11}	b_{21}		

를 얻을 수 있으며 이것으로부터 Uij를 다음과 같이 도출해 낼 수 있다.

$$U_{11} = a_{11}\ b_{11}, \qquad U_{12} = a_{12}\ b_{21}$$
$$U_{21} = a_{21}\ b_{11}, \qquad U_{22} = a_{22}\ b_{21}$$

즉,

$$\begin{bmatrix} U_{11} & U_{12} \\ U_{21} & U_{22} \end{bmatrix} = \begin{bmatrix} a_{11} & a_{12} \\ a_{21} & a_{22} \end{bmatrix} \begin{bmatrix} b_{11} & 0 \\ 0 & b_{21} \end{bmatrix}$$

간단히 표시하면, U=Ab로 되며 이것이 바로 단위구조인 것이다.

2. 국제연결 산업연관 단위구조

앞 절의 일국 내 산업연관의 단위구조를 국가 간 연결 산업연관의 단위구조로 확대할

수 있다. 이를 활용하여 특정 국가의 특정 산업에서 최종재 한 단위를 생산해 내기 위하여 국내는 물론 국가 간 직간접 산업연관관계를 명시적으로 다룰 수 있게 된다.

이제 R국, S국 2개국의 경우를 예로 표기하면, R국 제1산업의 최종재가 한 단위 증가하는 경우 국제연결 단위구조는 다음과 같이 나타낼 수 있다.

$$\begin{bmatrix} U_{ij}^{RR} & U_{ij}^{RS} \\ U_{ij}^{SR} & U_{ij}^{SS} \end{bmatrix} = \begin{bmatrix} a_{ij}^{RR} & a_{ij}^{RS} \\ a_{ij}^{SR} & a_{ij}^{SS} \end{bmatrix} \begin{bmatrix} b_{i1}^{RR} & 0 \\ 0 & b_{i1}^{SR} \end{bmatrix}$$

이러한 국제연결 산업연관 단위구조는 국가별, 산업별로 존재하게 되며 특정 국가, 특정 산업의 생산활동에 있어서의 국가 간, 산업 간 연계 특성을 잘 나타내 준다.

제3절 동북아지역 내 가치사슬 네트워크 및 산업클러스터[3)]

이상과 같은 국제연결 산업연관표를 활용하여 국가 간, 산업 간 중간재 거래관계에 초점을 맞추어 각국, 각 산업에서 최종재 한 단위를 생산해 내기 위하여 필요한 국가 간, 산업 간 직간접 생산활동의 단위구조를 구해 본다. 이러한 국가 간, 산업 간 단위구조의 네트워크를 기초로 하여 이른바 국가 간, 산업 간 연결망 분석까지도 가능하다.

직관적으로, 최종재 한 단위를 생산하기 위하여 이루어지는 국가 간 전체 산업 사이의 직간접적 중간재 거래관계는 산업마다 상이할 것이다. 이렇듯 산업별 직간접 중간재 거래관계망을 국가 간 전체 산업과의 네트워크 구조로 파악하는 것은 산업별 특성을 분석하는 하나의 특별한 접근방법이라 할 수 있다.

1. 한·중·일 국제연결 산업연관표의 부문 통합

우선 동북아지역 내 산업 간 연계에 초점을 맞추기 위하여, 분석 대상 산업의 특성에

---

3) 심승진, 「한중일 산업간 가치사슬 네트워크 및 동북아지역 차원의 산업클러스터 분석」, 『동북아경제연구』, 제22권 제3호, 2010 참조.

따라 산업부문을 대폭 통합하거나 분류하여 의미 있는 분석결과를 얻을 수 있도록 산업부문을 분류·통합한다. 이를 통하여 동북아지역 내 국가 간 산업연계상 주요 핵심산업에 초점을 맞추어 정책적 함의를 도출해 낼 수 있을 것이다.

본 연구에서는 IDE/JETRO가 공표한 아시아 국제연결 산업연관표Asian International Input-Output Table, 1990/1995/2000를 사용하여 한·중·일 국제연결 산업연관표를 재구성하여 분석한다. 동 산업연관표에는 총 76개 산업으로 분류되어 있으며, 농림수산업 7개 부문, 광업 3개 부문, 제조업 49개 부문, 그리고 서비스산업 16개 부문으로 구성되어 있다.

이와 같은 산업 분류로 한·중·일 3개국과 기타 세계까지 다루려면 산업연관표의 내생부문만 304×304의 크기를 가지는 행렬로 된다. 이러한 크기의 행렬을 가지고 분석작업을 하고, 결과로서 단위구조나 이를 활용한 네트워크구조를 알아보기에는 적절하지 않으므로, 부문 통합을 시도하여 적절한 규모의 산업연관행렬로 정리하는 것이 우선되어야 한다.

본 연구에서는 우선 한·중·일 산업연관관계 속에서 매우 중요하고 의미 있으며 정책적 차원에서 분석이 필요하다고 판단되는 자동차산업에 초점을 맞추고 그 외의 산업들은 부문 통합을 하고자 한다. 따라서 자동차, 조선, 기초산업화학, 섬유, 전기전자, 일반기계, 철강 등의 산업을 포함하여 총 20개 산업으로 분류하여 분석하고자 한다(〈표 12-4〉 참조).

표 12-4. 산업의 분류 및 통합

	본 연구의 20개 산업구분	아시아국제산업연관표, 2000년, 76개 산업구분
1	농림수산	001 - 007
2	광업	008 - 011
3	음식료	012 - 017
4	섬유	018 - 023
5	나무·목제·펄프·종이	024 - 028
6	화학제품	029, 031 - 033
7	기초산업화학	030
8	석유	034
9	고무	036, 037

	본 연구의 20개 산업구분	아시아국제산업연관표, 2000년, 76개 산업구분
10	비철금속	038 - 040
11	철강	041
12	금속(철강제외)	042, 043
13	가전등기타전기제품	049, 053
14	전기제품	045
15	기계	044, 046, 047, 048
16	자동차	055
17	조선	057
18	기타수송기계	056, 058
19	기타제조	035, 059, 060
20	서비스산업	061 - 076

2. 동북아지역의 국제연결 단위구조

본 절에서는 자동차산업을 중심으로 자동차의 최종재 한 단위를 생산하기 위하여 한·중·일 국가 간, 산업 간 연관관계 속에서 생산활동의 연계에 어떠한 특징이 있는지 살펴본다. 자동차산업은 만 오천여 종에 달하는 부품이 가공되고 조립됨으로써 최종재인 자동차가 완성되어 나오는 것으로 알려져 있다. 따라서 수많은 여타 산업들과의 직간접 연계 속에서 생산활동이 이루어지는 등 전후방 연관효과가 큰 대표적인 산업이다. 거의 대부분의 제조업 부문들과 연계되어 있으며 서비스산업 부문과의 연계 또한 매우 중요하다. 한편 일본의 자동차산업은 산업발전과정에서 이미 성장 및 성숙 단계를 지나고 있으며, 한국의 자동차산업은 시장점유율이나 기술수준 등에서 일본을 빠르게 추격 및 추월하고 있다. 중국의 자동차산업은 최근 들어서 성장 단계에 접어들면서 산업활동이 매우 활발하게 이루어지고 있다. 이런 가운데 동북아지역 내 각국의 자동차산업 활동은 상호 보완적이며 아울러 경쟁적인 특성이 공존하면서 생산활동의 상호연관, 상호의존이 심화되고 있다.

이상과 같은 한·중·일 자동차산업의 상호연관, 상호의존의 특징을 파악하기 위하여 각국의 자동차산업에 대하여 추계한 80×80 행렬크기의 국제연결 단위구조를 국가 차원에서 통합한 4×4 행렬크기의 단위구조를 구하여 나타낸 것이 〈표 12-5〉이다.

우선 한국의 경우 자동차 최종재 한 단위를 생산하기 위하여 국내의 모든 산업부문에서 1.52단위(2000년)의 생산이 유발된다. 이는 1990년의 1.19단위와 비교하면 크게 증대한 수치임을 알 수 있다. 일본으로부터의 수입유발은 1990년의 0.08단위가 1995년에는 0.07단위로, 2000년에는 다시 0.06단위로 지속적인 감소추세를 보이고 있다. 이렇듯 자동차산업에서 부품 등 중간재의 대일의존은 오랜 기간 구조적으로 고착되어 여전히 높은 수치를 나타내고 있으나 점차 개선되고 있음을 알 수 있다.

반면 한국의 중국으로부터의 수입은 1995년에 0.009단위로부터 2000년에는 0.013단위로 서서히 증가하고 있다. 이는 주로 노동집약적인 부품 등 중간재의 대중 수입으로 보이는데, 이러한 증가 추세는 당분간 지속적으로 나타날 것으로 사료된다. 기타 세계지역ROW으로부터의 수입유발은 2000년에 0.167단위로 제법 크게 나타나는 등, 일본과 중국으로부터의 수입유발보다 2배 정도 크다. 한편 한국 자동차산업에서의 최종재 한 단위 생산활동이 일본 국내와 중국 국내의 산업활동을 유발하기도 한다. 일본 국내에서 유발되는 효과는 1990년에 0.11이었던 것이 2000년에는 0.08단위로 감소하고 있으나 여전히 큰 수치를 나타내며 간접적인 생산연계가 강한 것을 확인할 수 있다. 중국 국내 생산유발은 미미하지만 증가되는 추세를 보이는데, 2000년에 0.024단위에 이르고 있다.

일본 자동차산업에서의 최종재 한 단위의 생산이 이루어지는 경우, 일본 국내에서는 1990년, 1995년, 2000년에 각각 1.81단위, 1.73단위, 1.70단위의 생산유발이 나타나 미미하지만 점차 감소추세를 나타내고 있다. 이러한 수치가 시사하는 것은, 일본은 여전히 국내에서의 산업 간 연계가 강한 가운데 자동차산업 활동의 자기완결적인 특성을 보이나, 자기완결적 정도는 점차 약해지고 있다는 것이다. 그런 가운데 일본 자동차산업의 최종재 한 단위의 생산활동은 한국 국내에서의 생산유발과 중국 국내에서의 생산유발이 미미한 수준에 머물러 있음을 알 수 있다. 그러나 한국 국내에서보다 중국 국내에서의 생산유발이 더욱 크게 증대되고 있다는 점이 분명히 확인되고 있다. 또한 일본 자동차산업의 최종재 한 단위의 생산활동이 한국 국내, 그리고 중국 국내 생산을 유발하는 정도보다 기타 세계에서 생산을 유발하는 정도가 더욱 크게 나타나고 있다. 아울러 한국으로부터의 수입유발보다도 중국으로부터의 수입유발이 더 큰 수치를 보이고 증가세도 매우 높게 나타나고 있다.

표 12-5. 자동차산업의 국제연결 단위구조에 따른 한·중·일 간 생산연계

한국	K	J	C	R
K 1990	1.194074	0.000349	0.000000	0.000385
1995	1.182380	0.000346	0.000123	0.000787
2000	1.526950	0.00405	0.000289	0.001147
J 1990	0.081180	0.116858	0.000000	0.002751
1995	0.073449	0.103756	0.000267	0.004266
2000	0.060192	0.081712	0.000410	0.004292
C 1990	0	0.000291	0.000836	0.000266
1995	0.009660	0.000421	0.015979	0.000677
2000	0.013997	0.000458	0.024113	0.001177
R 1990	0.127360	0.007661	0.000004	0.132323
1995	0.136462	0.005411	0.001315	0.168718
2000	0.167846	0.005463	0.002035	0.192984
일본	K	J	C	R
K 1990	0.003181	0.002736	0.000000	0.000161
1995	0.002881	0.002799	0.000004	0.001321
2000	0.003773	0.003635	0.000126	0.000468
J 1990	0.000191	1.810746	0.000002	0.001108
1995	0.000208	1.737523	0.001158	0.001321
2000	0.000261	1.707302	0.000183	0.001656
C 1990	0	0.001990	0.003085	0.000128
1995	0.000006	0.003363	0.005393	0.000208
2000	0.000007	0.005795	0.009543	0.000444
R 1990	0.000691	0.064998	0.000182	0.062216
1995	0.000658	0.052093	0.000453	0.058764
2000	0.001197	0.063968	0.000919	0.071795
중국	K	J	C	R
K 1990	0.002237	0.000164	0.001275	0.000495
1995	0.009309	0.000213	0.008900	0.001008
2000	0.016998	0.000274	0.014908	0.000972
J 1990	0.000141	0.069419	0.040101	0.004192
1995	0.000580	0.071275	0.044785	0.006002
2000	0.000934	0.067185	0.044296	0.003950
C 1990	0	0.000139	1.564748	0.000279
1995	0.000207	0.000254	1.512126	0.000804
2000	0.000326	0.000332	1.802591	0.001029
R 1990	0.000498	0.003747	0.114627	0.146424
1995	0.002344	0.000334	0.162023	0.211001
2000	0.004191	0.003819	0.125283	0.158392

주) K: 한국, J: 일본, C: 중국, R: 기타세계

한편 중국 자동차산업에서의 최종재 한 단위 생산에 따른 생산유발의 경우, 중국 국내에서 1990년에 1.56단위였던 것이 2000년에 이르면서 1.80단위로 크게 증가하였다. 이러한 수치는 일본 자동차산업의 일본 국내에서의 생산유발의 정도보다 큰 것으로, 중국 자동차산업의 자국 내에서의 생산활동 연계가 빠르게 강화되고 있음을 시사한다. 중국 자동차산업의 생산활동에 따른 한국 국내 생산유발과 일본 국내 생산유발을 비교해 보면 한국의 경우 1990년에 0.002단위였던 것이 2000년에 0.016단위로 증가하고 있는 반면, 일본 국내에서의 생산유발은 1990년 0.06단위였던 것이 2000년에 변화가 없는 가운데 일본 국내생산유발에 미치는 효과가 훨씬 크게 나타나고 있음을 알 수 있다. 한국과 일본으로부터의 수입유발과 관련해서는 한국으로부터의 수입유발은 1990년에 0.001이었던 것이 2000년에는 0.014로 크게 증가하였으며, 반면에 일본으로부터의 수입유발은 줄곧 0.04단위를 나타내고 있다. 이렇듯 중국의 자동차산업의 경우 중국 국내에서의 산업활동 연계가 크게 강화되고 있으며 한국과 일본의 경우보다도 국내산업연관이 강화되고 있는 것이 특징적이다.

한편 ROW의 국내 산업활동을 가장 크게 유발한 것은 1990, 1995년에는 중국의 자동차산업이었으나 2000년에는 한국의 자동차산업이었다. 반면에 일본의 자동차산업은 ROW 국내 산업활동의 생산유발이 가장 약하였다.

3. 자동차산업 활동의 동북아지역 내 네트워크

한국과 중국, 일본의 제조업 클러스터별 네트워크 구조를 분석하기 위하여 먼저 각 제조업의 투입-산출관계에 기초한 '단위구조'를 도출하였다. 본 연구에서는 전체 산업을 20개로 분류하였고, 한·중·일과 기타세계를 다루므로, 각국 각 산업의 단위구조는 80×80 형태의 매트릭스 구조임을 알 수 있다. 이상과 같은 단위구조를 연결망으로 시각화하기 위하여 사회연결망분석에 쓰이는 소프트웨어인 Ucinet 6의 NetDraw를 이용하였다. 이제 주요 산업의 단위구조 매트릭스를 그래프로 시각화하여 한국과 중국 및 일본의 산업클러스터를 비교해 보자.

먼저 한국, 중국, 일본 자동차산업의 단위구조 매트릭스를 그래프로 시각화하면 각각

〈그림 12-1〉, 〈그림 12-2〉, 〈그림 12-3〉과 같다. 우선 한·중·일 자동차산업의 국가 간 산업연관 네트워크 맵의 특성을 개관해 보면, 한국의 경우 네트워크가 매우 밀도 있게 연결되어 있으며, 중국의 경우도 유사한 것으로 나타난 반면, 일본의 경우 네트워크가 상대적으로 다소 엉성하게 나타나고 있다. 각 그림의 왼편 상단에 열거되어 있는 산업의 경우, 각국의 자동차산업 생산활동의 연계가 이루어지지 않고 있는(이루어진다고 해도 미미한) 것을 나타낸다.

한국의 경우 총 80개 산업(20부문×4개국) 가운데 23개 산업이 구체적인 산업연계가 형성되어 있지 않은데, 그 가운데 한국 국내 산업은 2개(조선, 기타수송기계), 중국 산업은 11개, 그리고 일본 산업은 7개, 기타세계의 산업은 3개로 나타나고 있다. 그 외에 57개 각국 산업은 매우 촘촘하게 연계되어 있다.

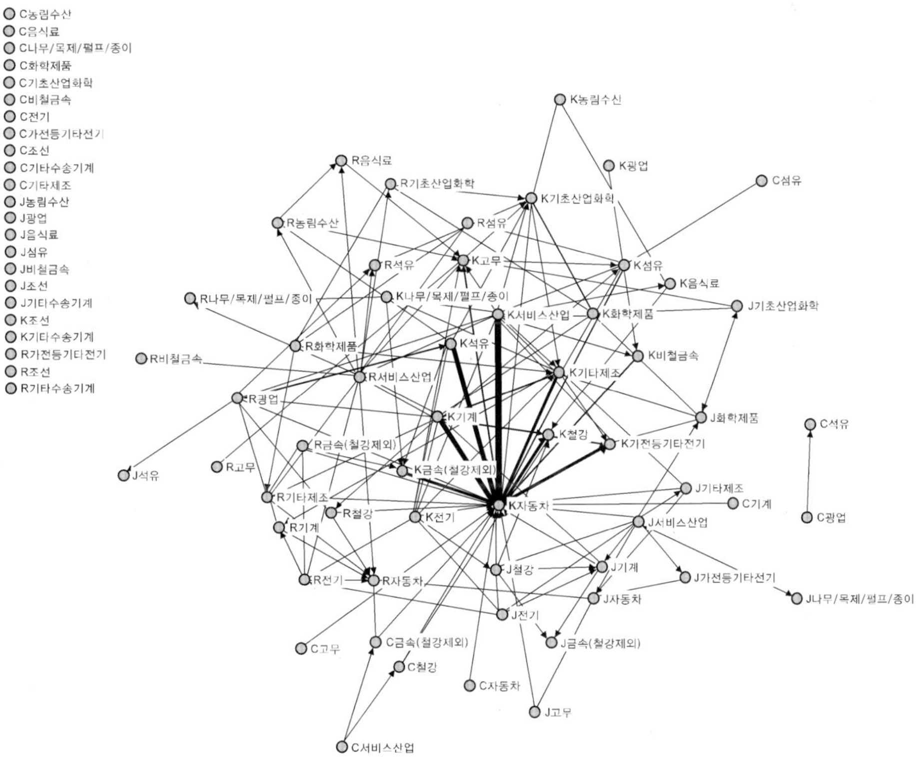

그림 12-1. 한국의 자동차산업 클러스터(네트워크 맵)

중국 자동차산업의 경우 총 24개 산업이 네트워크 연계에서 벗어나 있다. 그 가운데 13개가 한국의 산업, 8개가 일본의 산업, 1개가 중국의 국내산업, 2개가 기타세계의 산업이다.

일본 자동차산업의 경우에는 〈그림 12-3〉의 좌측상단에 열거되어 있는 바와 같이 44개 산업이 네트워크에 연계되어 있지 않고, 주로 일본 국내의 산업들과 강하게 연계되어 있다. 그러나 한국과 중국의 산업과는 거의 연계되어 있지 않음을 알 수 있다. 그런 가운데 기타세계의 대부분의 산업(15개 산업)과는 연계가 이루어져 있다. 따라서 일본 자동차산업은 네트워크 맵 자체의 시각적 밀도로 보아서는 동북아지역 내 각국 산업들과 긴밀한

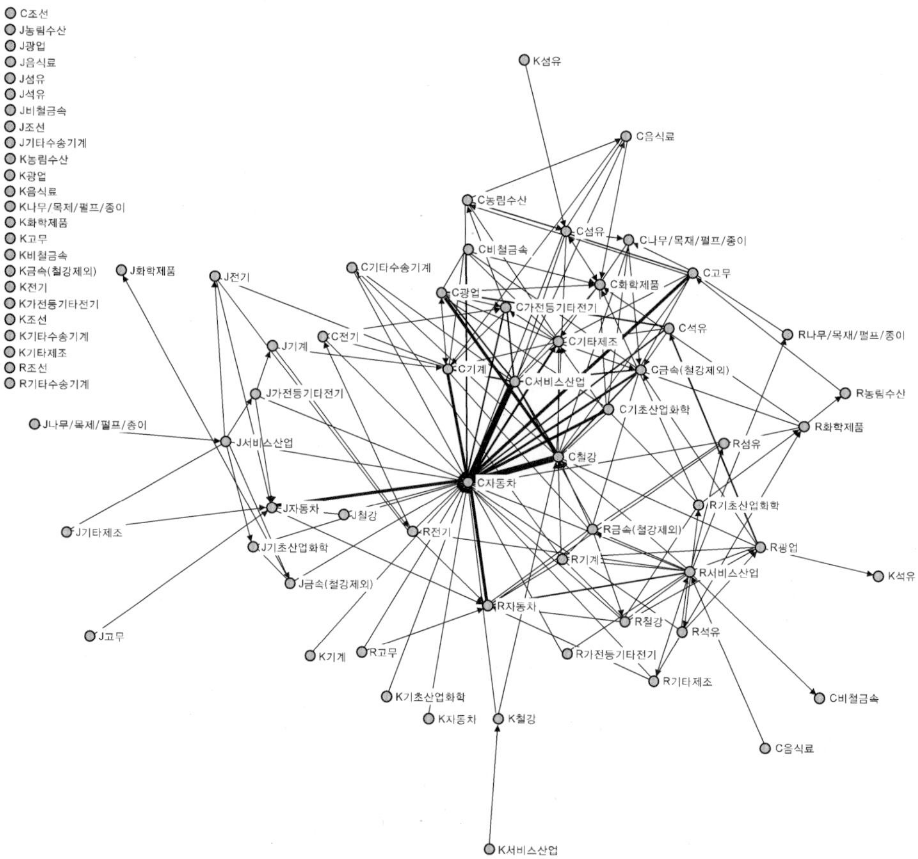

그림 12-2. 중국의 자동차산업 클러스터(네트워크 맵)

네트워크를 이루고 있지는 않으나 일본 국내의 산업 및 기타세계의 대부분 산업들과는 네트워크가 형성되어 있는 것이다. 환언하면 일본 자동차산업의 경우 일본 국내의 자기 완결적인 산업구조가 강하게 나타나고 있으며 기타세계의 산업들과는 밀접한 연계가 이루어지고 있는 셈이다.

3국 공히 자국 내 서비스산업, 자동차산업과 철강, 고무산업 등의 연계가 강하며, 기타세계의 서비스산업의 경우 중요한 연결망의 핵으로 나타나고 있는 등 유사한 특성을 보이는 가운데 이들 특성의 정도는 국가별로 상이한 것으로 확인된다.

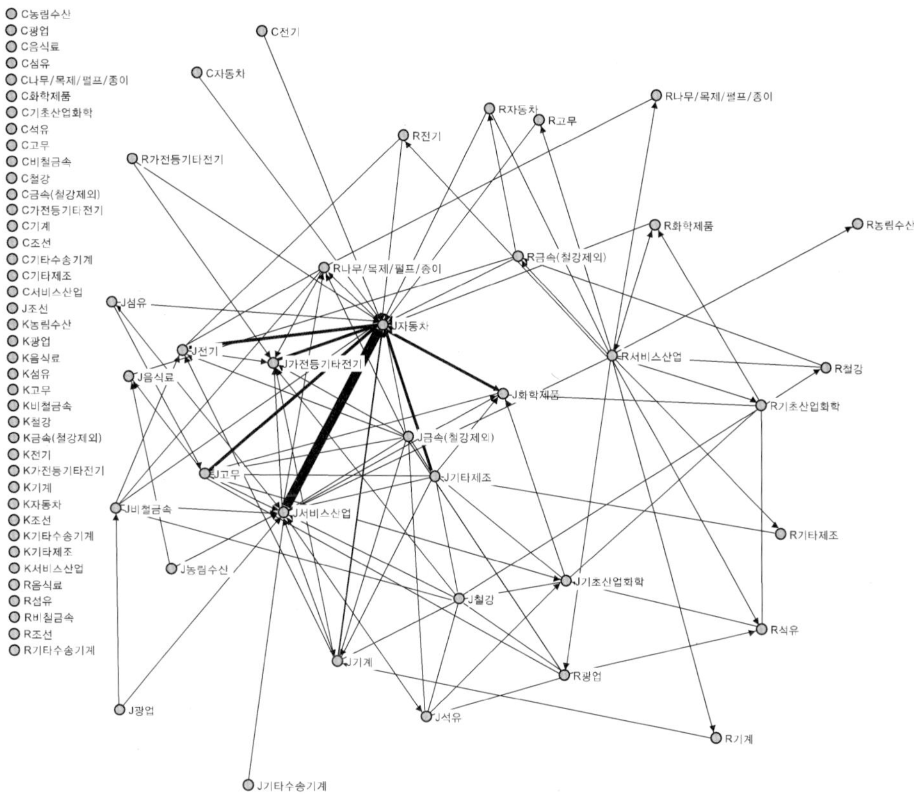

그림 12-3. 일본의 자동차산업 클러스터(네트워크 맵)

제13장
다국적기업과 국제경제관계

국제경제사회에서 산업활동의 국제적 연계가 심화되고 있다. 그러한 과정에서 기업활동의 국제화가 진전되고 있으며, 그 주체는 다름 아닌 다국적기업이다. 국제경제관계 속의 현안 가운데 많은 부분이 다국적기업과 관련된 것이라 해도 과언이 아닐 것이다. 다국적기업의 총매출이나 기술개발투자의 규모가 웬만한 중소규모 국가의 GNP보다 더 크게 나타나고 있는 가운데 국제경제사회의 주요 행동 주체로 자리를 잡아가고 있다. 이제 이러한 다국적기업이 국제경제사회 및 국제경제관계의 주요 행동 주체로서 어떠한 의미를 갖고 있는지 구체적으로 알아본다.

제1절 다국적기업의 개요

1. 다국적기업의 개념

다국적기업은 현대 세계사에 있어서의 공룡, 눈에 보이지 않는 제국, 비밀제국,[1] 국경 없는 제국 등으로 불리고 있다. 이러한 다국적기업은 글로벌한 영역에서 지극히 복잡한 활동을 하고 있는 만큼 그 개념을 간단명료하게 나타낼 수는 없다. 실제로 다국적기업에

1) Janet Lowe, *The Secret Empire: How 25 Multinationals Rule the World*, Business One Irwin, Homewood, Illinois, 1992.

관한 국내외의 문헌은 수없이 많으나 다국적기업 자체가 매우 이질적이며, 특정 산업부문에 국한된 것이 아니기 때문에 다국적기업을 일률적으로 정의하기는 매우 어렵다. 특히 다국적기업은 글로벌한 영역에서 지극히 복잡한 활동을 하고 있는 만큼 그 개념을 간단명료하게 나타낼 수 없다. 그런 가운데 일반적으로 다국적기업의 개념을 정의하면 다음과 같다. 다국적기업이란 "2개 이상의 국적을 가지는 구성원들이 2개 이상의 국가에 진출한 해외 자회사를 가지고 그것들의 상호 유기적인 결합을 통하여 세계적 차원에서 이윤을 극대화하는 세계적 규모의 경영조직을 가지는 거대기업"으로 정의된다.[2] 다국적기업은 기업의 해외활동을 수출입 무역의 형태로부터 현지 제품개발, 현지 생산, 현지 판매의 체제로 진전시키는 기업성장 과정에서 나타나는 것으로, 독자의 전략에 의거하여 제품개발, 생산, 판매 거점을 전 세계적으로 확립하여 기업 내 분업을 추구하는 기업인 셈이다. 다국적기업의 궁극적인 목표가 세계적 차원에서 기업의 이윤을 극대화하는 것인 만큼, 이를 위하여 불완전경쟁을 전제로 한 시장지배 내지는 시장독점을 추구하는 기업행동, 경쟁의 제한에 의한 초과이윤을 추구하는 기업결합의 한 형태로 볼 수도 있다. 이러한 다국적기업의 기준으로는 해당 기업이 활동하는 해외 시장의 수, 기업의 소유권, 최고경영자의 국적이 2개 이상이어야 하며 실적 기준으로 보아 매출, 이익, 자산, 종업원 등이 2개 국가 이상의 해외에서 일정 비율 이상 생겨나야 하는 것으로 볼 수 있다.

한편 다국적기업이란 '복수의 해외 자회사를 갖고, 그것이 상호 유기적인 결합관계에 있는 세계적 규모의 경영조직을 가지는 거대기업'으로 정의되기도 한다. 다국적기업은 국제적인 경영요소로서의 자본, 기술, 원료, 노동 등이 국가 간에 비대칭적으로 부존되어 있는바,[3] 이러한 비대칭성을 활용하여 자사가 가지고 있는 비교우위의 경영자원을 글로벌한 차원에서 해외로 이전시키면서 국제적인 기업활동을 하는 경제주체이다. 즉 국가적 장애에 의하여 비효율적으로 분산되어 있는 이익을 기업 내부에서 실현하기 위하여 기업 내 분업을 추구하며, 경영자원을 세계적인 차원에서 적절하게 배분하기 위하여 생산, 판매거점을 전 세계적으로 확립하는 기업이다.[4] 이렇듯 기업의 다국적화가 성립하기 위한

---

2) 안세영, 『다국적기업 경제학』, 박영사, 1998 참조.

3) 노동 풍부국과 노동 부족국, 자본 풍부국과 자본 부족국, 기술 주도국과 기술 추종국, 자원 풍부국과 자원 부족국과 같이 생산요소의 비대칭성이 존재함에 따라 각 요소의 풍부국으로부터 부족국으로 국경을 넘는 흐름이 이루어짐으로써 경제적 이익을 추구하게 된다.

국가 간 비대칭성의 구체적 내용은 다음과 같다.

첫째, 국가 간 임금격차이다. 고임금 국가로부터 저임금 국가로 경영자원의 국제적 이동이 생겨난다. 이러한 임금격차는 특히 선진국과 후진국 사이에 빈번하게 일어난다.

둘째, 국가 간 기술격차이다. 특정 선진국의 기술독점이 존재하는 가운데 선진국 간 내지는 선진국과 후진국 간에 기술격차가 발생한다. 다국적기업은 기술독점을 축으로 하여 기술수출에 의한 로열티를 확보하는 등의 방법으로 지배력을 강화한다. 이러한 국가 간 기술격차는 신기술의 해외수출을 통하여 다국적기업의 자회사를 세계 각지에 성공적으로 확산시키는 중요한 요인 가운데 하나이다.

셋째, 국제적인 자원부존의 격차이다. 기업은 원료, 자원의 확보를 위하여 적극적으로 해외진출을 하게 된다. 특히 선진 제국의 각 기업은 안정적이고 값싼 원료를 확보하기 위하여 자원 풍부국으로의 진출에 적극적이다. 이에 따라 특히 석유, 알루미늄, 동, 니켈 등의 원료 및 자원을 둘러싼 국제적 독점 양상이 나타나기도 한다.

넷째, 관세장벽 등 무역장벽의 격차이다. 관세장벽을 통하여 적극적인 정책적 규제를 하는 국가가 생겨나고 이를 극복하기 위하여 현지진출이 이루어지는 것이다.

이 외에도 기타 조세부담의 정도가 국가 간에 격차가 있는 경우, 그 부담이 큰 국가에서 작은 국가로 기업의 경영자원이 이전된다. 각종 규제의 정도에 격차가 있는 경우에도 규제가 심한 국가로부터 규제가 완화되어 있는 국가로 이전된다.

2. 기업 다국적화의 동기

기업활동의 일정 비율 이상이 해외에서 이루어지는 경우 현지 시장에서 직면하는 어려움은 현지 기업과 비교하여 매우 크고 위험도 뒤따르게 된다. 그럼에도 불구하고 기업의 다국적화가 이루어지는 데에는 이러한 어려움과 위험을 감수하고도 거대 이윤을 얻을 수 있다는 확신이 있어야 하는 등 명확한 동기부여가 우선되어야 한다.

다국적기업의 구체적인 해외 진출 동기는 현지시장 지향적 동기, 생산요소 지향적

---

4) 다국적기업의 의의, 특징 등에 관해서는 안세영, 『다국적기업의 경제학』, 박영사, 1998 참조.

동기, 그리고 기술지식 지향적 동기로 대별된다.

첫째, 현지시장 지향적 동기로는 무역장벽의 극복, 독점적 시장지배력과 경쟁 우위의 확보 등을 들 수 있다. 무역장벽의 극복과 관련해서는, 산업/기업이 성장/성숙 단계에 이르면서 경쟁력을 갖추고 수출을 통하여 해외시장을 적극적으로 공략하려는 시점에 수입국이 해당 산업의 보호를 위하여 무역장벽을 높이는 경우 이에 대한 적극적이고 공격적인 대응의 하나로 기업의 현지진출이 이루어진다. 한편 독점적 시장지배력을 통한 독점이윤을 추구하기 위하여 현지에 진출하는 경우도 있다. 기업의 독점우위요인은 자본조달, 브랜드, 기술노하우, 마케팅능력, 경영관리기술, 규모의 경제, 제품 차별화, 독점 기술력, 교섭력 등 매우 다양하다.[5] 이들 독점적 우위 요소들을 확보하고 있는 경우에 해외 진출이 적극적으로 이루어지게 된다. 그 외에 현지시장 지향적 동기로 '동반 진출'을 들 수 있다. 기업활동의 특성상 연관관계가 강한 파트너 기업이 현지 진출을 할 경우 함께 현지 진출을 하여 현지에서의 수요창출에 적극 대응하는 경우이다.

둘째, 생산요소 지향적 동기로는 자본과 노동과 같은 본원적 생산요소 및 자원/중간재/소재/부품 등 생산요소의 안정적 확보를 위한 현지 진출을 들 수 있다. 값싼 노동력을 안정적으로 확보하기 위하여 선진국이나 선발 개도국의 노동집약적 기업활동이 노동풍부국인 여타 개도국으로 진출하는 경우가 대표적이다. 뿐만 아니라 높은 수준의 숙련된 노동력을 추구하여 선진국의 기업이 여타 선진국이나 일부 개도국으로 현지 진출하는 경우도 있다. 자원/중간재/소재/부품의 안정적 확보를 위하여 자원 보유국이나 중간재 산업 강국에 진출하기도 한다.

셋째, 고도의 첨단기술이나 경영기법을 습득하기 위한 기술지식 지향적 동기로 해외시장에 진출하는 경우이다. 이는 벤처기업의 해외 현지 진출, 개도국 기업의 선진지역으로의 현지 진출 또는 선진국 상호 간의 기업진출의 경우에 찾아볼 수 있다.

---

5) Hymer, S.(1960), "The International Operations of National Firms: A Study of Direct Investment," *Doctoral Dissertation*, MIT Press, p. 145, Kindleberger, C. P.(1969), *American Business Abroad*, New Haven: Yale University Press, pp. 1-3, Johnson, H.(1970), The Efficiency and Welfare Implications of the International Corporation, in C. P. Kindleberger ed., *The International Corporation*, MIT Press, Cambridge, Mass., McManus, J. C.(1972), The Theory of International Form, in G. Paguet ed., *The Multinational firm and The National State*, Macmillan, p. 45.

그 외에 경제발전 단계가 높아지거나, 다양한 경제 환경의 변화에 따라 사양산업화 되는 분야에서 국내 산업 구조조정의 돌파구로서 현지 진출을 하는 경우도 있다. 또한 해외 현지에서의 자본조달이 용이하거나 자본조달비용이 작을 경우 현지에 진출하기도 한다. 이 외에 해외 진출의 주요 동기로, 국내 조세부담률이 큰 경우에 이를 피하기 위해 조세피난처를 찾아 현지에 진출하는 경우를 들 수 있다.

3. 다국적기업의 특성

이제 이러한 다국적기업에 관한 우리의 일반적인 관심과 지식만을 가지고도 다국적기업의 특성을 정리해 볼 수 있는데, 그 내용은 다음과 같다.

1) 국제경제사회에 미치는 영향이 절대적

많은 다국적기업들의 경우 그 매출, 자산규모 등이 웬만한 중소규모 국가의 연간 GNP나 예산보다도 훨씬 크다. 웬만한 중소규모의 경제를 가지고 있는 이른바 작은 나라들의 경우 국제사회에서 독자적으로 그들의 목소리를 내기가 쉽지 않다. 즉 정치적으로 독립된 국가라 하여도 경제적으로 하나의 독립된 주체로 움직이기가 어렵다는 것이다. 이에 반하여 다국적기업의 경우, 경제적·정치적·사회/문화적 측면에서 독자적인 목소리를 거의 매일같이 그것도 큰 목소리로 내고 있는데, 우리는 눈만 뜨면 언론매체들을 통해서 그것을 듣고 보고 한다. 그만큼 국제사회에 미치는 영향이 절대적인 수준에 이르고 있다는 것이다. 특히 투자국과 피투자국 사이의 관계를 보면, 양국 간 산업생산, 고용, 물가, 해외수지 등 거의 전반적인 거시 지표에 영향을 주고 있으며, 기업 간 내지는 기업 내 연관관계, 인사, 재무, 마케팅 기법 등 미시적 지표에도 영향을 미치고 있다.

선진국 간의 수평적 관계 속에서 다국적기업이 큰 영향을 미치고 있으며 특히 시장의 교환, 상호의존 관계의 심화가 여기에 속한다. 한편 선·후진국 간 수직적 관계 속에서도 다국적기업이 큰 영향을 미치면서, 일방적 의존, Love-Hate Syndrome(선진국-후진국-MNC의 삼자 간 관계 속에서의 애증의 현상) 등을 연출해 내기도 한다.

2) 세계 및 각국 경제발전의 원동력

실제로 20세기 전반, 선진 제국들은 경제발전을 위한 방안을 다각적으로 모색하였다. 정치와 경제 지도자들은 풍요로운 사회를 만들기 위한 방안을 신중하게 생각하기에 이르렀다. 당시 마르크스 경제학의 성장이론이 어느 정도 성공을 거두는가 싶었고, 마르크스 경제학을 배경으로 하는 계획경제도 많은 신봉자들을 모으게 된다. 그러나 경제발전의 열쇠는 아담 스미스A. Smith의 국부론 이후 전통적이고 고전적인 경제학의 가운데에서 찾을 수 있다. 즉 농업으로부터 공업으로, 공업으로부터 상업으로, 현대의 용어로 말하자면 계속해서 새로운 leading industry가 출현하는 등 산업구조의 진화, 이것이야말로 경제발전의 실체요 원동력이다. 실제로 20세기의 100년간, 2번의 세계대전이란 우행을 저질렀으면서도, 선진 제국은 공업화에 의하여 경제발전을 이룩하였고 성숙화시키는 데 성공했다.

1930, 40년대에 쿠즈네츠S. Kuznets는 스미스A. Smith의 산업구조 진화설을 끈기 있는 실증작업을 통하여 재확인시켜 주었다. 한편 레온티에프W. Leontief는 모든 산업 간의 상호의존관계를 묘사하는 현실적 방법인 투입산출(I-O) 방법을 제안하여 산업연관관계 속에서의 경제발전을 구체적으로 논할 수 있게 되었다. 그 구체적인 내용은 산업구조의 진화와 산업연관관계의 심화라 하겠다. 이러한 산업진화의 과정 및 산업연관관계에서 항상 최선단에서 변화를 이끌어 온 주체는 다름 아닌 다국적기업이다. 실제로 다국적기업은 기술 개발 및 혁신의 주체로 산업구조 변화를 주도한다. 1970년대 이후 세계의 주요 기업의 미국 내 특허 건수를 정리해 보면 〈표 13-1〉과 같다. 우선 1970년대에는 기술 특허 건수 상위 기업 모두 미국적 다국적기업이며 특히 미국 해군이 기술개발의 주역이었는데, 이는 우리에게 많은 것을 시사해 준다. 한편 1970년대에 기술개발이 왕성했던 산업분야는 전기, 자동차, 화학 산업분야이다. 1980년대에 기술 특허 건수 상위 1-3위 기업이 모두 일본 국적의 다국적기업으로 바뀐 것을 알 수 있으며, 대부분의 상위 기업이 전기전자 분야의 기업인 것도 특징적이다. 이후 2004년에 이르면서 다시 미국적 다국적 기업이 1위 기업으로 올라서고 일본 국적의 다국적기업의 위상은 상대적으로 낮아진 가운데 한국 국적의 다국적기업이 비약적인 발전을 나타내고 있음을 확인할 수 있다. 아울러 주요 기술특허 분야가 정보통신 관련 분야로 이행하고 있는 것도 확인할 수 있다. 이상과 같이 1970년대부터 2000년대로 이어지면서 다국적기업이 기술개발의 주역

으로 산업사회의 구조변화를 주도하고 있으며 각국의 경제성장과 발전을 이끌고 있음을 알 수 있다.

표 13-1. 기업별 미국 내 기술 특허 건수 추이

순위	1975		1987		2004		2010	
1	GE	835	캐논	847	IBM	3248	IBM	5896
2	US Navy	671	히타치	845	마쯔시타전기	1934	삼성전자	4551
3	듀퐁	535	토시바	823	캐논	1805	MS	3094
4	웨스팅하우스	502	GE	779	휴렛팩커드	1775	캐논	2552
					⋮ 삼성전자(6)	1604	⋮ LG전자(9)	1490

출처: 미국 특허청/지적재산권협회(IPO) 각 연도 자료.

3) 국제경제사회의 새로운 패러다임 창출

특히 다국적기업 가운데 전혀 새로운 분야에서 비즈니스를 펼쳐나가는 경우 그와 관련된 법제도, 제반 관행 등을 창출하면서 국제경제사회의 새로운 패러다임을 주도해 나가는 경우도 많다. 기술 패러다임, 비즈니스 패러다임 등이 그것에 해당한다. 특히 요즈음과 같이 기술발전의 속도가 빠르고 그것을 비즈니스에 연계시킬 기회가 비약적으로 증대되고 있는 시기에, 그것을 이끌고 있는 것이 다름 아닌 다국적기업이다. 사회적 시스템이나 사람들의 인식이 미처 그것을 뒤따라갈 수 없을 정도로 빠르게 패러다임 시프트를 주도해 나가고 있다.

4) 국가 간 정보 네트워크의 심화

다국적기업의 국가 간 네트워크는 다른 국제기관이 따라오지 못할 정도이고, 특히 요즈음과 같은 정보화시대에 그들이 활용하는 정보망이란 것은 과거 냉전시대 미소 정보기관의 정보망보다 더 잘 짜여 있다는 평가도 있다. 실제로 기상관련 정보의 경우 미국이나 유럽국가의 국적을 가진 곡물 메이저라는 다국적기업이 세계 최고 수준을 자랑하고 있다. 기술관련 정보도 각 분야에서의 주요 다국적기업 스스로가 기술의 프런티어를 확장해 나가고 있는 만큼 그 어느 국가보다 또 어느 국제기관보다 앞선 정보를 확보하고 있고 스스로가 중요 정보의 발신자가 되고 있다.

5) 거의 전 산업부문에서 시장지배

다국적기업이 관련된 산업은 거의 전 부문을 망라하고 있다. 특히 제반 기반산업 등 각 시대별로 이른바 Key-Sector, Leading Industry의 경우 다국적기업이 세계시장을 지배, 특히 엄청난 기술력을 앞세워 Emerging Industry에서부터 시장을 지배해 나가게 된다.

전통산업의 경우, 선진국의 구조조정 과정에서 후진국으로 이전되는 것이 일반적인데 그러한 과정에 다국적기업의 진출이 있었으며, 첨단산업의 경우에는 독점적 이윤을 극대로 확보하기 위하여 첨단기술을 앞세워 진출하는 등 기업의 국제화가 진전되었다.

뿐만 아니라 산업을 상류up stream, 중류middle stream, 하류down stream 등으로 구분할 경우, 상류에서는 자원, 원료의 안정적인 확보를 위하여, 중류에서는 조립 및 가공비용의 절감을 위하여, 하류에서는 시장의 확보를 위하여 기업의 국제화가 이루어진 바 있다.

6) 헤게모니의 필요조건 및 원천(국제정치의 주요 요소)

거시적으로 보아 각국 내지는 세계 전체 차원에서의 경제성장과 발전의 경제적 진보를 이끌고 있는 주체가 바로 다국적기업이라 할 수 있다. 이 사실은 지금도 그렇고, 향후는 더욱더 이들 다국적기업의 활동이 국제경제 측면에서는 물론, 국제 안보 및 정치 등의 분야에도 직간접적으로 여러 영향을 미치게 된다는 것을 의미한다. 그 영향은 더더욱 빠르게 더 크게 확산될 것이다. 다국적기업을 논외로 하고서는 국제정치, 경제, 사회, 문화 등의 변화를 논할 수 없다는 뜻이다. 나아가서는 헤게모니의 원천, 즉 국제사회를 이끌어 나가는 주요 파워를 만들어 내는 원천이 될 것이고 생각해도 크게 틀리지 않을 것이다. 주요 분야에서의 다국적기업을 확보하는 것이야말로 헤게모니 장악의 필요조건이 된다는 것이다.

7) 국제경제관계의 새롭고 막강한 주체

국가와 국가 사이의 관계에 기업의 활동이 크게 영향을 미치고, 그것이 국제관계를 형성하는 구도가 언제부터인가 정착되고 있다. 국가 간 현안(무역분쟁, 기술분쟁, 투자 문제, 심지어는 안보 문제)이 거의 기업을 둘러싼 것이라 해도 과언이 아니다. 각국 정부의 관심사 가운데 거의 대부분이 역시 '기업의 국가 간 행동'에 관한 것이라 할 수 있다. 국가 간 정치적 행위와도 밀접하게 관련되어, 스스로 정치적 문제를 만들어 내기도 하고, 스스로 문제를 풀어 가는 이니시어티브를 잡기도 한다.

8) 기업인지도 및 브랜드 가치

마지막으로 다국적기업의 경우 전 세계를 대상으로 기업활동을 하는 만큼 기업 인지도, 브랜드 가치가 매우 큰 것으로 추정되고 있다. 〈표 13-2〉에서 주요 다국적기업들의 브랜드 가치를 보면 코카콜라 사의 경우 최근 수년간 브랜드 가치에서 1위로 올라 있으며 2008년의 경우 666억 달러로 나타나고 있다. IBM, MS 등 IT정보 관련 기업이 그 뒤를 따르고, 전자전기 부문의 GE와 Nokia가 다시 그 뒤를 따르고 있다. 한편 삼성전자는 176억 달러로 세계 21위의 브랜드 가치를 나타내고 있다. 브랜드 가치의 규모만 해도 웬만한 중소 규모 국가의 GNP를 훌쩍 뛰어넘고 있는 수준이다. 전 세계 어느 누구라도 이들 다국적기업의 이름을 알고 있으며, 해당 기업이 만들어 내는 제품과 서비스를 신뢰하며 소비하고 있는 것이다.

4. 국제무역이론과 다국적기업

각국이 비교우위 산업을 특화하고 국제분업이 이루어진 결과 생겨나는 생산과 소비패턴의 불일치는, 국제적 재화시장이 완전하게 기능한다면, 비교우위재화를 자유무역시장에 판매하고 비교열위재화는 구입함으로써 완전히 해소된다. 이렇게 해서 국가 간에 격차를 보였던 요소가격의 차이는 상품가격의 차이에 체화되어 매매된 결과 일정 조건하에서 상대적·절대적으로 균등화되는 것이다. 이에 따라 자유무역에 의하여 파레토 최적의 상태가 달성된다. 여건이 변화한다고 해도 일반적 생산요소하에서는 그것에 대응하는 산업구조의 전환이 원활하게 이루어지고, 완전한 국제시장을 통하여 생산, 수요패턴의 불일치가 소멸되며 파레토 최적을 유지하게 된다.

표 13-2. 브랜드가치 100대 기업 단위: 백만 달러

순위	기업	국적	브랜드가치
1	CocaCola	UA	66,667
2	IBM	UA	59,031
3	MS	UA	59,007
4	GE	UA	53,086
5	Nokia	Finland	35,942
6	Toyota	Japan	34,050
7	Intel	UA	31,261
⋮	⋮	⋮	⋮
21	Samsung	Korea	17,689

출처: 인터브랜드, 2008년

그러나 이와는 달리 현실의 세계경제는 완전시장이 아니라 불완전시장의 세계에서, 또한 일반적 생산요소가 아니라 특수적 생산요소를 고려하여 논의되어야 한다. 즉, (1) 재화시장의 실패: 무역장벽의 존재 때문에 생산물은 국가 간에 완전하게 교환되지 않으며, (2) 일반적 생산요소 시장의 실패: 특수적 요소의 존재 때문에 생산요소의 일부분은 산업 간을 자유로이 이동할 수 없다. 즉 산업특수적 요소가 존재하는데, 이것들은 오히려 국경을 넘어 자유롭게 이동할 수 있는 요소이기도 하다. 이와는 달리 국경을 넘어 이동할 수 없는 생산요소들로서, 국경 내에 머물면서 산업 간에 이동 가능한 국가특수적 요소도 존재한다.

이상과 같은 불완전시장의 세계에서 국가 특수적 요소는 무역장벽이 실제로 존재하는 국제경제에서의 산업입지 우위성으로 나타나며, 이른바 국가 특수적 변수로 형성된다. 특히 산업 간에 이동이 불가능한 산업 특수적 생산요소가 산업 특수적 변수를 규정하는바, 산업 특수적 우위를 가진 기업이 자국에서 생산입지의 열위(국가 특수적 열위)에 직면하는 경우, 즉 산업 특수적 변수와 국가 특수적 변수 사이에 격차가 생기는 경우에 기업은 산업 특수적 요소를 현지시장으로 이전하여 생산입지의 우위를 확보하려 한다. 이것이 구체적으로 나타나는 것이 다름 아닌 다국적기업이다.

5. 다국적기업과 국가

1) 다국적기업과 시장의 교환

전통적으로 기업이란 특정 국가에 속하면서 그 나라 안에서만 활동하는 것으로 이해되었다. 이른바 기업 속지주의의 개념이 그것이다. 이런 기업 속지주의에 의하면 정부가 자국기업을 보호하는 것은 의미 있는 일이며, 기업이 성장, 발전하게 되면 국가도 풍요로워진다. 즉 기업과 모국은 직접적이고 직선적인 관계에 있다 하겠다.

그런데 기업이 모국을 떠나 해외로 진출하여 생산 및 판매활동을 시작하게 된다. 그리고 해외에서의 사업이 순조로워 세계 각국에 생산, 판매 네트워크를 만들고, 모국으로부터 더욱 멀리 떨어지고 있다. 이와 함께 해외시장 진출이 괄목할 만한 기업은 기업이 의존하고 있는 시장에 대한 견해도 변하게 되어, 자국시장 중심으로 되지 않는다. 자국시장 중심에서 세계시장 중심으로 관점이 바뀌는 것이다. 이것이 다름 아닌 기업의 '탈본국화'이다.

이렇듯 탈본국화가 진행될수록, 기업은 본국시장이나 본국정부에 대하여 종래 가지고 있던 의존적 의식에서 탈피하고, 그에 의한 행동을 취하지 않게 된다. 종래의 기업 속지주의에 따른기업관에서는, 기업이 활동하는 무대는 국내시장이고, 경쟁상대는 국내기업이며, 기업이 상대하는 것은 국내소비자, 기업활동을 규제하는 것은 본국정부이다. 그러나 해외시장 의존율이 50%를 넘어 점차 높아지면서, 기업이 활동하는 주요 무대는 주로 해외시장이며, 경쟁상대는 해외시장의 현지기업이나, 다른 다국적기업이고, 기업이 효용, 만족을 제공하는 대상은 주로 해외 소비자이며, 기업을 규제하는 것은 주로 현지국 정부여서, 기업의 다국적화가 진전될수록 기업이 상대하는 주체들이 변하게 됨을 알 수 있다.

이렇듯 거대기업은 자신이 해외시장에 진출하고, 외국기업이 자국시장에 들어오는 것을 허용하는 전략을 취하게 되는데, 이에 따라 '시장의 교환'이 생겨난다. 즉 기업의 탈본국화, 다국적화란 거대기업 간에 '시장의 교환'이 일어난다는 의미이다. 이 시장교환의 정도가 높을수록, 즉 다국적화가 진전되면 될수록 상대해야 할 주체가 변하게 된다.

또한 A, B 두 나라로 성립되는 세계에서, A국의 소비생활은 A국에 진출해 온 B국 기업의 생산활동에 의하여 유지되며, B국의 소비생활은 B국에 진출해 온 A국 기업의 생산활동에 의해 유지된다. 이러한 극단적인 시장의 교환이 이루어짐으로써 A국 국민의 소비생활의 질과 수준은 B국으로부터 이전해 온 기업의 생산활동에 의해 규정되는 것이다.

2) 다국적기업과 국가

이러한 다국적기업의 활동에 있어서 국가는 어떠한 의미를 가지고 있는가? 기업은 여러 국가 간 거래에 있어서 내부화를 진전시킨다. 그 목적은 외부시장을 경유하는 것보다 거래를 유리하게 하기 위함이다. 그 거래의 결과는 과연 국가의 입장에서 보아 바람직한 것일까?

국가 간 거래가 국가 고유의 우위성을 가지고 전개되는 시대에는 그 국가 기업의 대외활동이 국시에 반하는 것이 되지는 않았다. 그러나 기업 특수적 우위성을 추구하면 특정 국가의 후생에 대하여 고려하지 않는 행동으로 나타나는 경우가 얼마든지 생겨난다. 경우에 따라서는 기업 특수적 우위성을 추구하는 기업활동이 국가의 정책에 영향을 미치려고 하는 경우까지 생겨난다. 이러한 경우 국가의 역할은 무엇일까?

다국적기업은 복수의 국가에 걸쳐서 경제활동을 하며 그에 따른 이윤을 극대화하려고 하는 데 반해서 각국은 어디까지나 자국민의 경제후생을 증대시키는 데에 최우선을 둔다. 후자의 입장에서 보면 기업이 다국적화하고 자국을 떠나서 활동하는 경우에도 그 본적지가 자국에 있는 한, 그 기업으로부터의 조세수입은 커다란 관심사항이 된다. 이것을 정확하게 포착해서 자국의 경제후생의 증대에 활용할 필요가 있는 것이다. 또한 다국적기업의 도입국은 기업활동이 가능한 한 자국의 경제성장/발전에 도움이 되도록 전개되기를 바랄 것이다. 특히 기술을 중심으로 한 기업 특수적 요소가 다국적기업의 자회사를 통하여 현지에 확산되고 정착되기를 기대한다. 이러한 기대를 현실화하기 위한 정책을 다양하게 실시하기도 한다. 다국적기업이 진출하기 쉽도록 각종 보조금, 세제의 우대를 제공하거나, 한편으로는 이윤의 본국 송금을 제한하거나 한다.

이렇듯 국가는 각종 세제를 적용하면서 기업활동에 영향을 주려는 반면 다국적기업은 국경을 넘나드는 거래를 가장 유리한 형태로 전개하기 위하여 관련 부문 간 내부거래에 이용하는 이전가격transfer price[6]을 조작하기도 한다.

결국 다국적기업과 국가의 관계는 후자가 전자의 활동을 무엇인가의 방법으로 규제하는 것이 되기 쉽다. 이것은 기업의 기업활동 통합과 국가 간의 정치적 통합 사이에 대립, 격차가 존재하고 있기 때문이다. 정치적 통합이 완결되지 않아 국가 간에 국경이 존재하는 한 다국적기업의 활동에 따른 성과를 국가에 귀속시키려는 것이 이상할 것이 없다.

각국은 단기, 중기, 장기적인 목표를 설정하여, 그것이 달성되면 새로운 목표를 추구하고, 정책의 우선순위를 바꾸기도 하는바, 국가정책은 일정한 상태에 머무르지 않는다. 이러한 과정에서 국익과 다국적기업의 이해가 때로는 일치하기도 하고 때로는 상반되기도 한다. 이런 상황에서도 국가와 다국적기업 사이에 교섭의 여지는 항상 남아 있다고 볼 수 있다. 따라서 서로의 동태적인 대응관계로부터 국가와 다국적기업의 관계를 보아야 한다.

버논Vernon(1971), 킨들버거Kindleberger(1973)는 다국적기업의 성장에 따라 국민국가는 경제적 실체로서 종말을 고할 것이라 보는 등 극단적인 주장을 하고 있다. 즉 다국적기업의 우월한 거래효율성 때문에 글로벌한 자원배분의 수단으로 다국적기업이 국민국가를 대체할 것이란 말이다. 이에 대해서 보다 구체적이고 정밀한 분석이 요구되고 있으나, 다국적기업과 국민국가의 정확한 관계에 대하여 근대 경제학이 궁극적인 답을 주고 있지는 못한 것으로 사료된다. 버논이나 킨들버거와는 달리 바렌Warren(1971)은 국가야말로 거대기업의 창출을 보조하는 데에 참여해야 하는 등 다국적기업의 발전과 함께 국민국가의 힘과 역할이 더욱 커질 것으로 본다. 또한 하이머Hymer는 국가와 자본은 공생적 관계에 있으며 기업의 다국적화가 국가의 자율성을 위협할 때까지 함께 성장해 나갈 것으로 보고 있다.

제2절 다국적기업의 역사적 변천

1. 다국적기업의 변형

다국적기업이란 '복수의 해외 자회사를 갖고, 그것이 상호 유기적인 결합관계에 있는 세계적 규모의 경영조직을 가지는 거대기업'으로 정의된다. 이러한 다국적기업의 사적

6) 이전가격에 관해서는 이 책 제14장에서 구체적으로 다루고 있다.

전개는 구미기업의 해외발전 추이로부터 읽을 수 있다.[7] 구미 거대기업의 역사적인 생성과정은 다음과 같이 특성별, 시대별로 분류하여 이해할 수 있다.

1) 식민지 기업

우선 다국적기업의 역사적 출발점은 식민지 기업이라 하겠다. 가장 고전적인 형태는 18, 19세기에 시작된 유럽계 기업이 본국 식민지정책의 일환으로 자원개발사업을 하면서 각종 광업, 플랜테이션 등으로 진출한 것을 들 수 있다. 이후 영국, 네덜란드 등에서 19, 20세기 초, 독점 형성기부터 독점 확립기에 이르기까지 식민지 투자가 증대하였다. 그들은 초기 선행 형태인 식민지 기업으로 출발하여 점차 식민지에 무역회사를 설립해 원료나 자원을 본국에 공급하고 본국에서 가공한 제품을 수입하기에 이른다.

2) 자원개발형 기업

한편 제2차 세계대전 이후에는 새롭게 미국이 중남미 등으로 진출하였고 동, 알루미늄 등 원료 획득형 다국적기업이 주종을 이루면서 광산업이 주요 대상산업의 하나로 자리잡게 되었다.

3) 무역중심형 기업

이후 1960년대에 들어서면서 중남미 지역에서 미국 자본에 대한 부정적인 시각이 팽배해지자 미국의 해외직접투자는 유럽, 아시아지역으로 급속히 진출하였다. 당시에는 자동차, 전기제품, 석유화학제품 부문에서 기업의 다국적화가 이루어졌다. 초기에는 주로 대리점 등 현지판매거점을 통한 수출과 같은 무역 중심형 다국적기업을 설립하여 현지시장을 확보하는 데 주력하였다.

4) 현지 제조 중심형 기업

그러다가 점차 현지 제조 중심형 다국적기업으로 바뀌어 현지시장 및 제3국 수출을 확대하기 시작하였다.

---

7) Stanley Hyman, *Management and World Development*, Pitman, 1967.

5) 서비스 중심형 기업

이후 다국적기업이 글로벌한 조직을 갖추면서 global information network을 통해서 다양한 서비스 중심형 다국적기업으로 빠르게 변화하고 있다.

이렇듯 근현대에 들어서면서 기업의 해외진출을 이끈 주요 유인은 (1) 국내수요의 충족에 필요한 해외자원의 수입, (2) 공업제품의 수출에 필요한 시장 확보와 그에 따른 수송체계의 확립, (3) 현지에서의 판매, 마케팅 활동에 있었다. 이를 위하여 자원개발투자가 선도되었고, 계속해서 대형 무역상사의 출현에 이르게 되었으며, 해운업, 금융투자가 확대되었다.

2. 다국적기업의 일반화, 대형화

1) 다국적기업의 일반화

특히 제2차 세계대전 이후 다국적기업의 세계적인 확산과 기업 규모의 대형화가 빠른 속도로 진전되었다. 여기에서는 세계 다국적기업의 과반수를 차지하는 미국계 및 유럽계 다국적기업에 초점을 맞추어 세계적인 확산과 일반화 과정을 정리해 본다. 우선 미국적 다국적기업의 성립은 원래 자원개발을 목적으로 한 캐나다, 중남미 진출로부터 시작된다. 이후 1960년대에는 EEC라는 광역의 유럽경제권 시장을 대상으로 급속하게 시장지배력을 강화하였다. 특히 전기전자, 자동차, 석유화학 등 이른바 당시의 첨단기술을 이용한 제조업 현지 진출로 현지에서의 우위를 확보하게 된다. 한편 유럽계 다국적기업은 역사적으로 미국적 다국적기업보다도 오래되었으며 당초부터 해외시장을 대상으로 광대한 식민지 투자를 해 왔다. 그 투자 형태는 자원, 무역, 운수, 금융 등에 관하여 본국과 식민지를 대상으로 한 것이었다. 전후 식민지들이 독립한 이후에도 얼마 동안은 이러한 투자관계가 지속되었으나, EEC 출현과 함께 미국적 다국적기업이 역내진출을 도모하자 이에 대응하여 대미투자를 시작한 1960년대부터 다국적기업의 활동이 본격화되었다.

이렇듯 다국적기업의 확산은 미국 금융자본의 해외 진출 및 현지 시장 확보와 지배를 위한 하나의 방법이었다. 이러한 미국기업의 해외진출에 대한 유럽과 일본의 도전으로 이어지면서 점차 다국적기업의 일반화가 진전되었다. 한편 1980년대 이후 당시 신흥 공업국가의 선두에 있던 한국, 홍콩, 대만, 싱가포르 등의 기업들도 적극적인 해외진출을 도모하면서 다국적기업의 일반화가 더욱 진전되었다.

2) 다국적기업의 대형화

1950년대에 미국은 경제력, 정치력, 외교/안보력 등에서 지배적인 위치에 있었으나 1970년대에 접어들면서 특히 경제력에 관한 한 급속하게 약화되기에 이른다. 그를 대신하여 유럽, 일본의 경제력은 상대적으로 크게 강화되었다. 그러한 과정에서 미국은 상대적으로 약화되고 있는 경제력을 회복시키기 위하여 다양한 대응을 하였는데, 그 가운데 하나로 다국적기업의 대형화를 들 수 있다. 이에 일본과 유럽의 다국적기업도 다시 대형화로 맞서는 등 다국적기업의 대형화가 가속화되기에 이르렀다.

다국적기업이 대형화한 것은 미국 자본수출의 결과로서, 이러한 자본수출의 증대에 대하여 유럽, 일본의 역자본수출의 증대가 생겨나게 되었으며, 따라서 주요 국가의 다국적 기업들의 기업규모가 커지게 되었다는 견해도 있다.[8)]

이렇듯 오늘날 다국적기업의 성립과 일반화, 대형화의 근본원인은 미국 금융자본의 해외진출 강화와 여타국의 대응 및 제3세계와의 대립 가운데에서 이해되어야 한다. 동시에 미국 금융자본에 대한 일본과 유럽의 도전이란 측면도 간과해서는 안 될 것이다.

투자패턴에 관해서는 첨단기술 중심의 선진국형 투자를 주로 하는 미국계 다국적기업은 상대시장의 독점, 과점을 목적으로 세계시장을 분할함으로써 기업 내 국제 분업체제를 확립하여 이윤극대화를 추구하여 왔다. 그 외에도 해외직접투자의 패턴은 투자 산업의 종류, 투자 시장의 차이에 따라 수출시장의 방위, 저임금, 자원 활용을 목적으로 한 무역보완형, 자원 활용형 등 다양하게 생겨났다. 이와 함께 세계경제에 미치는 영향도 다양하고 크게 나타나고 있다.

---

8) R. Rowthon, S. Hymer, *International Big Business: 1957-67*, 1971.

3. 다국적기업에 대한 국제사회의 평가

다국적기업 문제가 UN에서 집중 논의되기 시작한 것은 1970년대에 들어서부터이다. 제2차 세계대전 이후 대외투자활동은 미국기업을 중심으로 급속하게 증대되었으나, 1960년대 후반이 되면서 미국뿐만 아니라 여타 선진 공업제국들의 해외투자도 비약적으로 증대되었다. 이에 따라 도입국(피투자국)과의 사이에 마찰도 빈번하게 되었다. 그런 가운데 특히 도입국 측에서 다국적기업의 진출에 따른 각종 폐해를 없애려는 움직임이 일어나기 시작하였다.

이에 따라 국제상공회의소ICC가 1968년에, 국제개발협력기구OECD가 1969년에, 태평양경제위원회PEBEC가 1970년에 각각 관련 행동기준의 작성에 착수하였다. 단 당시의 움직임은 선진국 상호 간 투자를 염두에 둔 것으로 어디까지나 해외직접투자를 촉진하기 위한 것이었다.

한편 선진국의 개도국에 대한 투자가 증대되면서, 투자에 따른 마찰이 증대하였고 특히 개도국의 불만이 고조되기에 이르렀다. 1960년대 말경부터는 개도국이 다국적기업에 반발하는 움직임이 고조되었다.[9] 이에 따라 UN에서 다국적기업 문제가 남북문제의 하나로 취급되고, 그 활동을 어떻게 규제할 것인가에 대한 논의를 개시하기에 이르렀다. 개도국들은 다국적기업을 규제하기 위한 기준을 UN에서 작성할 것을 주장하였다. 이에 대하여 선진국들은 우선 그 실태를 객관적으로 파악할 필요가 있다고 하면서, 다국적기업이 개도국의 개발에 공헌한 점을 제시하는 등 규제만을 목적으로 한 기준 작성에 반대하였다.

1970년대 이후의 다국적기업에 관한 UN 제 기관들의 관점을 분류해 보면, 첫째, 다국적기업 활동을 개도국 개발의 장애로 취급하여 그 규제를 강력히 주장하는 관점, 둘째, 다국적기업이 개도국 개발에 기여했다는 점은 인식하면서도 그 폐해도 큰바, 이를 제거해야 한다는 관점, 셋째, 신국제경제질서NIEO가 형성되는 과정에서 다국적기업의 위상을 정립하고 개도국이 어떻게 이용할 수 있는가를 다시 생각해 보아야 한다는 관점 등이 있었다.

---

9) 이러한 움직임에 결정적인 영향을 미친 것은 ITT 사건이다. 1970년에 칠레에서 아젠데 정권이 수립되었는데 이를 저지하려는 움직임에 미국계 다국적기업 ITT가 개입되어 있었다는 사실이 1972년에 알려지게 되었다. 이에 분격한 칠레 정부가 UN에서 다국적기업 문제를 다루어 줄 것을 요청하게 된다. 이러한 칠레의 요청에 대하여 라틴아메리카 국가들은 다국적기업을 규제하기 위한 기준을 UN에서 작성할 것을 주장하였다.

시기적으로 보아 1970년대 전반까지는 첫 번째 입장이 강하게 주장되었고, 이에 대항하는 형태로 두 번째 입장도 주장되었다. 첫 번째 입장은 제3세계로 대표되는 개도국 측의 주장을 반영하고, 두 번째 입장은 선진국 측의 반론이며 1970년대 후반 이후부터 세 번째 입장이 새롭게 나타나기 시작하였다.

1960년대에 들어서 많은 개도국들이 정치적 독립을 성취하면서 경제발전에 대한 커다란 기대가 있었다. 독립국가로 됨에 따라 개도국은 국제사회에서 완전한 그리고 독립적인 구성원이 되었고, 국제적인 개발계획에 참가함으로써 경제상태의 상당한 개선을 이룰 것이라 기대하였다. 1961년에 개시된 제1차 UN 개발의 10년, 1964년의 UNCTAD 제1차 회의 개최 등은 이러한 커다란 기대를 반영한 것이었다. 그러나 1960년대 중반에 들어서 이러한 희망은 사라지기 시작하였다. 국제적인 개발계획은 그 목표를 달성할 수 없었고, 개도국 경제상태도 개선되지 않았다. 결국 남북 간 절대적 격차는 확대되기만 하였다.

이러한 정세 속에서 1970년 UN 총회에서 제2차 UN 개발 10년을 위한 국제개발계획이 결의되었고, UNCTAD는 특히 '다국민 간 투자와 개발과의 관계'를 보고하면서 다국적기업에 관하여 "다국적기업의 증대되고 있는 힘은 새로운 문제들을 제기하고 있다."라고 문제를 제기하였다. 여기에서의 문제는 "다국적기업이 그 활동을 이익과 성장이라고 하는 기업의 목표에 합치하는 방법으로 세계로 뻗어 나가고 있다."는 점에 있으며, "개도국에 있는 다국적기업 자회사는 피투자국의 개발목표, 경제에 미치는 영향을 고려하지 않고 일방적으로 본사와 본국 정부의 결정에 따르고 있어 개발에 지장을 초래한다."고 하는 점이다.

이러한 보고와 함께 1972년 UNCTAD는 다국적기업 활동을 규제하는 결의를 채택하기에 이른다. 그 내용은 다음과 같다.

우선 '외국 민간투자와 개발의 관계'이다. 개도국이 이익을 본사로 송금하는 것을 제한하는 것을 포함하여 해당국의 국가개발의 필요에 따른 외국자본의 활동을 보장하기 위하여 필요한 조치를 취하는 등 주권을 확인한다. 외국 민간자본은 현지 국가의 정책결정과 우선순위에 따라 국내자원의 동원을 촉진하고 외자유입을 촉진, 유출을 방지하고, 충분한 기술을 도입하며 저축과 국내투자를 강화하여야 함을 확인한다.

둘째, 제한적 상행위에 관한 결의이다. 개도국의 무역과 개발에 바람직하지 않은 영향을 주는 제한적 상관행을 경감 또는 제거하기 위한 노력이 취해져야 한다. 선진국과 개도국 사이의 정보교환, 협의 등을 통한 협력과, 제한적 상관행에 관한 가이드라인 작성 가능성에 유의할 것 등을 결의하였다.

셋째, 기술이전에 관한 결의이다. 개도국에 대하여 공정하고 타당한 조건하에서 충분한 기술이전을 촉진하기 위하여 필요한 구체적인 정책을 수립, 실행한다. 개도국에 유리한 조건으로 기술을 이전하도록 권고한다. 결국 국제사회는 후발 개도국의 특별한 입장을 인식하고 기술이전의 조건, 비용에 특별한 배려를 해야 한다는 것이었다.

한편 1970년대에 급속히 고조되고, OPEC에 의한 이른바 국제석유자본으로부터 국제석유카르텔로의 주도권 이전으로 피크에 달한 민족주의의 가운데에서, 다국적기업에 관한 낙관적인 관점, 예를 들면 세계경제에 관한 성장, 복지확대, 기술이전의 에이전트라는 견해가 사라지기 시작하였다. 이와 함께 반다국적기업의 입장이 강해지면서 그 움직임이 활발해졌다.

특히 주목해야 할 것은 다국적기업의 문제가 도입국에서뿐만 아니라 그 본사가 소재해 있는 선진국에서도 정치문제화되었다는 점이다. 우선 다국적기업을 옹호하는 입장에서는 "다국적기업의 구조는 현대 국제경제사회의 요구를 충족시키기 위하여 만들어진 현대적 개념인 데 반하여 민족국가는 현재의 복잡한 세계의 요구를 충족시키기에는 너무나도 폐쇄적인 개념이요, 적절히 적응하고 있지 못하다."고 보고 있다. 그러나 이에 대하여 "국제기업은 시대에 뒤떨어진 민족국가에 대하여 이데올로기 전쟁을 선포하고 있다. 물질주의, 근대화, 국제주의가 기업자본주의의 새로운 깃발이라는 비난은 충분한 근거를 갖는다."는 반론도 있다.

제3절 도입국 및 진출국의 입장

1. 도입국 및 진출국의 기본적 입장

도입국의 경우, 다국적기업을 도입하는 데 있어서 어느 나라도 자유스럽게 진출해 오는 것을 인정하지 않는다. 이는 도입국이 개도국이든 선진국이든 마찬가지이다. 각국

정부는 자국의 국가목표, 국가적 우선순위에 따라 진출의 인가를 결정하게 된다. 예를 들면 경제성장의 목표가 우선된다면 경제개발, 고용확대, 신기술도입 등에 기여하는 외국자본의 진출을 선호할 것이다. 반대로 외국의 영향력을 배제하려는 배타적인 형태로 정치적·문화적 목표가 세워진다면 외국자본의 진출에 소극적이거나 진출을 인정하지 않을 것이다.

진출국의 경우도 자국의 정책목표에 따라 국제시장에서 자국기업의 경쟁력을 높이기 위한 정책, 자국기업의 보호에 관한 정책, 자국기업의 해외활동에서 생겨나는 모든 이익을 본국이 확보하려는 정책 등을 취한다. 즉 본국 정부가 자국의 경제, 정치적 목표 달성을 위하여 다국적기업을 이용한다. 본국 정부는 제 외국 정부에 비하여 자국의 다국적기업에 상대적으로 강한 영향력을 행사할 수 있다. 특히 다국적기업의 자산 대부분이 본국에 집중되어 있고, 그 최고 경영자가 본국 국적인 경향이 강한 경우, 본국 정부 관료와는 밀접한 관계에 있으며, 역시 본사는 본국 정부의 법적인 관할권 내에 있기 때문에 상대적으로 강한 영향력을 행사하기가 쉽다.

2. 다국적기업과 경제 nationalism

실제로 전후 1960년대 후반부터 1970년대에 걸쳐서 개도국에 있어서 다국적기업의 해외 직접투자, 해외 생산활동은 현저하게 증대되었다. 이와 함께 그 반작용으로 도입국의 경제 nationalism과의 사이에 복잡한 갈등, 마찰이 생겨나 양자 간에 긴장의 도를 더하기도 하였다. 개도국 가운데 급성장을 성취하여 선진국을 추적하는 과정에서 다국적기업에 의존하면서도 항상 자립화에의 요구를 강하게 내비치는 국가를 볼 수 있다. 이 과정에서 다국적기업의 본질, 기능과 자립화를 추구하는 개도국, 후진국의 경제 nationalism의 상호작용은 의존과 대항, 상관과 긴장이라는 구조를 보인다.

다국적기업과 도입국의 경제 nationalism이란 주제에 관하여 페어웨더J. Fayerweather는 다음과 같은 세 가지 관점에서 논하고 있다.[10)]

10) J. Fayerweather, *International Business Strategy and Administration*, Cambridge, 1978.

첫째, transnational resource transmission agent의 관점이다. 다국적기업의 본질, 기능은 transnational, global한 시점에서 경영자원의 국가 간 이전을 행하는 agent이다. 각국의 자원격차 및 비대칭성을 이용하면서 세계자원의 최적배분과 이윤극대화를 지향하고 경영효율을 중시한다.

둘째, cross cultural change agent의 관점이다. 위와 같은 과정에서 다국적기업은 직접투자 도입국 발전에 경제적·사회적·문화적 측면에서 커다란 영향을 주게 된다. 이러한 영향은 한편으로는 도입국의 생산, 소득, 고용, 기술이전, 국제수지의 개선 등으로부터 경제발전에 바람직한 것임은 분명하다. 그러나 다른 한편으로는 경영자원의 이전은 동시에 문화가치의 이전을 초래하여, 다양한 요소의 문화를 가지고 있는 도입국에 전파되고 도입국의 문화를 손상시킬 수 있다. 따라서 이러한 측면의 마찰은 피할 수 없다.

셋째, an agent of home country의 관점이다. 다국적기업은 그 활동이 글로벌하다고 해도 결코 homeless인 것은 아니며 모국 정부의 통제를 어느 정도 받게 된다. 이런 측면에서도 도입국 정부와의 사이에 마찰의 소지가 있다.

다국적기업은 이러한 세 가지 agent로서의 기능과 역할로부터 도입국의 경제, 사회, 문화적 발전에 대하여 바람직한 영향과 함께 바람직하지 못한 영향도 주고 있다. 그러나 해외 자회사에 대한 통제가 하나의 본질적 기능인 다국적기업과 경제, 문화, 사회적 불이익을 회피하려는 도입국과의 사이에 갈등, 충돌은 불가피하다. 결국 다국적기업과 도입국 사회의 nationalism 사이에는 충돌의 가능성이 항상 내재되어 있다.

3. 내부화 압력과 외부화 압력

외국기업을 유치할 때, 그 기업활동의 성과를 가능한 한 현지 경제에 유리하게 하려는 것은 어느 국가에서나 공통적이다. 자국에의 분배에 대한 불만이 높으면 도입국은 여러 수단을 가지고 이익의 분배에 영향을 주려 한다. 도입국 정부는 과세, 관세, 외환관리, 이윤송금의 규제 등 본사와 해외 자회사 간의 거래에 개입하는 일반적인 정책을 취할 수도 있고, 해외 자회사에 대한 도입국의 지분을 증대시켜 본사에 대한 교섭력을 강화할 수도 있으며, 본국, 본사의 권한을 약화시키는 현지화 정책을 강화할 수도 있다.

위와 같이 도입국이 시장거래에 영향을 주는 일반적인 정책을 취할 경우 다국적기업은 시장거래에 의존하지 않으면서 내부적인 이전가격 거래를 활용함으로써 그 효과를 어느 정도 얻을 수 있다. 이를 위해서는 해외기업을 자회사화하는 편이 좋다. 이른바 내부화의 압력이 생겨난다는 것이다.

한편 도입국 정부의 제반 정책에 대하여 본사의 경우 순차적인 대응을 해 나가게 된다. 특히 도입국에 대한 해외 자회사의 퇴출 위협이 효과가 있을 것으로 기대되면, 도입국의 경우 현지화 정책 등의 강화가 용이하지는 않을 것이다. 이를 위해서 본사는 도입국에 대한 잠재적인 공헌도를 높여야 퇴출카드를 활용할 수 있다. 또한 도입국에 현지 해외 자회사가 완전히 묶여 버리는 것을 방지할 필요가 있다. 이를 위해서는 라이선스 계약을 체결한다거나, 현지기업과 합자를 해야 한다. 어느 정도 해외 자회사의 독립성을 높이거나 본사가 소유하는 자산이 도입국에 고정화되는 것을 막을 필요도 있다. 이상은 내부화의 필요성이 아니라 오히려 외부화의 압력으로 되는 것이다.

이러한 내부화 압력과 외부화 압력의 균형 상태에서 해외 자회사에 대한 소유전략이 생겨나게 된다. 실제로 100% 소유의 자회사부터 완전한 자회사의 독립성 부여까지 그 사이에 수많은 소유의 방법이 있는 셈이다.

4. 다국적기업과 도입국 사이의 분쟁적 균형

다국적기업은 그 해외직접투자 활동에 있어서, 항상 도입국 측의 경제적 민족주의의 도전을 받을 가능성이 있다. 이러한 도전과 그에 대한 대응의 상호작용 과정에서 도입국과 다국적기업이 분쟁과 갈등에 휩싸일 가능성이 매우 높다. 도입국(특히 개도국)의 경제적 민족주의의 핵심원리는 민족화이며 이에 따라 국가주권의 적용에 의한 국유화의 잠재적 위협이 존재한다는 것이다. 다른 한편으로 다국적기업으로서는 그러한 잠재적 위협을 예상했을 때, 보다 신속하게 철수전략에 의존할 가능성이 높게 됨은 말할 필요도 없다.

그러나 국유화도 철수도 극한 상황의 결과이다. 이러한 극한 상황으로까지 가지 않더라도 다국적기업은 경제적 합리성 추구라는 차원에서의 글로벌 전략과 현지 환경에의 적응이란 차원에서의 로컬 전략의 분쟁적 균형이라는 딜레마에 빠지게 된다. 도입국의 경우에도 다국적기업의 경영자원 이전으로부터 기대되는 이익과 산업의 지배, 종속이란 손실 사이에 분쟁적 균형의 문제를 갖고 있다. 이런 의미에서 다국적기업도 도입국과 함께 의존과 대항, 상관과 긴장의 분쟁적 상태에 있다 하겠다. 그런데 이러한 딜레마, 분쟁적 균형은 상호 밀접하게 관련되어 일어난 동태적 균형으로, 대결에 의하여 해결되는 것이 아니라 쌍방의 자발적이고 협조적인 접근에 의해서만 해결될 수 있다.

협조적 접근은 어디까지나 상호이해를 통하여 진정한 쟁점이 어디에 있는가를 발견하는데 그 본질이 있다. 따라서 협조적 접근의 과정에서 성급한 교섭을 획책하거나 힘의 우위관계를 이용해서는 안 된다. 도입국에 대하여 진출국은 힘의 관계에서 명확히 우위에 있으므로 퇴출전략을 사용하기 쉽고, 도입국의 경우 국가 주권에 의한 국유화의 유혹에 빠지기 쉬우나 그 어느 것도 바람직한 것은 아니다.

제14장
다국적기업의 경제적 효과와 국제경제관계

제1절 해외직접투자의 증대와 다국적기업

1980년대 이후 세계 총 GDP 증가율을 보면 1986-1990년에 10.1%, 1991-1995년에 5.1%, 1996-2000년에는 1.3%를 나타내고 있어 점차 작아지고 있음을 알 수 있다. 세계 총수출의 증가율을 보아도 총 GDP 증가율보다는 높으나 1980, 90년대에 점차 작아지는 경향을 나타낸다. 그러나 〈표 14-1〉에 나타나듯이 해외직접투자의 연평균 증가율은 20% 내지는 30%대의 높은 증가세를 꾸준히 보이는 가운데 해외직접투자의 규모는 스톡 개념으로 보아 2003년 현재 8조 2450억 달러에 이르고 있다. 이에 따라 최근 국제경제사회에는 다국적기업의 숫자가 크게 확대되어 65,000여개의 다국적기업이 있으며, 해외 자회사는 약 85만 개가 활동하고 있고, 총 5,400만 명이 고용되어 있는 것으로 알려져 있다.

이렇듯 다국적기업의 해외 자회사는 그 숫자가 많은 만큼 총자산, 총매출 및 총수출의 규모도 매우 크다(〈표 14-1〉 참조). 총매출만 보아도 1982년에 2조 4650억 달러였으며 2003년에는 17조 달러를 넘어섰다. 이는 1982년 당시 미국의 GDP가 약 3조 달러, 2003년에 약 11조 달러인 것과 비교할 때 해외 자회사 매출의 규모를 가늠해 볼 수 있다.

표 14-1. 다국적기업과 해외직접투자의 추이

	1986-1990	1991-1995	1996-2000	2000
세계 GDP 증가율	10.1%	5.1%	1.3%	2.7%
세계 수출 증가율	12.7%	8.7%	3.6%	11.4%
FDI 증가율	23.0%	20.8%	39.7%	27.7%
	1982	**1990**	**2000**	**2003**
FDI stock	7,190억 $	18,890억 $	63,140억 $	82,450억 $
해외 자회사의 총자산	20,760억 $	58,830억 $	211,020억 $	303,620억 $
해외 자회사의 총매출	24,650억 $	54,670억 $	156,800억 $	175,800억 $
해외 자회사의 총수출	7,170억 $	11,940억 $	35,720억 $	30,770억 $

자료: World Investment Report, 홈페이지 관련 자료.

1. 해외직접투자의 경제적 효과

이제 해외직접투자의 경제적 효과를 분석하기 위하여 전통적인 자본이동이론 가운데에서 가장 단순하면서 현실에 대한 우수한 통찰을 가능하게 하는 연구의 하나로 맥두걸 MacDougal의 모형을 소개하면 다음과 같다.[1)]

〈그림 14-1〉에서 A점의 오른쪽으로 투자국의 자본량을, a점의 왼쪽으로 도입국의 자본량을 나타내기로 한다. 한계생산력 체감의 법칙에 따라 자본의 한계생산력 곡선은 투자국의 경우 MN, 도입국에서는 mn과 같이 자본투입량의 증대에 따라 저하한다. 이제 투자국의 자본이 AQ, 도입국의 자본이 aQ라 하면, 투자국의 자본의 한계생산력, 즉 이윤율은 QT, 도입국에서는 QU로 되어 도입국에서 보다 높은 이윤율을 나타내고 있다. 때문에 자본의 세계적 재배분에 따라서 자본의 효율성을 높일 수 있다. QS의 자본이 투자국으로부터 도입국으로 이동하게 되면, 이윤율은 PS로 양국이 같아진다.

1) G. MacDougal, "The Benefits and Costs of Private Investment from Abroad: A Theoretical Approach," *Economic Record*, May, 1960.

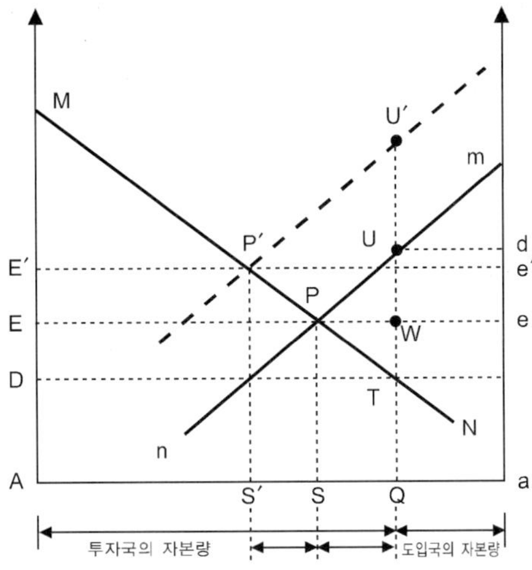

그림 14-1. MacDougal 모형

이에 따라 〈그림 14-1〉에서 자본이동의 전후에 생겨나는 국민소득을 자본소득과 노동소득으로 나누어 명시해 보면 〈표 14-2〉와 같이 투자국에서는 노동자, 도입국에서는 자본가가 손실을 보게 된다. 그럼에도 불구하고 양국 모두 국민소득은 증대되고 있다.

표 14-2. 자본이동 전과 후의 국민소득의 비교

		자본이동 이전		자본이동 이후
투자국	자본소득	AQTD	<	AQWE
	노동소득	DTM	>	EPM
	국민소득	AQTM	<	AQWPM
도입국	자본소득	aQUd	>	aQWe
	노동소득	dUm	<	ePm
	국민소득	aQUm	<	aQWPm

그러나 이러한 자본만의 이동은 간접투자에 의하여 생길 수 있으며 우수한 기술의 이전은 고려하고 있지 않다. 따라서 직접투자의 분석이라 할 수 없다. 우수한 기술을 수반하여 자본이동이 이루어지는 경우의 직접투자라면 QS의 자본이 이동하는 경우, 그 자본의 한계생산력 곡선은 실제로는 U′P′와 같이 mn상의 UP보다 상방에 있게 된다. 따라서 직접투자에 있어서의 자본이동량은 QS가 아니라 QS′로 된다. 우선 U′의 위치가

m보다 높은 것은 투자국의 생산기술이 높은 수준에 있으므로 당연하다. 그러나 U′가 M보다 낮은 것은 도입국에 공장이 진출하는 경우, 노동자의 근면성, 숙련도가 떨어지거나 사회간접자본의 정비가 이루어지지 못하기 때문이다.

우수한 생산기술을 수반하는 직접투자가 행해지면 도입국에서는 동종업종의 약한 기업이 경쟁에 패하여 퇴출될 가능성이 높다. 즉 이른바 자본파괴가 생겨나는 것이다. 그 경우 도입국에서 실제로 쓰이고 있는 자본량은 aQ보다 작고, 민족자본이 축소된다. 따라서 이에 대한 대응책의 하나로 현지화 요구 등이 생겨나는 것이다.

이러한 간단한 분석은 정학적 고찰, 완전고용, 신제품 무시 등의 극단적인 단순화 가정에 의거한 것이며, 무엇보다도 무역관계를 명확하게 분석하고 있지 못하다는 점에서 완전하다고 할 수 없다.

한편 기업이 자기의 생산, 판매거점을 다국적화하는 것은 단지 자국에서의 투자수익이 현지투자보다 낮기 때문만은 아니며, 해외투자에 따른 투자리스크를 부담해도 현지에서 비교우위화할 수 있다는 확실한 예상하에서 이루어진다. 즉 진출국 시장 및 그 주변 시장에서의 과점체제가 확립되기 위해서는 진출시장에서 불완전경쟁이 행해지고, 동시에 자국 내에서 독과점 금지라는 유인이 작용하면서 이것이 가능해진다.

이러한 독점적 경쟁론에 의하면 직접투자는 본래 자본이동론보다는 산업조직론에 속하는 것이며, 기업의 독점적 이윤을 높이기 위한 불완전 경쟁의 전제로 기업의 수평적 통합, 수직적 통합, 그리고 현지 정부에 의한 참입장벽의 설정을 들 수 있다. 수평적 내지 수직적 통합은 기업 자체의 성장과정에서 국내의 기업집중이 독점금지법의 강화로 불가능하게 되는 경우에 기업은 필연적으로 외국시장에서 그 시장집중을 시도하게 되며, 특히 수평통합에서는 제조업 분야에서의 제품, 시장의 다각화를 추구하는 것이다.

2. 해외직접투자의 국제무역 보완/대체론

킨들버거C. P. Kindleberger는 해외직접투자를 (1) 수입을 증대시키기 위한 자원개발투자, (2) 수출을 대체하는 시장지향형 투자, (3) 기술의 국가 간 이동을 목적으로 한 기술투자 등으로 분류하여 국제무역과의 보완/대체에 관해 연구하였다.

무역에 관한 리카도의 비교생산비설은 노동생산비의 비교에 의한 국제상품무역의 발생을 이론화한 것으로, 그것에 따르면 각국은 비교우위상품을 수출하고 비교열위상품을 수입하게 된다. 이에 대하여 생산요소의 국가 간 이동이 전제된다면, 상품무역은 단지 노동생산비의 비교로 이루어지는 것이 아니라 자본, 기술, 원료 등을 포함한 생산요소 결합의 비교우위가 이것을 가능하게 할 것이다. 가령 비교우위산업이 국내 투자기회를 갖지 못하고 그 결과 기술혁신에 의한 투자수익률을 잃든가, 통상의 수출증가 기대가 수입국의 인위적 장해로 불가능한 경우, 비교우위의 생산요소를 특화한 산업과 기업은 그 투자가치를 해외에서 구하게 될 것이다. 따라서 국제투자는 항상 생산요소의 비교우위를 상품무역과의 대체 또는 보완의 관계에서 구하는 것이다.

전통적인 무역이론(국제분업론)은 기업활동의 국제화가 세계경제에서 더욱 중요해지고 확대되고 있다는 점을 감안하고 있지 못하다. 각국이 왜 무역을 하는가에 대하여 비교우위에 입각한 분업을 추진하기 위한 것으로 볼 뿐, 기업이 국경을 넘어 상품, 서비스를 이동시키는 수단으로 직접투자 이외에 기술수출, 자본이동에 의한 현지 직접생산, 판매활동을 선택하는 것에 대해선 전혀 고려하지 않았다.

전후 세계무역의 발전을 뒷받침해 온 것은 자유, 무차별, 호혜, 평등을 원칙으로 한 GATT와 IMF체제였다. 각각 무역과 통화 측면에서 세계경제의 발전에 기여하였다. 그러나 이러한 체제의 틀은 1970년대에 들어서면서 약화되었으며 더욱이 원유가 인상에 의한 세계적인 인플레이션, 나아가서 이에 대응하여 취해진 각국의 긴축정책으로 아주 곤란한 국면에 처하게 되었다. 1970년대에 세계경제는 확실히 하나의 구조변동기를 맞이했던 것이다. 이와 함께 세계경제의 신질서에 관한 논의가 활발하게 전개되었다. 신질서의 확립에 있어서 투자, 특히 해외직접투자가 무역, 통화와 함께 커다란 비중을 차지하게 됨에 주목해야 할 것이다. 해외직접투자가 1970년대 이후 현저하게 증대되었으며 그것은 세계경제의 틀과 기존의 무역이론의 양면에 커다란 충격을 주었다. 우선 투자가 종전과 같이, 단지 무역을 보완하는 것에 머무는 것이 아니라 무역과 동등한 또는 그 이상의 역할을 하게 되었다는 것이다. 그것이 각국의 무역패턴, 고용, 국제통화 각 측면에 미치는 변화를 통하여 세계경제의 조정을 필요로 하고 있는 것이다.

한편 주지하는 바와 같이 기존의 무역이론의 기본적인 틀인 헥셔-오린H-O이론이었으나 그것으로부터 얻어지는 하나의 귀결은 무역과 투자가 대체관계에 있다는 것이었다. 그러나 현실은 무역과 투자가 함께 증대하고 있으며 양자는 반드시 대체 관계에 있는 것만은 아니다. 이렇듯 무역과 투자가 함께 증대되는 현실을 설명할 수 있는 새로운 무역이론이 필요하기도 하다.

제2절 다국적기업의 과세와 국제경제관계

세계 각국의 경제적 상호의존관계가 심화되는 가운데, 개인, 기업의 경제활동이 국경을 넘어 이루어지면서 소득을 얻는 주체가 거주하는 국가와 소득이 실제로 발생하는 국가가 반드시 일치하지는 않는다. 따라서 그러한 소득에 대한 양국의 과세를 둘러싼 국가 간 조세의 조정 문제가 생겨나게 된다. 이러한 국제과세에 관해서는 공평, 효율 또는 각국에서의 세수확보 등 여러 측면에서 고려되어야 한다. 이처럼 국제과세 문제는 한 국가만의 문제가 아니어서 각국의 협조와 합의 없이는 해결되기 어렵다. 더욱이 외국과의 경제적 의존관계가 강해짐에 따라, 자국 내의 조세정책도 외국에 영향을 미치고, 외국과의 사이에 이해대립이 생겨나기도 한다. 이제 특히 자본소득에 초점을 맞추어 국경이 점차 사라지고 있는 국제경제에서 자본소득 과세의 기본 문제와 그 경제적 효과에 대하여 알아보자.

1. 국가 간 과세원칙

국가 간 과세에 관해서는 두 가지 기본적인 원칙이 있다. 하나는 원천지주의source principle이고, 다른 하나는 거주지주의residence principle이다. 원천지주의에 의한 과세란 세무당국이 자국 내에서 발생한 소득이라면 과세대상이 자국의 거주자인지 아닌지를 불문하고 과세를 하는 것이다. 거주지주의에 의한 과세란 자국에 거주하는 소득만을 과세대상으로 하여, 소득의 원천지를 불문하고 과세하는 것이다.

이 두 가지 과세원칙을 설명하기 위하여 자국과 외국의 두 나라를 설정한다. 자국 또는 외국에 거주하는 투자자가 각각 자국, 외국에서 벌어들이는 소득은 〈표 14-3〉과 같이 네 가지로 나뉜다. 자국의 거주자가 자국 및 외국에 투자하여 얻은 소득을 각각 Y_{HH}, Y_{FH}, 외국의 거주자가 자국 및 외국에 투자하여 얻은 소득을 각각 Y_{HF}, Y_{FF}라 하자. 이때 Y_{HF}, Y_{FF}는 자국, 외국의 폐쇄경제시의 과세와 같다. 한편 국가 간의 소득과 세에서 문제가 되는 것은 자국과 외국의 세무당국이 각각 Y_{FH}, Y_{HF}에 대하여 어떻게 과세하느냐이다. 우선 원천지주의에서는 과세기준이 자국은 Y_{HH}, Y_{HF}를, 외국은 Y_{FF}, Y_{FH}를 포함한다. 한편 거주지주의에서는 과세기준이 자국은 Y_{HH}, Y_{FH}를, 외국은 Y_{FF}, Y_{HF}를 포함한다. 원천지국에서는 원천지주의에 의해서, 거주지국에서는 거주지주의에 의거하여 과세권을 주장한다. 문제는 이 두 가지 과세원칙 가운데 어느 것을 선택하느냐이다.

자국의 투자자가 자국 또는 외국에 투자하는 경우를 생각하자. 이 투자자는 자국과 외국에서의 과세 후 수익률을 비교해서 투자선을 정하게 된다. 이때 거주지주의가 채택된다면 어디에 투자를 해도 자국에서와 같은 세율이 부과되므로 투자선택이 과세에 의해 간섭을 받지 않고 이른바 자본수출의 중립성이 확보된다. 이것은 국가 간 자원배분의 효율성 측면에서 보아 바람직하다. 또 동시에 투자선에 관계없이 소득 총액이 같은 자는 자국에서 똑같이 세를 부담하게 되어 자국 내에서의 공평성이 확보된다. 그러나 이 경우 세수가 자국(자본수출국)에 전면적으로 배분되어 외국에서는 세수의 확보가 곤란하며, 국가 간에 세수배분에 있어서는 자본수입국이 불리하게 된다.

한편 원천지주의는 다른 의미에서 자원배분의 효율성에 관한 기준이나 세 부담의 공평성 기준을 충족시킨다. 예를 들면 A국에 거주하고 B국에서 투자활동을 하는 투자자를 생각해 보자. 이 투자자가 B국에서 B국 또는 타국으로부터의 투자자보다 경쟁상 불리하지 않으려면 B국(자본수입국)에서는 모든 투자자가 같은 과세의 취급을 받아야만 한다. 만일 원천지주의가 채택되면 이런 자본수입의 중립성이 충족된다. 또 이때에는 B국 내에서 모든 납세자 간 부담의 공평성도 확보된다. 그런데 이번에는 국외 원천소득을 면세로 하는 원천지주의에 있어서 자본수출국에서는 세 부담이 작은 국가에로의 투자를 우대하므로, 국내에서의 공평성을 확보할 수 없고 세수의 확보 차원에서도 불리하게 된다.

표 14-3. 자본소득의 분류

		투자자의 거주지	
		H	F
소득 원천지	H	Y_{HH}	Y_{HF}
	F	Y_{FH}	Y_{FF}

이렇게 적어도 위와 같은 공평성, 효율성, 나아가서 세수확보라는 점에서는 어느 쪽이든 한편의 과세원칙을 선택함으로써 자본수출국과 자본수입국에서 합의를 얻어내기란 쉽지 않다. 오히려 쌍방의 과세원칙을 인정하는 편이 보다 현실적이다. 그래서 이 경우, 표에서 Y_{HF}와 Y_{FH}에 관해 이중과세가 발생하게 되므로, 이를 조정하는 무엇인가의 방법이 취해지게 된다. 구체적으로 예를 들면 세액공제방식이 유력한 방법으로 활용된다. 이것은 두 개의 과세원칙의 병행, 거주지주의에 의거, 거주자의 전 세계 소득을 과세기준으로 하여 산출한 세액으로부터, 이미 원천지국가에서 지불한 세액에 관하여 세액공제를 하는 것이다. 혹은 과세기준으로부터 외국에서의 세를 비용으로 공제하는 방법도 있다. 이들 방법은 이제 자본소득의 국제과세에 있어서의 공평과 효율의 문제와 관련하여 논의할 수 있다.[2)]

2. 국제과세의 문제

국제과세의 문제는 거주지국가와 원천지국가가 함께 과세권을 주장하는 것으로 매우 복잡하다. 이에 따라 국제과세에 있어서는 공평성과 효율성의 기준이 커다란 의미를 갖는다.

우선 개인 간의 공평성에 관해 보자. 자국에 있어서 어느 개인 A가 국내 그리고 외국으로부터 자본소득을 얻고 있다고 하자. 또 다른 개인 B는 그와 같은 크기의 소득을 국내에서만 얻고 있다고 하자. A는 자국과 외국의 세무당국으로부터 과세를 당하고, B는 국내에서

2) P. B. Musgrave, "Interjurisdictional Coordination of Taxes on Capital Income," S. Cnissen ed., Tax *Coordination in the European Community*, Deventor: Kluwar Lawand Taxation Publishers, 1987.

만 과세된다. 이때, 자국에 있어서 개인의 세 부담액의 결정에는 공평성의 전통적인 원칙이 있다. 그러나 공평성의 원칙에 관한 해석에는 두 가지가 있다. 하나는 국제적 관점에서의 공평성으로 A는 동액의 소득총액을 얻은 B와 전체로 보아 똑같은 세를 부담해야 한다고 해석하는 것이다. 다른 하나는 국내적 관점에서의 공평성으로 A가 외국에 지불한 세를 단지 비용으로만 생각하여 소득으로부터 공제해 자국에서의 세 부담만 같게 해야 한다는 것이다. 이렇듯 국제적인 차원이냐, 국내적인 차원이냐에 따라 개인 간 공평성에 대한 해석도 달라진다. 만일 전자의 입장이라면 자국의 세무당국은 자국의 과세에 관하여 외국에서 지불된 세를 완전히 세액공제해야 한다. 한편 후자의 경우라면 외국에서의 세에 대하여 소득공제가 이루어지게 된다.

또 하나의 공평의 문제는 국가 간 공평성으로, 이것은 국가적인 이득, 손실의 배분을 다루는 것이다. 예를 들면, 자국에 거주하면서 외국에서의 투자활동으로 소득을 얻는 개인 C를 생각하자. 이 경우, 원천지국가인 외국이 과세를 하면 그것은 자국에서의 국민의 총소득을 감소시키게 된다. 이는 자국에게는 국가적 손실이 된다. 따라서 국가 간 공평성의 기본적인 문제는 개인 C의 소득에 원천지국이 어느 정도 과세하느냐의 문제로 귀착된다.

다른 하나의 기준으로 자본이동에 관한 중립성이 있다. 이것에는 다시 자본수출의 중립성과 자본수입의 중립성 두 가지가 있다. 이 가운데 특히 전자의 중립성이 문제가 된다. 자국과 외국에서의 자본수익률을 각각 r, r_F라 하고, 자국의 자본소득세율을 t, 외국에서의 자본소득세율을 t_F라 하면, 자국 투자자는 양국에서의 과세 후 수익률인 $(1-t)r$과 $(1-t_F)r_F$를 비교하여 투자선을 선택하게 된다. 여기서 외국에서의 세에 관하여 자국에서 완전한 세액공제가 실시되면, 어느 국가에 투자해도 자국의 세율이 적용되게 된다. 이때 결국 해외투자는 $r=r_F$가 성립할 때까지 이루어지고, 비로소 자본수출의 중립성이 달성된다.

그러나 이것은 세계적인 관점에서 본 자본배분의 효율성이란 기준을 충족시키는 것으로 해석되고, 나아가서 국가적 관점에서의 효율성 기준이 있게 된다. 국가적인 자원이용의 효율성 차원에서는 자국에의 투자 수익률이 자국에서의 세수를 포함하여 r로 되는 한편, 해외투자에 있어서는 외국에서 지불된 세는 자국에게는 국가적 손실이 되므로 결국 자본수출은 국내투자의 과세 전 수익률 r과 해외투자로부터의 과세 후 수익률 $(1-t_F)r_F$가

같게 될 때까지 이루어진다. 이것을 충족시키려면 자국에서의 과세에서 외국세를 소득공제하는 쪽이 바람직하다. 소득공제가 실시되는 경우 자국의 투자자는 $(1-\mathrm{t})\mathrm{r}=(1-\mathrm{t})(1-t_F)r_F$가 성립할 때까지 해외투자가 이루어지게 된다. 즉 이때 $\mathrm{r}=(1-\mathrm{t}_F)\mathrm{r}_F$로 되어 국가적 관점에서의 효율성 조건이 충족된다.

3. 기업내무역과 이전가격

세계무역은 산업간무역과 산업내무역으로 대별될 수 있다. 이 양자의 비율은 일반적으로 4:6 또는 3:7 정도로 추산된다. 특히 선진국 간 무역에서는 산업내무역의 비중이 괄목할 만하게 커서 영국의 경우 약 80%를 나타내고 있다.

한편 해외직접투자 등이 각국에 이루어지면서 다국적기업의 현지화가 진전되고 기업의 국적이 불분명한 경우가 늘어나고 있는 가운데 기업내무역이 증대되고 있다. 기업내무역의 확대는 세계무역체제와 국제무역마찰에 어떠한 영향을 미치는지 알아본다.

기업내무역의 확대는 지금까지 국경이 갖고 있는 의의를 퇴색시키는 작용을 하고 있다. 직접투자가 국가 간에 확대됨에 따라, 국내기업을 보호하려는 정책이 실은 외국기업을 보호하는 결과로 되기도 하며, 반대로 국내기업의 보호를 위한 정책이 해외에 진출한 국내기업의 이익을 감소시키는 결과가 되기도 한다. 따라서 국제무역에 있어서 국내산업을 보호하는 정책을 실시하기가 곤란해진다. 이렇듯 기업내무역은 통상마찰을 억제하는 효과가 있으나, 한편으로는 통상마찰을 새롭게 만들어 내기도 한다. 그 전형적인 예가 바로 이전가격transfer price 문제이다.

기업 내의 부문 간 국제거래에 적용되는 가격을 이전가격이라 한다. 그 수준은 어떻게 정해지는 것인가. 우선 동일재에 관한 완전경쟁시장이 기업의 외부에 성립되어 있고, 그곳에서의 거래에 자유로이 참가할 수 있다면, 기업내무역에서 적용되는 이전가격은 그 시장가격에 맞추어 설정되어야 한다. 그러나 현실의 기업의 국제적인 활동은 국가에 의한 관세부과, 기타 규제 등이 있으므로 그렇게 간단하게 결정되는 것이 아니다. 이제 전형적인 기업의 국제적인 경제활동을 단순화하면, 〈그림 14-2〉와 같이 나타낼 수 있다.

대부분의 경우, 선진국과 개도국 사이에는 기업의 수직통합이 이루어져 있으며, 선진국

간에는 기업의 수평통합이 이루어진 가운데 기업의 국제적인 경제활동이 벌어지고 있는 셈이다. 이제 이 각각의 경우에 관하여 이전가격의 경제 분석을 해 본다. 그 어떤 경우에도 기업의 목적은 본사와 자회사의 이윤 합계를 최대로 하는 것에 있으며, 법인세가 낮은 국가에 입지하는 부문의 이윤이 되도록 높게 되도록 부문 간 이전가격을 선택하게 될 것이다.

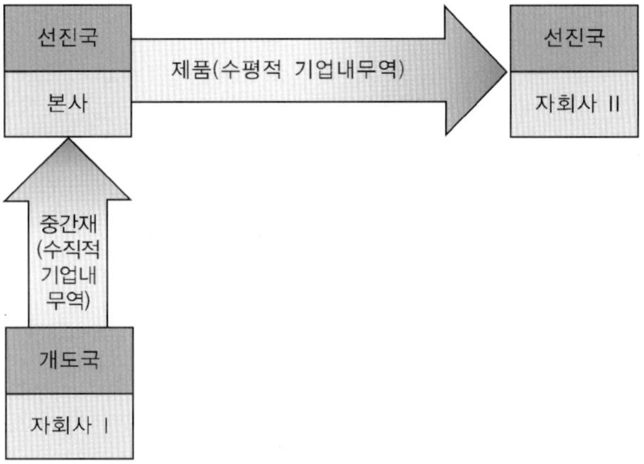

그림 14-2. 수직적/수평적 기업내무역

1) 수직적 기업내무역과 이전가격

이제 해외에 있는 제조 자회사에서 중간재를 도입해 본사에서 완성품을 만든 후, 본국시장에서 판매하는 기업을 생각해 보자. 즉 기업의 수직통합모델에 관하여 알아보자.[3] 판매수입을 R_h라 하고, 완성품을 만들기 위한 비용을 C_h, 중간재 도입량을 N, 부문 간 이전가격을 p_n, 중간재 제조비용을 C_f로 하면, 이 기업의 총이윤 Π는

$$\Pi = (R_h - C_h - p_n N) + (p_n N - C_f) \quad \text{식 (1)}$$

와 같이 본사 이윤과 자회사 이윤의 합으로 나타낼 수 있다. 단 중간재 수입에 관세나

3) Copithorne, L. W. "International Corporate Transfer Prices and Government Policy", *Canadian Journal of Economics*, 1971, pp. 324-341.

기타 규제는 없는 것으로 한다. 또 단순화를 위하여 중간재 1단위로 완성품 1단위를 만든다고 하면, 이윤 최대화 조건은

$$MR_h - MC_h = MC_f \quad \text{식 (2)}$$

로 된다. MR은 한계수입, MC는 한계비용을 나타낸다. MC_f의 값은 중간재 생산의 한계비용의 크기이며, 이 중간재가 시장에서 경쟁적으로 생산된다고 하면, 그 가격과 같아진다. 이것을 음의 이전가격이라 한다. 단 국제기업이 이 가격을 실제 이전가격으로 적용할 것인지는 알 수 없다. 식 (1)로부터 p_n은 어떤 값이 되더라도 이윤극대화에는 전혀 영향을 미치지 않음을 알 수 있다.

이제 본국 정부가 본사의 이윤에 대하여, 또 외국 정부는 자회사의 이윤에 대하여 각각 법인세를 부과한다고 하자. 더욱이 중간재의 본국에로의 수입에는 수입관세가 부과된다. 기업의 이전가격은 각국의 이러한 규제에 어떤 영향을 받게 될 것인가. 본국 및 외국에 의해 부과되는 법인세를 각각 t_h, t_f라 하고, 관세율을 r이라 하면, 기업의 이윤은,

$$\Pi = (1-t_h)\{R_h - C_h - (1+r)p_n N\} + (1-t_f)(p_n N - C_f) \quad \text{식 (3)}$$

와 같다. 이 식은 이전가격 p_n에 관하여 선형으로 나타나며, 기업이 이윤을 극대화하기 위해서는 각종 세율의 대소 관계에 따라서 가능한 한 높은 이전가격을 설정하느냐, 가능한 한 낮은 수준으로 하느냐가 정해진다.

$$(t_h - t_f)/(1-t_h) > r \text{ 이면, } p_n = p^*, \quad \text{식 (4)}$$

$$(t_h - t_f)/(1-t_h) < r \text{ 이면, } p_n = MC_f \quad \text{식 (5)}$$

즉 식 (4)의 경우, 무엇인가의 제도적 조건에 의해 적용되는 최고 수준의 가격으로 할 것이며, 식 (5)의 경우에는 음의 이전가격 수준으로 결정될 것이다. 식 (4)와 (5)에 의하면, 어느 국가에도 법인세가 없고 수입관세만이 부과되는 경우에 기업은 자회사에서

중간재를 생산하는 때의 한계비용과 같은 가격을 설정하게 되고, 한편 관세는 없고 법인세만이 부과되는 경우에 본국의 법인세 수준이 외국보다 높으면 기업은 자회사의 이윤을 최대로 하기 위하여 가능한 한 높은 이전가격을 책정한다.

2) 수평적 기업내무역과 이전가격

이제 기업이 본사에서 만든 제품의 일부를 해외로 보내 현지 자회사에서 외국에 판매하는 경우, 즉 수평통합의 경우를 생각하자.[4] 본사는 자국시장에도 같은 제품을 판매하고 자회사는 독자적인 제조공장을 갖고 있다 하자. 즉 자회사의 생산량이 충분하지 않아 본국에서의 잉여분을 수출, 내외 양 시장에서 이윤을 최대로 하려 한다. 우선 자유무역이 이루어지고, 법인세도 무시하자. X는 생산량, Q는 판매량, M은 제품무역량, p_m은 이전가격이라 하면, 이 기업의 이윤 Π는

$$\Pi = \{R_h(Q_h) - C_h(X_h) + p_m M\} + \{R_f(Q_f) - C_f(X_f) - p_m M\} \qquad \text{식 (6)}$$

와 같다. 여기서 이윤 극대화의 조건은 $MR_h = MC_h = MR_f = MC_f$이다. 이 값은 제품이 경쟁시장에서 생산되는 경우의 가격을 나타내고 있다고 생각된다. 이 모델에서의 음의 이전가격이라 할 수 있다. 즉 독점력을 갖는 국제기업이 존재하지 않고, 제품이 경쟁기업에 의하여 공급되고 있는 때에 이 가격은 이윤극대화의 조건과 같다. 이제 법인세와 관세부과의 경우를 생각하자.

$$\Pi = (1-t_h)\{R_h - C_h + p_m M\} + (1-t_f)\{R_f - C_f - (1-r)p_m M\} \qquad \text{식 (7)}$$

역시 이윤은 이전가격의 1차 함수로 나타나고 있다. 기업은 국가가 부과하는 세제에 대응하여 되도록 높은 가격을 이용하거나, 제조기술이 허용하는 한 낮은 가격을 선택하려 한다.

---

4) Horst, T, "Theory of the Multinational Firm; Optimal Behaviour under differing Tariff and Tax Rates", *Journal of Political Economy*, 1971, pp. 1059-1072.

$$(t_f - t_h)/(1 - t_f) > r \text{ 이면, } p_m = p^* \quad \text{식 (8)}$$

$$(t_f - t_h)/(1 - t_f) < r \text{ 이면, } p_m = MC_h \quad \text{식 (9)}$$

여기서도 역시 각국의 정책과 이전가격의 조작에 의한 기업의 대응이란 도식이 성립하고 있다. 과세에 의한 왜곡이 없다면, 자국 및 외국에서의 생산활동은 하나의 국제기업의 내부에 통합되든가 아니면 별개의 독립된 기업체에 의하여 실행되든가 하여, 전체로 보아 그 최대 달성 가능한 이윤 수준은 같다. 그런데 국경을 넘는 거래에 대하여 과세가 부과되면, 두 개 부문에는 통합의 유인이 발생하게 된다. 국제적인 기업활동에 있어서 거래를 내부화하는 것이 득이 되는 셈이다.

3) 이전가격 문제에 대한 OECD의 대응

기업내무역이 세계무역의 많은 부분을 차지하게 되었다. 거의 모든 다국적기업이 몇몇 산업군에서 절대적인 시장지배력을 가지고 있다. 따라서 그러한 시장지배력을 활용하여 차별적인 가격설정 정책을 행사하려는 유인은 항상 존재한다. 모기업과 자회사 간 또는 자회사 간의 거래 등 기업 내부에서 거래되는 재화 및 서비스에 대한 가격 조작의 가능성은 항시 존재한다. 이러한 현상은 다국적기업과 관련된 국가 간 과세 문제 등에서 마찰과 분쟁의 소지가 되므로 국가 간 협조와 조정의 필요성이 생겨난다.

이에 OECD에서는 1979년에 기업 내부 거래에 적용되는 공정가격을 산출해 내는 세 가지 방법을 지침으로 공표한 바 있다. 첫째는 비교가능 제3자 가격법, 둘째는 재판매가격법, 셋째는 원가기준법이다. 비교가능 제3자 가격법은 똑같은 재화나 서비스의 시장이 존재하지 않는 경우 가격을 합리적으로 산정하기가 어려우나 해당거래와 비교할 수 있는 제3자의 거래가격을 공정한 거래가격으로 보는 방법이다. 재판매 가격법은 주로 판매회사 간에 적용되는 것으로, 자회사나 본사로부터 구입한 제품을 외부에 판매할 때 재판매가격에서 마진을 뺀 값을 공정한 가격으로 산정하는 것이다. 한편 원가 기준법은 주로 제조분야의 다국적기업의 내부거래에 적용하며, 자회사나 본사의 제조원가에 공정거래 시의 마진을 더한 것으로 공정 거래가격을 산정하는 것이다.

1995년에 OECD는 세 가지의 구지침에 이익비준 방법을 추가하였다. 이익비준 방법이란 당시까지 주로 미국이 사용해 온 방법으로, 미국에서 영업하고 있는 외국기업의 공정한 거래가격을 산정할 때 미국 내 동종업체의 평균 영업이익률을 기준으로 이전가격의 적정여부를 판단하여 세금을 과세하는 방법이다. 기존의 OECD의 구지침에서는 동종업체의 이익률과는 상관없이 단지 외국기업들의 이전가격이 적정한지의 여부만을 검증해 왔다. 미국의 이익비준 방법이 문제의 소지가 많은 것은 비교가능 기업이 명확하지 않기 때문이다. 따라서 미국 국세청은 얼마든지 자의적으로 비교가능 기업을 선정하여 그 기업의 이익률을 기준으로 외국기업의 이익률을 추산해 과세를 하는 것이다. 이러한 문제를 최소화하기 위하여 OECD의 신지침에서는 기존의 3개 방법이 우선적으로 적용되어야 하는 등 이익비준 방법을 적용할 수 있는 경우를 엄격하게 제한하고 있다.

제3절 현지조달 문제와 경제적 효과

다국적기업의 진출은 해외직접투자의 형태로 이루어지는 경우가 일반적이다. 이에 따라 투자유입국의 정부, 기업, 산업, 경제단체, 국민 등과 투자국의 정부, 모기업 및 해외 자회사 간에 제반 마찰과 분쟁이 생겨나게 마련이다. 이와 관련하여 가장 빈번하게 생겨나는 마찰 현상 가운데 현지조달 의무와 관련된 마찰을 들 수 있다. 무엇보다도 기업은 비용최소화를 추구하여 국경을 넘어 기업의 입지를 이전한다. 부품, 중간재의 몇 %를, 부가가치의 몇 %를 어느 국가에서 만들어 낼 것인가는 기업의 최적경제계산으로 결정된다. 이것을 현지정부가 일정비율 이상으로 규제하는 것은 자원의 효율적인 배분을 저해하는 것이다. 왜냐하면 투자유입국에 진출한 외국기업은 본국으로부터 구입하는 부품, 중간재보다도 높은 가격으로 현지의 부품, 중간재를 구입하게 될 수도 있기 때문이며, 이는 제품가격을 상승시키게 된다. 즉 외국기업은 부가적인 제약조건하에서 생산을 행할 것을 강제받기 때문에 생산비용은 상승하고 생산량은 축소되기 쉽다. 이에 대하여 현지의 중간재 생산자는 스스로 생산한 중간재의 수요가 증대되므로 생산이 확대되고 현지의 최종재 생산자도 생산의 확대가 가능해진다.

이를 간단한 모델을 이용하여 설명해 본다.[5] 우선 투자유입국은 소국이고, 생산물시장과 생산요소시장은 완전 경쟁적이라고 가정한다. 투자유입국과 투자국은 모두 중간재와 최종제품을 생산하고 있다 하자. 최종제품은 노동과 중간재를 이용하여 생산되며, 중간재는 노동을 이용하여 생산된다고 한다. 단 중간재의 가격은 투자유입국 가격이 높다고 가정한다. 왜냐하면, 이 가정이 성립하지 않는 경우에는 투자유입국에서의 외국기업에 있어서 현지조달 요구는 부가적인 제약으로 되지 않고 100% 현지조달해도 비용최소화가 달성될 수 있기 때문이다. 마지막으로 외국기업은 k%만큼 현지의 중간재 구입을 의무로 하고 있다고 가정한다.

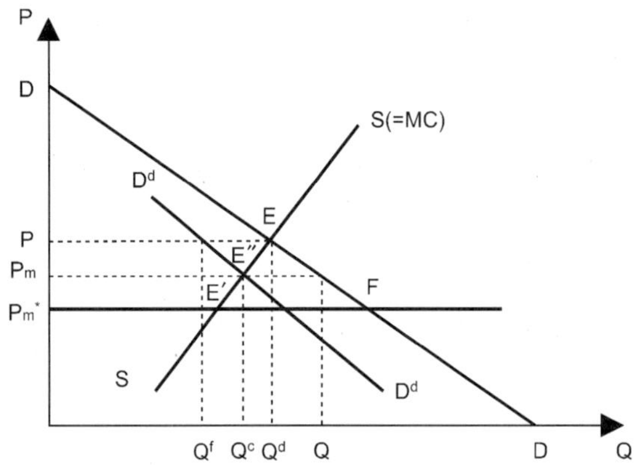

그림 14-3. 현지조달 의무의 경제효과

이상의 가정하에서 외국기업이 비용최소화를 도모한 결과 중간재의 한계가치생산(=한계생산력×최종제품가격)은 중간재의 한계조달비용과 같다. 이 중간재의 한계조달비용은 자국에서 생산된 중간재의 가격(P_m)과 해외에서 생산된 중간재의 가격(P_m^*)의 가중평균과 같다. 따라서

$$\text{중간재의 한계가치생산성} = kP_m + (1-k)P_m^* = k(P_m - P_m^*) + P_m^*$$

이 성립하게 된다. 현지에 진출한 외국기업은 현지조달 요구가 없다면 해외(본국)로부터

5) David, C., Matusz, S., and Kreinin, M. E. (1985), "Analysis of Performance Standards for Foreign Direct Investment", *Canadian Journal of Economics*, Nov. 1985, Grossman, G. (1981), "The Theory of Domestic Content Protection and Content Preference", *Quarterly Journal of Economics*, Nov. 1981.

중간재를 수입하는 편이 비용이 더 싸게 든다. 그러나 현지조달 의무가 있기 때문에 내외 가격차에 k를 곱한 분[$k(P_m - P_m^*)$]만큼 여분의 비용이 더 들게 된다.

현지조달 요구는 해외로부터의 중간재 수입을 저해하고 국내에서 생산된 중간재를 사용하는 기업을 우대하는 정책이다. 즉 해외로부터의 중간재 수입에 관세를 부과하고 국내의 중간재를 사용하는 최종제품 생산자에게 보조금을 주는 정책과도 같다. 이러한 세-보조금 시스템의 도입은 그것이 존재하지 않는 경우와 비교하여 세계의 경제후생을 저하시키며, 국내의 중간재 생산을 증대시킨다.

〈그림 14-3〉에는 중간재에 대한 총수요곡선 DD와 국내의 중간재 생산자 공급곡선 SS가 나타나 있다. 완전경쟁의 가정하에서 중간재에 대한 총수요곡선은 중간재의 한계가치생산성과 같다. 한계생산성이 체감하는 한, 중간재에 대한 총수요곡선은 우하향한다. 국내의 중간재 생산자의 한계비용곡선을 수평방향으로 더한 것이 공급곡선 SS로 되어 있다. 해외로부터의 중간재 수입이 없으면(폐쇄경제라면), 국내에서의 중간재의 균형가격과 균형생산량은 DD와 SS의 교점인 E에서 결정된다.

여기서 해외로부터의 중간재 수입이 시작된다고 하자. 해외로부터의 중간재 수입가격은 국내가격보다 낮다. 그래도 투자유입국이 소국이라는 가정하에서는 해외로부터의 중간재 공급곡선은 P_m^*의 높이로 수평이 된다. 이 직선과 SS선의 교점 E′가 자유무역하에서의 국내중간재 생산량이 된다. 남은 부분 E′F가 해외로부터의 수입이 되는 것이다.

그런데 현지정부가 현지조달 요구를 하는 경우에는, 국내에서의 중간재 생산량은 어떻게 변화할까? 현지조달률이 k%라면, DD곡선은 종축의 방향으로 k배만큼 축소되어 $(1-k)P_m^*$만큼 아래쪽으로 이동한 D^dD^d곡선이 국내에서 생산된 중간재에 대한 수요를 나타내는 곡선이 된다. 이 곡선과 SS곡선의 교점 E″에서 현지조달 요구하에서의 국내중간재에 대한 수요량과 생산량이 결정되는 것이다. 확실히 자유무역의 경우와 비교해서, 현지조달 요구가 이루어지는 경우에는 국내에서의 중간재 생산량이 증대하게 된다. 그러나 국내에서의 중간재 가격은 P_m^*로부터 P_m의 수준으로 상승하고 있어 중간재에 대한 총수요는 감소하게 된다. 여기에서 국내가격과 해외가격의 차 ($P_m-P_m^*$)는 중간재 수입에 대한 관세부과 또는 국내중간재를 생산에 사용하는 최종생산자에 대한 보조금으로 간주될 수 있다. 관세부과에 의하여 소비자잉여가 감소됨은 물론이다.

이상과 같이 소비자와 해외기업이익의 희생하에 국내중간재 생산기업은 판매를 확대하게 된다. 그러나 이것은 현지조달 요구를 얼마나 올리느냐와 관계없이 적용되는 것은 아니다. 중간재의 국내가격이 과도하게 상승하는 경우에는 최종제품을 생산하는 기업의 입장에서도 중간재와 노동이 대체적인 한, 중간재보다는 노동을 많이 사용하는 것이 비용이 절감되기 때문이다. 최종제품을 생산하는 데 중간재를 사용치 않고 노동을 사용하게 되면(즉 자기 기업 내에서 생산함) 국내 중간재 생산자는 몰락한다. 또 최종제품 생산자의 경우 중간재 가격상승으로 생산량이 하락하기 때문에 중간재 산업은 부가가치가 증가해도 최종재 산업은 부가가치가 감소하고, 경제 전체로 보아 부가가치가 감소할 수도 있다. 이러한 의미에서 현지조달 요구는 반드시 경제발전을 촉진한다고 볼 수는 없다.

제5부
자원/환경 문제, 국제(지역)공공재와 국제경제관계

제15장 _ 자원/환경 문제와 국제경제관계

제16장 _ 국제(지역)공공재의 활용

제15장
자원/환경 문제와 국제경제관계

제1절 자원/에너지 문제의 특징

경제활동은 에너지가 있음으로써 가능하다. 재화나 서비스의 생산, 이용 등 인류의 생활환경을 유지하는 데에는 자원, 에너지가 필수불가결의 요소이다. 각종 자원과 에너지를 필요한 양만큼, 필요한 때에 안정된 가격으로 확보할 수 있는 것이야말로 경제활동의 핵심이다.

산업혁명 이후 석탄, 석유, 천연가스 등 화석에너지의 사용법을 알게 된 인류는 그것의 대량사용으로 급속한 경제성장, 발전, 고도의 문명생활을 실현시켜 왔다. 한편 이러한 자원 사용의 급증은 자원부존량을 급속하게 감소시키기도 하였다. 이와 함께 현대의 고도의 문명사회에서 인류가 자원, 에너지를 사용함으로써 그 은혜를 향유하고 있으며 한편으로는 그에 따른 새로운 대가를 치러야 하는 등 지구 전체의 자연 순환에 커다란 문제점이 생겨나기에 이르렀다.

이제 21세기에 접어들면서, 자원, 에너지를 둘러싼 국제사회의 상황은 일대 전환기를 맞아하고 있다. 향후 자원제약, 환경제약을 극복하면서 지속적인 성장, 발전을 이루기 위하여 각국별 대응은 물론 국제사회 전체로서의 합의를 기초로 하는 대응이 새롭게 필요로 되고 있다.

1. 자원/에너지 문제

일반적으로 자원/에너지 문제라고 하면 인간의 생활과 정상적인 경제활동을 유지시키고, 이를 성장, 발전시키기 위하여 필요한 자원/에너지를 어떻게 하면 효율적으로, 싼값으로, 다량으로, 안정적으로 확보할 수 있을 것인가로 집약할 수 있다. 이것이 자원/에너지 문제에 있어서 하나의 중요한 측면이며, 한편으로는 물질적 진보, 경제성장지향적인 인간활동의 부산물로 나타나는 자연파괴, 환경/공해 문제도 포함하여 총체적인 자원/에너지 문제라 할 수 있다.

따라서 자원/에너지 문제를 명확히 하기 위해서는 그 주체인 인간과 객체인 자연과의 상호작용, 상호연관의 측면에서 자원/에너지 문제를 접근해야 문제의 본질을 정확하게 파악할 수 있게 된다. 즉 이러한 상호작용에는 인간의 경제행위가 자연에 미치는 영향과 자연이 인간에게 미치는 반작용이라는 두 가지 측면이 있어 일방적인 영향, 작용이 아닌 상호작용의 연관관계가 있음을 간과해서는 안 된다. 결국 자원/에너지 문제의 기본과제는 인간과 자연의 조화의 문제이며, 인간이 자연과 조화를 이루면서 이를 잘 활용하여 생존을 위한 환경조건을 추구해 나가는 것이라 하겠다.

그러나 인간의 자연에 대한 영향이라는 일방적인 측면, 다시 말하면 천연자원의 효율적인 획득, 개발, 이용만이 중시되는 가운데 자연의 인간에 대한 반작용 측면, 인간과 자연과의 조화는 경시되어 왔다. 그 결과 특히 제2차 세계대전 이후 세계적인 경제성장, 발전의 과정에서 자원의 이용, 소비, 폐기, 공해, 환경오염 등 자연에의 영향은 크게 증대되어 온 데 비하여 자연이 이를 동화, 흡수, 처리하는 능력이 이에 달하지 못하여 심각한 반작용으로 인간에게 되돌아오고 있다. 결국 자원/에너지의 고갈, 환경/공해 문제 등이 자원/에너지 문제의 중요한 대상범위로 되는 것이다.

또한 자원/에너지 문제는 '우주선 지구호'에 함께 타고 있는 70억 인류의 공통적인 문제이다. 특정 국가에만 해당되는 문제가 아니라 국제적인 차원에서 발생하는 문제인 만큼 그 대응에 있어서도 국제적인 차원에서의 접근이 이루어져야 하는 데 특징이 있다.

2. 자원/에너지 문제의 중요성

천연자원이란 지구계가 제공하는 인류에 대한 기여 가능량을 총망라한 것으로 정의된다. 천연자원에 대한 정의를 정태적인 개념으로 하면, 특정 시점에서 존재하는 스톡, 집적량을 의미하며, 자원의 수명기간에 걸쳐 미래에 사용할 수 있는 가능량을 의미한다. 동태적인 개념으로는 정보, 기술, 희소성 등이 변화함에 따라 지금까지 가치 있던 것도 무가치한 것으로, 지금까지 무가치한 것이 가치 있는 것으로 변하기도 한다. 가령 최근 들어서 주요 에너지자원으로 주목받고 있는 셰일가스가 대표적인 예이다. 셰일가스는 20세기까지만 해도 기술적, 경제적 측면에서 의미가 없었으나 개발기술의 발전과 경제성의 확보에 따라 새로운 자원으로 각광을 받고 있다.

천연자원의 범주에 대한 정의는 시대와 함께 변화하고 있다. 전통적인 천연자원이란 현존하는 기술적, 경제적, 사회적 평가 기준하에서 인류에게 도움을 줄 수 있는 기여 가능량이 증명되는 자연에서 유래하는 자원이라 정의된다. 이런 기준에 의하면 광물자원, 토지자원, 순환가능 에너지 자원, 수자원 등 지표라는 공간을 중심으로 그 상하에 존재하거나 존재가치를 구체적으로 계측할 수 있는 것을 천연자원이라 할 수 있다.

최근에는 환경 및 생태계 시스템까지 이러한 천연자원의 범주에 포함되며, 시간이 경과할수록 이것들의 중요성은 더욱 증대하고 있다. 이렇듯 천연자원의 범주가 변화해 온 것은 초기 단계에서 천연산품으로만 이해되던 천연자원의 효용성이 기술적, 경제적 여건의 변화와 함께, 또 인간의 기호의 변화와 함께 점차 경제사회 시스템과의 연관성이 증대되고 있음을 나타낸다. 즉 자연과학에서의 패러다임 변화(기술요인의 변화), 경제학에서의 패러다임의 변화(비즈니스 요인의 변화), 생태/인류학 패러다임의 변화(환경, 공해 요인의 변화) 등 과거에는 각각 문제가 제기되고 논의되었던 것들이 이제는 종합적인 차원에서 문제가 제기되고 논의되고 있는 것이다.

1) 자원으로서의 희소성

자원/에너지 문제가 특별한 관심의 대상으로 되는 가장 기본적인 이유는 역시 그것이 희소하며, 대부분 재생이 불가능하다는 데에 있다. 확인매장량을 연간 생산량으로 나눈

생산수명은 각각의 자원이 현재의 생산추이가 지속될 경우에 금후 몇 년간 생산이 가능한가를 나타낸다. 석유가 세계적인 규모로 에너지 자원의 주역 자리를 석탄으로부터 물려받은 것은 1950년대이다. 이때 비로소 석탄과 석유의 사용비율이 역전된 것이었다. 다시 말하면 석유문명을 본격적으로 향유해 온 것은 지난 60년간에 불과하다. 당시 석유의 생산수명은 약 35년, 즉 한 세대 정도의 기간으로 발표된 바 있다. 이러한 가채매장량은 기술개발과 함께 지금도 여전히 약 한 세대가 쓸 수 있는 부존량이 존재하는 것으로 발표되고 있기는 하지만, 미래의 에너지자원 공급에 대한 확실한 예측도 없는 가운데 석유자원의 대량소비가 단기간에 이루어진 것은 분명하다. 자원의 희소성 문제가 관련기술의 개발 등으로 극복되고 있다 해도 가까운 장래에는 더욱 절실한 문제로 부각될 것임은 우리 모두 어렵지 않게 예상할 수 있다.

2) 경제활동과의 강한 상관성

19세기에 영국의 산업혁명에 따른 석탄의 소비가 기하급수적으로 증대하였으나 석탄매장량은 유한하다는 점이 지적되면서 석탄이 개화시킨 동력문명이 언젠가는 정지할 것이라고 예측된 바 있다. 실제로 석탄에 의한 동력문명은 종결되었으며, 이후 석유가 세계적 규모로 에너지 주역의 자리를 차지하게 되었다. 그러나 경제대국의 경제적 풍요로움이 석유문명이란 허구적인 토대에 기초하고 있다는 인식이 20세기 후반에 강하게 나타났다.

20세기 후반에 접어들면서 세계의 자원/에너지 소비는 기하급수적으로 증대되었다. 이러한 방대한 자원/에너지의 소비가 경제성장을 가능하게 하였고, 경제성장은 다시 자원/에너지의 소비를 가속화하였다. 이에 따라 자원/에너지의 소비와 경제성장 사이의 연결고리가 산업사회의 기초적 메커니즘을 형성하기에 이른 것이다. 따라서 경제 문제를 고려할 때 자원/에너지 문제가 최우선 순위를 갖는 등 그 중요도가 점차 커지고 있다. 이와 함께 세계 각국의 성장 메커니즘의 상호의존 및 상호파급 효과가 커지면서 자원/에너지 문제는 더 이상 한 나라의 대응만으로 해결될 수 없음이 더욱더 확실해지고 있다.

한편 자원/에너지는 동일 범주에 분류되는 경제재로서 가장 거대한 분야이다. 따라서 그 가격 및 수급의 변동은 세계경제 전체에 막대한 영향을 주고 있으며 그만큼 경제활동과의 연관성이 매우 강하다.

3) 자원/에너지의 전략 상품성

자원/에너지가 다른 상품들과는 달리 특별한 의미를 갖는 것은 전략상품으로서의 성격이 있기 때문이다. 자원/에너지 문제는 국제경제 및 국제정치와 분리하여 생각할 수 없다. 국제정치, 경제의 균형이 자원/에너지의 동향에 의하여 영향을 받아 크게 변동하기도 한다. 이와 함께 자원/에너지의 정치적 이용도 빈번하게 국제사회에 나타나곤 하는 것이다.

실제로 자원/에너지 요인이 세계 패권의 귀추를 결정하는 주요 요인으로 작용하기도 하였다. 18세기 영국의 패권은 산업혁명이 석탄 이용으로 성공적으로 진전된 것에서 비롯되었고, 제2차 세계대전 이후 미국 패권에 의해 주도되어 온 산업사회는 석유에 의존함으로써 물질적 풍요를 달성해 온 것이다. 이와 함께 향후의 세계 경제의 성장 방향 및 그 속도도 자원/에너지의 공급 여부에 달려 있다 해도 과언이 아닐 것이다.

4) 지구환경에 대한 영향력

자원/에너지는 인류에게 커다란 효용을 제공하였으나, 한편으로는 패널티도 부과하고 있다. 오늘날 지구환경의 악화가 커다란 문제로 대두되고 있는바, 이는 자원/에너지의 사용, 소비와 밀접한 관계가 있다. 이는 자연과 경제활동의 부조화에 기인하는 것이다. 경제활동의 과정에서 자원/에너지를 사용하게 되면 '엔트로피의 증대'가 뒤따르고, 동시에 각종 폐기물이 생긴다. 그러나 폐기물 및 엔트로피의 증대 과정에서 자원/에너지로부터 전환된 일정 수준 이내의 열은 지구의 자연적인 처리 능력에 따라 우주로 방출되는 등 위험수준에 이르지 않게 된다. 지구는 그 생태계 시스템 가운데에서 일정한 재생처리 능력의 범위 내에서 매년 재생가능자원/에너지를 공급해 주고 있다. 인간의 경제활동에 따라 생겨나는 폐기물, 열에 대해서는 자연의 동화, 환원작용을 통하여 일정 한도의 양이 처리되고 있는 것이다.

그러나 급속히 증대되어 집중적으로 발생하는 폐기물, 폐열이 자연 및 지구의 동화, 환원 능력을 초과하여 증대될 경우, 자연의 생태계 시스템은 그 기능을 잃고, 인간은 자연으로부터 타격을 받게 된다. 이러한 자원-환경-경제의 관계는 〈그림 15-1〉과 같이 나타내어진다.

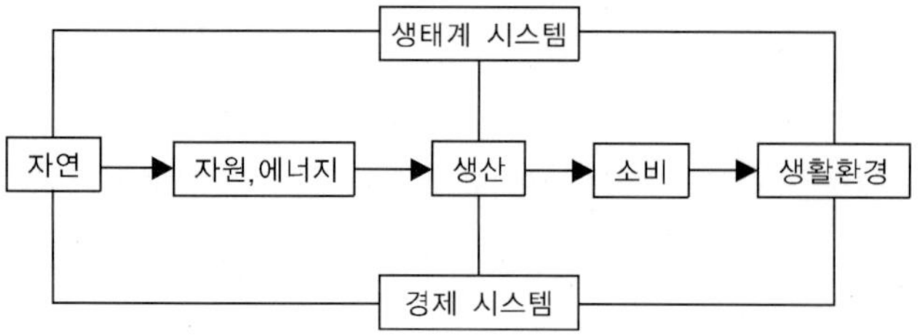

그림 15-1. 경제 시스템과 생태계 시스템의 연계

경제성장은 자연으로부터 대량의 자원/에너지를 취하여 재화를 생산, 이것을 소비하는 과정의 확대로 나타낼 수 있다. 이러한 과정은 경제적인 측면뿐만 아니라 물질적, 생태적인 측면을 동시에 갖게 된다. 경제적인 측면에 있어서는 경제 시스템(이른바 시장의 원리와 가격 메커니즘)이 지배하고, 생태적인 측면에서는 생태계 시스템이 지배하게 된다. 자원/에너지로부터 생산이 다시 소비로 이어지는 경제활동이 자연의 생태계 시스템을 망쳐버리지 않고 허용 범위 내에 있는 한 경제성장은 경제 시스템 안에서 순조롭게 진행될 수 있을 것이다. 그러나 생태계 시스템을 무시하고 그 허용 범위를 초과하게 되면 자원/에너지-생산-소비의 급격한 양적인 증대로 경제성장만을 독주시키는 경제 시스템 중시 형태가 되면서 생태계 시스템은 손상을 입는다. 이는 자연파괴나 공해를 심화시켜 생활환경의 악화로 이어지게 된다. 생활환경의 악화가 구체적인 현상으로 나타난 것 가운데 온실효과와 산성비 현상을 들 수 있다.

제2절 국제자원 문제와 국제경제관계

국제자원 문제의 근원은 자원의 고갈성에 있으며 나아가 그러한 고갈성 자원에 대한 의존성이 고조되는 산업활동이 국제적으로 전개되고 있다는 데에 있다. 이러한 국제자원 문제는 자원부존의 지역적 편재성과 관련하여 국제경제관계에 주요 요인으로 작용하게 된다. 자원의 주요 생산지와 소비지가 상이한 경우, 개발이익 분배의 문제점, 자원 민족주의, 국제적 자원 카르텔에 의한 시장담합, 지정학적 대응 등의 국제 문제들이 생겨나게 된다. 특히 지역적 자원부존의 편재성은 세계 자원가격의 불안정을 조정하기도 한다. 석유가 그 대표적인 예이다.

이제 자원보유 개도국, 자본참여 선진국을 상정하여 국제자원개발의 생산비 및 자원의 가격이 결정되는 메커니즘을 다음과 같이 정리해 봄으로써 국제자원 문제 및 국제경제관계를 알아보자. 최근에는 탐사에 필요한 투자가 거대 규모에 이르고, 개발투자, 수송비도 증대하여 생산비용이 높아지는 경향이 있다. 이것을 낮추는 요인은 역시 기술혁신인데, 기술혁신이 잘 이루어지면 단위가격은 낮출 수 있으나, 그러지 못하면 가격은 오르게 마련이다. 이권료도 높아지는 경향이 있다. 특히 해외 자원개발의 경우, 자원 보유국은 '주권을 이권보다 귀중한 것'으로 보아, 외국 기업에 여러 제약을 부과하게 된다. 또한 세계의 주요 천연자원 산업은 국제자원 대자본의 과점상태에 놓여 있다. 자원의 공급 측은 국제자원 대자본에 의하여 조직되어 있으나, 소비 측은 조직이 없다. 이에 따라 자원 보유국의 공세로 이익분배가 불리해진 국제자원 대자본은 그들의 이익을 유지하기 위하여 소비국, 소비자에게 높은 가격을 부과하기도 한다. 즉 자원 보유국, 국제자원 대자본, 소비국 3자 간의 교섭에서 그 힘이 가장 약한 것은 소비국가이며, 이러한 관계는 자원의 가격에 반영된다.[1)]

이하 본 절에서는 주로 천연자원, 1차 산품에 초점을 맞추어 국제경제관계 측면을 조명해 본다.

1. 천연자원에 대한 항구주권과 남북관계

UN에서 천연자원에 대한 항구주권 문제가 논의된 것은 제2차 세계대전 후 독립을 획득한 다수 민족국가들의 요구에 의한 것이다. 새롭게 탄생한 독립국가는 UN에 가입하게 되는데, 이는 독립국에 있어 주권국가로서의 자격을 국제적으로 인정받고 국제사회의 일원으로 평등한 지위를 획득하는 것을 의미한다. UN이 설립된 1946년에는 51개 가입국이 있었으나, 항구주권에 관한 제17회 총회 결의가 채택된 1962년에는 가입국이 110개국

1) 특정의 분석 모형을 가지고 이러한 관계를 다루는 연구로 Hotteling, "The Economics of Exhaustible Resources," *The Journal of Political Economy*, April, 1971이 있다.

에 이르렀으며 그 가운데 45개국이 아시아, 아프리카의 신흥독립국이었다.

천연의 부와 자원에 대한 항구주권을 주제로 한 결의는 민족자결권(국제인권 규약 제1호)과의 관련으로 1952년부터 논의되기 시작하였다. 1945-1952년 동안 민족독립의 움직임이 활발했던 것이 배경이 되었으며, 그 가운데서도 1951년 석유국유화를 단행한 이란이 이를 적극 주장하면서 시작되었다. 그러나 아직 개도국들의 단결이 미약한 가운데 12월에 '천연의 부와 자원을 자유로 개발하는 권리'를 채택하게 된다. 이후 본격적으로 항구주권이 논의된 것은 1960년에 '식민지 및 그 국민에 대한 독립부여에 관한 선언'으로, 이것은 정치적 독립에 중점을 둔 것이었다. 처음으로 항구주권이란 용어가 쓰인 것은 1962년 '천연의 부와 자원에 관한 항구주권'인 제17회 총회 결의에서였다. 이 결의는 항구주권이란 용어를 사용하여 국유화와 그 기준을 UN에서 규정한 것으로 커다란 의의를 갖는다.

이후 이 결의는 자원개발에 있어서의 자원국의 경영분담에 관한 논의를 중심으로 전개되어 1966년에 새로운 항구주권의 결의가 있게 된다. 그 내용은 다음과 같다. 첫째, 자원의 판매, 개발은 외국인의 손에 의하지 않고 자원 소재국이 자력으로 하는 것이 바람직하다. 둘째, 자원개발에 종사하는 외국자본은 도입국의 관리에 따라야 한다. 셋째, 첫째 내용을 조기에 실현하기 위하여 외국자본은 노동, 기술, 경영 각 측면에서 현지 요원의 훈련에 힘써야 한다. 넷째, 자원은 본래 소재국에 속하는 것이며, 자원 소재국은 자원개발에 종사하는 외국자본의 경영, 이익에 대한 분배를 증대시킬 당연한 권리가 있다. 이후 이러한 결의는 남북문제의 해결책과 연계하여 주로 논의되었다. 1970년에는 UN에 '천연자원 상설 위원회'가 설치되어 여기서 항상적으로 천연자원 문제 전반이 취급되게 되었다.

천연자원의 항구주권 결의는 한편으로는 개도국에 대한 정치적, 경제적 독립을 위한 강력한 이론적 기초를 제공해 주고, 다른 한편으로는 개도국 지역에 거액의 이익을 챙겨왔던 선진국의 기존 이권을 침해하게 됨으로써 UN을 무대로 한 격론이 전개되었다. 그 쟁점의 중점은 첫째, 전연자원에 대한 항구주권은 존재하는가, 존재한다면 그것은 어떤 것인가, 둘째, 천연자원의 국유화는 주권의 행사로 인정될 것인가, 셋째, 천연자원의 개발, 이용에 관계하고 있는 외국법인의 권익을 침해할 때 그에 대한 보상의 필요성이 있는가, 있다면 그 기준은 무엇인가 등이었다. 이 가운데 첫째 논의에 대해서는 모든 관계자가 그 권리를 명시적 또는 묵시적으로 인정하고 있었으므로 둘째와 셋째가 주요 쟁점이 되었다. 이들 문제에 대하여 크게 나누어 선진 자본주의 국가, 개발도상국가, 그리고 사회주의 국가의 세 그룹들이 견해를 달리하며 대립하였다.

1) 선진 자본주의 국가의 견해

우선 선진 자본주의 국가들은 항구주권이 존재하는가 아닌가에 대해서는 입장을 명확히 하지 않은 가운데 국제법과의 관계를 중시하며, 국제법상의 관련 제 원칙에 실질적인 변경을 가해서는 안 된다는 것을 기본 입장으로 하였다. 각국이 주권의 일부로서 자국 내에 있는 천연자원의 개발, 이용을 국내법에 의하여 규제하거나, 외국(법)인의 참가를 제한하는 것은 이미 체결되어 있는 유효한 국제조약(협정)에 저촉되지 않는 한 인정된다. 그러나 적법하게 존재하고 있는 외국자본을 국유화, 수용하는 권리는 인정할 수 없다. 만일 국유화 등의 조치에 따라 외국(법)인의 권익이 침해되는 경우에는 정당한 보상이 이루어져야 한다. 만일 외국(법)인의 권익이 침해되면 개도국이 필요로 하는 외국자본(민간자본)의 유출(개도국의 관점에서 보면 유입)에 제동을 걸 수 있다.

2) 사회주의 국가의 견해

이러한 선진 자본주의 국가들의 주장에 사회주의 국가들은 정면으로 대립하였다. 국유화, 수용은 주권의 일부로 당연히 인정되는 주권국가의 권리이며, 보상은 국내법에 의하여 할 수 있다고 주장한다. 그리하여 오히려 선진 자본주의 국가와 그 자본이 법적인 베일에 숨어서 개도국을 착취하고, 그 주권을 침해하고 있다는 것을 사실로 인정하면서 폭로하고 있다. 국유화의 조건이나 이익의 분배, 이권 계약의 준수 등에 관한 규정의 삽입은 모두 주권을 약화시키며, 외국 독점의 이익을 옹호하는 것이라 비난하였다.

3) 개도국의 견해

한편 개도국은 항구주권이 자결권의 일부로 존재하며, 그 내용을 결정하는 것은 자원소재국의 권리라고 주장한다. 그러나 국유화와 관련된 보상 문제에서는 아시아, 아랍제국들과 중남미 제국들 사이에 이견이 존재하기도 하였다.

2. 천연자원에 대한 항구주권의 실행

1960년대부터 종래의 식민지 또는 종속국의 지위에 있던 개도국 가운데 자원 보유국을 중심으로, 지금까지의 국제대자본 내지는 선진국에 의해 지배되던 보유자원을 스스로의 수중으로 가지고 옴으로써 UN의 국제무대에서 승인되어 온 '천연자원에 대한 항구주권'을 완전히 확보, 행사하려는 요구가 강화되었다. 이런 요구가 원활하게 실현되지 않으면 국유화 분쟁 등 마찰과 혼란이 생겨 자원의 개발과 공급이 착란될 위험성이 크게 나타났던 것이다.

그러나 개도국, 자원 보유국들의 이러한 요구사항과 그 실행능력 사이에는 커다란 갭이 존재하였다. 실제의 탐사, 개발을 위한 기술, 인적 자원, 경영관리 능력 등에 대해서는 선진국, 국제대자본에 의존하지 않을 수 없는 실정이었던 것이다. 자원 보유국 측은 그 자원을 최대한 이용하여 공업화, 경제발전의 원동력으로 하고, 자원수입국은 자원개발 참가를 하면서 그에 따른 자원의 안정적 확보를 도모하게 된다.

남북 간에 존재하는 소득수준, 자원소비수준의 격차 시정, 나아가 자원의 생산, 소비의 격차를 시정하려는 남측의 요구가 강해지면서 북측에는 세계적인 정의, 공평을 고려하여 종래 스스로의 필요에 의하여 자원을 획득해 왔던 태도를 재검토할 필요성이 제기되고 있는 것이다. 남측은 격차의 시정을 위하여 지금까지의 자유, 다각, 무차별, 호혜의 세계경제 운영 원칙과는 근본적으로 다른 조직화, 특혜, 일방적인 원칙을 중심으로 하는 새로운 질서수립을 강력하게 요구하였다.

3. 자원 카르텔

특히 개도국들의 천연자원에 대한 항구주권과 관련된 움직임이 현실적으로 나타나기 시작한 것은 자원 카르텔이 형성되면서부터이다. 자원 카르텔은 같은 1차 산품을 생산하는 국가나 복수의 기업이 스스로의 이익을 최대화하기 위하여 연합하고 협조적 행동을 취하는 조직이나 기구로, 1차 산품 카르텔 또는 생산국 카르텔 등이 있다. 카르텔에의 참가 주체는 개도국에 한정되기 쉬우나, 캐나다, 호주, 남아프리카공화국 등과 같이 풍부한 1차 산품을 보유한 공업국가도 있다. 연합의 수단과 방법은 다양하나, 복수의 정부 또는 기업이 연합의 목적 및 행동의 수단을 명시한 협정을 체결, 그에 따라 생산제한이나 가격인상의 통일적 행동을 하는 경우가 대부분이다. 시장점유율이 아주 높을 경우 협정을 맺지 않고 암묵의 이해로 리더기업이나 정부의 행동에 동조해서 소기의 목적을 달성하기도 한다.

이러한 자원 카르텔이 유효하게 기능하기 위해서는 다음과 같은 몇 가지 조건이 필요하다. (1) 시장지배율이 높을 것, (2) 대체재가 존재하지 않을 것, (3) 생산의 조정이 가능할 것, (4) 수요와 공급의 가격탄력성이 작을 것, (5) 신규참입이 어려울 것, (6) 품질의 표준화가 가능할 것, (7) 보관비용이 쌀 것, (8) 카르텔 리더가 존재할 것, (9) 카르텔 구성원이 균질적일 것, (10) 구성원 수가 적당할 것 등이 그러한 조건이다. 이러한 조건들이 잘 맞아떨어진 경우로 대표적인 것이 다름 아닌 OPEC으로 알려진 국제석유카르텔이다. 특히 1973-1974년 OPEC의 성공은 다른 1차 산품에도 파급되어 생산국 기구가 속출하는 계기가 되었다.

4. 1차 산품 문제와 국제경제관계

1) 1차 산품의 분류

일반적으로 1차 산품이란, 인간이 자연으로부터 채취한, 그러면서 고도로 가공이 되어 있지 않는 산품으로 정의된다. 구체적으로는 농업, 수산업, 임업, 광업 등의 부문에서의 산품이 이에 해당된다. 특히 국제경제학 또는 국제무역론의 관점으로는 SITCStandard International Trade Classification(표준 국제무역 상품분류)의 분류에 의하여 0-4류의 것[2]을 대상으로 한다. 이것은 광의의 1차 산품에 대한 정의라 하겠다. 특히 제1차 석유위기 이후 국제사회에서는 석유를 중심으로 한 광물성 연료를 제외한 것이 1차 산품으로 규정되었다.[3] UNCTAD에서 1차 산품을 금속-광물, 농산-원재료, 식료-음료의 세 가지로 구분하여 이들을 대상으로 하였다.

---

2) 0류: 식료 및 동물, 1류: 음료 및 연초, 2류: 식용에 적당치 않은 원재료, 3류: 광물성 연료, 4류: 동물성 또는 식물성 유지.

3) UNCTAD, 특히 1차 산품 종합계획(IPC: Integrated Programme for Commodities)에서 논의되고 규정되었다.

이보다 더 협의의 규정으로 식량, 즉 식료와 음료가 독립되어 별개로 다루어지면서 금속-광물, 농산물-원재료가 구체적으로 1차 산품의 대상으로 되는 경우도 있다. 그러나 UNCTAD를 중심으로 하는 국제사회에서는 더욱 협의의 것으로 주로 남측의 개도국이 수출하는 상품 중 가격이 단기간에 대폭 변동하며 장기적으로는 수요가 증대되지 않고 가격이 저하하여 수출에 의한 수입收入이 지속적으로 감소하는 문제가 있는 상품만을 의도적으로 1차 산품으로 다루고 있다는 점을 유의해야 하겠다.

이 밖에 1차 산품의 규정을 둘러싼 기본적인 문제점 중에는 1차 산품이 여러 가지 다수의 산품을 총칭하는 것으로, 우선 개개 산품의 특성을 고려해서 1차 산품의 분류를 확립하여 세밀한 연구가 있어야 한다는 의견도 있다. 일반적으로 재생산이 가능한가 아닌가에 의하여 분류하기도 하며, 석유를 중심으로 하는 광물성 연료, 고갈성을 가지는 기타의 1차 산품(광물자원), 생산주기가 긴 상품(수목작물), 생산주기가 짧은 산품(농산물)의 네 가지로 분류하여, 여기에 시장조건, 생산조건, 수요조건, 기술적 조건 등을 고려하는 등 세분하여 연구가 이루어져야 한다는 것이다. 이러한 1차 산품의 분류학적 측면에서의 확립이야말로 구체적인 1차 산품 문제에 대한 대책 검토에 있어서 매우 중요하다.

2) 1차 산품 문제

1차 산품 문제란 그 특성, 특수성으로부터 나오는 가격, 수출수량, 수출수입收入의 단기적인 불안정성 또는 대폭적인 변동을 의미한다. 구체적으로는 공급이 단기적으로는 비탄력적이고, 더욱이 자연적 조건 등의 변화에 영향을 받아 공급량이 변동하며, 일반적으로 수요의 가격탄력성은 낮으나 수요량은 경기변동의 영향을 받아 대폭 변동한다는 특성이 있다. 이러한 1차 산품 문제의 단기적인 불안정성, 대폭적인 변동 문제는 이미 19세기부터 논의되어 왔다. 제2차 세계대전 이후에는 ITO헌장 제1장에 1차 산품에 관한 국제산품협정의 목적과 원칙이 거론되기도 하였으며, 자유화 원칙의 예외, 특별취급 등이 규정된 바 있다.

이후 1960년대에 들어 1차 산품 문제에 남북문제가 연계되면서 문제가 크게 변질되기도 하였다. 종래 논의되어 왔던 1차 산품의 특성에 기인한 단기적인 불안정성이란 고유의 문제뿐만 아니라 남북문제와 결합된 1차 산품 문제, 즉 남측 개도국의 1차 산품 수출

문제가 등장하여 오히려 중대 문제가 된 것이다.[4] 그 구체적인 내용은 다음과 같다.

첫째, 1차 산품 가격의 단기적인 불안정성뿐만 아니라 가격의 장기적인 저하 현상, 특히 공산품이나 선진국으로부터의 수입품과 비교하여 상품교역조건의 장기적인 악화가 중대한 문제가 되고 있다.

둘째, 1차 산품의 장기적인 가격저하, 상품교역조건의 악화뿐만 아니라, 그에 따른 수출수입收入의 장기적인 저하, 악화 또한 문제가 된다. 이에 대하여 수출수입收入 내지는 수출수입收入에 의한 수입구매력의 장기적 유지, 증대를 요구하게 된다. 즉 소득교역조건이 장기적으로 불리하게 되는 경향이 문제시되면서 가격만이 아니라 수출수량까지도 문제가 되는 것이다.

셋째, 가공되지 않은 1차 산품 수출뿐만 아니라 정제, 가공을 행한 반제품, 제품의 수출도 중시되어야 한다는 문제이다. 이른바 수출대체 공업화에 의하여 1차 산품 수출에 따른 발전, 공업화 유인효과를 증대시켜야 한다는 것이다.

넷째, 1차 산품이 정치적 요구에 대한 실현의 수단으로 사용될 가능성이 있다는 것이다.

다섯째, 이러한 1차 산품 문제를 계기로 한 남측으로부터의 근본적인 도전, 문제제기의 궁극적 목표는 신국제경제질서의 확립에 있다.

이러한 문제들은 남측을 중심으로 한 1차 산품 생산국에서의 자원 민족주의가 고조되면서 더욱 구체적으로 나타나게 된다. 이러한 자원 민족주의의 기초에는 UN을 무대로 하여 확립된 천연자원에 대한 항구주권의 결의가 있으며, 1차 산품을 선진공업국 내지는 선진국을 모국으로 하는 국제대자본의 수중에서 되찾아 보유국 스스로의 주권하에 두려는 것이 개도국 제1의 목표였다. 결국 자원 민족주의의 목표는 각국이 보유한 자원 내지는 1차 산품을 활용하여 공업화 및 자주적 경제발전을 달성하며, 자원 내지는 1차 산품이 고갈되는 것을 막고 이것들에 지나치게 의존하지 않으면서 경제성장과 발전이 지속되는 국민경제의 형성에 있다.

4) 자원 문제에서는 제1차 석유위기 이후에 석유, 에너지와 같이 가격이 장기적으로 상승함에 따라 심각한 공급부족, 자원고갈이 우려되는 사태를 어떻게 해소하여 공급증대, 자원개발을 도모할 것인가를 주요하게 다루는바, 이와는 달리 1차 산품에서는 장기적인 공급과잉 및 가격저하가 중요 문제가 되고 있다.

3) 1차 산품 문제의 역사적 의미

1차 산품 문제는 오랜 논의와 교섭의 역사를 가진 국제무역 문제이다. 1950년대에 1차 산품 수출에 의존하는 개도국이 무역수지 악화를 우려하고 있을 때, 이것이 GATT가입국의 관심사가 되었다.[5)]

그 후 남북문제의 중대화와 함께 이 문제에 대한 국제적 관심은 더욱 커졌다. 개도국 그룹은 원조와 함께 1차 산품의 가격안정, 수출소득의 보장, 그리고 선진국에 있어서 수입장애의 제거를 선진국에 대한 일련의 공동 요구사항으로 제기하게 된다. 이렇듯 오래된 동시에 새로운 통상 문제를 주요 선진국들이 고려하면서 국제정치의 하나의 중요과제로까지 된 것은 말할 것도 없이 1970년대의 석유위기와 세계불황 때문이다. 생산자 카르텔 결성에 힘입어 OPEC은 석유의 가격을 4배 이상 인상시키는 데 성공하여 석유에 관한 한 1차 산품 문제의 불만을 없앴다. 이후 북측에 대한 남측의 단결을 지속하기 위하여 석유와 그 외 1차 산품의 일괄 해결을 추구하게 된다.

1차 산품은 이렇게 하여 1974년 봄, UN자원특별총회 이래 개도국 그룹이 요구하는 NIEO의 주요 항목이 된다. 다른 한편, 선진국 측도 석유위기와 1972-1974년의 1차 산품 가격폭등 경험, 자원 민족주의의 고양에 따라 1차 산품에 대한 남측의 요구에 행동으로 답하지 않으면 안 되게 되었다.

선진국들은 1970년대의 불황과 함께 석유 이외의 1차 산품 가격이 하락하여 1차 산품의 수출에 의존하던 비산유개도국에 대한 수입구매력이 더욱 낮아졌다. 이 때문에 선진국으로부터 개도국에로의 수출이 증대되지 못하기도 하였다. 따라서 1차 산품 수출의 안정은 오늘날에는 세계무역 축소의 개선과 불황탈출이라는 선진국의 절실한 이익과 관계되기도 한다.

1차 산품 문제는 자원, 식량, 인플레, 불황 등 세계경제가 가지고 있는 딜레마와 관련이 있으며, 따라서 국제정치의 높은 차원에서의 해결과제이기도 한 것이다. 이제는 각국 정부의 수뇌들이 석유는 물론 커피, 주석, 사탕, 고무, 동 등을 화제로 삼지 않으면 안 되게 되었다. 이는 점점 좁아지는 지구에서 더욱 심화되는 상호의존의 상징이기도 하며, 또한 변화되고 있는 국제경제관계의 새로운 과제의 상징이기도 한 것이다.

---

5) 그 결과 만들어진 것이 Herberler 보고서이다. *Herberler Report, Trade in International Trade: A Report by a Panel of Exports*, GATT, 1958.

5. 수출소득 불안정과 로메협정

1차 산품 수출소득의 안정화에 관해서는 1930년대 초반에 이미 가격안정화 조치를 위한 구상이 제안된 바 있으나, 구체적으로는 제2차 세계대전 이후 1950년대에 들어서면서 보상융자제도에 관한 구체적인 구상이 제안되었다. 그 일환으로 1963년 IMF 산하에 수출소득 변동 보상 융자제도CFF가 설립되었다. IMF-CFF는 가맹국이 스스로 제어할 수 없는 외부 사정에 의하여 일시적으로 수출감소와 그에 따른 수지곤란에 직면했을 때, 통상의 자금융자와는 별도로 융자를 하게 된다. 이 제도는 1981년 곡물수입경비가 일시적 초과된 경우까지 그 대상으로 하면서 융자대상이 확대되기도 하였다.

그러나 IMF-CFF는 단기적인 국제수지 곤란에 대처하려는 것으로 장기적인 수출소득 감소 문제에는 대처하지 못하고 있었다. 때문에 IMF-CFF를 보충하는 형태로 보상융자제도를 설립하는 문제가 1964년의 UNCTAD의 주요 의제 중 하나가 되었다. 이것이 별다른 진전이 없는 가운데 지역 차원에서는 개선이 이루어져, EEC와 ACPAfrican-Caribbean-Pacific 제국 사이에 1975년에 서명된 제1차 로메협정하에서 STABEXStabilization of Export Earning가 설립하였다.

STABEX는 ACP 제국에 1차 산품의 수출소득 감소가 생겨날 때 유럽개발기금EDF이 보상융자를 행한다는 것이다. 이 STABEX 제도는 제2차 로메협정(1979), 제3차 로메협정(1984)으로 지속된다. 제3차 협정에서는 농산물 48개 품목이 융자대상이 되어 9억 2500만 ECU(8억 2100만 달러)의 보상기금이 준비되었다. 융자 대상국은 ACP 제국 66개국으로 이 가운데 후발 개도국, 내륙국, 도서국가에 대해서는 융자조건의 완화, 변제의무의 감면 등 우대조치가 운영되고 있다.

제3절 국제환경 문제와 국제경제관계

지구의 전체 표면적은 510억 Ha이며, 그 가운데 해양의 면적은 361억 Ha로 약 70%에 이르고 있고, 얼음으로 뒤덮인 육지가 17억 Ha이다. 따라서 인간의 활동영역은 132억

Ha로 약 25% 정도이다. 이 중 밀림 지역이 26억 Ha로 5%, 방목지 등이 12억 Ha로 2%이며, 사막이 8억 Ha로 약 2%, 그리고 농경지는 15억 Ha로 3%이다. 그리고 지구의 공중에는 대기권이 있다.

인간 활동은 농경지, 도시의 확대를 수반하였으나, 밀림은 감소되고, 사막은 확대되는 경향이 있다. 또한 증대하는 인구의 도시집중이 진전되고, 산업사회가 성숙되어 가면서 점차 대기권에까지 영향을 미치고 있다. 이러한 환경 문제는 인류의 역사만큼이나 오래된 것이다. 일부는 해결되고 있기도 하나, 대부분이 미해결의 상태에 있다. 새롭게 문제가 추가되면서 지구환경 문제는 날로 심각해지고 있다. 이러한 지구환경의 문제는 다음과 같은 세 가지로 분류될 수 있다.

하나는 개선의 여지가 있는 환경 문제로, 문제해결을 위한 기술적·제도적 장치를 도입함으로써 점차 개선되고 있다. 구체적으로는 특정 국가의 산업활동으로부터 생겨나는 각종 폐기물을 처리하는 쉬운 방법 중 하나는 여타국으로 폐기물을 수출해 버리는 것이다. 실제로 국제사회에서 폐기물 수출이 대량으로 이루어지고 있으며, 특히 선진국의 산업 폐기물이 개도국으로 수출되는, 이른바 공해수출이 이루어지고 있다. 이에 따라 국제사회에 환경 문제의 이전과 확산이 생겨나고 있는바, 이를 방지하기 위한 제도적 장치를 도입함으로써 환경 문제를 개선할 수 있다. 산업 폐기물을 수입하는 국가와 수송과정의 통과국 정부에 산업 폐기물에 관한 모든 정확한 정보를 통보하고, 반드시 양해를 얻어야 하는 의무를 부과함으로써 환경 문제의 이전과 확산을 어느 정도 방지할 수 있다.

다른 하나는 대응력이 부족한 환경 문제이다. 환경 악화의 진행은 경험적으로 알려져 있어 부분적인 대응은 가능하나, 원인과 배경에 커다란 경제적·사회적·기술적 문제가 있어서 효과적인 대응이 불가능한 문제이다. 장래에는 우주 쓰레기 문제도 여기에 해당할 것이다.

세 번째는 인식의 부족에 의한 환경 문제이다. 최근 수년간 문제시되기 시작한 것으로 이에 대한 대응 의욕은 높아지고 있다.

이렇듯 지구환경 문제 및 그 대응에 관한 관심이 급속하게 높아지고 있다. 지구환경 문제는 1963년 R. 카슨 여사가 『침묵의 봄』이란 저술을 출판하여 무분별한 농약 사용이

호수의 수초를 사장시키고, 봄이 와도 새들이 지저귀지 않는다는 것을 고발하면서 구체적으로 대두되었다. 그 10년 후에는 로마클럽이 『성장의 한계』라는 보고서를 발표하였고, 다시 1972년 6월에 스톡홀름에서 제1회 UN 인간 환경회의가 개최되었으며, 그 성과의 하나로 UNEPUN환경계획이 설립되었다. 한편 1980년에 미국 정부가 발표한 『서기 2000년의 지구』는 세계의 환경 문제에 관한 흐름을 전환시키기에 충분한 것이었다. 1982년 UN에 WCED환경과 개발에 관한 세계 위원회의 설치가 제안되었고, 1987년에 '지속 가능한 개발Sustainable Development'을 슬로건으로 하는 보고서가 공표되었다. 1987년 9월에 '오존층을 파괴하는 물질에 관한 몬트리얼 의정서'로 세계적인 합의가 이루어졌고, 1988년 11월에 지구온난화에 관한 IPCC기후변동에 관한 정부 간 패널이 설치되었다. 이후 온실가스 감축 목표와 일정, 개도국 참여 문제 등으로 국가 간 의견 대립이 지속되고 있다. 그런 가운데 1997년 12월 일본 교토에서 교토의정서Kyoto Protocol가 채택되었고, 2005년에 공식 발효되었다. 교토의정서 참가국들은 2012년까지의 1차 공약기간에 국가별 감축량을 정하였으나 미국과 중국이 감축 대상에서 제외되면서 뚜렷한 성과가 나타나지 않았다. 2012년 12월에는 195개 당사국들이 교토의정서를 2020년까지 연장하는 데 합의를 보았다. 그러나 일본, 러시아, 캐나다 등 주요 선진국이 2013년부터 시작되는 2차 공약기간에 감축 의무를 실행하지 않겠다고 선언한바, 교토의정서는 유명무실한 것이 되었다.

'지속 가능한 개발'에 있어서의 지구환경 문제는 오존층 보호, 온난화 이외에도 여러 가지가 있다. 그러나 개선의 여지가 보이는 것은 거의 없는 상태이다. 문제는 더욱 다양화되고 글로벌화되고 있으며, 대책의 측면도 더욱 종합화되어 가고 있는 것이다.

1. 국제환경규제

1) 인류 공동의 자산 파괴

지구환경 문제는 지표, 하천, 대기, 성층권, 바다 등 세계 인류가 공동으로 이용하는 인류공동의 자산Global Commons의 파괴라는 성격을 가지고 있다.[6] 이는 인간의 활동이

6) 植田和弘, 「地球環境問題와 環境經濟學」, 經濟세미나, 1992. 6.

자연의 재생능력을 초과하는 수준으로 영위됨으로써 발생해 온 문제로 결과적으로는 오염 발생자가 스스로에게는 물론 타인에게까지 손해를 미치는 환경파괴이다.

오염, 환경파괴의 대상이 인류공동의 자산의 파괴라는 성격을 갖고 있으므로, 지금까지 인류공동의 자산을 이용하여 일정 수준의 경제성장을 달성해 온 선진국과 금후 이를 이용하여 경제성장을 도모하려는 개도국 사이에 인류공동 자산의 이용규제를 둘러싸고 심각한 대립관계가 생겨나고 있다.

2) 환경 관련 선진국-개도국 간, 선진국 간 대립

환경을 둘러싼 선진국-개도국 간의 대립 가운데 가장 근본적인 것은 환경이냐, 개발이냐의 문제이다. 환경보호를 주장하고 있는 선진국에 대하여 개도국은 "지금까지 선진국은 주로 개도국의 자원, 희생 위에 경제발전을 이루어 왔고, 그 결과 지구온난화, 삼림의 파괴 등 인류의 생존기반을 위협하고 있다. 선진국은 비지속적인 생산과 소비 패턴을 중지해야만 한다. 개도국은 지금부터 개발을 촉진하여 국민의 생활수준을 향상시키는 것이 과제이다. 선진국은 지금까지의 희생에 대한 보상으로 개발을 위한 자금, 기술을 제공할 의무가 있으며, 지구환경 보전 대책에 관해서도 원인자로서 자금과 기술을 특혜적으로 제공해야 한다."라고 주장하고 있다.

이에 대하여 선진국 측은 "지금까지의 환경파괴 책임의 대부분은 선진국에 있으므로 스스로 솔선해서 대책을 강구해야 하나, 개도국의 인구급증, 비효율적인 에너지 이용, 느슨한 환경관련 규제가 금후의 환경 문제를 한층 심각하게 할 가능성이 있으므로 개도국도 자국의 환경보전을 실행해야만 한다."라고 주장하고 있다.

이와 같은 의견의 대립은 선진국과 개도국 사이에만 있는 것은 아니다. 선진국 간에도 가령 온난화 방지를 위하여 합의가 이루어져 있다고 해도, 각국의 산업구조, 에너지 효율, 천연자원의 부존 상황을 반영하여 구체적인 목표설정에 관해서는 동의를 얻기 어려운 실정이다.

특히 기후변화협약을 통한 CO_2 배출 억제에 관하여, 선진국 사이에서 그 대응에 커다란 차이가 나타나고 있다. 이하 각국들의 입장을 구체적으로 알아본다.

(1) 북유럽제국, 네덜란드, 캐나다: 적극 추진국가들

이들 국가들은 온난화 문제에 대한 국제적 대응에 항상 리더십을 발휘해 왔다. 스웨덴은 환경 문제에서는 1972년 스톡홀름 회의UN인간환경회의 이래로 UNEP 관리이사회, IPCC기후변화에 관한 정부 간 패널 등에서 적극적인 역할을 해 왔다. 노르웨이는 1987년 UN의 '개발과 환경에 관한 세계위원회'에서 "Our Common Future"라는 제목의 보고서를 정리하여 그 가운데에서 지구 SUMMIT의 주제로 된 'Sustainable Development'의 개념을 제창한 바 있다.

이렇듯 북유럽제국들이 CO_2 배출 규제에 열심인 것은 주변제국으로부터의 산성비 문제에 시달리게 되어 이것을 해결하는 것이 긴급과제가 되어 있기 때문이다. 또 소비나 경제성장의 증가세가 완만하기 때문에 CO_2 배출 억제의 실시가 타국에 비하여 용이하다는 점도 작용하고 있다. 한편 네덜란드는 전 국토의 1/4이 해수면보다 낮아 온난화에 의한 해수면 상승이 생겨나는 경우에 막대한 피해가 예상되고 있다. 따라서 CO_2 배출 억제를 포함하여 국제적인 환경보전에 열심일 수밖에 없다는 것이다. 국내에 대규모 천연가스 자원이 있는 것도 강점으로 되고 있다.

캐나다는 전통적으로 국제적인 환경보전에 열심이며, 스톡홀름 회의에 이어서 지구 SUMMIT에서 사무국장을 담당하기도 하였다. 1987년의 '몬트리올 의정서'에서는 성층권의 오존층 보존을 위하여 특정 프레온 가스의 생산, 사용을 향후 10년간 반감시킨다는 국제적 합의를 도출해 낸 바 있다. 온난화 대책으로 CO_2 배출 억제에 대한 구체적인 목표설정을 제안한 것도 캐나다 토론토에서 1988년에 개최된 '대기변동에 관한 국제회의'에서였다. 캐나다의 경우는 화석연료의 대체에너지로 수력과 원자력 자원이 풍부하다는 배경이 있다. 그러나 2011년 이후 교토의정서의 온실가스 감축 효과가 불명확하고 국가 간 불공평하다고 판단하면서 캐나다도 감축 의무를 지지 않겠다고 선언하였다.

북유럽제국과 네덜란드에서는 CO_2 배출삭감에 관한 구체적인 목표를 정할 뿐만 아니라 삭감수단으로 1990, 1991년부터 탄소세를 도입하고 있다. 이렇듯 북유럽제국을 비롯한 유럽연합 회원국들은 감축 의무 이행에 적극적이나 이들 국가의 온실가스 배출량은 전 세계의 15% 정도에 불과하다.

(2) 개도국의 경우

개도국의 CO_2 배출은 1인당 배출량은 적으나, 총량으로 보면 예를 들어 중국은 일본의 두 배, 인도는 영국과 거의 같은 수준이다. 지구온난화 방지를 위해서는 선진 제국의 노력에 대하여 적어도 주요 개도국의 협력을 얻는 것이 불가피하다. 따라서 선진국은 개도국에 대하여 CO_2 배출의 안정화를 요구할 수 없다 해도, 그 배출 억제와 삼림 등 CO_2 흡수원의 유지, 증대에 참가를 요구하고 있다.

이에 대하여 개도국 측은 CO_2 배출을 억제하는 것 자체에는 찬성하나 세계 인류의 20%에 불과한 선진국이 세계 CO_2 배출량의 75%를 차지하고 있는 점에서, 온난화의 원인은 선진국에 있다고 주장하게 된다.

환경보다 개발을 우선하고 싶은 개도국이 CO_2 배출 억제 등의 온난화 대책을 실시하려면 선진국의 보상적인 자금지원, 기술이전이 필요하다. 그 가운데에서도 인도, 중국으로 대표되는 아시아제국 그룹은 각종 조약 및 교섭, Agenda 21[7] 등의 교섭에 있어 되도록 개도국의 의무를 약하게 하고 선진국의 의무를 엄격하게 규정하여 선진국으로부터 자금, 기술을 얻으려 한다. 특히 삼림에 관해서는 말레이시아, 인도네시아 등 ASEAN 국가들, 그리고 인도, 중국이 합세하여 지극히 상호 공격적인 관계가 되기도 하였다.

그러나 개도국들도 모두 의견이 일치되어 있는 것은 아니다. 남태평양, 카리브 해, 인도양 등의 도서 국가는 지구온난화의 방지에 대한 대책에 진전이 없을 경우 21세기 말까지 해면상승의 영향으로 국가의 존망이 위태롭다. 몰디브는 지구 SUMMIT의 각국 수뇌의 연설에서 "해수면이 만일 1m 상승하면 21세기에 몰디브는 없어지게 된다."라고 호소하기도 하였다. 때문에 이들 국가들은 AOSISI소도서국연합이란 그룹을 만들어 결속하고 있다. 이들은 강력한 발언력을 가지고 있으며, 그 입장은 선진국에 가깝다. AOSISI의 요구는 선진국뿐만 아니라 중국, 인도, 멕시코, 브라질 등 개도국의 대국에도 CO_2 대책을 요구하는 등 일종의 남남문제로 나타나기도 한다.

한편 산유국도 현재로서는 CO_2와 온난화의 상관관계가 과학적으로 명확한 것은 아니

---

7) Agenda 21은 브라질의 리우데자네이루에서 110여 개국이 참가한 UN환경개발회의(UNED)가 채택한 '리우선언'의 행동강령이다. 주요 내용은 빈곤 퇴치, 삼림해양 보호, 유해 폐기물 처리 협력 등 매우 포괄적이다.

므로 개도국, 선진국 모두 적극적인 대책을 취하는 것은 시기상조라는 입장이다. 그 배경으로는 온난화 대책이 석유 소비량을 감소시킴으로써 그들의 국제수지를 악화시킬 것을 우려하고 있는 것이다. 실제 베네수엘라의 경우 '환경이냐 개발이냐의 모순을 어떻게 할 것인가, 또 유럽제국이 제창하고 있는 탄소세(석유세)에 관해서 개발도상 산유국을 어렵게 하는 것으로 보고 보다 환경파괴력이 강한 원자력의 오염은 어떻게 할 것인가'와 같은 입장으로 CO_2 대책에 의문을 제기하기도 한다.

(3) 구소련, 동유럽, 중국

구소련, 중국은 세계 CO_2 배출량의 각각 17%, 10%를 차지하여, 1위인 미국의 22%와 합하면 이 세 나라만으로도 세계 CO_2 배출의 절반이 된다. 또 구소련, 동유럽제국의 공업은 주로 화석연료에 의존하는 비중이 높고 에너지 효율이 낮기 때문에 인구 1인당 에너지 소비량, 또는 CO_2 배출량은 선진 제국을 상회한다. 따라서 CO_2 억제를 위한 비용이 막대하게 들기 때문에 CO_2 배출을 규제하는 것에 대하여 소극적이다.

2. 환경 관련 자금협력

UN결의에 따라 설립된 기후변화협약에 관한 정부 간 교섭회의에서, 기후변화협약에서 필요한 자금을 동원하기 위하여 신규로 기금을 설립할 것인가, 아니면 기존의 메커니즘을 활용할 것인가가 쟁점이 되었다. 지구 SUMMIT 사무국이 자금 문제를 준비 단계부터 일관되게 역점을 두어 온 배경에는 과거 스톡홀름 회의의 행동계획이 재정적 뒷받침 부족으로 수포로 돌아간 것에 대한 반성 때문이었다.

개도국은 지구환경 문제에 대해 선진국 책임론의 입장에 서서 자금공여에는 보상적 성격이 있다고 하여 이를 위한 신규의 기금을 조성할 것을 주장한다. 반면 선진국은 지구환경보전의 명목하에 무원칙, 무제한의 자금공여의 틀이 만들어지는 것을 경계하며, 기존의 메커니즘을 활용할 것을 주장하였다. 이를 위해 1991년 WB, UNEP, UNDP의 3자 공동관리에 의해 발족한 GEF지구환경기금을 활용해야 한다고 주장하고 있다.

자금협력을 둘러싼 문제는 지구 SUMMIT의 준비과정에서 시종 선진국과 개도국 간의 최대 쟁점이었다. 또 이런 자금이 전통적인 ODA Official Development Aids(공적 자금 원조)와 다른 신규, 추가적인 것일 필요가 있는지에 관해서도 의견이 나뉘었다. 그 배경에는 많은 개도국이 과거의 IMF, WB 체제하에서의 융자조건에 의하여 1차 산품의 생산을 강제당한 결과 가격하락과 함께 경제가 성립할 수 없었던 경험이 작용하기도 하였다.

최종적으로는 (1) 선진 제국이 ODA의 대 GNP 비율 0.7%를 조기에 실현할 것, (2) WB 등이 운영하는 GEF를 활용할 것, (3) GEF에 관해서는 개도국의 의견이 반영되도록 운영을 개선할 것 등으로 남북 간 합의가 이루어졌고,[8] (1), (2)에 관해서는 Agenda 21에 규정하였다.

나아가 SUMMIT에 있어서 조인된 기후변화협약에 있어서는 자금 메커니즘의 전반적인 정책은 조약 체약국이 결정하고, 운용은 기존의 국제기관에 맡길 것, 자금 공여제도로서 UNEP, UNDP, 및 GEF에 운영을 잠정적으로 위탁할 것, 자금의 관리, 운영은 투명하고, 전 체약국의 형평이 맞는 비율에 의할 것 등이 명기되어 있다.

3. 환경 관련 기술이전

선진국에서 개도국으로의 기술이전은 Agenda 21의 실시에 있어 자금 문제와 함께 중요과제로 되어 있다. 개도국이 지속 가능한 개발을 위하여 과학적인 기초를 강화하지 않으면 안 되며, 개도국 측의 기술도입능력 향상을 도모하기 위한 국제협력이 필요하다. 무엇보다 기술이전 촉진을 위한 기술정보 네트워크 구성이 절실하며, 이에 관해서 선진국과 개도국 간에 의견 대립이 거의 없었다. 그러나 실제의 기술이전에 관해서는 환경친화적인 기술을 보유하고 있는 것은 선진국의 민간기업이므로, 그 이전이 지적소유권의 문제와 관련된다. 개도국은 지적 소유권을 기술이전의 장애의 하나로 보아 근본적인 개선이 필요하다고 보는 데 반하여, 선진국 측은 지적소유권의 보호는 기술개발의 촉진제로서 중요하다고 주장한다.

또 개도국은 '우대적·양허적인 그리고 비상업적인 조건으로의 기술이전'의 개념을

8) 朝日新聞, 1992. 6. 12.

제안, 민간기술의 강제적인 이전 등을 주장하였다. 이에 대하여 선진국은 실제 행해지고 있는 기술이전의 대부분이 민간 차원에서 이루어지고 있으므로 정부에 의한 강제는 불가능하며 기술이전 조건에 관해서는 제공하는 측과 수취하는 측 쌍방의 합의가 기본이 되어야 한다고 주장하였다. 결국 Agenda 21에서는 기술에의 접근 및 이전에 관해서도 행동의 기초, 목적, 실시수단을 정할 것, 환경보전을 위한 선진국과 개도국의 기업 간 장기적인 협력 체제를 구축할 것 등이 제안되는 데 그쳤다. 그러나 민간보유의 기술을 정부, 국가기관에서 상업적으로 사들여 개도국에 비상업적 조건으로 이전하는 방법에 관해서는 비록 특허제도를 충분히 배려한다는 조건이 붙긴 하였으나 합의가 이루어진 바 있다.

4. 국제환경규제와 국제무역

제2차 세계대전 이후 GATT, IMF를 축으로 하여 무역 및 외환의 자유화가 진전되었으며, 이에 따라 세계무역이 괄목할 만큼 증대되었다. 그러나 점차 지구환경 문제의 심각성이 더해지면서 기존의 국제무역 및 경제성장에 관한 기본적인 관점이 변화하게 되었다. 산업혁명 이후 인류의 경제활동은 인구, 에너지 소비, 정보량, 교통량 등에서 비약적인 증대가 이루어졌으나, 그 이면에서는 오존층 파괴, 지구온난화, 대기오염, 수질오염, 사막화, 대규모 열대림의 소실 등 생명활동을 유지하기 위하여 필요한 생태적 기초조건 자체가 파괴되고 있으며, 이러한 경향이 아무런 대책 없이 지속되면 그것은 곧 인류의 파멸을 의미하는 것이다.

이러한 환경파괴에 효율적으로 대처하기 위해 구속력 있는 국제환경협약을 체결, 각국으로 하여금 환경파괴적인 행위를 규제해야 한다는 인식이 선진국을 중심으로, 그리고 점차 개도국으로 확산되었다. 그 결과 이미 체결되었거나 추진 중에 있는 각종 환경 관련 협약은 1990년대 초에 벌써 150여 개에 달하고 있으며, 이 가운데 무역규제조치를 포함하고 있는 협약은 18개에 달한다. 대표적인 환경 관련 협약의 하나로 비엔나 협약이 있다. 오존층 파괴 문제가 1974년에 제기되어 선진국을 중심으로 논의되다가 국제적인 차원에서 UNEP 산하의 오존문제조정위원회CCOL가 설립되면서 1985년에 '오존층 보호를 위한 비엔나 협약'이 채택되었고, 1987년에는 그 이행을 위한 구체적인 의무조항을 규정한 몬트리얼 의정서가 채택되어 1989년부터 시행되었다. 몬트리얼 의정서는 가입국에 대하여 수출국 및 수입국으로서의 의무사항을 명시하여 가입국 간, 가입국과 비가입국 간의 대상물질, 관련 제품의 무역을 규제하고 있다. 대상물질은 특정 CFC 및 특정 할론, HCFC 등이며, 대상품목으로는 자동차 및 트럭의 냉방기구, 가정용 및 상업용 냉장고와 냉방기 등이 있다.

한편 유해폐기물이 국경 간에 이동함으로써 발생할 수 있는 인류건강에 대한 위협과 환경파괴를 방지하기 위하여 1989년에 채택된 유해폐기물의 국가 간 교역을 통제하는 협약인 바젤협약이 있다. 이는 주로 선진국들이 부적절한 방법으로 폐기물을 개도국에 처리하는 행위를 금지하는 데 주목적이 있다. 동 협약은 1992년에 20개국이 가입하면서 발효되었다. 이와 함께 관련 유해폐기물의 수출입이 규제되고 있다.

이렇듯 환경을 이유로 한 무역규제의 논의가 급속하게 진전되고 있는바, 그 주요 논리는 경제의 외부효과를 내부화시켜야 한다는 경제이론에 근거를 둔다.[9] 즉 기업의 생산활동에 따른 환경오염은 제3자에게 손해를 입힘으로써 외부비경제를 낳게 되는데, 이 같은 외부비경제를 해결하기 위해서는 그와 관련된 비용을 세금, 벌금, 환경기준의 강화 등을 통해 오염유발자의 비용에 부가해야 한다는 것이다. 이에 따라 자원의 적정배분이 이루어지고 경제 전체의 효율성 증대와 환경자원의 남용이 방지된다는 것이다. 그러나 이것이 국제적으로 적용될 경우 경제적, 정치적, 사회적 요인에 따라 국가마다 규제형태, 정도가 상이하므로 내부화되는 정도가 달라지고, 이로 인해 기술수준 등 여타 생산 여건이 같다고 하더라도 생산비 격차가 발생하여 비교우위에 영향을 주게 된다. 따라서 환경규제가 엄격한 국가에서는 그렇지 못한 국가로부터 수입되는 제품에 대하여 환경규제수준의 격차에 따른 생산비의 차이만큼 관세 등을 부과해야 한다는 것이다.

1990년대에 들어서면서 선진국에서는 환경보호를 위한 국제협정의 목표를 달성하기 위하여 이를 위반한 국가에 대하여 무역보복조치를 위한 기준을 준비하고 있으며, 이는 향후 세계무역기구 체제하에서 환경보호를 위해 국제적으로 허용될 각종 무역제재의 기초가 될 가능성이 높은 것으로 평가되고 있다. 뿐만 아니라 환경보호를 목적으로 생산공

9) 김준한 외, 『국제환경규제의 영향과 대응방안』, 산업연구원, 1993.

정, 생산방법과 연관된 무역제재도 검토되고 있다.[10] 이 외에 선진국들이 철강, 석유, 화학, 자동차, 가전제품 등에서 공해 관련 제품의 경우 환경보호 기준이 낮은 개도국으로부터의 수입에 상계관세를 부과하고, 개도국으로 수출되는 선진국 제품에는 환경관련 부문에 조세를 감면해 주는 방안도 적극 검토되고 있다.

현재 환경보호와 자유무역의 조화를 위해서는 다자간 협상을 통해 환경 문제를 해결해야 한다는 데 국제적인 공감대가 형성되고 있다. 그러나 환경과 무역에 관한 국제규범이 형성될 때까지 일방적인 무역규제가 확산될 것이며, 무역의존도가 높은 국가들 간에는 쌍무적인 통상압력의 수단이 될 가능성도 있다.[11]

10) 한국경제신문, 1994. 1. 25. 참조.
11) 김준한 외, 전게서, 1993.

제16장 국제(지역)공공재의 활용

제1절 국제공공재의 개요

최근 들어서 국경을 사이에 두고 다양한 문제들이 생겨나고 있다. 가령 국제무역분야에서 재화, 서비스, 기술·지식·정보 등의 교역 관련 문제, 국제통화금융 분야에서 금융위기의 발생과 전파의 문제, 환경 분야에서 기후변화, 황사 현상, 온실효과 문제, 보건·위생·질병 분야에서 광우병, 조류독감 등의 문제, 자유무역협정FTA 등 지역경제통합의 문제, 국방·안보 문제 등이 여기에 속한다. 이렇듯 다양한 분야에서 생겨나고 있는 문제들은 각국 경제는 물론 국제경제에 커다란 영향을 미치고 있다.

이러한 국제경제 문제들은 각국별 정책만으로는 효율적으로 대처할 수 없다는 특성을 가지고 있다. 따라서 이들 문제들을 효율적으로 풀어 나가기 위하여 국제적인 협조와 조정의 노력이 필요하다. 이에 국경을 사이에 두고 적용되는 규칙, 협정, 협약이나 이것들을 관리하고 운영하는 기구와 질서가 필요해지고 있다. 이러한 것들이 국제사회에서 소비의 비경합성과 비배제성의 특성을 가지게 될 경우 국제공공재라 할 수 있다. 이러한 국제공공재가 적정 규모로 공급되고 효율적으로 운영되는 것이야말로 상기 문제들을 해결하는데 필수적인 것이라 하겠다.

실제로 국제무역, 국제통화금융을 비롯한 상기의 제 분야에는 이미 다양한 형태의 국제공공재들이 국제경제사회에 존재하고 있으며 나름대로 기능을 하고 있다. 그러나 국제공공재의 경우 소비의 비경합성과 비배제성이란 특성을 가지고 있는 가운데 무임승차 국가의 존재와 함께 일반적으로 과소 공급되고 있는 실정이다. 또한 최근 들어서 다양한 분야에서 새로운 형태의 국제공공재의 필요성이 고조되고 있다. 그러나 이상과 같은 기존의 또는 새로운 국제공공재를 공급하고 활용하면서 얻거나 얻을 것으로 기대되는 이익과 비용은 각국별로 크게 다르게 나타나기 마련이다. 그렇기 때문에 각국의 경우 국제공공재를 공급하고 사용하는 데 있어서 입장이 다를 수밖에 없다.

만일 국제사회에 초국가적인 중앙정부가 존재한다면 국제공공재의 적절하고 효율적인 공급과 수요는 그것에 의하여 조정될 수 있을 것이다. 그러나 실제로 그러한 기구가 존재하지 않는바, 특정 국제기관이나 국제경제 시스템이 만들어져 초국가적 정부의 기능을 대체해야 할 것이다. 이러한 국제경제 시스템은 국제공공재를 공급하기 위한 역내 국가 간 연합 및 제휴의 촉매제나 지지자로서의 역할을 할 것으로 기대된다. 따라서 잘 디자인된 국제경제 시스템은 국제공공재의 수요와 공급을 조정, 관리하는 데 큰 역할을 할 수 있을 것이다. 그럼에도 불구하고 국제경제 시스템이 제대로 기능하여 국제공공재를 적정 규모로 공급하기란 어려운 일이다. 실제의 국제경제사회에는 무임승차 국가의 출현, 국가 간 비협조적 행동, 국가 간 정보의 비대칭성과 불확실성 등이 존재하고 있기 때문에 국제경제 시스템이 적정 규모의 국제공공재를 공급하기에 적당한 상황에 있다고 보기는 어렵다.

제2절 국제공공재 관련 논의

공공재의 정의는 반드시 일정한 것은 아니나, 일반적으로 소비의 비경합성과 비배제성이란 두 가지 특성을 나타내는 재화 및 서비스를 의미한다. 여기서 소비의 비경합성이란 어떤 사람의 소비가 다른 사람의 소비와 경합하지 않는 것, 즉 소비자의 수가 많아도 각 소비자의 이용 가능량이 감소하지 않는 것을 의미한다. 비배제성이란 특정재화가 어떤 사람에게 공급되면 다른 사람에게도 공급되는 것, 즉 일단 공급되면 대가를 지불하지 않는 자에게도 배제되지 않는 것을 의미한다. 구체적으로는 국방, 치안, 철로, 도로, 공원, 제방 등과 같은 사회자본이 여기에 해당되며, 국민 전체의 이익이 기대되는 재화, 서비스가 공공재에 해당한다.[1] 이러한 공공재에는 무임승차자 문제가 항상 따라 다닌다. 즉 공공재 공급의 부담은 지지 않고 편익만을 추구하려는 무임승차 행위가 생겨나는 것이다. 따라서 시장메커니즘은 공공재의 최적공급을 조장할 수 없는 등 과소공급이 일반적인 것이 되며, 비시장적인 자원배분방식에 의존하지 않을 수 없게 된다. 실제로 1960년대에 이르러 환경 문제, 도시 문제 등이 현재화되어 나타나는 과정에서 국가에 의한 시장실패의 시정에 사회적인 관심이 모이게 되면서 공공재에 관해서도 관념적인 논의에만 머무를 수 없게 되고, 그 최적공급을 달성하는 방법에 관심이 모아졌다.

특히 1980년대에 들어서면서 다수의 국가들로 구성되는 국제사회에서 국경을 사이에 두고 국가 간에 공유되는 국제공공재의 필요성이 다양한 분야에서 제기되기에 이르렀다. 이러한 국제공공재에 관해서도 그것이 소비의 비경합성과 비배제성을 특성으로 하는 이상, 국내공공재의 경우와 마찬가지로 무임승차자 문제와 과소공급 문제의 발생을 피할 수 없다. 특히 킨들버거(1986)가 지적한 바와 같이, 국제 정부(세계정부)가 존재하지 않는 국제사회에서 무임승차에 기인하는 국제공공재의 과소공급 경향은 보다 심각한 문제가 된다. 특정 국가의 국내에서라면 무임승차자로 인해 공공재의 적정한 공급이 방해될 경우 정부의 조정과 관리 등 개입을 통하여 시장 실패를 보완하는 것이 가능하나, 국제공공재의 경우에는 그러한 것을 기대할 수 없다. 국제사회에는 각국의 중앙정부에 해당하는 강력한 세계정부가 존재하지 않으므로 무임승차자의 배제는 사실상 불가능하다. 따라서 국제공공재의 공급이야말로 최적량 이하에 머무는 것이 일반적이다.

이렇듯 국제공공재의 경우 항상 적정 규모의 공급이 이루어지지 않고 있으며, 또 공급이 이루어진다고 해도 지속적으로 국제공공재의 기능을 제대로 발휘하는 데 많은 한계점들이 존재한다. 주요 한계점으로 지적되고 있는 것을 정리해 보면 다음과 같다.

우선 대부분의 국제공공재가 소비의 비경합성 및 비배제성의 특성을 온전하게 충족시

---

1) Samuelson, P. A., "The Pure Theory of Public Expenditure," *The Review of Economics and Statistics*, 36(4), Nov. 1954. Samuelson, P. A., "Diagrammatic Exposition of a Theory of Public Expenditure," *The Review of Economics and Statistics*, 37(4), Nov. 1955 참조. Sandler T., *Collective Action: Theory and Applications*, Ann Arber: University of Michigan Press, 1992 참조.

키지 못한다. 국제공공재의 한 예로 국제통상체제를 들 수 있으나, 국제통상체제 속에서 특정 국가와 특정 상품에 대한 차별적인 관세 · 비관세장벽의 적용이 존재하고 있는 등 배제의 특성이 광범위하게 존재하고 있다.[2] 특히 국제통상체제 속에서 특정 국가가 자유무역의 이익으로부터 배제되는 경우도 존재하고 있다. 한편 국제무역상 분쟁의 대부분을 무역이익에 대한 신중상주의적 대립 구조 속에서 나타나는 현상으로 파악하여 자유무역체제라는 국제공공재에 소비의 비경합성의 특성도 충족되지 않는다는 견해도 존재하고 있다.[3]

한편 국제공공재가 사적재로 활용되는 경우가 있다.[4] 길핀Gilpin에 의하면 세계질서의 유지 비용은 주로 주요 선진국에서 부담하게 되는데, 주요 선진국의 경우 비용 부담과 함께 점차 경제력 저하를 경험하게 되며 그 과정에서 관련 비용의 절감을 모색하게 된다. 이러한 주요 비용 절감책의 하나로 국제 시스템의 주요 관리자라는 지위를 이용하여 국제공공재를 자국에게 유리하도록 활용하게 된다는 것이다.

이상과 같은 문제점 및 한계점으로 국제공공재의 최적공급이 이뤄지기 어렵기는 하나, 그렇다고 전혀 공급이 안 되는 것은 아니다. 브릴마이어Brilmayer에 의하면, 국제공공재에 대하여 가장 강한 선호도를 나타내는 국가가 자국의 순편익을 최대로 하는 만큼의 국제공공재를 온전히 자기 부담으로 공급하는 형태를 생각할 수 있다. 실제 과거 역사적 사실을 되돌아보아도 최적량에 미치지는 못하지만, 각 시기별로 주요 강대국에 의하여 상당량의 국제공공재가 무임승차국의 존재를 허용하면서 공급된 바 있다. 다른 국가가 스스로 부담분을 지불한다는 보장이 없다 할지라도 최대의 선호국(주요 강대국 또는 패권국)이 국제공공재를 생산하기에 충분한 인센티브를 갖는다는 것이다.

---

2) Snidal, D., "The Limit of Hegemonic Stability Theory," *International Organization*, 39, 1985. Frey, Bruno S., *International Political Economy*, Oxford: Barsil Blackwell Pub., 1984 등 참조.

3) Conybeare, J. A., "Public Goods, Prisoner's Dilemmmas and International Political Economy," *International Studies Quarterly*, 28, 1984 참조.

4) Gilpin, R., *The Political Economy of International Relations*, Princeton Univ. Press, 1987에 의하면, 이러한 비용절감책(무역의 제한, 통화의 조작, 기타 경제관계의 간섭)의 실행이 자비로운 강대국에서 약탈하는 강대국으로 변모를 가져오며, 이러한 과정에서 국제공공재의 사적재화가 진행된다는 것이다.

제3절 국제공공재의 구성요소와 실체

1. 국제공공재의 구성요소

이상과 같은 국제공공재는 다음과 같은 세 가지 요소들로 구성된다.[5]

첫째, '최상위의 국제공공재 구성요소'로서 모두가 추구하고 납득하는 '일정의 정신, 가치 또는 문화'를 들 수 있다. 국제경제사회의 모든 구성주체들이 공통으로 추구하는 사회적 정신, 가치 및 문화야말로 국제경제사회의 운영법칙을 규정하는 기본적이고 중요한 요소이다. 국제경제사회의 모두를 하나로 묶어 줄 수 있는 핵심 요소인 셈이다.

둘째, '상위의 국제공공재 구성요소'는 이상과 같은 공통의 정신, 가치 및 문화를 효율적으로 추구하고 지속적으로 기능할 수 있도록 하기 위하여 국제경제사회 전체에 적용되는 '질서와 이를 관장하는 기구'를 의미한다. 국제경제사회가 공통된 사회적 가치, 문화 및 정신을 추구하면서 구성국가(국민)들 사이에 교류가 원활하게 이루어지며 무역과 금융상의 거래가 활발하게 이루어질 수 있도록 관련 질서가 필요한바, 자유무역질서, 금융질서 등이 대표적인 것이다. 아울러 이러한 질서를 관장하는 무역·금융 관련 기구 및 기관이 여기에 해당한다.

셋째, '하위의 국제공공재 구성요소'로서 모든 국가의 산업사회에서 공동으로 또는 연계되어 활용하는 '일정한 생산양식 및 사회간접자본'이다. 국제경제사회의 모든 국민들이 일상생활을 영위하며 지속 가능한 성장 및 발전을 보장할 수 있는 생산양식을 비롯한 물적, 사회제도적 자산 등이 여기에 해당된다. 이러한 생산양식의 핵심은 기술이며 이는 국제공공재의 하위 요소의 한 형태라 하겠다.

이와 같은 세 가지 기본적인 구성요소를 갖춤으로써 국제공공재의 틀이 완성되며 제 기능을 할 것이다. 세 가지 구성 요소 가운데 어느 하나에 해당되어도 국제공공재라 할 수 있으나 세 가지 구성 요소를 모두 갖춘 상태에서 국제공공재가 공급되고 활용된다면 이는 국제공공재가 구조적으로 완결되는 것이며 그 성과도 극대화될 것이다.

---

5) W. Sombart(1950)의 경제체제 구성요소의 분류 방법을 원용하였다.

한편 국제공공재의 세 가지 구성요소는 시간의 흐름과 함께 변하기 마련이다. 우선 가장 단기간에 변하는 것은 일정의 생산양식 및 그와 관련된 기술이다. 기술의 빠른 변화와 함께 산업사회의 패러다임이 급속하게 변하며 그에 대응하는 사회간접자본의 형태와 기능도 단기간에 변한다. 반면에 일정의 가치·정신·문화는 오랜 기간에 걸쳐서 만들어지며 단기간에 변하지 않는다. 즉 일정의 생산양식은 단기간의 특정 세대 내에서조차 빠르게 변하게 되나 일정의 정신·가치·문화는 세대를 걸쳐서 생성되고 이어지게 된다. 한편 국제경제사회에서의 일정의 질서와 기구는 특정 세대 내의 단기간에 구축되어 활용되는 경우도 있고 몇 세대에 걸쳐 장기간에 구축되고 활용되는 경우도 있다.

이러한 국제공공재의 세 가지 기본요소들은 국제경제사회를 이해하고 구성국 간 협조를 도모하며 지속적 성장, 발전을 추구하는 데 필수적인 것들이다. 국제공공재의 실체를 유형별로 정리해 보면 (1) 국제경제체제: 자유무역, 안정적인 국제통화·금융체제, 국제경제정책협조 등, (2) 국제정치체제: 국제안전보장·국제정치의 안정, (3) 사회보험의 국제판: 국제경제원조, (4) 국가 간 통신·수송, 환경 관련·보건위생, 안정적 자원확보 등을 들 수 있다. 이렇듯 다양한 국제공공재의 적정공급을 통하여 국제경제의 안정과 번영이 가능할 것으로 사료된다.

이상과 같은 국제공공재는 일반적으로 주요 강대국들이 주도적으로 공급하고 운영하여 왔다고 할 수 있다. 가령 자유무역체제의 창설과 유지, 기축통화의 공급, 최종적인 대부자로서의 역할, 개도국·최빈국에 대한 원조 등 주요 선진국들이 관련 국제공공재를 공급하면서 해당 기능과 역할을 수행해 왔다고 하겠다. 이러한 국제공공재의 공급을 통하여 얻게 되는 유·무형, 직간접의 이익은 단지 해당 주요 강대국뿐만 아니라 국제경제사회의 여타 모든 국가에게도 이익을 발생시킬 것으로 기대된다.

2. 국제공공재의 실체

이러한 국제공공재의 경우 다양한 분야에서 여러 형태의 실체로 존재하거나 만들어질 것으로 기대할 수 있다.[6] 여기에서는 국제공공재를 상부구조, 하부구조 및 중간구조로 구분하고, 세대 내intra-generation 및 세대 간inter-generation의 특성을 정리해 본다.

우선 국제공공재의 상부구조는 각국 국민 모두가 추구하는 가치관, 정신 내지는 문화이며, 손에 잡히지 않고 눈에 보이지 않으나 가장 기본에 속하는 공공재이다. 이러한 국제공공재의 상부구조에 해당하는 공공재는 오랜 기간 수 세대에 걸쳐서 만들어지고, 그것의 효과도 매우 장기적으로 나타나는바, 세대 간 특성이 매우 강하다. 한편 국제통상체제 속에서의 자유, 무차별, 호혜, 평등의 정신은 어느 구성국가라도 부정하지 않으며, 이들 정신 속에서 국제통상관계가 이루어지고 커다란 이익을 얻게 된다. 이들 정신도 국제공공재의 상부구조에 해당하는 것으로 세대를 넘어 장기간에 걸쳐 만들어지고 활용된다.

국제공공재의 하부구조는 각국 국민들의 일상생활과 생산활동에 직접적으로 유용한 공공재이며, 각국이 공동으로 공급에 참여하고 함께 소비하며, 효과를 나눌 수 있는 재화/서비스를 나타낸다. 대표적인 것으로 국제 차원의 제반 사회간접자본을 들 수 있다. 가령 국가 간 도로, 철도, 항만 등 수송 네트워크, 정보 네트워크 등이 대표적인 것이다. 이러한 국제공공재의 하부구조에 해당하는 공공재는 공급과 소비가 비교적 단기적으로 세대 내에서 이루어지거나 일부 세대 간에 이루어지기도 한다.

한편 국제공공재의 중간구조는 국제사회의 각종 질서 및 이를 관장하는 조직·기구로 구성되며, 국제통상, 국제통화금융, 국제정치·법체제 등의 각 분야에서 공급되고 활용된다. 각 분야별로 구체적인 예를 들어 보면 다음과 같다. 우선 국제경제사회에서 국가 간 교역 규모가 증대되면서 상호의존 관계가 심화되는 가운데 마찰과 분쟁의 가능성도 높아지고 있다. 이에 따라 국제경제 차원에서 안정적이고 개방적인 국제통상 시스템의 구축과 활용이 필요해지고 있다. 이를 위하여 안정적인 국제통상·통화·금융체제와 질서가 국제공공재의 형태로 만들어져 운영된다. 한편 인적 교류의 확대, 재화·서비스 교역의 확대와 함께 다양한 문제들이 국가 간에 발생하고 있는 실정이며, 이러한 문제들에 대한 법률적 적용이 각국별로 상이한 경우 문제해결에 오랜 시간과 많은 비용이 들기도 한다. 이에 따라 국제사회 전체 차원에서의 법률 체계 정비와 적용이야말로 국제공공재의 한

---

6) Sandler T., "Intergenerational Public Goods: Strategies, Efficiency and Institutions," in Inge Kaul, I. Grunberg and M. Stern ed. *Global Public Goods: International Cooperation in the 21st Century*, Oxford University Press, 1999는 공공재를 세대 내/세대 간, 국제지역/글로벌, 완전공공재/불완전공공재/클럽재/결합생산재 등을 기준으로 분류함으로써 공공재의 다양한 내용을 구분하여 설명하고 있다. 그 밖에 공공재의 분류 방식에 관해서는 Lisa and Sachs(2002) 참조.

부분이라 하겠다. 특히 국제사회의 구성국이 선진국과 후진국으로 이루어진 경우 원조나 각종 이전이야말로 국제사회의 안전망으로 작용한다. 다양한 형태와 정도로 원조 및 이전이 이루어지는 것이 바람직할 것이며 이와 관련하여 필요한 각종 질서와 조직 및 기구들 역시 매우 중요한 국제공공재인 셈이다. 이러한 국제공공재의 중간구조에 해당하는 공공재도 공급과 소비가 세대 내에서 이루어지거나 일부 세대 간에 걸쳐서 이루어지기도 한다.

한편 리사, 삭스Lisa and Sachs(2002)에 의한 국제공공재의 유형 구분을 기초로 하여 보다 상세하게 정리해 보면 다음과 같다.

1) 국제통상 시스템

국제경제사회에서 구성국 간 교역 규모가 증대되면서 상호의존 관계가 심화되고 있으며, 아울러 마찰과 분쟁의 가능성도 높아지고 있다. 이에 따라 국제경제 차원에서 안정적이고 개방적인 국제통상 시스템의 구축·활용이 필요해지고 있다.

2) 환경

최근 들어 다양한 환경 관련 문제들이 국경을 넘나들며 발생하고 있다. 접경의 하천 및 하천유역의 관리, 공해(산성비, 오폐수 유출 등) 문제도 역내 국가 간에 국경을 넘나들며 생겨나고 있으며 한 나라가 다른 나라에 외부비용을 부과하기도 한다. 자연보호구역도 국경을 걸쳐 있을 경우에 관련 국가 간 협조를 통한 관리가 필요하다. 황사 현상만 해도 중국 서부 내륙 등에서 발생하여 동북아 국가들을 거쳐 멀리는 알래스카 지방에까지 영향을 미치고 있는바, 관련 국가들 사이에 협조적 접근을 통한 환경 문제의 해결이 시급한 것으로 사료된다. 종 다양성, 기후변화의 영향 등 환경 관련 과학기술 개발도 그것의 이익이 관련 국가(전통적으로 다수의 이웃 국가들) 모두에게 발생하므로 고유의 국제공공재라 할 수 있다.

3) 공공보건·위생·건강

대표적인 접경 문제의 하나로 전염병의 확산과 그것의 관리 등을 들 수 있다. 무엇보다 인적 교류 등이 빈번해지면서 전염병 확산의 주요 경로가 되고 있다. 실제로 조류독감 등 가축들의 전염병은 인간에게 미치는 폐해가 상당히 큰 것으로 예상되고 있는바, 빈번한 인적 교류와 수송수단의 왕래야말로 이러한 전염병을 인접 지역 국가들에 확산시키는 주요 경로이다. 이를 예방, 관리하고 적극 대응하기 위한 국제사회 차원에서의 공공재가 시급한 실정이다.

4) 금융시장의 규제와 안정

금융시장의 국경을 뛰어넘는 국가 간 연계는 금융의 특성상 피할 수 없는 현상이다. 이에 따라 한 나라 금융시장의 과실은 곧바로 이웃 나라의 금융시장에 영향을 미치게 된다. 실제로 한 나라에서 시작된 금융공황이 곧바로 인접국가에 전파되기도 한다(전염효과). 따라서 지역 내 각국 정부들은 그들의 금융규제를 조율하고, 지역 내 모든 나라가 그들의 금융정책을 모니터할 수 있는 방법을 지속적으로 모색하는 것이 바람직하다. 이를 위한 국제 차원의 관리체계야말로 국제공공재의 주요 내용 중 하나인 것이다.

5) 교통

접경 수송네트워크의 조정은 관련 국가의 경제발전에 결정적인 것이며, 실제로 관리하는 것이 여전히 극단적으로 어렵기도 하다. 일반적으로 내륙국가들은 연안국가에 비하여 상대적으로 불이익을 보고 있다는 역사적인 기록들이 나타나고 있는 가운데, 한 예로 내륙국가로부터 항구로 연결되는 도로는 연안국가로서는 그것을 건설하고 유지, 관리하는 인센티브가 부족한 것이 실상이다. 이에 따라 각국 간 항공망, 선박망, 고속도로, 철로 등의 인프라 구축은 지역 차원의 협조, 관리, 조정이 필요로 된다.

6) 통신

도로와 마찬가지로, 정보 하이웨이도 중요한 접경 문제로 다루어지고 있다. 실제로 위성 시스템과 광섬유케이블 서비스는 국가보다는 국제 차원에서 서비스가 이루어지고 있다. 인터넷, 정보네트워크, 인공위성 등 정보통신 관련 인프라스트럭처야말로 정보통신 산업사회에서 핵심적인 국제공공재라 하겠다.

7) 농업 연구개발과 보급·확산

농업 관련 연구는 공공재의 성격을 강하게 띠고 있으며, 특히 국가 차원보다도 기후나 지리적 여건 등을 고려한 국제지역 차원의 속성을 강하게 나타내고 있다.

8) 법률 적용 강화

인적 교류의 확대, 재화·서비스 교역의 확대와 함께 다양한 문제들이 국가 간에 발생하고 있는 실정이다. 이러한 문제들에 대한 법률적 적용이 각국별로 상이한 경우 문제해결에 오랜 시간과 많은 경비가 필요해지기도 한다. 이에 따라 국제사회 차원에서의 법률 체계 정비와 적용이야말로 국제공공재의 한 부분이 되겠다.

이상과 같은 국제공공재를 공급하고 운영하는 데에는 일반적으로 커다란 비용이 발생하게 되고, 많은 국가들의 경우 그러한 비용 부담은 회피하면서 무임승차 국가가 되기를 선호하게 된다. 따라서 국제공공재의 경우에 일반적으로 적정 규모보다 과소 공급될 가능성이 클 것으로 보인다. 따라서 국제공공재 공급을 적정 규모로 증대시키기 위한 국가 간 협조와 조정의 노력이 절실한 실정이다.

제4절 국제공공재의 적정 공급을 위한 유인: 금전적 이전

국제공공재가 적정 규모로 공급될 경우, 환경·통상·금융·보건위생·안보 등 다양한 문제에 대한 효율적인 대응이 가능해지는 등 전체로서 기대되는 이익은 직관적으로 크게 나타날 것으로 사료된다. 이에 따라 각 구성국가의 경우 그러한 이익이 각국 간에 어떻게 배당되는가에 커다란 관심을 가지게 마련이다. 이에 국제공공재가 공급될 경우 기대되어지는 전체의 이익과 그러한 전체이익을 구성국들 사이에 분배하는 경우 그것이 공평한가 그렇지 못한가의 기준에 따라 〈표 16-1〉과 같이 네 가지 경우를 생각해 볼 수 있다.

우선 〈표 16-1〉에서, 국제공공재로부터 기대되는 전체 이익이 크며, 이것의 구성국 간 분배가 공평한 경우이다. 이 경우 모든 국가들이 해당 국제공공재의 공급에 적극적이며,

따라서 관련 논의도 국제사회에서 자연스럽게 논의되고 쉽게 합의에 이를 뿐만 아니라 성공적으로 운영된다.

표 16-1. 국제공공재로부터 기대되는 이익과 구성국 간 분배

		국제공공재로부터 기대되는 전체 이익	
		크다	작다(혹은 마이너스)
구성국 간 이익의 분배	공평	A	C
	불공평	B	D

B는 국제공공재로부터 기대되는 전체 이익이 크며, 이것의 구성국 간 분배가 불공평한 경우이다. 이 경우 구성국들 사이에 논의가 쉽게 진전되기 어려우며, 합의에 이르기는 더욱 어렵다. 전체로 보면 당연히 관련 국제공공재의 공급이 커다란 의미를 가지게 된다. 그러나 절대적 또는 상대적으로 작은 몫만을 챙기게 되는 국가의 경우 부정적인 입장이 되지 않을 수 없기 때문에 국제공공재 논의가 진전되기 어렵고, 공급되었다 해도 그 지속적이고 성공적인 운영은 기대하기 어렵게 된다. 그러나 국제사회 전체로 보아서는 해당 국제공공재의 공급이 의미 있는 것으로 사료된다.

한편 C와 D의 경우에는 국제공공재로부터 기대되는 전체 이익이 작거나 경우에 따라서는 마이너스의 이익이 기대되는바, C와 같이 공평한 이익의 분배가 이루어지더라도 그러한 국제공공재의 공급은 의미가 없으며 D의 경우에는 더더욱 그러하다. 따라서 C와 D의 경우에는 국제공공재 관련 논의 자체가 의미를 가질 수 없다.

실제 국제경제사회에서 문제가 되는 것은 B와 같은 경우이고 대부분의 국제공공재가 이러한 경우에 속한다고 볼 수 있다. 즉 전체로 보아 공공재로부터 기대되는 이익이 크게 나타나지만, 각국별로 기대되는 이익은 비대칭적으로 나타난다. 따라서 커다란 이익이 기대되는 국가의 경우에는 국제공공재의 논의에 적극 참여하고 공급에 적극적인 자세를 가지게 된다. 반면 상대적으로 작은 이익 또는 마이너스 이익이 기대되는 국가의 경우에는 관련 논의 자체에 부정적일 수밖에 없으며 가능한 한 무임승차를 하려 한다.

이러한 경우에 국제공공재의 적정공급을 위한 방안의 하나로 들 수 있는 것은 이익을

크게 보는 국가가 이익을 작게 보거나 불이익을 보는 국가에 대하여 이전transfers/monetary transfers을 함으로써 상대적 불이익 부분을 보전해 주는 것이다. 큰 이익이 기대되는 국가가 그 이익의 일부를 불이익이 기대되는 국가의 보전을 위하여 제공하려는 의지를 강하게 가지게 될 경우, 국제공공재 공급과 관련된 논의는 진전되고 공급이 성공적으로 이루어질 수 있다.

제5절 국제지역공공재

이상과 같이 국제공공재가 가지고 있는 문제점들을 극복하고 국제사회에서 지속 가능한 성장·발전에 필수불가결한 각종 국제공공재를 보다 효율적으로 공급하고 활용하기 위한 방법을 모색하는 것은 국제사회에서 우선순위가 매우 높은 사안이라 할 수 있다. 그러나 세계적인 차원에서 국제공공재의 적정공급과 관련하여 구성국가의 다양성 및 국가 간 입장차이 등이 존재하는 가운데, 관련 논의가 진전되기 어려운 실정이다.

그런 가운데 세계적인 차원보다도 특정 국제지역의 몇몇 역내 국가 간 특별한 관계 속에서만 필요한 국제공공재가 존재하고 있다. 이러한 경우를 고려한다면 국제공공재가 가지는 소비의 비경합성과 비배제성 등 기본적 특성이 비교적 온전히 적용될 수 있는 특정의 국제지역 내에서 공공재의 공급과 활용에 관한 논의를 진행시키는 것이야말로 보다 의미있는 것이 될 것이다. 정보와 선호의 비대칭성 문제도 세계 전체 차원에서와는 달리 몇몇 국가로 구성되는 국제지역사회에서는 극복할 수 있는 여지가 매우 크다. 국제지역 내 구성국들의 경우 역사적·문화적 배경이 유사하고 구성국가 간 정보와 선호의 비대칭성이 비교적 약할 경우에는 무임승차 문제를 피하거나 억제하면서 적정공급을 성공적으로 추구할 수 있으며, 국제공공재의 사적재로의 활용도 막을 수 있을 것으로 기대된다. 특히 세계정부의 부재 속에서 국제공공재 적정 공급이 불가능한 것과는 달리 국제지역경제사회의 통합을 위한 제도나 체제 또는 구체적인 기구와 같은 이른바 국제지역사회의 사회계획자social planner가 만들어지기 용이하며, 이를 활용하여 국제지역공공재의 최적공급을 위한 국제적 조정 등 적극적 대응이 가능할 것으로 사료된다. 이러한 국제지역공공재의 경우 다양한 분야에서 여러 형태의 실체로 존재하거나 만들어질 것으로 기대할 수 있다.[7] 특히 지역화의 흐름이 확산되고 있는 가운데 국제지역 차원에서 다양한 문제들이 새롭게 지속적으로 발생하고 있는바, 국제지역공공재의 적정공급에 대한 관심이 고조되고 있다.

1. 국제지역공공재의 개념 및 구성요소

국제지역공공재란 '특정의 국제지역사회에서 공동으로 필요한 재화로서, 지역 내에서 소비의 비경합성과 비배제성의 특성을 나타내는 재화'를 의미한다. 여기서 특정의 국제지역사회라 함은 구성국 간에 지리적 인접성이나 문화/역사적 유사성이 존재하는 가운데 국가간 정보와 선호의 비대칭성은 존재하지 않는(존재한다고 해도 크지 않은) 지역을 의미한다.[8] 특히 지역경제통합체와 같은 제도적인 틀을 갖춘 국제지역사회의 경우에 이러한 제도적 틀이 지역사회의 제도적 주체로서 구성국 간 다양한 문제를 조정하는 역할을 수행할 수 있다. 한편 공동으로 필요한 재화란, 지역 내 국가 간 특별한 관계 속에서 발생하는 문제를 해결하기 위하여 필요한 각종 물적 기반 및 제도적 장치이며, 이를 활용하여 지역 전체 차원의 파이를 크게 할 수 있고, 커진 파이를 구성국들 사이에 공평하게 분배할 수 있도록 기능하는 재화를 의미한다. 이상과 같은 국제지역공공재는 국제공공재와 마찬가지로 다음과 같은 세 가지 요소들로 구성된다.[9]

첫째, '최상위의 국제지역공공재 구성요소'로서 지역사회 국민 모두가 추구하고 납득하는 '일정한 정신, 가치 또는 문화'를 들 수 있다. 국제지역경제사회의 모든 구성주체들이 공통으로 추구하는 사회적 정신, 가치 및 문화야말로 지역경제사회의 운영법칙을 규정하는

7) Sandler T., "Intergenerational Public Goods: Strategies, Efficiency and Institutions," in Inge Kaul, I. Grunberg and M. Stern ed. *Global Public Goods: International Cooperation in the 21st Century*, Oxford University Press, 1999는 공공재를 세대 내/세대 간, 국제지역/글로벌, 완전공공재/불완전공공재/클럽재/결합생산재 등을 기준으로 분류함으로써 공공재의 다양한 내용을 구분하여 설명하고 있다. 그 밖에 공공재의 분류 방식에 관해서는 Lisa D. Cook and J. Sachs, "Regional Public Goods in International Assistance", in Kaul and Inge, *Global Public Goods: International Cooperation in the 21st Century*, Oxford Univ. Press, 1999 참조.

8) 경제발전 단계가 유사한 국가들로 이루어진 북북 간 또는 남남 간 지역일 수 있고, 발전 단계가 상이하나 상호보완적인 이른바 남북 간 지역일 수도 있다.

9) W. Sombart(1950)의 경제체제 구성요소의 분류 방법을 원용하였다.

기본적이고 중요한 요소이다. 국제지역 차원의 정체성을 확립하고 지역 내 국민 모두를 하나로 묶어 줄 수 있는 핵심 요소인 셈이다.

둘째, '상위의 국제지역공공재 구성요소'는 이상과 같은 공통의 정신, 가치 및 문화를 효율적으로 추구하고 지속적으로 기능할 수 있도록 하기 위하여 지역 전체에 적용되는 '질서와 이를 관장하는 기구'를 의미한다. 국제지역 내 공통의 사회적 가치, 문화 및 정신을 추구하면서 지역 내 구성국가(국민)들 사이에 교류가 원활하게 이루어지며 무역과 금융상의 거래가 활발하게 이루어질 수 있도록 하려면 관련 질서가 필요한바, 지역 내 자유무역질서, 금융질서 등이 대표적이다. 아울러 이러한 질서를 관장하는 국제지역 차원의 무역/금융 관련 기구 및 기관이 여기에 해당한다.

셋째, '하위의 국제지역공공재 구성요소'로서 지역 내 각국의 산업사회에서 공동으로 또는 연계되어 활용하는 '일정한 생산양식 및 사회간접자본'이다. 국제지역경제사회의 국민들이 일상생활을 영위하며 지속 가능한 성장 및 발전을 보장할 수 있는 생산양식을 비롯한 물적·사회제도적 자산 등이 여기에 해당된다. 이러한 생산양식의 핵심은 기술이며 이는 국제지역공공재의 하위 요소의 한 형태라 하겠다.

한편 국제지역공공재의 세 가지 구성요소도 시간이 흐르면서 변하기 마련이다. 우선 가장 단기간에 변하는 것이 일정한 생산양식 및 그와 관련된 기술이다. 반면에 일정한 가치·정신·문화는 오랜 기간에 걸쳐서 만들어지며 단기간에 변하지 않는다. 국제지역사회에서의 일정한 질서와 기구는 특정 세대 내 단기간에 구축되어 활용되는 경우도 있고 몇 세대에 걸쳐서 장기간에 구축되어 활용되는 경우도 있다.

2. 국제지역공공재의 실체: 동북아지역의 경우[10)]

이제 국제지역공공재의 실체를 구성요소별로 구분하여 정리해 본다. 이해를 돕기 위하여 동북아지역의 경우를 예로 들어 국제지역공공재의 실체를 유형/무형 및 세대 내/세대간(단기/장기)을 기준으로 다양한 분야에서 여러 형태로 구분해 본다(〈표 16-2〉 참조).

10) 심승진, 「국제지역공공재의 국가간/세대간 적정공급과 정책협조-동북아지역공공재를 중심으로-」, 『한일경산논집』, 2012 참조.

표 16-2. 국제지역공공재의 유형별 실체: 동북아지역의 경우

		국제지역공공재		
		최상위 구성요소: 가치·정신·문화	상위 구성요소: 질서·기구	하위 구성요소: 일정한 생산양식
세대 내·단기	무형	• 동북아지역 차원의 대중문화	• 동북아지역 내 자유무역질서·통화금융질서	• 동북아지역 상관습
	유형		• 동북아지역 경제통합체	• 동북아지역 내 도로, 항공, 해로망, 정보 네트워크 • 동북아지역 내 질병관리
세대 간·장기	무형	• 유교적 가치 • 유교문화 • 동북아지역 내 자유·무차별·호혜·평등정신	• 동북아지역 사회안전판/원조 및 지역사회보험 • 동북아지역 내 정치/법률체제	• 동북아지역 내 환경보전(대기, 바다/강, 동식물 등)
	유형	• 한자		• 관련 기술

1) 동북아지역 내 최상위의 공공재: 일정한 정신/가치/문화

동북아지역 내 각국은 유구한 역사와 문화 및 전통을 가지고 있으며 그 가운데 일정 부분을 공유하고 있다. 대표적인 것으로 유교적 가치와 유교문화를 들 수 있다. 각국의 유교적 가치와 문화는 20세기 이후에 상이한 내용과 형태로 변형되면서 서로 다르게 발전하고 있다.[11] 그러나 유교적 가치와 문화의 근본에는 지역 내 모든 국가의 국민들이 공감하는 부분이 있으며 그 속에서 동북아지역 차원의 정체성의 핵심을 찾을 수 있다. 아울러 한자의 경우도 정도의 차이는 있으나 동북아지역 내 모든 국가에서 사용하고 있으며 그 자체가 생활 속에 뿌리내린 가운데 광역의 '한자문화권'을 형성한다. 한자 역시 오랜 시간이 흐르면서 각국별로 상이한 형태로 변형되면서 발전하고 있으나 여전히 공통의 문화권으로 엮는 핵심요소의 하나인 바, 최상위의 지역공공재라 할 수 있다.

아울러 지역 내 한·중·일 각국은 WTO에 가입하여 국가 간 통상 관계에서 자유/무차별/호혜/평등의 기본정신을 추구하고 있다. 이러한 기본정신은 동북아지역 내 국제통상 측면

11) 손병해, 「유교적 가치와 동아시아 경제통합」, 『국제경제연구』, 2007 참조.

에도 적용되고 있으며 지역 내 모든 국민들이 납득하고 추구하는 정신이다. 한편 동북아지역 내 모든 국민들이 받아들이고 즐기며 하나 됨을 느낄 수 있는 대중문화의 생성과 확산도 세대 내 단기적인 측면에서의 국제지역공공재로 이해될 수 있을 것이다.[12)]

2) 동북아지역 내 상위의 국제지역공공재: 일정한 질서/기구/제도

동북아지역 내 구성국 간 교역 규모는 1990년에 1168억 달러, 2000년에 3200억 달러, 2010년에 1조 달러로 증대하였다. 그런 가운데 상호의존 관계가 심화되고 있으며, 아울러 마찰과 분쟁의 가능성도 높아지고 있다. 이에 따라 동북아지역경제 차원에서 안정적이고 개방적인 국제통상 시스템의 구축 및 활용이 필요로 되고 있다. 특히 최근 들어 지역경제통합의 움직임이 활발하게 나타나고 있는바,[13)] 이를 포함한 지역 내 국제통상질서야말로 동북아지역경제의 안정과 번영을 위하여 필요한 국제지역공공재라 할 수 있다. 특히 금융시장의 국경을 뛰어넘는 국가 간 연계는 금융의 특성상 피할 수 없는 현상이다. 이에 따라 한 국가의 금융시장 과실은 곧바로 이웃 나라의 금융시장에 영향을 미치게 된다. 1997년의 이른바 IMF 위기, 2007년의 세계적 금융위기 및 최근 유럽지역의 경제위기를 경험하면서 동북아지역 차원의 안정적이고 효율적인 금융통화 관리체계의 필요성이 고조되고 있는바, 이것이야말로 동북아지역공공재의 주요 내용 중 하나이다.

최근 들어서 다양한 생태/환경 관련 문제들이 국경을 넘나들며 발생하고 있다. 이들 생태/환경(종다양성, 기후변화, 황사, 산성비, 해양오염 등) 문제는 한 나라가 다른 나라에 외부비용을 부과하기도 한다. 가령 황사 현상만 해도 중국 서부 내륙 등에서 발생하여 동북아 국가들에 영향을 미치고 있는바, 관련 국가들 사이에 협조적 접근을 통한 환경문제의 해결이 필요하다. 이를 위한 제반 질서/기구/제도의 확립이 시급하다. 그 외에

---

12) 가요, 드라마 등 대중문화를 중심으로 이른바 '한류'의 흐름이 빠르게 확산되고 있다. 동북아지역 내 각국의 국민들이 함께 즐기고 받아들일 수 있는 문화의 연계 현상으로 이해한다면 이 또한 새로운 형태의 국제지역공공재로 다룰 수 있을 것이다. 단 한류를 비롯한 대중문화는 상기의 유교적 가치와 문화, 한자문화 등과는 달리 세대 내의 단기적 차원에서 발생 → 확산 → 공유 → 소멸되는 것으로 사료된다.

13) 실제로 최근의 국제경제사회는 '지역경제통합의 시대'라 해도 과언이 아닐 정도로 수많은 지역경제통합체들이 결성되어 운영되고 있다. 지역경제통합은 역내 구성국의 역외 국가들에 대한 배타성과 폐쇄성을 특성으로 가지면서, 역내 국가들 사이에서는 시장이 통합되고 자유화·개방화가 진전된다. 그러나 동북아지역에서는 아직 제도적인 통합체가 결성되어 있지 못한 가운데 최근 논의가 활발하게 이루어지고 있다.

동북아지역의 대표적인 접경 문제의 하나로 전염병의 확산과 그것의 관리 등을 들 수 있다. 인적 교류 등이 빈번해지면서 전염병 확산의 주요 경로가 되고 있다. 이를 예방, 관리하고 적극적으로 대응하기 위한 제도 및 기구와 같은 국제지역 차원에서의 공공재가 시급한 실정이다.

한편 동북아지역 내 인적 교류의 확대, 재화/서비스 교역의 확대와 함께 다양한 문제들이 국가 간에 발생하고 있는 실정이다. 이러한 문제들에 대한 법률적 적용이 국가별로 상이한 경우 문제해결에 오랜 시간과 많은 경비가 들기도 한다. 이에 따라 동북아지역 차원에서의 법률 체계의 정비와 적용이야말로 국제지역공공재의 한 부분이다.

이렇듯 한·중·일 국가 간 다양한 분야에서 상호의존관계가 심화되고 있는 가운데 상호 이익을 극대화하고 마찰 및 분쟁의 발생에 따른 비용을 최소화하기 위하여 관련 질서와 기구 등과 같은 국제지역공공재의 공급과 활용이 절실하다.

3) 동북아지역 내 하위의 공공재: 일정한 생산양식 및 사회간접자본

동북아지역 내 국가 간 인구이동과 물동량 등이 확대되고 있는 만큼 효율적인 연계를 위한 지역 내 인프라 구축이 필요하다. 이른바 아시아 하이웨이, 한·중·일 연계 해저터널 등과 같은 국제지역공공재의 공급에 대한 논의가 좋은 예이다. 교통 수송 네트워크와 마찬가지로, 정보 통신 네트워크도 중요한 접경 문제로 다루어지고 있다. 실제로 위성 시스템과 광섬유 케이블 서비스는 국가보다는 국제지역 차원에서 서비스가 이루어지고 있다. 인터넷, 정보네트워크, 인공위성 등 정보통신 관련 인프라야말로 정보통신산업사회에서 핵심적인 국제지역공공재라 하겠다.

한·중·일 상호의존관계가 심화되면서 중간재 교역이나 직간접 기술의 연계 및 인적 교류 등을 통하여 산업활동의 국가 간 연계가 심화되고 있다. 각국의 산업활동이 국경을 넘어 국제적 연계 속에서 이루어지고 있으며 동북아지역 내에서 구성국 간 산업활동의 상호의존이 심화되고 있다. 산업 측면에서 동북아지역 차원의 속성이 강하게 나타나고 있는바, 산업클러스터도 하나의 국가 내에서보다 동북아지역 차원의 틀 속에서 확장하여 다루는 것이 바람직하다. 이러한 산업 간 직간접 연계를 고려한 산업클러스터야말로 지역 내 과잉, 중복투자를 피할 수 있는 동북아지역 내 산업협력을 위한 기본 틀이 될 것이다.

찾아보기

[ㄱ]

갈퉁(Galtung) 121

개발경제학 29

개방경제 모형 26

개방된 지역주의 134

개별교섭 239, 240

거쉔크론(Gerschenkron) 71

거주지주의 306, 307

게임이론 236

경쟁형 균형 221

경제변동의 동시화 60

경제블럭 128

경제의 정치화 36

경제적 안전보장 146

경제적 진보 18

경제적 파워 60, 222

경제정책의 국제적 협조 184

경제제재 223

계획경제하 48

고갈성 자원 326

고전학파 22

곡물조례 98

공공정보 209

공급 측면의 경제학 24

공적 자금 원조 342

공해수출 336

과학기술혁명 102

관리무역수단 241

관세동맹 79

교섭선 85

교역조건 29

구조적 리더십 106

구조적 상호의존 152

구조조정 159

국가 간 최적거리 160

국경 없는 제국 278

국제개발계획 295

국제개발협력기구 294

국제경제사회의 복합질서 108

국제경제조정 196

국제경제협조의 최적체계 201

국제공공재 61

국제교류 네트워크 145

국제기술마찰 179

국제비정부조직 113

국제상공회의소 294

국제연결 산업연관분석 258

국제연합 무역개발회의 132

국제주의 119

국제지역공공재 357

국제질서의 원리 65

국제환경협약 343

군사적 안전보장 146

근대국가 42

근린궁핍화 60, 129

글로벌 트렌드 166

글로벌리즘 80

금본위제 98

기술격차 180

기술이전 180, 296

기술지식 지향적 동기 281

기술진보 155

기업 속지주의 288

기업가적 리더십 106

기업내무역 35, 310
기후변화협약 338
길핀(Gilpin) 154, 349

[ㄴ]
남남 간 통합 79
남남격차 53
남북 간 통합 79
남북격차 50
남북문제 49
남북포괄교섭 56
내부화 289
내부화 압력 298
내부화의 압력 299
내생적 발전 107
내쉬균형 238, 239
내외 차별 66
내외 차이 66

[ㄷ]
다국간 교섭 241
다국적기업 문제 294
단위구조 266, 267, 268
대칭적 의존 150
대칭적인 상호의존 152
도덕적 해이 117
동시적 불황 166
디지털 디바이드 76

[ㄹ]
레온티에프(W. Leontief) 262, 283
레온티에프의 역행렬 262
로마클럽 101, 337
로메협정 56, 335
로제크레인(R. Rosecran)e 154
롬머(Romer) 75
루카스(Lucas) 75
리사, 삭스(Lisa and Sachs) 353
리자노(E. P. Lizano) 133
리카도 98
린더(S. B. Linder) 34

[ㅁ]
마중물 효과 80, 213
맥두걸(MacDougal) 302
먼델(R. A. Mundell) 27, 186
몬트리올 의정서 339
몰겐소(H. Morganthau) 218
몰타선언 48
몽테스큐(C. L. Montesquieu) 62
무역자유화 78
무임승차 346
무임승차자 83
물적 기반 19
뮈르달(G. Myrdal) 21, 22, 77
미드(J. E. Meade) 135
미소 전략병기 제한교섭 146
미일 구조조정 199

[ㅂ]
바그와티 등(Bhagwati 등) 65
바렌(Warren) 290
바로(Barro) 72
바젤협약 344
배타주의 127
버그스텐 등(F. Bergsten, R. Keohane and J. Nye) 36
버논(Vernon) 290
버벨(Vaubel) 195
법의 정신 62
보몰, 넬슨과 월프(Baumol, Nelson and Wolff) 72
보복주의 244, 245
보이어(Boyer) 73

보이지 않는 손 178
보호무역수단 241
보호무역정책 97
부흥원조 48
분쟁적 균형 299, 300
브랜드 가치 286
브레튼우즈 체제 45
브릴마이어(Brilmayer) 349
블럭화 99, 119
비교가능 제3자 가격법 314
비교생산비 이론 33
비교생산비설 98
비교우위 28
비네이블스(Venables) 79
비대칭적인 상호의존 152
비대칭형 정책협조 192
비용결정형 무역이론 33
비정부조직 113
비협조게임 252

[ㅅ]

사뮤엘슨 23
사적 정보 204
사회연결망분석 274
사회적 공통원리 19
사회적 역량 77
사회적 통합 122
산돼지의 딜레마 161
산성비 문제 339
산업구조 진화설 283
산업내무역 35
산업연관의 승수효과 262
산업연관표 258
산업클러스터 274
산업혁명 17
상대국 간 차별 66
상대적인 파워 230
상호억제형 정책협조 191
상호의존관계의 비대칭성 164
상호주의 83
상호촉진형 정책협조 191
상호침투 174
생산요소 지향적 동기 281
서비스무역 28
선진국 수뇌회담 55
성장의 한계 337
세계적 공공재 55
세력균형의 원리 65
세액공제방식 308
소비의 비경합성 346
솔로우(R. M. Solow) 72
쇼펜하우어 161
수렴가설 71
수요결정형 무역이론 33
수인의 딜레마 252, 253
수입대체 28
수입수량할당 34
수직적 기업내무역 311
수직적 상호의존 150
수직적 지역경제통합 79
수출소득 보상제도 57
수퍼 301조 247, 248, 249
수평적 기업내무역 313
수평적 상호의존 150
순수전략 238
슘페터(Schumpeter) 21
스털링권 129
스테그플레이션 24
시장 메커니즘의 불완전성 168
시장의 교환 288
시장포화의 현상 172
식량안전보장 57

신고전학파 23
신고전학파 총합 23
신국제경제질서 56, 108, 137, 294
신보호주의 126
신성장이론 24, 74
신지역주의 135
쌍방적 의존 150

[ㅇ]
아담 스미스(A. Smith) 20, 21, 98, 283
아브라모비츠(Abramovitz) 71, 77
양극체제 47
양보의 동등성 67
양허와 보상 관계 82
(n-1)개국 문제 189
역행렬계수 261, 262
영토적 통합 122
오이켄(W. Euken) 93
오일머니 58
오일쇼크 38
오타와협정 129
오퍼곡선 232
외부화 압력 298, 299
외생적 발전 107
우월전략균형 238
원가기준법 314
원조경쟁 22
원천지주의 306, 307
웨스트팔리아조약 42
유교문화 360
유교적 가치 360
유인조건 214
유치산업보호론 97
유효시장분리의 원리 186
2국간 교섭 241
이익비준 방법 314
이전가격 289, 310, 311
이중과세 308
인적 자본 75
인지된 파워 230
일방적 의존 150

[ㅈ]
자원 카르텔 330, 331
자원제약 321
자유무역 황금시대 98
자유무역정책 98
자유무역지역 79
자유화의 패러독스 139, 147
재판매 가격법 314
적극적 산업조정정책 58, 178
절대생산비설 98
정면대치형 균형 221
정보격차 76
정보자본 75
정보화 사회 75
정책할당 문제 186
정치적 양허 232
제국주의 104
제도적 구조조정 199
제도적 기반 19
제한적 상행위 295
조세부담률 282
조세피난처 282
조직적 통합 122
좀바르트(W. Sombart) 91
중층적 지역경제통합 133
지속 가능한 개발 337
지식격차가설 76
지역주의 119
지적 리더십 106
질적인 상호의존 151

집단 보호의 이익 133
집단적 자조 131, 132

[ㅊ]
총요소생산성 74
최적생산량 182
최적정책권 125
최적체계 213
최혜국 대우 64
취약성 상호의존 150, 151
침묵의 봄 336

[ㅋ]
캐치 업(catch up) 75
케인즈 경제학 23
케인즈(J. M. Keynes) 27
코덴(Corden) 195
코레인(Koehane) 65
쿠즈네츠(S. Kuznets) 21, 71, 283
쿠퍼(R. Cooper) 36
크레스너(Krasner) 109
클라인(R. S. Cline) 230
클라크(C. G. Clark) 20
킨들버거(C. P. Kindleberger) 36, 65, 290, 304

[ㅌ]
탈본국화 288
태평양경제위원회 294
통상확대법 64
통화주의 23
투입계수 260
투입산출 259
특혜관세제도 50
틴버겐(J. Tinbergen) 101, 186

[ㅍ]
파레토 최적 33
파워 베이스 218
파워균형 220
팍스-브리태니커 104
팍스-아메리카나 104
패권국 55
페어웨더(J. Fayerweather) 297
폐쇄경제 모형 26
포괄교섭 239, 240
포스트 케인지안 23
프랑권 129
프리드먼(M. Friedman) 23

[ㅎ]
하스(Hass) 110
하이만(E. Heiman) 93
하이머(Hymer) 290
한계 현상 81
항해조례 98
해로드(Harrod) 25
해외직접투자 301
허쉬먼(A. Hirschman) 232
헥셔-오린(H-O) 이론 32
현지시장 지향적 동기 280
현지조달 문제 315
현지조달 의무 315
협상 가능영역 86
협조게임 252
호혜관세 63
호혜양허의 원칙 64
호혜통상협정법 63
혼합전략 238
확장주의 129
환경제약 321
힉스-한센 23
힉스(Hicks) 35